外岡秀俊という
新聞記者がいた

及川智洋
Oikawa Tomohiro

田畑書店

外岡秀俊という新聞記者がいた◎目　次

まえがき

本書は、ジャーナリストであった外岡秀俊（一九五三―二〇二一）が、自らの仕事・活動について記憶をたどり、語った記録である。

取材は二〇一五年十一月から一七年五月まで、ほぼ月一回のペースで二―三時間のインタビューを計十八回行い、十六章に整理した。またこの間に、外岡さんの「検証のために自分だけでなく他の人からも聞いてほしい」との要望に従い、仕事上で関係が深かった方々を中心にお話をうかがった。

一七年九月にいったん私家版の冊子としてまとめたうえで商業出版での書籍化を目指したものの、果たせないまま二一年十二月に外岡さんは他界された。その後、多くの関係者のご厚意により今回の発刊が実現した。ただし紙幅の関係でやむなく、当初の内容から一部を割愛していることをお断りしておく。

外岡さんのオーラル・ヒストリー（口述歴史）の記録を作ろうと思ったきっかけは、一四年に私が在籍していた朝日新聞が慰安婦問題の検証報道と原発事故調書の報道に関連した失策を重ね、他メディアの集中砲火を浴びて社内が混乱していた時期にさかのぼる。同年十月に朝日の労働組合が、早期退社した外岡さんに依頼してこの問題に関する講演会を行った。私は外岡さんの在社中に面識はなかったが、その講演録を後から読んで感銘を受け、個人的に面談をお願いして、ジャーナリズムに関する意見をうかがう機会を頂いた。

何度かお話するうち、この人の経験と知見は細大漏らさず保存しておくべきだ、と思いつき、長期にわたる聞き書きをお願いした。そして意図せざる結果ではあるが、この記録によって、外岡さんが日本のリーディングペーパーであった朝日の知性と良心を代表しうる最後の記者であったこと、また新聞が生活必需品であり民主主義の主柱とされた時代の掉尾を飾るジャーナリストでもあったことを証明できたと思う。

一方で、外岡さんは大学生だった一九七六年に文藝賞を得ており、職業作家へのパスポートを手にしながらあえて新聞記者という職業を選択した経歴の持ち主でもある。そして退社後にジャーナリストの活動と並行して創作活動を再開し、次々と小説を発表していたさなかにこの記録も刻まれた。注意深く読めば、文学者・芸術家としての外岡さんの複雑な一面を分析する手がかりが、かなり含まれていることが分かるはずだ。

二十世紀末から二十一世紀にかけてメディア環境は激変している。ジャーナリズムは、また報道や表現に携わる者は、それにどう対応し、何を変え、何を守るべきか。この記録からそのヒントを読み取ってもらえれば、故人の遺志にかなうものと考えている。

二〇二四年三月

及川智洋

外岡秀俊という新聞記者がいた

【外岡秀俊・年譜】

1953年	5月22日	札幌市生まれ
1972年	3月	北海道立札幌南高校　卒業
	4月	東京大学文科Ｉ類　入学
1976年	10月	小説『北帰行』で文藝賞を受賞
1977年	3月	東京大学法学部公法学科および新聞研究所卒業
1977年	4月	株式会社朝日新聞社に入社　新潟支局に配属
1980年	3月23日	横浜支局
1983年	8月 1日	東京本社学芸部
1987年	6月 1日	東京本社社会部
1989年	4月 1日	東京本社外報部
1989年	7月 1日	ニューヨーク支局員
1993年	1月20日	週刊ＡＥＲＡ（アエラ）編集部
1995年	4月 1日	論説委員兼務
1996年	4月10日	社会部員、論説委員兼務
1999年	4月 1日	特別編集委員
2002年	10月 1日	ヨーロッパ総局長
2006年	2月28日	東京本社編集局長補佐
2006年	4月 1日	東京本社編集局長　ゼネラル･エディター（ＧＥ）
2007年	10月1日	編集委員（香港駐在）
2010年	4月 1日	編集委員（東京駐在）
2011年	3月31日	株式会社朝日新聞社を早期退職（選択定年・社友）以降、フリージャーナリスト
2011年	12月	北海道大学公共政策大学院研究員(19年12月、上席研究員)
2012年	2月	ＢＳ朝日「いま世界は」コメンテーター（15年3月まで）
2014年	4月	日本文芸家協会会員
2015年	4月	北海道大学大学院非常勤講師（前期）
2021年	12月23日	心不全のため札幌市で死去、行年68歳

第一章　朝日新聞に就職「私は新聞記事が下手だった」

一九七六―八三年　新潟支局↓横浜支局

入社試験で「小説は書かず仕事に専念します」

大学には一年留年して五年いましたが、就職を考えたとき「自分に向いているのは新聞社か出版社かな」と思いました。コピーライターになりたいと思った時期もありましたね。新聞社は当時、（試験日が同じで）一社しか受けられず、東大出版会も会社訪問しましたがあそこは採用数が非常に少ない。電通を受けて、一次に受かって二次試験に行くと会社の玄関のあたりがものすごい警備ぶりだった。天皇関係の記念日だったと思います。「こういう会社で働くのは無理だな」と思って、二次は受けずに帰りました。

新聞記者志望の理由は、もともと新聞研究所（現・東大大学院情報学環）にいたこともあるし、ウォーターゲート事件を描いた映画『大統領の陰謀』（アラン・J・パクラ監督、日本では一九七六年八月公開、原作はカール・バーンスタインとボブ・ウッドワード）の影響も大きかった。そして、ロッキード事件の報道。これは七六年の四月ころから田中角栄前首相逮捕の七月、八月にかけて、連日のようにものすごい報道でした。新聞研での自分の卒業レポートも、ロッキード事件をテーマにした内容です。秋の時点では、新聞記者志望に絞っていた。テレビは報道に力を入れ出していた時期でしたが、実際に有力な報道機関となるのは十年ほど後で、まだ「報道といえば新聞」という時代でした。

受けるのは読売にしようか朝日にしようか、と考えました。下宿で購読していたのは読売で、ちょうど七六年に部数で朝日を抜いたところだった。朝・毎・読という呼び方は新聞の格を表す順序でもあって、毎日は七二年の西山（外務省密約）事件のあと落ち込んでいた。一方、朝日はロッキードの報道ぶりでコーチャン証言など群を抜いていて、また社風がリベラルという評判がありました。新聞研の関係者や、OBの先輩からもそう聞いていた。当時言われていたのが「読売・陸軍、朝日・海軍」。つまりリベラルで人間関係がスマートであると。そういうことで朝日を受けました。

七六年の入社試験は、筆記試験のあと、一次面接がグループ討論で、その後に役員による二次面接を経て内定でした。筆記試験の作文の題は「今朝の感想」でした。役員面接が「NHK会長が釈放後の田中角栄邸にあいさつに行った記事をどう扱うか」というテーマで、「君なら何段で扱う？」と聞かれて私は「12段」と答えて、周りは目をむいた。その時は私が記事の段数の数え方をよく分かっていなくて、つまり上から12段目から、その下に見出し3段の扱いにするという意味だと説明しました。それでも「一方的すぎないか？」と聞かれたので、「NHK側の反論でバランスをとります」と答えました。

また、役員面接では（その直前に小説『北帰行』で文藝賞を受賞していたため）「君、（入社してもすぐ）やめるんじゃないだろうね」と問いただされて、「当面、小説は書きません。社の仕事に専念します」と答えました。

入社十年後に小説（『未《いま》だ王化《おうか》に染《したが》はず』）を出したとき、中原清一郎というペンネームにしたのは、入社試験の面接で「当面書かない」と約束して、十年が当面と言えるかどうか、自分でも判断できなかったからでした。

新人研修「記者が誰にでも会えるのは名刺のおかげ」

一九七七年四月に入社して最初の研修は御殿場で、オリエンテーリングのようなことをやって、あとは先輩記者たちの講演でした。

特に印象に残っているのが、「伊達判決」（砂川事件に関する裁判で米軍の駐留を違憲とした一九五九年の東京地裁判決）を抜いた記者の話で、お名前は忘れましたが、とにかく取材源の秘匿を大事にすることを説いていた。その人は、記事化から十年ほどたってから検察関係者に「もう時効だから取材源を教えて」と言われたそうで、つまり、権力の側は十年たっても取材源を突き止めようとしているわけです。西山事件の話も出て、「あれは男女関係がどうこうの問題じゃない、最後まで取材源を守れなかったことが、記者として問題ということに尽きる」と話していました。

また、別の講師の話で、朝日が読売に部数で負けたという話題になって「かえってその方がいいんだ」という意味のことを言っていましたね。つまり、朝日というのは偉ぶっていて、自分たちが社会を動かしているというような、はたから見ると傲慢なところがある。だから、自分たちの原点を見直すいい機会なんだと。

それから、「君たちはどこに行ったって、誰とでも会える。それは君たちに会うんじゃなくて、名刺に会ってくれているんだ」ということも言われました。これは会社にいる間ずっと、自分にとって重しになっていた気がする。会社を辞めるまで、名刺と肩書に縛られていたように思います。しかし、会社を辞めて最初の仕事が東日本大震災の取材で、被災者は名刺なんか見もしないし、会社の肩書がなくても関係なく話をしてくれた。これはとても感慨深いことでした。

新潟支局の「トリ小屋」で記者生活スタート

――初任地が新潟で、赴任前の印象はどうでしたか。

ほとんどなかったですね。ただ、田中角栄は逮捕されても隠然たる影響力を持っていて「田中さんって（地元で）どういう人なんだろう」という関心はありました。その当時、新潟の六日町駐在に、蜷川真夫さんが社会部から来ていて、「なぜ角栄がそんなに人気があるのか？」という取材をしていた。佐渡には週刊朝日の編集長をやった工藤宜《よろし》さんが自ら志願して来ていて、あの頃は記者も多彩だったと思います。

当時、支局の局舎を建設した時に作業員が泊まり込んだ作業小屋が残っていて、トリ小屋と呼ばれていましたが、そこに三人の先輩が住んでいて、私が四人目になりました。トリ小屋は天井の紙がはがれ、ドアにはすき間があって、冬は雪が吹き込んでくることがある。一年先輩が高橋和志さんと大塚隆さんで、私と同じ棟には国本和郎さんという先輩がいて、この方は若くして病気で亡くなりました。その上の先輩に小島章夫さんたちがいました。大塚さんは入社時点で結婚していたのでトリ小屋に住まずに済んだんです。しかしある先輩は、結婚していたのにそれを言い出せずに、半年くらいトリ小屋で生活したと聞いたことがあります。そういう徒弟主義みたいなものが強かったんですね。

週に何回か、泊まり勤務がありましたが、トリ小屋の四人は事実上、毎日泊まりをやっているようなもので、そうやっておけば、何か事件などあった時にすぐ人を集められる、という習慣が根付いていたのでしょう。

当時はFAXもコピー機もなく、支局では手書き原稿を、パンチャーが手動でタイプに打って本社に送信していました。ただ、これが文字化けすることがあるので、夕方になると本社との間で原稿の読み合わせをするのが泊まり番の仕事。第二県版が出来たばかりのころでもあり、二県に載せる原稿は（組み日の）前々日の夜に列車便で送っていた。読み合わせの手間を省くために。

だから、夢のような時代だよね。今から思えば。記者の通信手段は固定電話しかなかった。そこから通信の技術革新の一部始終を――とは言わないけれど、変革のかなりの部分を体験してきたと思います。我々の前になると、例えばのちに私が横浜に異動したとき支局長だった足立公一郎さんは、山岳遭難の取材で、原稿を伝書鳩で送ってスクープにしたと話していました。

手書き原稿をパンチャーが打つ時代から、FAXが登場し、ポケットベルが出てきて、自動車電話が現れ、ワープロ、携帯電話とデジタル化が進み、場所や時差を超えて原稿や写真を送れるようになります。

一九九九年のコソボ紛争の取材で私は、衛星電話を持って行って「戦火の果て」という夕刊の連載の原稿を現地から送稿しました。難民の写真を撮って、これも電話で送って、すぐに掲載されました。

テレビの報道に関して言えば、一九八九年からCNNが世界を席巻することになります。天安門事件の報道、ベルリンの壁の崩壊、そして湾岸戦争でピーター・アーネットがイラクから中継、と続いて、テレビが報道の中心になってくる。これは無理もないところで、そのころ、海外で取材した新聞社のカメラマンは、空港で成田行きの日本人を探して、フィルムを本社に届けるよう託したりしていましたから。テレビでは八〇年代にエレクトロニクス・ギャザリング・システムが出て、衛星をつないで海外の現場から生中継できるようになって、一挙に速報性で新聞を圧倒したわけですね。

新潟支局の一年目に横田めぐみさんが行方不明に

——新聞記事の定型といったものが身につくのに私は一年近くかかった気がしますが、外岡さんはいかがでしたか。

私は半年くらいかかったでしょうか。記事のお手本、事件事故の定型などを繰り返し書き写して、先輩に見てもらう。そんな形のトレーニングでしたね。そういえば、新潮社の「波」に、顔写真取りや取材の悩みなど、新人記者の体験を一年ほど連載した（七八年四月号～七九年三月号）。これは入社前、出版社に約束していて、支局長からも了解をもらってやりました。

そのころは支局に決まった（自分専用の）机もなく、自分一人になれる空間がほしくて、二階の会議室の一角を本棚などで区切って、自分の書斎みたいにしていた。そういうことも認めてくれました。夕方から、新潟中央署と東署の二カ所を夜回りするのが義務で、それが終わると支局に戻ってその空間で、その頃興味があった民俗学や考古学の本を読んでいました。

新人の私は署回りと同時に、日銀の担当でもあって、日銀の新潟支店の人に経済関係のコラムを書いてもらっていました。新潟に行って半年くらいしたころ、女子中学生が行方不明になった。まるで神隠しにあったように、忽然と。何の手がかりもなかった。

——あっ、それは……。

お父さんは日銀に勤めている人で、娘さんは横田めぐみさんだった。あとから（真相が）分かったとき、自分はなんて新聞記者として失格なんだろうと思いました。拉致されたのは新潟中央署に目と鼻の先の場所で、自分はその日、新潟中央署にいたはずなんです。自分はなんで、何も知らなかったんだろう、と。

——あー、そうですね、あれは七七年の新潟でしたね。

のちに編集局長になった時期は第一次安倍政権下で、対北朝鮮問題が（報道の）大きなウエートを占めていた。拉致は国家による犯罪である、という姿勢は徹底しようと思いました。一方で、日米韓には安全保障の温度差があって、テポドンは日本にとって重大な問題だが、アメリカにとってはまだ北朝鮮の核は直接の脅威ではない。そうした面の報道も必要だった。やはり拉致は全体主義による国家犯罪で、報道をためらったりするのは間違いだというのは一貫していました。これは、めぐみさんの時の反省があったからです。

警察取材のカルチャーショック

——今はどうか知りませんが、以前は、朝日は警察取材が苦手な人が多いと言われていて、私もそうでした。

私も警察取材には全然向いていないと思った。そうですねえ——ある意味、人間関係を築くのが一番難しいわけでしょう。半年くらいで担当が替わっちゃう。地方紙、地元紙の場合、覚悟が定まっているというか。また、こちらは世間知らずで教えていただく立場ですよね、すべてを。中には「まったく何も知らんのか」と可哀想に思って話しかけてくれる人もいたけれど（笑）、こちらからネタを求めて取材をしかけてゆくようなレベルではなかったですね。とにかく警察取材というのは難しい。しかも正確さが要求されるし、競争も激しい。それは一種のカルチャーショックですよね。だから、新聞記者の新人を鍛えるのに、最初にサツ回りをさせる、というのは正しいと思った。

記者クラブにいると、他社の記者と親しくなる。読売の署回りが長谷川さんといって、俳句をやっている人でした。これが長谷川櫂《かい》さん（のち退社して俳人）で、よく二人でぼやき合っていましたね。新潟日報によく抜かれたし。長谷川さんは読売だから、私よりもっと厳しかったんじゃないかな。ただ、朝日の先輩はみんな後輩に優しい人だった。そこは恵まれていました。

読売はやはり事件取材は強くて、私が赴任した日に支局で歓迎会をやってくれたのですが、その翌日の朝刊で、北陸地建（当時の建設省北陸地方建設局）の前局長の逮捕に至る事件の関係で抜かれて、いつものように最初は抜かれて最後に抜き返すという朝日のパターンになりました。自分でも、抜いた記憶というのはまったくないですね。

ただ、その年の冬に（七八年三月）、新潟の繁華街に近い雑居ビルでの火災から十一人が死亡するという大きな事件がありました。これを支局から最初に現場へ行って、それから1面本記、社会面と一人で書いて、それですいぶん自分が変わった、と思います。それまではベタ記事、街ダネだけでしたが、その時は取材に行った署回りが書けとなって、一晩徹夜してヘトヘトの状態で翌日の県版まで書いて「あ、新聞記者ってこういう仕事なんだ」と初めて全体像が分かったように感じた。つまり取材・原稿・紙面化までの一貫した流れということですね。

シャープでシンプルな新聞記事がなかなか書けなかった

――小説で文藝賞をとった新人ということで、特別扱いする雰囲気はなかったですか。

それはなかった。そこはみなさんに感謝しています。自分も新聞記者に徹することにしていたし、デスクも先輩も、特別扱いはしないという姿勢でした。

とにかく私は新聞記事が下手だった。街ダネひとつ書くのにもうまくない。シャープじゃないんですよ。新聞記事はシャープでシンプルなものでなければならない。私は自分なりのワーディングがあって、文章が自分のスタイルで固まっていた。そこから抜け出すのにすごく時間がかかった。新聞記事で独特の用字制限、用語制限も違和感が強くて、それに従って書くと自分の文章じゃないような気がしていた。窮屈な衣服を着ているような感じが、ずっとありましたね。

それが変わるのは（後年、東京学芸部で）日曜版「世界名画の旅」の取材をしてからです。疋田桂一郎さんの文章で、新聞で美しくシンプルな文章を書けるということが分かった。用字制限に対して自分が難癖をつけたりしちゃいけないんだ、と思いました。

つまり、癖のある文章というのは、いい文章じゃない。クセのない文章で分かりやすく伝える、「クセがないけど個性がある」というのがいい文章。それを疋田さんに教えていただいた。

新潟時代の思い出で、ある日東京の社会部から一人の記者が取材に来て、あっというまに鉄建公団のカラ出張の記事が1面に出たことがあります。これが公費天国キャンペーンの始まり（七九年九月八日付朝刊）だったんです。記者は田岡俊次さん。あぜんとしました。「こんな記者がいるのか」と思いましたね。後年、田岡さんとはアエラでご一緒して、いろいろお話する機会がありました。

――『未だ王化に染はず』には新潟北部・朝日地方の自然や民俗が詳しく触れられていて、支局時代の取材の幅が広く余裕があったのかなと想像しました。

そのころ狩猟民族について関心を持っていて、また朝日地方の三面《みおもて》のダム建設で水没する村を取材しました。自分なりの関心で本を読むことには、周囲の理解がある雰囲気でしたね。

支局に守屋俊彦さんという先輩がいて、この人は特ダネ記者で「新聞記者というのは、夕方原稿を出せばあとは何をやってもいい」と言っていました。実際に、彼は県版のトップになるような原稿をいつも二、三本持っていて、夕方になって記事が足りないようならそれを出す、ということをしていたので「なるほどそうなんだ」と。

小島さんや高橋さん、国本さんたちとよく飲みに行って、私が「最近の新聞はつまんないですね」と言ったら、小島さんに「つまんないなら自分で面白くすりゃいいじゃないか」と言われたことがありましたね。これも目からウロコが落ちる、というもので、確かに自分で面白くすればいい。つまり、地方版というのは工夫すれば何でもできるところだということです。一年かかってようやく当事者意識というか、自分が新聞を作ってゆくという意識を持つようになっていたということでしょう。

大所帯の横浜支局、高校野球担当で横浜高校が全国優勝

――当時、新人は地方支局二年ずつ二カ所が慣例だったそうで、新潟支局の三年を経て横浜支局へ。

新潟支局では（新人の上の）二年生が二人いたこともあって、二年間で経験したのは警察と新潟市だけで、三年目に甲子園と世論調査をやりました。四年目になるとき横浜支局に異動して、ここでも最初に高校野球担当で、二年続けてやることになった。八〇年、横浜高校が愛甲猛投手を擁して夏の甲子園で全国優勝した年です。

――横浜は東京本社管内の筆頭支局格で、新潟とだいぶ違ったのでは。

そう、記者は十数人、平均年齢は三十五歳くらいだったと思います。デスクは支局に二人と川崎支局長で三人体制。記者の担当も細かく分かれていた。泊まり部屋があって、そこの布団のシーツカバーに朝日のマークが入っていて感動しました（笑）。

甲子園では横浜高校が勝ち進んで、愛甲投手の人気も出てきた。渡辺元智監督にはずーっと密着取

材みたいにしていて、対戦相手をどう分析するか、野球の見方を教えていただいた。渡辺監督は選手を育てる名伯楽で、暴れん坊の子どもを自宅に引き取って奥さんが食事を作って、家庭的な雰囲気の中でのびのびさせて、高校生たちも、年齢的に近かったので私を兄貴分みたいに見てくれましたね。ただ、勝ち進んで優勝が見えてくると、選手も緊張してきたのが分かった。選手の気持ちをかき乱さないように、主に監督や部長から話を聞いて、愛甲らは表情などを見て記事にしていました。甲子園は魔物がいるといわれますよね。番狂わせはしょっちゅうでしょう。

優勝して新横浜駅から優勝パレードをすることになったんですが、監督・選手と一緒に駅に着くと駅前広場が群衆で埋まっていた。ものすごい熱狂ぶりでした。パレードの車が人波で動けない。私が車から出て人垣を押し返して、何とか道を空けてもらった。そのとき支局長だった足立公一郎さんも一緒でしたが、私の姿を見ていて「この男は一生懸命やるなあ」と思ったらしいですね。これが本社に行ってから「世界名画の旅」取材班に推薦されるきっかけの一つになったようです。

チームの車はパトカーの先導で一般道を逆走して、駅前から国道まで何とか進んでパレードとなった。本当に、あの時の人出はすごかった。通る歩道橋も、全部人がすずなり。将棋倒しのようになる危険もあったから、たしか翌年からかな、優勝パレードは中止になったと思います。それだけ横浜市民が熱狂した、あのチームにすごく感情移入したということでしょう。今思い出すと、甲子園の決勝の相手が早稲田実業で、東京と神奈川との対決だった。それまで野球にまったく興味がなかった僕が、スコアをつけるところから始まって、最終的に優勝チームを担当することになるのも意外なことでした。

――それまでスポーツ全般への関心はあまりなかったですか。

中学生くらいから走るの（ランニング）が好きで、一人で走ったりしていました。中学ではバスケットボールもやっていた。冬になると毎日スキー。今は札幌に住んで、ファイターズやコンサドーレの試合を見に行くこともあるけれど、若い頃は、スポーツは自分でやるもので、見て楽しむものとは思っていませんでした。ところが、そんな僕がオリンピックを三回取材することになる。アトランタ、アテネ、北京と三回行くんです。

僕の仕事は開会式の1面の記事を書いて、あとの期間はテロ警戒。実際にアトランタでは開会前日にテロがあった。そのうち、あまり日の当たらない競技を舞台回しにして、世界の話、国際情勢、民族問題などを書くようになった。もともと予定していた取材とは関係ない競技をたくさん見ました。運動部や社会部が事前に入手したチケットのうち、取材に行かなくなって余った切符が競技の前日くらいに回ってくるんですが、だいたいマイナー競技。そこに通って見ているうちに、スポーツっていいな、と思うようになった。オリンピックはやっぱりすごいイベントで、いろんなスポーツの面白さがよく分かりました。

例えば重量挙げという競技、あれは頭脳ゲームなんですよ。早い段階から力任せに挙げていては、後半まで力が続かない。そこに駆け引きがあって、いかに力を抜いて、ギリギリのところで力をセーブして進むか。そして本当の勝負どころで全力を出す。あと例えば、ビーチバレーの楽しさ。試合の合間なんか、ショーですから。

神奈川県警警部の覚醒剤事件・報道の失敗と教訓

五年目になってサツのサブキャップになりました。一方で一九八一年は国際障害者年で、私は年間企画の続きものを担当することになっていて、大型連載の準備をしていました。四月、湘南の障害者施設に一週間泊まり込んで帰ってきたところで、神奈川県警の警部が覚醒剤を所持・横流ししていたという特ダネを今日打つ、とデスクから知らされた。それまでの取材の経緯はまったく知りませんでした。

これを1面トップで出したのは、たしか天皇誕生日でした。

――八一年四月二十九日朝刊1面、1社面もトップ。以後、断続的に社会面のトップ、準トップで続報。初報は県警の監察に関連付けた記事でした。

翌日から、企画をやりながら県警問題の取材をすることになったんですが、日中はまったく取材にならないし、夜、幹部に会って話を聞こうとしてもほとんど門前払い。県警は報道を否定し、朝日と県警の全面対決みたいになりました。他社はそれほどの扱いでもなかったですね。

反省点のひとつは、取材源の女性（問題の警部に覚醒剤を教えられ、売りつけられたとされる）を他社から引き離してしまったことです。他社がアクセスできない状態にした。県警はその警部のいくつかの不祥事は認めて辞めさせたが、覚醒剤に関しては否定しました。つまり覚醒剤の所持・横流しという本筋の部分は認めなかった。

初報の段階で否定されても、二の矢、三の矢を放てればよかったんですが、持ち駒がなかった。つまり、決定的な証拠を持っていなかった。これも反省材料です。否定されたときに反証する材料が必要だったわけです。そこに抜かりがあった。

この事件の最後は、県警キャップが送検されることになります。取材源の女性の知り合いの男性を自首させるためにタクシーで加賀町署に行ったら、そこでキャップが覚醒剤所持の疑いで一晩留め置かれ、調べを受けた。この日、私は事前に刑事部長に電話して「キャップが関係者を自首させるために行くから」と伝えていました。これが後になって週刊誌に出て「県警に圧力」と書かれてしまった。

キャップは送検されて処分保留で釈放となりました。その前の段階で、取材に応じてくれていた県警の二課長が「おたくの支局長が検察に来て土下座してあやまっていたぞ」と教えてくれた。それを聞いたときには衝撃を受けました。ただ、今から振り返ると、部下を傷つけまいとするその支局長の気持ちは痛いほどよくわかる。同じ立場なら、自分でも、そうしていたかもしれません。しかし、取材チームが、そこまで追い込まれたことの象徴だったことは否定できません。そのとき、「これはダメだ」と思いましたね。そういうふうにしないといけなくなってしまった、この報道は失敗だったと。

それまでは社会部志望だったんですが、権力と対決する社会部記者としては、自分は失格だと思いました。結果について責任も感じました。それで社会部を断念して、それから学芸部志望に変わりました。

「特落ち」「抜かれ」でもすぐ追いかけることが大事

——しかし、外岡さんは取材の経過もご存じなかったのだから、社会部志望を断念するほど責任を感じなくても……。

社会部がいいと思っていたのは、昔見たテレビドラマの「事件記者」（ＮＨＫ）とか、そういう影響もあったと思います。ウォーターゲート事件でもそうですが、報道の舞台では一番切り込めるのが社会部だと思っていました。しかしその覚醒剤事件があって、自分には向いていないと思った。その時に見た会社内の人間関係などで「こういう世界には自分はちょっと無理だな、そこまでタフにはなりきれないな」と思いました。

当時の支局長は、記者を傷つけずに問題を収めたい。一方、デスクは正しいことだから最後までやる、という姿勢で、現場の記者もそういう気持ちだった。そうした厳しい社内のやりとりに接して、そういう中でずっと生きてゆく、という自信が自分にはなかなか持てなかったですね。

――県警キャップが身柄を取られたのは、不祥事を暴かれた県警側がそれに対抗して「警察はここまでやってみせるんだぞ」という威嚇というか……。

そういうことでしょう。一晩で釈放されたし、新聞記事にも出ていない。ただ、それ（ネタ元女性の知人で覚醒剤所持者の男性を、自首させようとして県警に働きかけた）に関しては、本当にその男性は自首する目的で県警キャップに話をしたのか、私は疑いを持っています。

――県警に狙われたのではないかと？

その取材には会社も力を入れていて、社会部からの応援の記者が二人来ていた。警部を懲戒免職にして二―三か月たってから、県警本部長が不正を部分的ながら認めました。

我々のあとの県警担当を引き継いだ人たちが、県警との関係を修復してくれました。我々は当事者だったのでそれは難しかった。横浜での後半は県政を担当しました。

――外岡さんが横浜支局を振り返った文章で「抜かれても落ち込まずに追いかける」同僚にふれたくだりが印象に残っています。

それは二〇〇三年の「新聞記者の仕事」ですね。あれは一年後輩の長岡昇さんのことです。一緒に県警を回っていた。警部事件後、抜かれではなく特落ち続き。朝日だけ落ちる。載らない。長岡さんはそういうとき、まず「世界史の流れには影響しません」と言って、「すぐ追っかけましょう」。これは大事なことで、特落ちが続くとがっくりくるけれど、抜かれたショックを小さくするために扱いを小さくする、あるいは無視するというのは、判断を誤らせるきっかけになる。ベタでも、2段3段の記事でも、必要と思ったら、社内の評価に左右されずに追いかける。そうしないと、全体の流れの中で取り残されてしまうことがあります。

長洲県政を取材、米軍ジェット機墜落事故の遺族と交流

――神奈川県政担当というと、長洲一二知事＝一九七五年に初当選、九五年までの五期二十年＝の「革新県政」の時代にあたりますね。その頃の印象に残る出来事は。

七七年の米軍ジェット機横浜墜落事故で子ども二人を失い、自分も大やけどを負った土志田和枝さんという女性がいて、あるとき、私がその病室に呼ばれました。たぶん、長洲知事の政策秘書で、私と親しかった蔵隆司さんの関係から頼まれたと思います。その土志田さんは事故後、離婚していました。病室に行くと預金通帳を見せられて、そこには億単位の金額があった。

――事故の補償金でしょうか。

そうでしょうね。誰かに話を聞いてほしかったんでしょう。

彼女は大やけどで生死の間をさまよい、意識を回復してからも入院して治療を受けていました。旦那さんはその間、子どもさんが亡くなったとひとことも言わなかった。それが耐えられないわだかまりとなって、離婚することになったんです。

補償の協議に出てくるのは防衛施設庁。その担当者と最初に会った時のことを土志田さんが話すのを、私は聞きました。土志田さんは、施設庁のその職員が「本当につらいでしょうね」と私の手を握ったんですよ、と言ったんです。その憎しみ、苦しみ、偽善に対する怒り……。まもなく土志田さんは亡くなりますが、関係者で本（追悼集）を作って出しました。そのとき協力したのが緑区選出の伊藤茂代議士、蔵さん、それと私だった。かなり深いおつきあいをさせて頂きましたね。

米軍の事故の犠牲になって、普通の交通事故なら加害者（第一当事者）が責任を問われるが、米軍

には責任を問えない。防衛施設庁が代わって出てきて手を握る。そのザワッとするような嫌悪感。私は土志田さんと二回しか会っていませんが、その時の、締めつけられるような思いは、よく覚えています。これは、だいぶあとの九〇年代に沖縄問題を取材するときの姿勢につながりました。

長洲県政は功罪あったと思います。私の印象に残っているのは、自民党の政治家に取材したとき、長洲氏を評して「あなたは政治家だろう、と言うとあの人は学者になる。あなたは学者じゃないか、と迫ると政治家になる」と言っていたことです。これは、気をつけなきゃいけない。あり得ないけれど、もし自分が政治家になるなら、文化人というのを口実に使っちゃいけない。政治家として泥をかぶらなきゃいけない。逆についてもそうです。自分に逃げ道を残してはいけない、ということなんです。

【証言・高橋和志さん】新人時代の外岡記者

（たかはし・かずし、元朝日新聞編集局長補佐、東京整理部長。一九七六年朝日新聞に入社して新潟支局に配属され、外岡さんの一年先輩）

マッチョな美青年、外岡記者

――外岡さんのお話では、朝日の先輩は優しい人が多かったとか。

確かに、私の経験でもしごきみたいなことは一切なかったですね。みんな親切でした。これは新潟支局の人たちのキャラクターもありました。読売の新潟支局にも私と同じく新人がいましたが、一年くらいで耐えられずに辞めていましたね。

外岡さんは鳴り物入りの入社でしたよ。なにしろ通信部長（地方取材網を統括する）が着任する外岡さんを引率してきましたから。着任日には、支局でよく使っていた「のとや」という古い旅館で歓迎会がありました。

外岡さんは通信部長と並んで、床の間の前の座布団に正座し、タバコをプカプカふかしていた。輝くような美青年でしたね。あと、大変マッチョで「青白き文学青年」の先入観とは全然違う、たくましい体つき。彼は大学でアメリカンフットボールをしていて、肉体労働もやっていたそうですね。

トリ小屋の彼の本棚にルイス・フロイスの『日本史』の文庫があって「へえー、こういうのを読むんだ」と思ったのを覚えています。

――外岡さんご本人は「新聞記事が下手だった」と新潟時代を振り返っておられますが。

みんな彼は原稿うまいなと思っていましたよ。新人は交通事故なんかの原稿から始めますよね。彼は事件事故の原稿でも難しい漢字をいっぱい使う。「こんな漢字知ってんのか。すげえな」と思うような字を。

鮮明に覚えているのが、福島潟（新潟市北部の湖沼地）であった「福島潟紛争」と呼ばれた減反闘争のときの原稿です。新潟は農民運動の伝統があるから社会党支持も強くて、それは越山会が強いのと同根ですね。そのとき外岡さんが書いた原稿は「へえー」と思いましたね。コメ余りで生産調整された耕作地が草ぼうぼうで荒れ果てた土地になっている。そこの描写で、農民の話を書いていって、「彼の視線の先にあったのは荒れ果てた土地だった」というような文章で、その日は日曜で、私は泊まりか留守番かで支局で原稿を受けていました。日曜は支局長が原稿をみるのが普通で、中川昇三さんが読んで「うまいなあ、高橋」と同意を求めてきましたよ。

それと中川さんの指示で、新潟はなぜこんなに酔っ払い運転が多いのか、という連載を五回やったことがあります。連載は支局長が原稿を見る伝統だったのでしょう。外岡さんは酔っ払い運転の前歴がある人が受ける自動車教習所の講習のルポなどを担当しました。「霧雨が煙っていた」というような書き出しで、こういう表現は独特だな、と思いました。また、彼は七七年十一月の横田めぐみさんの事件のことを悔やんでいるけれど、行方不明から何か月かのタイミングでちゃんと行方不明の謎を県版のアタマで書いていましたよ。

後の話になりますが、彼が東京編集局長になると聞いたときは「へーっ」と驚いたけれど、とてもいい人事だと思った。何といっても彼は怒らないし、人の悪口を言わない。とにかくデスクたちの話をよく聞きました。デスク会で丁寧に丁寧に話を聞いたうえで、明快に判断していた。一線の記者の話もよく聞こうとした。だから記者・デスクに信頼されましたね。

【証言・長岡昇さん】失敗した事件報道の教訓

（ながおか・のぼる　NPO「ブナの森」代表
一九七八年朝日新聞に入社、静岡、横浜支局、ニューデリー、ジャカルタ支局長、論説委員などを経て二〇〇九年、早期退社して山形県朝日町の小学校で民間人校長、山形大学プロジェクト教授を務めた）

神奈川県警覚醒剤警部事件の教訓

私は大学に入った頃は弁護士志望でしたが、ロッキード事件の報道に感銘を受けて新聞記者を志望するようになって、朝日に入りました。静岡支局の三年間で警察・検察・県政を取材して、いくつかの事件、知事に関係した疑惑や、発表に頼らず独自に調べる、いわば小さな調査報道を経験しました。東京社会部で山本博さんや田岡俊次さんたちがそういうキャンペーン的な調査報道をやって注目されて、まもない時期です。

八一年に横浜支局に異動して県警の署回り、一年先輩の外岡さんが司法担当で県警サブ、その上にキャップという体制でした。そこで、例の覚醒剤警部事件があった。

——しかし支局員が十数人いる横浜で、サツ担当が三人だけですか。

そうですよ。当時、事件には力を入れていなかった。デスクも事件はいい紙面作りには関係ないと思っている。体制が弱いという噂は隣の静岡でも聞いていたので、横浜に行くのは嫌だったんです。読売はたしか県警と署回り合わせて五人態勢でした。

あの報道の教訓としては、支局長とデスクとメインライター、ここに然るべき人が揃わないと、大きな事件や複雑な事件の報道はできない、ということです。県警キャップは、ライターとしては書ける人ではあった。でも、事件の経験はあまりなかった。デスクも社会部出身で文章のうまい人でしたが、どちらかというと軟派出身でした。

告発してきた女性は県警の監察官室に言っても相手にされず、それでマスコミに手紙を書いたんじゃなかったかな。ほかの社も知っていたと思います。しかし本格的に取材に乗り出したのは朝日だけだった。各社ともその警部が問題だとは分かっていたが、情報提供者の女性に暴力団の関係も推測されたりして、そのへんから模様眺めをしていた。

だから、キャップが女性の証言を聞いて囲い込み、外岡さんは県警と検察のカバーという形ですね。証言の裏取りはほとんど私がやりました。

この警部が何をしていたか、主な問題は三つありました。①覚せい剤取引とのかかわり②愛人でもあった情報提供者からの金品の授受③警部の自宅の新築問題(市街化調整区域で本来なら建てられない場所に脱法的に建てた)、の三つです。

このうち、金品は女性が警部に送ったという革ジャンパーの購入先である藤沢市のデパートを突き止めて、そこで伝票を調べて、警部のネームを入れた出入り業者の伝票まで確認できました。今では考えられないですが、当時はそういうものも見せてくれたんです。住宅の問題も、建設時は明らかに違法なので書ける。

問題は本筋の覚醒剤です。女性の証言を取っている。しかし、裏取りはできていなかった。私は取材を通して告発内容の六—七割は本当で、あとはあやしいと思いました。当時、旧知の静岡県警の幹部にも聞いたんです。一般論として「覚醒剤事件で一番難しいのは何か」と。それは「対面犯罪である」という答えで、「やった」「やらない」の話になって相手が否定したら、事実上証明は不可能になるということです。裁判になったときに否定・反論されたらどうか。私は無理だと思った。

だから書く順番としては、一発目は裏が取れた革ジャンパーなどの金品授受を書いて、そのあと自宅の問題を書いて、覚せい剤についてはその後に出てくるいろんな動きの中で、流れの中でたどりつけたら書く、という形にすべきだと思った。そういう意見を言ったら、デスクは言下に否定しました。今でも覚えていますよ。「それじゃ1面トップにならない」と。

外報部の「南北問題」先進国と途上国の格差

――横浜支局の数年後ですが、外岡さんと長岡さんは相次いで外報部へ。外岡さんは外報部の慣例や文化について語っていますが（第四章）長岡さんから見ていかがですか。

外岡さんが「書斎派と現場派」と言っていたでしょう。特に途上国取材は、地元メディアの信頼性も低く、地元メディアの報道に頼って記事を作ることがやりにくい。だから、途上国では自然と現場を重視するようになります。

外岡さんがニューヨークに行ったときに支局長だった金丸文夫さんが「テープ起こしは自分でやれ」とか「助手に頼るな」とか指示したそうですが（第三章）これは我々のように途上国に駐在する記者にすれば当たり前のことです。いわゆる先進国の特派員にはそうじゃない記者が多かった。金丸さんはテヘランの経験もあったし、そういうのを苦々しく見ていて外岡さんたちにそう言ったんじゃないですか。

特に面白いと思ったのが、湾岸戦争の前のイラクのクウェート侵攻のくだり（第四章）です。あのとき私は内勤で、カイロ支局長の松本仁一さんは「いつ戦争になってもおかしくない。何かあったら何時でも起こしてくれ」と開戦四、五日前には電話してきていた。たまたまその電話を私が受けて、引継ぎ帳にも書きました。Anytime War という雰囲気だった。しかし、その時にニューヨーク支局では国連担当が休暇を取っていたというのですから驚いた。実際に戦争になれば出ていくのはアメリカ軍なんだから。

それから、外岡さんがダーランに行く前に戦争保険の保険料を会社と交渉するくだりがあったでしょう。

あそこは読んで複雑な気持ちになりました。当時の外報部では、戦争保険なんて誰も考えていなかったし、出張する際も危険手当みたいなものもなかった。

——でも、たぶん外岡さんが提案したこともあって、その後みんな保険に入れるようになったのでは?

いや、これは私が言う「外報部内の南北問題」を象徴するような話だと思ったから。ベトナム戦争を取材した本多勝一さんとか、昔からずっと戦争保険とか危険手当とかなしで取材をしてきたわけです。「南」担当の記者が向かうことが多くて、とくにアフリカの記者が厳しかった。伊藤正孝さんとか松本仁一さんが書いた昔のルポを読むと、記者が死んだって遺体の回収も不可能だろうな、というような現場に行っている。私も「そんなもんだろう」と思っていた。

私も九二年からニューデリー特派員で、内戦中のアフガニスタンに十数回行きましたが、一回一回遺書を、カミさんに「何かあったらこうしてくれ」と書き置いてカブールに行きましたよ。それが、戦地とはいえ、アメリカから行って米軍に守られている特派員が戦争保険だって〜と、理不尽に感じましたね。

その後だいぶたってから、彼は編集局長になりましたが、やりにくかったと思いますよ。局長といっても人事権はないし、直接の部下がいないから。組織というのは自分が使える人間を育てて、飛ばしたり、とりたてたり、意地悪したりやさしくしたり、そうやって上に立つ。そういう人間を使って動かしていくもんでしょう。外岡さんにはそういう手足になる記者はいなかった。

あるとき外岡さんと飲んでいて「何を楽しみにして生きてるの? 趣味は何?」と聞いたことがある。そしたら、しばらく考えて「沖縄」と答えた。あきれましたね。「それ、趣味じゃないでしょう。仕事でしょう」と言ったら、彼は不満そうにしてましたけれど。

彼は結局、「天声人語」を書かなかったでしょう。会社は彼に書かせようと育ててきたわけで、「それを書かないというのはいかがなものか」と言ったこともある。「二回も世界一周をした記者って、あなたくらいでしょ」と。そうしたら彼はボソッと「実は三回だ」と。

——でも、外岡さんは頼まれて編集局長を一年半やりましたし。

まあ、そうですね。局長をやったからそれでチャラということでしょうね。

第二章　疋田桂一郎氏の教え

一九八三―八九年　東京学芸部「世界名画の旅」↓社会部

横浜支局から学芸部へ。「こんなに面白い世界があるのか」

八二、三年ころかな、社会部出身で学芸部長の佐竹昭美さんが勧誘で各支局を回っていて、横浜支局に来た時「行きたい」と手を挙げて、八三年八月に学芸部に異動しました。同期の篠崎弘さんが一緒で、部内で「学芸部に自分で手を挙げて来たのは十年ぶりだ」と言われました。

近年、学芸系の人気は高いそうですが、当時は学芸、科学、運動（スポーツ）を社内で「バルカン三部」と呼ぶ人がいた。つまり小所帯で、軽く扱われていたんです。しかし私は学芸部で企画記事の面白さを知ることができた。それまでは事件事故、発表もの、政治家の取材ばかりだったですからね。横浜での終盤は県政を担当して、当時の長洲一二知事にはかなり食い込んだ方だと思いますが、そういう面白さとは別の面白さが新聞にはあるんだ、と分かりました。

当時の学芸部は主な担当が家庭面、娯楽面、文化面と分かれていて、新人はまず家庭面の担当になって、次に娯楽、最後に文化という順番でやっていく場合が多い。デスクもこの三つの順に経験してゆくようになっていた。菅原伸郎さんがデスクで、先輩に中野正志さんがいて、このお二人にはいろいろ教えられたし、影響も受けました。

菅原さんは、家庭面に対する誇りをすごく意識していた人で、中野さんは社内で学芸の存在感を出さなければと思っていましたね。家庭面の取材は、発表資料がない。全部自分で考えなければならない。菅原さんには「何が流行しているか、通勤電車の中で人々を徹底的に観察しろ」と言われました。「流行の後追いをするな、流行を作り出せ」とも。テレビや週刊誌を安易に追っかけてはいけない。話題になって流行として後追いされるような記事を書け、ということです。

家庭面の最初の仕事が、夏休みの子ども相談室といった企画記事で、「人間にはなぜまゆ毛があるのか」というテーマでした。翌年の正月の企画では「最近の若者はなぜしゃがむのか」というテーマで、人類学者にも取材して書きました。「街のパレット」という企画では、色で流行を切るというテーマで、その頃の流行色が生成《きなり》色だった。そういう色が社会にどういう形で影響しているかという記事を書こうとした。流行色協会というところに取材に行って「流行色はどうやって決まるんですか」と聞いたら、正直な人がいて「その年に残っている繊維の染料で決める」と（笑）。困ったときは全部合わせて黒にする場合もあったそうです。

マガジンハウスに取材に行ったときに、アンアンの編集部とクロワッサンの編集部が隣り合っていた。「テーマをどう決めるのか」とクロワッサンの編集長に聞いたら、アンアンが「太らないには」という企画をやれば、こちらは「太っていて何が悪い」という企画をやる、と。流行やブームはそうやってできるんだ、と興味深かったですね。家庭面の取材は、こんなに面白い世界があるのか、と生き生きとやっていたと思います。

トップより市井の人の話を聞く原点になった家庭面

ちょうどそのころ、家庭面の大改革がありました。男女雇用機会均等法が導入されることになって、専業主婦のための家庭面ではなく、男も女も、働いている女も主婦も議論できるような紙面にすべきだ、ということになった。私は教育のページを担当することになって、「ＳＯＳが届かない」という企画を中野さんと二人でやりました。登校拒否の取材で山梨の施設に行って取材して、それから今までのタブーに切り込もうと、性教育に関するインタビュー記事を書きましたね。俳優の村松英子さん、テレビドラマ「３年Ｂ組金八先生」の脚本を書いた小山内美江子さんにも話を聞きました。中学生の校内暴力とか不登校が問題となった時期でした。

その関連の取材で、あるレコード会社に行ったとき、これから歌手で売り出そうとしている少年を紹介された。これが尾崎豊だったんです。私から見ても、ハッとするような輝きを持っていました。彼が亡くなった後のことですが、「尾崎ハウス」の大家さんの話や、初めて彼を見たときの印象をコラムに書いたことがあります（一九九九年二月十四日付朝刊４面「閑話休題」）。

作家の高橋治さんが直木賞をとって間もないころ、家庭面の記者が取材に行ったら、高橋さんから「なぜ文化面の記者が来ないのですか」と言われたそうで、高橋さんにすれば、映画の仕事から文芸・小説の世界に転じて直木賞も得たのに、という気持ちがあったのでしょうが、我々には「なぜ家庭面の記者をそんなふうに言うのか」と逆の意味での反発があったし、そういう気位とか気概みたいなものは強かったですね。

新聞も世の中も、大所高所からの視点とか、政治経済だけで成り立っているんじゃない。そういう意味で、家庭面は私の原点になりました。その後、社会部へ行っても外国へ行っても、何らかの渦中では、トップに近い人間に聞くより、現場に行って市井の人の話を聞かなければと思っていました。

学芸部の九鬼伸夫さんという先輩は、医者からいろいろ話を聞いて患者の質問に答えるという企画記事を担当していました。この人がすごくユニークで、マンガとか新しい文化に詳しい。その後、記者をやめて医者になりました。当時の連載マンガ「フジ三太郎」のサトウサンペイさんは、サラリーマン生活が長い人ではあったけれど、最近の会社員の生活や考え、意見が分からないということでした。そこで菅原さんが、若手の記者から話を聞く席を設けていた。若い記者たちが「最近こんなことがあった」というのをサトウさんに話す場です。

「新人類」という言葉がはやっていた頃で、フジ三太郎にも新人類の若者が登場する。このモデルが九鬼さんでした。ヘッドホンをつけて音楽を聴きながら原稿を書いたり、革ジャンにオートバイで出社したり、マンガにほぼそのまま描かれた。会社員的でない、自由な生き方。ああいうタイプの記者が残っていられる会社にはすごい魅力があるわけです。

若者のページというのを設けて、先ほど話したしゃがむ若者の取材もそうですが、篠崎さん、私、九鬼さん、岩崎進さん、松葉一清さんの五人が担当しました。京都にいる浅田彰さんのインタビューに行って「こんなに頭がいい人がいるのか」とびっくりしました。ポストモダンが登場しはじめた時期で、中沢新一さんもこの頃に出てきた。

浅田さんは、取材に答えて話す言葉がそのまま文章になっていた。書かれた文章のように実に正確にしゃべる。これには驚きました。インタビューの際、取材相手に「テープを録ってください」と言われたのも浅田さんが初めてでした。自分の言ったことを記者がまとめたり丸めたりせずに、正確に記事にしてほしい、という意味でしょう。浅田さんはそれ以前から一部で知られていた存在ではあったが、朝日が繰り返して紹介したことで、ポストモダンの旗手として世の中で広く知られた面があると思います。

「権威におもねるのは記者じゃない」アイデアをひねり出す

デスクの菅原さんはかつて映画の批評もしていて、日活ロマンポルノを取り上げた記事をよく書いていた。演劇では扇田昭彦さんが、天井桟敷や黒テントといった演劇集団を、全面的に一緒に走って発掘していました。学芸記者は自分で走り回って才能を発掘しなきゃいけない。何かの担当の記者になれば、黙っていても向こうから材料を持ってきてくれる。しかし権威におもね、権威に従ってプロモーションをするのは記者じゃない。今はまだ有名じゃない人、才能を探しに行って、見つけて書くのが新聞記者の仕事だ。そういうことを中野さんはじめ、みんなに言われました。

料理担当の村上紀子さんが隣の席で、この人にもずいぶんいろいろ教えていただきました。以前、料理の記事で手順を間違えて書いた人がいて、読者が記事の通りに作ろうとしたら、鍋が爆発したことがあったそうです。「気を抜かないで書きなさい、料理の記事は必ず自分で作ったうえで書きなさい」と村上さんは教えてくれた。「基本のき」の前、家事のイロハを学びに行く「男の腕まくり」という企画がありました。僕は魚の下ろし方やカレーの作り方を取材した。カレーは銀座四丁目に行く手前にある昭和通りのインド料理の有名な店で教わりました。タマネギだけをいためてペーストを作る方法だった。缶詰協会の方が千葉の御宿で民宿をやっていて、そこに行って魚のおろし方を教わったこともあります。

「服の標準サイズはどうやって決めるのか」という取材は面白かったですよ。これは標準モデルがいて、平均値に最も近い人を探し出す。そのA子さんならA子さんを呼んできて、天井からつるす。そして樹脂みたいなもので型取りをして、マネキンを作る。あのころデパートに取材に行く機会が多くて、デパートの事務所にあたる裏側が貧相で驚いたことがあって、あれは、わざとああいうふうに貧相に作っているのではないかと思いました。つまり、社員に舞台に出て行く意識を持たせるために。表の世界と裏の世界を分けていた。

学芸は僕にはすごく向いていました。企画を作る楽しさ、自由にやっていい雰囲気。そんな自由さは、他の部にはなかった。そういうところで本社の仕事を始めたことは、幸せなことでした。他の部だと、フィギュアスケートでいえば規定演技が多くて、自由演技はなかなか出来ない。社会部なら、遊軍になれば企画を立てられるけれど、まず方面、そして裁判所や都庁という担当を経なければならない。家庭面の場合は何をやってもいい。自分で企画をたてて取材に行く「これが新聞記者なんだ」という喜びを味わった。慶応大学を出て鷹匠になった若者を取材しに山形に行ったり、ワクチン被害が問題になったころで、ワクチンのリスクを考えることが必要だとキャンペーン的なことをチームでやったり、取材相手、テーマ、家庭面は何でもありでした。

記者クラブもないし発表もないから、待っていても何の記事も書けない。アイデアをひねり出す必要がある。そういう訓練を本社の最初に出来たことはすごく良かったですね。学芸は新聞社の中では雑誌に近いポジションと言えるでしょう。

「戦後の新聞の文体を作った」疋田桂一郎氏率いる取材班へ

八五年秋、学芸部に籍を置いたまま日曜版の「世界名画の旅」の取材班に入って、およそ三年、その仕事をすることになります。これは、横浜の支局長だった足立公一郎さんの推薦でした（経緯は朝日選書『新聞記者――疋田桂一郎の仕事』にも記述あり）。疋田さんがキャップで、チームを作って一年準備したそうですが、企画が始まる日が近づいているのにストックがない。そこで疋田さんが旧知の足立さんに相談して、比較的若い記者が二人呼ばれた。それが僕と、社会部の高橋郁男さんでした。横浜支局時代に僕が甲子園の担当で、優勝パレードの人波を押し返した姿を足立さんが覚えていて「あいつはどうか」と思ったらしいです。

学芸部にも絵の専門家はいたし、名だたる記者がチームに入って取材をしていたんですが、疋田さんがことごとくボツにしていた。「水準に達していない」と。取材したが一本の記事も載らなかった、という人がかなりいたそうです。それだけ厳しい人だったし、また社内でそれだけの余裕が許されたのは、疋田さんだったからでしょう。学芸部の先輩の中野正志さんに取材班入りを話したら、「君、それは大変なことだ。疋田さんは戦後の新聞の文体を作った人だぞ」と言われました。

僕らのあとで、社会部から穴吹史士さんと清水建宇さんが取材班に呼ばれましたが、「天才穴吹」と言われた穴吹さんだって、かなり緊張していた。清水さんは、当時の社会部長だった柴田鉄治さんに「とにかく原稿が通ればそれでいいから」と言われてきたそうです。高橋郁男さんは僕より五年くらい上で、社会部で捜査二課担当をやったあと、いずれ遊軍長になると目されていた。それと、僕らより前から、社会部の高木敏行さんがキャップ格で取材班に入っていました。

企画が始まる三週間ほど前、疋田さんにまず「世界名画の旅」初回の刷りを見せられて、「感想は？」と聞かれた。疋田さんがお書きになったピカソの「青の時代」（作品名は『自画像』）。読んでショックを受けた。僕は、新聞でこういう文章が書けると思っていなかったから、あぜんとしました。こんな文章を書く大先輩がいるのか、と。これ以外では書けないという表現、描写の的確さ。それをぴたり、ぴたりと使っていることに驚きましたね。学生のころから美術館に行くのは好きで、本も読んで、いくらか知識はあるつもりでいたが、ピカソの「青の時代」から始めるというのも驚きだった。「名画の旅」の二十年前に、「世界名作の旅」の企画があって、これも読みました。疋田さんはこの取材にも参加された。この時代（一九六〇年代）によくこんな文章が書けるなと思った。すごい内容だった。『罪と罰』の回でラスコリニフの下宿跡へ行って、金貸しの老婆のところへ行くまでの歩数を歩いてはかって書いていました。森本哲郎さんはヘミングウェイの『キリマンジャロの雪』を書くのにサファリを仕立てて行った。深代惇郎さんも書いているし、守山義雄さんはサマセット・モーム（『雨』）だけで三回書いている。重厚な、息がつまるような文章。この「名作の旅」はぜひ読むといいです。

「名画の旅」取材は映画作りの手法に似ていた

そのころ疋田さんは編集委員室にいて、そこに僕らがコンテを持って行きます。月に一回、神保町のバー「カントリー」の二階を借り切って、この企画の顧問的な立場で、解説文も書かれていた美術史家の高階秀爾さんをお呼びしてアドバイスを受けていた。「この絵で行きたいのですが、ストーリーはこういうふうに」とお話しして、高階さんに「それはいいですね」「その画家はちょっとどうか……」といったご意見をいただくわけです。

取材を始めるにあたって、疋田さんには「一か月半かけて世界中どこへいってもいい。一か月半の取材で五本書いて下さい」と言われました。だから、記事中ではひとつの取材を完結させる形にして「そして私は〇〇へ向かった」というふうに書いていても、実際にはひとつの都市、ひとつの場所で複数回分の取材をしていたんですす。あとで分かったんですが、これは映画の作り方と同じですね。映画は絵コンテを作って、ロケハンをやって、この部分はここで録ろう、と決める。二人の俳優がからむシーンが必要なら、俳優を拘束できる時間は限られているので、いっぺんに撮影してあとで編集する。

疋田さんはコンテを重視しました。例えば私が書いた『モンパルナスのキキ』（キスリング）なら、エコール・ド・パリについて調べる。取材先を決めて、ストーリーの展開まで。つまり、あらかじめ話を作っちゃう。コンテにモジュールのように取材スケジュールを落とす。それを求められました。取材から帰って原稿を出した先輩たちが、次々に「一本しか通らなかった」「二本しか通らなかった」と話している。それを見ていると緊張しましたね。僕らが取材に出かけたのは八四年の十一月で、高橋さんと同じ便でパリに向かいます。

「仮説を持って現場に行きなさい」疋田さんの教え

「名画の旅」で疋田さんの要求水準はものすごく高かった。たぶん年齢的にこれが疋田さんにとって最後の企画になるということで、恥ずかしいものは出せないということと、この企画で「自分が記者生活で獲得したものを伝えたい」というお気持ちがあったと思います。実際にこの企画が終わってまもなく、疋田さんは定年になられた。だから疋田さんの弟子はたくさんいるけれど、自分が一番下の弟子のつもりです。

取材班の事務局は田島梅子さんで、世論調査に長くいた人でした。この人は我々のお姉さんみたいな存在で、特に絵のネガの入手などで大変お世話になった。どのネガがいいかというのは原版を見ないと分からない。そして紙面の刷りをみて「もうちょっと青を強く」などと記者が要求する。「この色だ」と記者が確信を持てないとダメです。

なぜ疋田さんがコンテやスケジュールを細かく決めてから取材に行くように指示したか。「漫然と外国に行って見聞きして、それを紀行文風に書いてもダメです」ということです。あらかじめ、仮説を持って現場に行く。それが現場でくつがえることもあるけれど、そうしないと何も得られないまま、散漫な文章になる。特に「名画の旅」は日曜版のフロントのページだから、導入部が大事で、読者に次のページを開いてもらわなきゃいけない。最後まで、こういうことを言おうとしているというものがなければならないわけです。

色とりどりのハンガーに服をかけるには、洋服ダンスにバーをかけなければならない。バーが通っていることが大事なので、あらかじめ、バーを出発する前に考えておく。その仮説は崩れてもいいが、その準備をしておかないと、何も得られず終わってしまう――そう言っておられました。

疋田さんが伊勢湾台風（一九五九年）の取材をしたときのことを、その当時名古屋にいた藪下彰治朗さんが書いておられます。疋田さんは被害が出てからかなり時間がたったあとで取材に来て「いくら文章がうまい記者とはいえ、今ごろ何が書けるのか」と思っていたら、疋田さんの記事が出て、みな声を失ったそうです。疋田さんは「それまでの報道で現地の惨状を見聞きして想像して来たが、違っていた」ということを書いた。工場は高台にあって、会社の上層部の人も高台に住んでいる。低いところに住んでいる工員の犠牲が多かった。そこに被害の階層性がある。そこから名古屋の都市計画の歴史を書いていった。記者は被害のひどいところを選んで取材していた。報道はあるものを選択して、拡大してズームアップするが、全部が全部そうではないわけですね。

「こうだ」とあらかじめ想像して行きなさい、と疋田さんは言われた。行ってみたら想像とまったく違うことがある。そこで壁に突き当たるが、それこそニュースである、と。取材のときには「こういうことで取材をする」という明確な目的を持って行かないと、何も書けない。

多くの読者は偏見や先入観に満ちている。それが現場に行って違っていたら、そこがニュースになる。これは疋田さんが長い間に培った方法論なのでしょう。

新聞記者は野次馬のプロでなければならない

疋田さんの原稿指導は「三行目のここのテンですが、こちらの方が良くありませんか」というように、六十歳近い記者が三十歳そこそこの新人に近いような記者に、丁寧語を使って指摘します。僕が最初に出したのは『モンパルナスのキキ』の原稿ですが、モデルの女性が地下鉄の駅に降り立った、と書いたくだりがあった。原稿を読んだ疋田さんに、最初に「この時代に、モンパルナスに地下鉄はありましたか？」と質問されました。

ガーンときて、「あー調べてなかった」と目の前が真っ白になりましたね。そのあと何を指摘されたか、覚えていません。あとで調べたら地下鉄はあったんだけど、あるだろうという思い込みで書いていた。あらゆることは、自分の目で見ないうちは信頼してはいけない。自分の目で見たことを確認して書きなさい、ということです。

この取材で、私の「名画の旅」の記事は四週続けて掲載されました。高橋さんと合わせると二人で九本連続です。二人とも出した原稿はすぐ使っていただいた。疋田さんはえこひいきする。いいものと思ったら、徹底して使います。疋田さん自身、記者生活の中で、ある意味ではえこひいきされた方で、田代喜久雄さんが社会部長・編集局長のときに、疋田さんと本多勝一さんをえこひいきした。自分がされてきたことをする、ということになったんじゃないかと思いますね。当時の私の原稿を四本続けて使うのは、普通は考えられない。私にとっても、そんな経験は以後もありません。

キャリアを積むと、驚きがなくなる。記事にもそれが出てくる。それを疋田さんは嫌ったと思う。新鮮な感動、発見が人の心をゆさぶるということを考えていたと思います。「新聞記者は野次馬だ」とよく言いますね。しかし野次馬でも、野次馬のプロでなければならない。野次馬に慣れてしまうと、興味を持つとか感動するとかが難しくなることを意識する必要がある。私は、あとがない状態で取材に出されたから、失敗したら自分のキャリアはこれで終わる、という覚悟でした。与えられた最初で最後のチャンスと思いましたね。その緊張感が最後まで持続した。そこは疋田さんが肌で身につけた、新聞作りの手法だったのかもしれません。

「新聞は普通の日本語の文章で」無味無臭がよい

疋田さんは、新聞の企画作りを職人として身につけてきた人で、それ以外のことを考えなかった。普通ならバランスをとって、ベテランの書いた原稿をボツにしない。そういうバランスは考えずに、これがいい原稿と思ったら載せる。

僕は右も左も分からないで行ったので、疋田さんの言う通りにやりました。疋田さんの記事を何度も読み返して、疋田さんのお眼鏡にかなうような原稿を書こうとした。僕の「名画の旅」の原稿は明らかに疋田調の文章になっています。取材班の他の人は固有のスタイルを持っていたから疋田さんのまねはできないが、自分にはそういうものはなかったから、疋田調のまねができた。

疋田さんの文章は、新聞の文章じゃないんです。体言止めはしない。「やってはいけません」と言われました。普通の文章で新聞記事を書きなさいと言って、無味無臭の文章を理想としておられた。

「新聞は普通の日本語の文章で書いて下さい」と言っていた。

それから、例えば政治家の発言などで、カッコで（○○）と言葉を補う書き方、「それはいけません」と。本人が言っていないことを、文脈を読んで書くようなことをするから、新聞の文章は普通の文章じゃなくなってくる。言葉を補う必要があるなら、質問して本人に言わせるべきだという考えです。用字制限とかはあるけれど、あえて古風な文章を使うこともあった。ある意味で格調のある、繊細さのある文章でした。

また、人間心理に通じた人で、取材旅費の仮払いは多めに申請しなさいということもあった。余ったら返しなさい。すると経理の人は「返してくれた」と喜ぶと。逆に少なく仮払いして追加申請すると「またたくさん請求して」と思われる。そういうことまで教えてもらいました（笑）。

疋田さんは自分にも厳しいし他人にも厳しいから、快く思わない人はいたと思いますが、そういう厳しさを最後まで貫いた。「自分は職人です」と言っていました。江戸っ子の気質というか、そういうところがあった。司馬遼太郎さんとたしか年が同じです（司馬氏は一九二三年、疋田氏は二四年生まれ）。権威や権力にものすごく批判的な精神を持っていた。リベラルだった。後輩にも上にも同じ態度で接した。リベラルをスタンスとして生きている人。映画『大統領の陰謀』でワシントン・ポストのブラッドリー編集主幹を演じた俳優（ジェイソン・ロバーズ）が、そういう雰囲気があって格好良かった。こういう雰囲気の人が日本にいたんだ、と思いました。

疋田さんは私にとって新聞記者のロールモデルであり、師匠であり、このように生きたいと思う人です。日本のふつうの新聞記者像とは、かけ離れていた。

——疋田さんは外部の媒体に書かなかったし、昔は署名記事も限られていたから、現役当時も世間に知られていなかったのでは。外に書かないのは疋田さんの矜持でしょうか。

疋田さんが外に書くことをしなかったのは、自分は新聞を作る職人でありたいと言っていたことと関係あるでしょう。外の人は疋田さんを知らないけれど、読者は疋田さんの記事を読んでいる。長期連載の「自衛隊」にしても、「NHK」にしてもそうですね。NHKの広報が記事を読んでびっくりしたというから、これらの記事は、ある意味で読者には驚きだったでしょう。一九六〇年代から七〇年代にかけて、朝日の評価が高かったのは、疋田さんの力が大きいと思いますよ。

疋田さんはとにかく紳士なんです。怒っているのを見たことがない。終始にこやかで、おだやか。ただ、原稿に集中するときは、声をかけられないような後ろ姿だった。編集委員室で、ある記者が口笛を吹いたことがあって、その時は「やめてください」と怒鳴ったそうです。編集委員室のかなり広いスペースを使っていて、本棚があって、テーマが変わるごとに本棚の内容がそっくり変わる。高階先生を迎えてお話をするのを聞いていると、「大人の会話ってこうなんだ」と思いました。それまで新聞社では聞いたことがない会話でしたね。酒脱なんですよ。落語家の名人の話芸とか、そういうのを聞いているような感じでした。僕が若かったせいもあるでしょうが。

海外どこへ行ってもいい、という機会を与えられて、この企画ではどうしても欧米ばかりが登場することになるので、アジアをやろうと思いました。それが、若手で体力がある自分の役割だと。三か月かけて、西安からシルクロードを通って、タクラマカン砂漠を抜けて、クンジュラブ峠を越えてパキスタン、インドへ、さらにアフガニスタンへ向かった。当時はソ連のアフガニスタン侵攻後のナジブラ政権で、ゲリラとの対立があった。パキスタンのペシャワールで難民キャンプを取材して、イラン、イラク、シリア、トルコ、ギリシャと進んでいきました。

資料を山のように背負って、中国から手書きで原稿を送り、その後も行く先々で原稿を書いて送った。それがひとつの転機で、何十カ国も行かせてもらったことは僕の基礎になりました。知らないところに行って、当時はほとんど通訳にお願いしていたけれど、海外どこへ行ってもなんとか取材できるというような基盤ができたと思います。

前後しますが、「名画の旅」の前に、学芸部の企画でインドへ行きました。これが僕の最初の外国で、学生のころ外国へ行ったことがなかった。それは旅芸人の企画で、篠崎さんが韓国へ、僕はインド、ネパールに。小沢昭一さんを連れてインドに行って、タイとラオスの国境付近も歩いた。そのころからアジアに関心がありました。

この「名画の旅」のあと、僕は社会部に行くことになります。高木さんが直接動いたけれど、決めたのは疋田さんでしょう。

疋田さんに教わったことを伝えたい

疋田さんには伝説めいた話がたくさんあって、これは都市伝説だと思うけれど、自衛隊取材のとき柴田さんが、あんまり原稿が通らないので、疋田さんを窓から突き落とそうとしたという（笑）話が社会部で語り継がれていた。高橋さんが疋田さんと飲んだときに直接「この話は本当ですか」と聞いたら、疋田さんは「私は柴田さんが窓から飛び降りるんじゃないかと心配して、窓際に席をとっていたんです」と答えたんです。

「支店長はなぜ死んだか」が出たとき、社会部に非公然取材班が結成されて、疋田さんが書かれた内容のウラを取って歩いたが全部正しかったとか、政治家になった秦野章氏が警視総監のときに疋田さんが取材に行って、事前に調べたかなりの量の資料を傍らに置いて、疋田さんがトイレか何かで席をたった際に秦野氏が資料をのぞくと、自分のことを克明に調べてあったので観念して、聞かれたことは何でもしゃべった、という話もありました。

――そういえば、穴吹さんが書かれた記事で、謹厳な疋田さんに「読者が笑い出す記事を書いてみたい」と恐る恐る申し出たら、疋田さんはにっこりして「それはいいですね」と意外な返事が、という話を読みました。

そうそう、疋田さんはユーモアがある人で、疋田飯場のみなさん、高橋さんや穴吹さん、高木八太郎さんらがしょっちゅう疋田さんをお呼びして、飲みに行っていた。穴吹さんはああいう人だから、疋田さんをおちょくる。すると疋田さんはすごく喜ぶ。

若い頃は自分を恃む気持ちが強いから、誰かをまねるとか師と仰ぐとかはしません。僕は疋田さんをまねしました。まねすべきモデルを早いうちから与えていただいたのは、幸運だったと思います。疋田さんは威張る人間を嫌う人でした。権威主義に対してすごく反発する。それは、軍隊の時の経験から来ていたのでしょう。

――疋田さんのお名前や業績を知る人は、今は朝日でもあまり多くないでしょうね。

僕は初心者が先生の真似をするように、文章も丸写しみたいにしたし、僕の生き方も疋田さん抜きには考えられない。何かを考えるときは、疋田さんだったらどう考えるか、と思い巡らします。大学で文章論を話すときも、十勝毎日新聞の記者講習に行っても、疋田さんから教えられた通りのことを話している。疋田さんから吸収したことを、誰かに伝えないともったいない。僕が十勝毎日に行って話をしたり、あなたにこうやってお話をしたりする一番大きな理由は、疋田さんに教えられたことを伝えたい、ということです。

中原清一郎のペンネームで二作目の小説を発表

――ところで、学芸部におられた八六年に二作目『未だ王化に染はず』をペンネームで出されました。これは、どうしても小説を書きたいという気持ちがそこで……。

いや、そうじゃないんです。文藝賞を受けたとき、『文藝』の寺田博さん（名編集者として知られた、当時編集長）に受賞第一作を書くように言われて、一か月くらい部屋にこもって、書こうとしました。しかし三百枚くらい書いたところで時間切れになり、朝日に入社ということになった。寺田さんには「このままでは出版は無理」と言われて、私は「必ず完成させて読んで頂きます」と約束した。一方で、入社試験の役員面接のときの「当面、小説は書きません」という約束もありました。

あの小説は学芸部のころ、時間があるときに書き続けて、インド、タイへの取材をした時期、発刊の二年前くらいには仕上げていたんです。寺田さんにはお送りして、返事はなかったんですが、それから一年くらいたって「読んで頂けましたか」と問い合わせたら「出版しましょう」ということになりました。

しかし社内的には「当面、小説は書かない」と言っていた事情もあって、それを寺田さんにお話しして、ペンネームにしたんです。一切の宣伝もなく、誰が書いたか分からないようにしてくださった。中原清一郎の名は、私が中原中也を好きだったのと、清一郎の方はたしか寺田さんが考えてくれたと思います。寺田さんには「ペンネームを使うのはいいが、それなら一生使いなさい。それくらい重いものだ」と言われました。

――それで退社後の小説も中原名ですか。

まぎらわしいが、そこはケジメをつけておいた方がいい。ジャーナリズムの仕事と小説は分けた方がいいと思いました。

東京社会部で池袋署のサツ回りから

——八七年六月から社会部での取材に入りますね。

社会部では型通り、最初の担当は方面・警察回りで、私は五方面（池袋署が中心の地域）でした。ご存じのように、社会部は最初に方面か立川支局で、そのあと警視庁、裁判所、都庁といった記者クラブ担当になります。書ける記者はその後、文部省や厚生省、運輸省、防衛庁（いずれも当時）などの省庁担当になり、そこで徹底的に書いて、そのあと遊軍の中心になって、キャップになって、支局も合わせてデスクを五年くらいやる、というキャリアパスみたいなものがありました。

しかし、私が方面をやったのは数か月くらいでした。あとから知ったことですが、私の場合はすぐ裁判所クラブに行かせると決まっていたらしいんです。「世界名画の旅」で一回目から疋田さんのスタッフだった高木敏行さんが社会部で司法キャップをやっていて、高木さんの意見で私を社会部へということになった経緯からでしょう。

池袋署には各紙とNHKの記者が全部で七、八人いて、朝八時から九時くらいに集まって事件警戒の電話をかけて、事件があったら夕刊に送る。また、大きな事件があったら招集がかかる。久しぶりに記者クラブに出て、他社の記者としゃべったり飲んだりするのが楽しかったですね。他社の中には朝、クラブに着いたらまず冷蔵庫を開けてビールを飲む、という人が二人ほどいました（笑）。

——外岡さんより年上ですか。

いや、同じ年くらいか、下かもしれない。あれじゃアル中になっちゃうと思った。それを見てから、昼間は飲まないようにしましたね。その後みんな、どうしてるのかな。

方面時代の思い出といえば、管内に後楽園球場があって、警備と称して大きなコンサートに行くのが楽しみでした。私が新潟支局にいたころ有名なキャンディーズの解散コンサートがあったし、あとベイ・シティ・ローラーズが来た。警備で混乱が起きるかもしれないので取材に行くわけです。マドンナ公演は台風で中止になって、ニュースとして大きく扱われた。それから五方面には目白の田中角栄邸の張り番という仕事もあって、何日間くらいだったか、脚立の上に乗っかって邸内をのぞきながら張り番をしました。（田中元首相は八五年に脳梗塞で倒れてから公に姿を見せなくなり、一方でロッキード事件の裁判は続いていた）

この頃、石原裕次郎が亡くなって、たしか慶応病院でしたが、行くように指示があって、渡哲也たちが病院の講堂で記者会見するのを取材しました。

役所の不祥事取材で社会部の「けんかの仕方」を学ぶ

当時の遊軍キャップが僕を試されたのかもしれないけれど、省庁の外郭団体の不祥事を取材したことがあります。外務省関係だったかな、要するに今でいうパワハラで辞めさせられた人がいて、その人が録音したテープを朝日に持ち込んだ。そこで遊軍キャップに「そのいじめた上司のところに行って、確認を取ってこい」と私が命じられた。その団体に行って「あなたがこういう暴言を吐いたと告発があった」と迫ったけれど、最初は認めなかった。そこでテープを聴かせたら相手の顔色が変わり、「すみませんでした、言いました」と認めました。

私が取材している間にキャップは監督官庁である外務省の課長クラスと話をつけていたんですね。「今こういうことで記者が取材に行っている」と伝えたら、その相手は「分かった、辞めさせざるを得ないが、諭旨免職にさせてくれ」と。懲戒免職だと退職金が出ないから。その課長は、キャップの大学時代の友人だったとあとで聞きました。

こういうやり方もあるんだ、というのは発見でした。「なるほど相手の手の内を分かったうえで、こうやってやるんだ」と。横浜支局での覚醒剤警部事件のときに、警視庁クラブ経験のある川崎支局長が「事前に警察庁と話をつけておくべきだった」という意見でしたが、取材班の中では「それは違うんじゃないか」という反発が強かったんです。証拠を握っているのだから、とことんがんばれるはずだと。その経験を思い出して「社会部のけんかの仕方はこういうふうになっているのか」と思った。それがいいとも悪いとも、言いませんけど。

「ここまで書く」という通告をしたうえで処理する。それはある意味、なれ合い的ですが、それによって後腐れがなくなる。本当にけんかするというか、ウォーターゲート事件の報道のように、倒すか倒されるかというような記事を書くときは、こういうやり方はできないですね。しかし、新聞記者のルーティーンの中でこういう場合もある、というのは発見でした。

「単独で取材して書く」最大集団・社会部の文化

社会部を通して新聞社の中核を見る機会を得て、これは面白かったですね。方面はずっと署にいるし、その後は裁判所に行きっぱなしで、ほとんど本社には行かずにクラブにいるという生活だった。その後ニューヨークに行って東京に戻るときはAERA（アエラ）で、そのあと社会部に戻っても論説兼務。結局、ずっと本館五階（編集局）には自分の机がなかった。新館の取材飯場にいたことはあるけれど。本館五階に机を持ったのは、編集局長になったときが初めてでした。だから五階がどう動いているか、まったく知らなかった。いかに僕が異端だったかということです。

印象として言えば、社会部は会社の最大集団ですね。東京社会部の場合、立川支局などを合わせて百何十人いる。東京でも政治部・経済部はそれぞれ六十―七十人くらいのもので、いかに社会部が大きな規模であるかということです。当時、朝日全体で取材記者は二千五百人くらいいて、四本社の社会部と、社会部的な仕事という意味で地方の記者を合わせると、二千人くらいにはなる。とりわけ東京社会部は、抜ける記者か書ける記者が集まっていると言われていて、たしかにみなさんすごかった。そこで活動するのは、すごくタフなことでした。

社会部を出てからのことですけれど、企画などで他部の記者と取材をする機会が多くなって、それぞれの文化・伝統がまったく違うということが分かってきました。つまり政治部と対比すると、政治部はメモ文化で、情報を部内で共有する。取材メモを集めて、キャップやデスクが原稿を作ります。

社会部は情報を知った人が単独で、一人で書くのが基本ですね。メモも他の人に見せない。社会部内で別の縄張りの人が来ても、メモを見せないことがある。警視庁クラブと裁判所クラブとかね。メモは、取材源と一体のものだから部外に絶対漏れないようにするのが不文律で、キャップやデスクにも見せないことがある。口頭報告で済ませる。政治部でそれをやったら記事は書けない。

厚生省、文部省、防衛庁のように社会部と政治部がどちらも記者を置いていた省庁がありますが、概して仲が悪くて情報を共有していなかった。それくらい文化が違います。

その後だいぶたってから、四十代のころ、ある社内の仲良くなった人に教えてもらったことがあるんです。社長は五年がひとつの任期で、政治、経済出身者が二期、つまり十年ずつ、たすきがけでやる慣習があると。社会部から社長は出ない。社長はだいたい東京の編集局長を経ていて、その前は部長になっていて、その前は筆頭デスクをやっている。十年単位であと何年後ということを考えて、逆算するとおのずと政治・経済では候補者が絞られてくる、という。だから、三十代から自分は社長になると思っている人がいる（笑）。候補者が筆頭デスクになるころから、部内でその回りにグループができる。「この人についていた方がいい」と。この話を聞いて愕然としましたね。

経済・政治は集団の母数がそんなにないから、そういうことも起こるんでしょう。それでも部内で社長候補が出来れば、反主流派も必ず出来ると聞きました。そして政治・経済の主流派は社会部を二つに割って、そのどちらかを味方につける。社会部はいつも二つに割れている。派閥が出来る。だけど社長にはなれない。

この話を聞いたのは四十代半ばすぎでしたが、ある意味であきれましたね。人事にも社内的な力学にも関心なかったですけど、この話を聞いたころから人事に興味を持つようになりました。沖縄問題などで取材班のキャップ格になる機会が増えてきて、やはり自分たちの取り上げる記事を大きく扱ってもらいたい。どういうタイミングで、社内のどこをどう押せば、ということに関心を持たざるを得ないから。

とにかく各部の文化はある意味では百年以上、少なくても数十年かけて作った文化だから、簡単には変えられない。このあたりは省庁に似ていますね。メッセンジャーDNAというか、取材相手側の体質、中央官庁の体質、政治家の体質などが何十年もかけて引き継がれてきたようなところがある。これは、ジャーナリズムとは全然違う。簡単には変えられないが、変えていかないといけない。

例えばマル暴（暴力団）担当の刑事が、マル暴に似てくることがあるでしょう。朝日の若い記者らが紺やグレーの背広を着て歩いていると、「インテリヤクザ」とはよく言ったもので（笑）コワモテでその筋のひとに見える。そういうことは、学芸部にいたときには思ったこともなかったですね。

最高裁担当、司法試験改革と陪審制の検討で特ダネ

裁判所クラブでは当時、松本正さんが最高裁担当で、僕はその後継ぎになるということに決まっていて、まず短期間、高裁担当をしました。僕は法律を大学で勉強していたということで、そうなったらしいんです。実際にはあまり勉強していなかったけれど（笑）、役に立ったのは民事・刑事の訴訟法の知識ですね。手続き法について。これはわりと、すっと入っていけた。大学の勉強が直接取材に役に立った珍しいケースです。

当時の司法キャップの高木敏行さんは、いい意味でとても合理的な人で、宮内庁担当のとき皇室記事の敬語の使い方を整理した。ひとつの文章にひとつ敬語があれば十分だと。親分・子分的な人間関係からも遠い人でした。松本さんは僕につきっきりになって最高裁の取材の仕方を教えてくれました。

ふつう裁判の取材では裁判官の自宅に夜回りに行ったりしませんが、当時、最高裁の裁判官は夜回りに応じていた。長官のところにはめったなことでは行けないけれど、判事は自宅回りが出来て、判決が出る前にはだいたい記事ができている。判決理由の根拠の条文やその解釈が分かっているか、そこが最高裁担当記者の仕事だったんです。

また最高裁は司法行政を司るという大きな役割があって、当時の矢口洪一長官は、今の裁判員制度の導入を考え始めた最初の長官でした。陪審制度が日本にも必要だ、職業裁判官だけでは限界がある、と考えていた。この「最高裁、陪審制を検討」の記事を抜きました。また、法務省では司法試験制度を改革しようとしていて、この実務の責任者が堀田力さんで当時、参事官か課長だった。この司法試験改革も抜きました。堀田さんには叱られたけれど（笑）。

最高裁担当の間に判決で大きなものでは、山口県の自衛官護国神社合祀拒否訴訟と、ローレンス・レペタさんの法廷メモ訴訟ですね。あの訴訟のあと、法廷でメモを取っていいことになっていった。最高裁担当は、裁判制度や司法制度を大きな流れで見る仕事という面もあった。その翌年にかけて、リクルート事件が政界にも波及してきて（一九八八—八九年）、司法クラブの体制はがらっと変わります。

リクルート事件「新聞社はここまでやるのか」

リクルート事件はご存じのように、川崎市の助役と未公開株の問題を発端にした横浜支局のスクープでした。それが、日経の社長も未公開株を手にしていたことがアエラに出て、さらに包囲網が狭まって、政治家にもつながる。社会部や司法クラブから見ると、遠くの方に見えていた火が、部屋のど真ん中に転がり込んできたようなものですね。対岸の火事のつもりで「よくこんなスクープを書けたなあ」と感心していたら、当事者になっていた。

そこからが大変。社内で誰かが株をもらっているんじゃないか、それを当たれ、という指示が出た。当時の司法キャップは阿部純和さん。当たったところ、朝日の社員はもらっていなかったという結論となり、これは事実そうだったと思います。

リクルート問題が政界に波及するのは、この問題を国会で追及していた社民連の楢崎弥之助氏に、リクルートの幹部が賄賂を送って口封じしようとして、そのやりとりを楢崎氏と親しい日本テレビの記者が隠し撮りして、番組で公開したのがきっかけでした。そのリクルート幹部の身内が社内にいたということで、そこに当たれという指示があった。この情報の確認を命じられたときには「新聞社というのは、そこまでやるところなんだ」という経験もしました。裁判所クラブも、検察担当はそれまで一人だったのが増員されたんです。

この時期、リクルートコスモス株ではなかったけれど、公明党の矢野絢也委員長の明電工株取得問題がありました。このニュースを朝刊（八八年十二月十三日付）で打つ日は、たしか夜の十時くらいに確認が取れたけど、阿部さんは「最終版まで待て」と言うんです。社内に創価学会の人もいるだろう。早い版から打つと、途中でつぶされるかもしれないと。このときも「あ、ここまでやるんだ」と思いましたね。社内には学会だけじゃなく共産党の人もいただろうし、自民党そのものという人もいたでしょう。どこからどういう圧力がかかるか、分からない。そこで目が覚めた。やはり報道はそこまでやらないと、考えないとダメなんだと。

とにかくあの時期はてんやわんやで、担当者はアップアップ。応援の記者もたくさん入りました。裁判所クラブと警視庁クラブは、歴代あまり仲が良くない。社会部内の派閥も、この二つをもとに対立することが多い。取材メモも二重帳簿というか、他のクラブの記者に見せる夜回り帳と、見せない夜回り帳があったりしました。基本的に、社会部というのは個人プレーなんですよ。田岡俊次さんにしても山本博さんにしても、誰かと一緒にはやらない。単独で、取材先との信頼関係を作ろうとする。もちろん、社会部でもチームを作ってやることはありますが、基本は個人のプレーです。

朝日は当時、検察でも結構よく抜かれていた。それまでは検察にあまり力も入れていなかったと思います。ロッキード事件は村上吉男さんがコーチャン証言の特ダネを書いて、それで朝日が独走したような印象が強いけれど、検察関係はそうでもなかった。朝日の検察が昔からずっと強かったわけではないんです。

それが変わるのはリクルート事件のあと、松本さんが司法キャップになって、市川誠一さん、山中季広さんらが検察担当になってから抜きまくった。そのころ裁判所クラブのＯＢも含めた飲み会があって、あの「検察の鬼」と言われた松本さんが「おれも検察取材はかなりやったが、今の二人はサイボーグだ」と言っていたから、よほどすごかったんでしょう。

――これも今はどうか分かりませんが、以前から朝日は一般に警察取材に弱いが検察にはわりと強いと他社からも見られていたように思います。

警察はいわゆるたたき上げの人が多く、苦労をしているから、こちらがそれを分かってあげられるかというのがありますね。そもそも理解できないという部分もある。新潟支局時代に、昔は国鉄の駅長というのが地域で格が高くて、給料もその地域でトップくらい、そして朝日の記者はそれと同じくらいもらっていると言われました。月給自体は高くなくても、時間外手当などを合わせればそれくらいになるという。「これはエライ会社に入った」と（笑）思いました。当時、給料も時間外も現金を別封で渡されていたので、時間外は自分のものにして奥さんには渡さない、時間外の存在自体を教えない、という人がかなりいた（笑）。

ともかく、リクルートはもともと検察の事件ではなかったけれど、いきなりのど元に取材先が当たった感じで、調査報道という面からもリクルートに匹敵する事件はなかなかないですね。報道が事件の発端になったという意味でもそうです。検察にとっては、捜査対象を汚職から経済事犯にシフトしていくひとつの大きなきっかけになった。その後、特捜部には大きな圧力がかかり、大阪地検特捜部の証拠改ざん事件もあった。それを暴いたのも朝日だから、不祥事も含めてきちんと取材してきたということですね。

昭和の終わりと皇居の「門番」生活

――八八年から八九年にかけてはリクルート事件と「昭和の終わり」で大変な時期ですね。昭和天皇の発病が明らかになったのが八八年九月です。

その直後「皇居に行け」と言われて、行ってもすることもない。そこから裁判所クラブと門番の掛け持ち。門番は各社合わせて五十人くらいいたんじゃないかな。医師団たち関係者が吹上御所に出入りするのをチェックした。カメラマンと記者を、皇居の各門に全部はりつける。八時間交代くらいでやっていました。

――今でも同じ現象は起こりうるでしょうか。

いや、それはないでしょう。歴史的なインパクトが全然違う。最高裁担当に門番をやらせるにあたって、私を説得した人がいて「これは憲法問題である」(笑)、憲法問題をウォッチするのに最適の場所であると。天皇が亡くなると三権の長の臨席のもと、三種の神器の受け渡しという儀式があって、それを見て書く、というのが私の役割でした。それがいつあるか分からないから、すぐそばにいなければいけない。

あのころはその時に備えて、夜寝ていても夢うつつみたいなものでした。ずっとパレスホテルに泊まって、食事は三食ぜんぶ弁当。そのうち「こんな暮らしはイヤだ」と(笑)、宮内庁内の食堂で食べるようになったんです。御料牧場からの牛乳などがあった。秋から冬になって寒くなったが、温かい食事もそこで取れた。ああいう時はとにかく温かい食事でないとダメです。疲れが取れない。

各社の門番たちは次第に、みんな小説を読み始めた。ある人は『巌窟王』を読んでいた。私は前から、取材でどこかを訪れたら、その現場のことを扱った小説を読むことにしていました。

――ほう、皇居では何を?

『源氏物語』(笑)。谷崎源氏だけど、全部読みました。現地の小説ということで言えば、アルジェリアに行ったときはカミュの『異邦人』を読んだし、パリに行ったときはヘミングウェイを読みました。湾岸戦争のときは『コーラン』を持って行ったけれど、これは読めなくて、役に立ったのが漱石の『明暗』。あの小説には戦争とも互角に張り合う精神の強度があります。まもなく私はアメリカに赴任するんですけれど、その時は全集を読もうと思って、漱石とシェイクスピアを持って行きました。旅先に、そこを舞台にした本を持っていって読むのはすごくぜいたくなことですよ。「せっかく海外に行っているのに、そこでわざわざ本を読むなんてもったいない」と言われることもあるけれど、そこにいるから見えてくる、立ち上がってくる活字の原風景があるんです。

門番のときは源氏のほかにル・カレの『パーフェクト・スパイ』を、当時まだあった銀座イエナで、原書で買ってきて読みました。そのとき私はニューヨーク支局への異動が決まっていて、それが昭和の終わりによって延びていた。事前の準備にと英語で日記をつけたりもしていましたね。

――社会部からニューヨーク特派員だと、エース候補という評価が定まった観も。

これは、将来の天声人語要員ということでしょう。何人かそういう人はいたと思います。社会部にはその役割（天声人語子を出す）があったから。ただ、私がその当時、直接そう言われたわけではなかった。はっきり言われたのは社会部員と兼務で論説委員になってから（九六年四月〜）です。しかしそのときは阪神大震災の取材を続けてきて、沖縄の取材もあったし、それを放り出すわけにはいかない。だからその時はお断りして、それからずっとお断りを続けることになります（笑）。

「Xデー」へ社会部若手の突き上げ、「皇居ルポ」はボツに？

やっぱりXデーと呼ばれていた日が近づいて、報道にも危機感や緊張感が高まった時期でした。戦後の新聞、民主主義の原則がどこまで確立したのか問われる、と思っていた。社会部でも方面などの若い記者、若手の何人かから僕に対して突き上げがありました。「門番の実態を書くべきだ」「自粛ムードについてきちんと報道すべきだ」と、みなさんが作文を書いて、僕に持ってきた。ひとことで言えば、「自分たちはこんなことをするために記者になったのか」ということです。僕もまったく同じ気持ちでした。

そういうこともあって、夕刊で連載をしましょう、ということになりました(「88暮れ　千代田1番1号」十二月一日〜三日、六日〜八日、夕刊2社)。僕は皇居の中にある枢密院の建物のルポを書いた。それと主語に「その人は……」と書き出す記事。つまり、その人とは天皇で、天皇陛下という言葉はひとことも使わないけれど、最後まで読むとそれが分かる、という形にした。これは取材して、想像も交えて書きました。原稿を出したら、デスクから「その人は」はやめろ、「その方は」にしろ、と言ってきた。僕は「それじゃダメなんです、最後まで読めばそれが分かるという形にしてある記事だから」と、最初から「その方が」では意味がないと説得したんですが、デスクは「もういい、こっちで『その方は』にする」とガチャンと電話を切った。

(※縮刷版を見ても「千代田1番1号」に右記の記事は「その方」という表現でも出ていない。原稿自体がボツになったものだろうか)

Xデーのあと、誰が言い出したのか、門番をやったみんなで「MONBAN」と書き込んだジャンパーを作りました。これは僕もその後、紛争取材のときは着ていった。あの時の気持ちを忘れないでいようと思った。こういうこと——当時の天皇・皇室報道——が当たり前、ということはいけない、ということです。

天皇制の変化とイギリス王室との比較

もともと皇室報道に朝日は強くて、現天皇（※その後上皇に）の「皇太子ご成婚」をはじめ、あらゆる場面で先行してきた。私も若い頃は、なぜこんなに？ と疑問に感じることが多かったですね。憲法との関係で言えば、象徴天皇制を憲法が規定しているので、天皇について報じることはなるほど憲法と一致してはいるが、Xデーに向かったあの異常な雰囲気の中で、戦後に築いたものがどこかで変質していくんじゃないかという危機感があった。私も「崩御」という言葉を使うのはおかしい、と先輩にも言ったし、デスクにも言いました。

昭和天皇は、二つの時代を生きている。ある意味、双頭の鷲みたいな存在だと思います。平成の天皇――現在の天皇になって、象徴天皇が確定したということでしょう。ここからあと、あの時のような問題は起こらないと思うし、昭和天皇だからこそタブー視された。むしろ今の皇室報道の方が、週刊誌など、こんなプライベートなことまで書いていいのか、と思うことが多いですね。

若いときは、天皇が、というより天皇制というものが日本人、日本を戦時中のあいうところに連れて行ったのだと批判的だった。イギリスに行ってから（二〇〇二―〇六年・ヨーロッパ総局長）考えが変わってきました。天皇制はイギリス王制を参考にしている。王室評論家の貴族に取材をしたことがあって、スコットランド貴族の末裔《まつえい》ということでしたが、こういうことを話していました。

つまり、イギリスでは清教徒革命で国王チャールズⅠ世の首を斬って、名誉革命を経てチャールズⅡ世の王制に戻るが、同じ王制といっても革命後に復活したシステムはまったく違う。チャールズⅠ世は議会の下院にまで入って政治に介入した。革命後の王制は、国王は上院には入るが、下院には入っちゃいけないんです。上院でやる国王の施政方針演説を（下院の議員も）みんな廊下の後ろの方まで立って聞いている。国王・王室は、現政権に力の限界があることを教えているんです。議員や首相は永続しない。王室は永続するが、権力は持っていない。イギリスは楕円《だえん》であり、二つの焦点を持っている。イギリスはフランス革命には批判的だったし、そこまでいかない。ロシア革命に対しても同じことです。

日本の天皇は継続してはいるが、まったく違う役割を与えられた。昭和天皇は表では「ア、ソウ」としか言わなく、言えなくなりましたが、実際には非常に聡明な人物で、〇二年に学芸部の石田祐樹さんとやった天皇・マッカーサー会談の記録の特集でよく分かりました。天皇がどれほど政治的に現状を把握して統率していたのか、しかし立憲君主制の建前のもとではそれをやるとまずかった。そこで、ご聖断によって終戦という、GHQ、外務省、重臣たちが共同で作ったシナリオになったわけです。

昭和天皇は二つのシステムを生きざるをえなかった。そうして現に生身の人としてそこにいるわけだから、受けとめる側も複雑だった。平成の天皇になると、今こうするべきという役割の意識が明確で、戦争を忘れないということを強調し、災害のときには現場に駆けつけて励ます。イギリスの王制が国の安定に役割を果たしたように、象徴天皇制も平成の天皇になって根付いたと思います。

第三章　広く多様なアメリカ社会を取材

一九八九―九三年　外報部↓ニューヨーク支局

「これが今の現地だ」という球を投げて――内藤「殿」の教え

朝日に入社するとき、漠然とした希望がふたつあって、ひとつは日曜版の記事をいつか書きたいというもので、これは「世界名画の旅」で実現しました。もうひとつは、特派員に出たかった。でも学芸部から特派員という枠は当時なかったので、あきらめていたんですね。それが、いろんないきさつから、疋田さんや高木さんの引きで社会部に行くことになって、その時にどこまで決まっていたか分からないけれど、社会部からニューヨークへ行くようにしてくださった。

当時、東京社会部から特派員への枠は、ニューヨーク（以下NY）だけだったんじゃないかな。当時、NY支局長は原則、外報部出身の人がなって、ワシントンのアメリカ総局長は政治部系か外報部系の人。アメリカの国の経済をワシントン特派員、民間経済をNY支局員、いずれも経済部から来た記者が担当します。そして社会部から来た記者はNYでアメリカ社会と国連を担当、という分担でした。数が限られた特派員に行かせていただくのは、有り難い話だと思いました。ただ、特派員に出る人はだいたい留学経験があって、自分はそれがなかったので、英語の面では苦労することになりました。

そのころのアメリカ総局長は内藤頼誼さん。ご存じ「内藤新宿」の大名（信州高遠藩主）家の方で、我々は「殿」と呼んでいた（笑）。NYで仕事をする前に、特派員心得みたいなものを何人かの先輩に聞いてから行きましたが、内藤さんのアドバイスは印象深いですね。

外報部のデスクはいわばキャッチャーで、ストライクゾーンを常に意識していて、次はここに投げて、とサインを出してくる。その通り投げるのがいい投手、とされているけれど、それをやってはいけない、と内藤さんはおっしゃった。暴投であっても、「これが今の現地だ」という球を投げてみなさい、と。東京のデスクは常に外電をチェックしていて、これがニュースだろうと指示してくる。しかしそれは、頭で考えた世界であって、偏見や先入観に沿った指示を出しがちになる。「現地でしか、つかめない肌の感覚、今おきていること、それを自分なりの判断で書いて、投げてきなさい」というアドバイスでした。

数年後、東京に戻ってからアメリカの記者と日本の記者が十数人出て討論する集会に出たことがあります。それは経済報道についての会議で、私はほとんど発言する機会がなかったけれど（笑）、内藤さんのアドバイスの話をして「自分はこのアドバイスに従って得るところが多かった」と発言しました。当時、日米経済摩擦が大きな問題で、ニュースバリューの判断が摩擦をあおる方向に行きがちだった。しかし、実際にはそうではないアメリカがあるということです。会議のあと、アメリカ側の一人が私に「今日の会議の内容はほとんど忘れるだろうが、お前の言ったことだけは覚えておく」と言ってくれました。

英語と時差と国連取材、治安が悪いニューヨーク

アメリカの東海岸は日本と十二、三時間の時差があって、昼夜が逆転しています。つまりフルタイムで働けということになる。日本の夕刊帯はどうしても原稿が薄いので、米側の夜に締め切りがくる東海岸のニュースは貴重になります。きちんとした雑報をニュースとして出してくれるわけだから。すると、必要以上にそれを大きく扱う傾向が出てくる。アメリカを実像以上に大きく伝える。特に国連担当をやっていると、書けば必ず夕刊の1面トップ、ということが続いて、「これでいいんだろうか」と悩んだことがあります。実際には、国連がそれほど大きな力を持っているわけではない。しかし日本の読者は、国際政治の中心が国連という幻想を持ってしまうのではないか、と。

私がNYに赴任した八九年は、アメリカ経済が疲弊していて日本はバブルに向かう時期。三菱地所がロックフェラーセンターを買い、ソニーがコロンビア映画を買い、投資グループが米西海岸の名門ゴルフコース「ペブルビーチ」を買い、と日本企業がアメリカの不動産を買いまくっていた。日本に対するバッシングがすごかったんです。

NYに着いた最初の日、前任者の横井正彦さんに連れられて、朝日新聞の支局があるNYタイムズの関係者にあいさつに行きました。その日にひったくりを三件見たんです。タイムズスクエアと呼ばれる一角は、NYタイムズは犯罪まで持ってくるのか（笑）、と言われたほど当時は危険で、ひったくりの三件目は、我々が乗っていたタクシーが交差点で信号待ちをしていて、ものすごく暑い日だったが、黒人が車の窓外から手を伸ばしてきて、韓国系の運転手がバインダーにはさんでいた現金の束を奪っていった。すぐ信号は青に変わったので、タクシーは動き出さなきゃいけない。「生き馬の目

を抜くというのはこういうことか」と感心しました。その後もNYタイムズのななめ前にあるビルで銃撃戦があったりして、九番街から西にはあまり行かないようにしていました。

その後、横井さんから引き継いだニュージャージーの家から自分で車を運転して支局に通いました。日本の夕刊の締め切りは、NYで夜の零時半から一時半ころ。家に帰るのはいつも真夜中で、タイムズの人も夜中になると誰もいない。タイムズの隣にある駐車場に車を置いて、そこから運転して帰るんです。あるときタイムズの記者に「自衛の銃は持っているのか？」と聞かれて「持っていない」と答えると「ナイフくらい持っていないとダメだぞ」と言われました。

NYでの最初の支局長は金丸文夫さんで、その後に川上洋一さん、小田隆裕さんと代わりました。金丸さんは特派員の経験の長い人で「必ず締め切りまで支局にいろ」と命じられました。だから相方の支局員で経済部出身の小此木潔さんと二人、真夜中まで支局に残って、朝は十時くらいに出勤します。それと、金丸さんが私たちに言ったのが「助手に頼るな」でした。取材のアポイント、電話の受け答え、テープ起こし、そういうことは自分でやれと。

特派員経験者の中には、現地で雇っている助手に頼んでアポ取りをしてもらう、あるいは助手の話を聞いて記事を書く、ということを日常的にやっている人がいて、それをしていると、助手なしで取材が出来なくなる。いざ一人でどこかへ行け、となった時にはお手上げになる。だから取材で助手に頼らないということを自分に課しました。これは金丸さんにすごく感謝しています。苦労はしたけれど、海外でも自分で取材を申し込み、インタビューまでこなすことが基本と最初に教えられたわけです。

NYタイムズの早版が刷り上がるのが夜の十時半くらい。それを一階に取りに行き、1面から中面までざっと目を通して、めぼしい記事をチェックする。それと、1面の記事すべての見出しを日本語に訳す、ということを自分の宿題にしていました。記事をひと通り読まないと見出しを訳せないから、1面に来るようなニュースはいつも読んでおく必要がある。すると、CNNもNYタイムズの後追いをやっているのが分かるんです。日曜は小此木さんと交代で出て、タイム、ニューズウィークの早版が来るとそれをチェックする。NYタイムズの早版で扱っているニュースをテレビ各社が報じている。

NHKの「日曜討論」という番組があるでしょう。記事がないときに、どうやって記事を作るか。そのための場で、討論の内容をあとから昼ニュースとしてやる。それと同じようなことで、NYタイムズの記事をTV・新聞みんなが報道していました。

米ジャーナリズムの頂点、NYタイムズ

新聞にものすごい権威のあった時代で、その中でもNYタイムズは特別だった。アメリカ人が信じているものが三つあると言われていて、合衆国憲法、聖書、そしてNYタイムズだと聞いたことがあります。やはりペンタゴン・ペーパーズの報道で一躍名をはせて、調査報道の最盛期を作った。「調査報道はやはり新聞だ」ということで、新聞の輝きがまだ残っていた時代ですね。ペンタゴン・ペーパーズはワシントン・ポストが追いかけ、そのポストは後にウォーターゲート事件で知られることになります。

NYタイムズなどの権威には理由があって、アメリカの野球は大リーグの下にマイナーリーグ、ⅢA、ⅡA、ⅠAとすそ野が広がっている。アメリカはあらゆる業界がそうなんですが、すそ野が広い。新聞記者もタウンペーパーから地方紙へ、地方紙から地域紙へ。そして大手紙、その頂点にNYタイムズ、ワシントン・ポスト、ロサンジェルス・タイムズという形になっている。上の新聞は下から腕

利きの記者を引き抜いてゆく。だから記者は、会社員ではなく一種の職人ですね。デービッド・ハルバースタムにしてもセイモア・ハーシュにしてもニール・シーハンにしても、引き抜かれてNYタイムズに来ている。そのあたりはハルバースタムの『メディアの権力』に詳しく描かれている。NYタイムズは新聞の中の新聞、新聞の大リーグみたいなものかもしれません。

タイムズの中に朝日の支局があって、時にはタイムズの記者に取材もして、アメリカのジャーナリズムを知ろうとしたことはすごくプラスになりました。

NYで感じた、日本のバブル経済への違和感

ある国際的な事件が起こると、連動して大きな出来事が重なることがあります。七九年はソ連のアフガニスタン侵攻があって、イランのホメイニ革命があって、イスラムが世界を変えるきっかけになった年といえるでしょう。八九年もやはり天安門事件、ホメイニ死去、ベルリンの壁の崩壊と続いた。バブルで浮かれている日本には、冷戦が終わって激動が始まることが伝わっていなかった。

あの頃はとにかく日本から出張で来る人が多かった。特にパリとNYには、本社から次々とお客さんのように来る。「あなたは何をしに来たんでしょう」と本人に聞いても(笑)、答えられない。税金に持っていかれるくらいなら、目的がなくても使った方がいい、ということでしょう。

これは小此木さんが記事にしたんですが、地方銀行が次々とNYに連絡所を設置して、一時は全国の地銀がみんな作ったんじゃないか、というほど増えた。今の中国みたいなものですね。当然、ひんしゅくも買っている。

赴任した八九年でした。アラスカで原油の流出事故があって、その取材に行ったら、サンフランシ

スコでロマプリエタ地震が起きた。「すぐ行け」となって、アラスカから直接向かいました。液状化現象が起こったり、橋げたが落ちたり、高速道路が倒れたり、大きな被害が出た。その当時、日本の専門家は「日本ではそんなことは絶対に起こらない。アメリカの安全性の考え方が遅れている」と話していましたが、実際には阪神大震災でご存じの通りの被害が出ています。

あのころは日本の傲りが頂点、最高に達した時期でした。半導体の生産で世界一になって、米債権の所有も最大。日本経済はアメリカを追い抜く、という予測をする人がずいぶんいましたね。私はバブル最盛期を体験していないんです。外から日本を見ていて、「何か変なことが起こっているぞ」とは感じていました。こちらは犯罪が日常的に起こり、高速道路は穴ぼこだらけ。そういう生活をしながら、日本でお金がもうかって仕方がない、という状態は、遠くから見ていて何か違和感があった。

それを感じた最初のきっかけはロマプリエタ地震の取材でした。都市型災害の典型で、ライフラインがまひした時に都市でどういうことが起こるのか、のちの阪神大震災の取材である意味参考になりましたね。まずホテルの予約が取れない。コンピュータがダウンして、部屋が空いていても泊めてくれない。飛行機もコンピュータが止まるとお手上げ。これだけ便利な世の中で、いざそれが使えなくなると大変なことになる。

紛争の取材でもそうですが、メディアは一番激しい現場をクローズアップします。高速道路が横倒しになった映像や、ビルが崩れた映像は、強い印象を与える。しかし実際には、サンフランシスコやオークランドで何が起こっているか、テレビでは伝えきれないものがあるんです。とてつもなく大きな事件、災害、戦争で、映像メディアが引き上げた後でも、活字メディアがじっくり見ていく必要があります。

災害というのは一過性のもので、報道はホットスポットに集中するけれど、すぐ忘れる。しかし、その火種は残っていて、活火山のように、いつかまた噴き出す。そういう長いスパンで見ることは、テレビには出来ない。活字メディアはそれをできます。そこに張り付いて記録してゆくことができる。

「○○を通して××を描く」方式でアメリカ社会を記事に

NY支局員としての僕の持ち場はアメリカ社会、カナダ、そして中南米取材の応援。中南米はサンパウロ特派員一人で持っているので、何かがあると応援が要る。NYからは比較的近いということもありました。八九年はノリエガ将軍事件、親の方のブッシュ政権がパナマ侵攻を起こして、その取材の応援に入った。僕にとって紛争地取材の最初の経験になりました。

アメリカ社会をウォッチするのが私の仕事でしたが、どうやってウォッチしたらいいのか。一人だし、なかなか悪戦苦闘の日々でした。国連担当という面でも、湾岸戦争までは休眠状態だった国連が動き出した時期にあたります。

――外岡さんのNY時代の記事は書籍化されたものが多く、戦争、国連、アメリカの人と社会、メディアと権力と、八面六臂の仕事ぶりという印象です。

何でもやらされる、何でも出来る、記者としてこんなに恵まれた時期はないでしょう。僕の記者生活の中でエキサイティングな時期は、支局、海外、アエラの三つですね。この三つがやりがいもあり、楽しかった。記者としていいポジションだったなと思います。

――外岡さんの新聞記事のスタイルが確立されてきた時期という感想も持ちました。

そうかもしれないですね。その時は意識していなかったですが、企画記事が「○○を通して××を描く」ものであることが分かってきた。○○が具体的な人であり、××が普遍的なテーマになる。例えば銃社会を書くとき、いくら統計を挙げても伝わらない。肌身の感覚は分からない。例えば○○がインディアン（アメリカ先住民）であり、××を表に出さずに何かを書く、というやり方を自分なりに見つけたのかな、というのが後から感じたことですね。

NYタイムズの記事もそういう方式で、○○さんの具体的な話から入ってゆき、なぜそうなのかを探り、最後の方に統計が入って、知識人の見立てのような記事がつく。そうして、○○さんのケースだけではない普遍性を持たせる。それで読み物として成立している。記者が訴えたいのは××だが、それだけでは誰も読んでくれない。一方で、○○さん、Aさんを取り上げる根拠とか、この人を選んだ理由について説明できなければならない。行き当たりばったりでその人、というのではなく、選びに選んでこの問題を体現している人、というものがないといけない。

××をいきなり出しても伝わらない。表のテーマを最初は出さずに、まず読み物として追及してゆく。企画記事というのはだいたいそうなります。

当時、ありがたかったのは高橋郁男さんが東京社会部のデスクになって、メディアのページを始めたことです。メディアについての企画を湾岸戦争でも権力報道でもやった。メディアについて取材する機会が与えられたことは、私にとってはいろんな意味でとても良かったですね。

高橋さんはテレビを意識していた。かつてテレビは新聞社の後追いという時期が長く続いて、新聞はテレビをバカにしていたところがあった。しかし一回目で話したように、エレクトロニクス・ギャザリング・システムで衛星を通じた生中継が行われ、天安門事件、湾岸戦争とCNNが生放送を届けて、テレビの速報性が新聞を凌駕する時代が来たわけです。

そして、そうしたメディアの興亡の中で新聞が果たしてきた大きな役割が、権力報道だった。NYタイムズでペンタゴン・ペーパーズを手がけたニール・シーハンにインタビューして、ジェイムズ・

レストンには会えなかったけれど、社主のアーサー・サルツバーガーからも話を聞きました。

　このころは国連の取材も忙しくなった時期で、社会部の企画にも理解があった支局長の川上さんには感謝しています。安保理がいつ始まるか、いつ終わるか分からないから、私が現場にはりついて、支局長は解説とか意味づけを書く、という形が多かったですね。

うらやましい「地下鉄コラムニスト」

――八〇年代はボブ・グリーンやマイク・ロイコ、ロジャー・サイモンなど、アメリカの有名な新聞コラムニストが日本に紹介されて人気になりました。アメリカのコラムニストを現地でどう見ていましたか。

　これは、うらましかったですね。地元（NY）の新聞で、「地下鉄コラムニスト」がいました。世界でたった一人の、というふれこみでした。毎日地下鉄に乗って見聞きしていることをコラムに書く。ある意味、僕らの原点ですね。ちまたで起こっていることを書くという。

　日本の新聞は、かわら版からの小新聞と政論の大新聞が合体して出来たもので、かわら版からの伝統は社会部が引き継いだ。八〇年代にあった「いま学校で」という社会面の企画は、教育問題の記事ではなくて今起こっている現象を描く記事でした。それで親も先生も読むわけで、名企画だったと思います。実際に現場に飛び込んで見聞きして伝えるという基本的な動作がある。

――アメリカはまた、中西部から名コラムニストが出ますね。

　そう、西海岸や東海岸とは違う中西部、いわば共和党のアメリカ、ですよね。公民権運動ということについて、黒人がたどった歴史、インディアン、ユダヤ人について、我々はあまりにも知らない。日本で黒人の歴史をきちんと書いた本がほとんどない。岩波新書で『アメリカ黒人の歴史』（本田創造氏）があるけれど、その他はいかにも乏しい。黒人と公民権運動について知らないと、アメリカの本当の姿は見えてこない。

――アメリカは訴訟社会ということもよく言われますが。

確かに、あらゆることがそうですね。移民の国だから、それぞれ隣人のバックグラウンドが分からない。郵便配達の人が家の前の凍ったところですべって転んで、それで訴えられるような社会です。だからあらかじめ保険をかけておかなければいけない。

――アメリカの社会現象は、日本で十年くらい遅れて同じことが起こるとも言われていますね。

そう、私がいた八〇年代末から九〇年代初め、ストーカーとかセクシャルハラスメントが大きな社会問題になっていた。「日本にはそんな人、いるのかな」と思っていたら（笑）、同じことが起きましたね。

英語教育は英文学よりも日常生活用語・会話を教えるべき

――最初に少しお話があった英語での取材のご苦労については。

仕事で政治家とか外交官とか大学の先生と話すと、自分の英語がものすごく上達したような錯覚に陥る。これは、もともと話すテーマが決まっていて、用語も覚えればいいし、それくらいは事前に調べていくからなんです。しかし例えばNYタイムズの関係のパーティーなんかに出て、「昨日、サタデーナイトなんとかというテレビのトークショー番組で、コメディアンの誰それがこんなジョークを言ったけれども、それが失敗して……」とか、そういう話になるとチンプンカンプン。まず固有名詞が分からないと会話が成立しない。外国人に「寅さんの映画を見て、柴又で……」なんて言っても、寅さんを知らないと意味が分からない。それと同じことです。

英語がいかに難しいかというエピソードで、オーバルオフィス（大統領執務室の通称）というのが出てきたとき、この用語を知らない記者が「楕円形の部屋」とそのまま訳したんですが、その結果、なんだか推理小説みたいな記事になったと（笑）。また、いきなり「シンプソンさんの家に行って食事を取って……」という文章が出てきたことがあって、原文は「シンプソン」という外食チェーン店のことを言っているわけです。知らない、というのはそういうことなんです。暮らしのディテールを知らないと、会話についていけない。日本の英語教育が役に立っていない、ということを実感しました。

――日本の英語教育の問題点については多くの人から様々な指摘がありますが、外岡さんの目から見ると――。

ある状況に依拠した英会話を、丸呑みで覚えさせられる。例えばアメリカ人に「浅草の三社祭に行って、みこしをかついで、とても楽しかった」という和文を覚えさせるようなもので、応用が効かない。使える英語にはなりません。状況、シチュエーションに応じた会話ができなくなる。こういう時にはこういう会話、というのではなく、状況に左右されない普遍的な会話、よく使う会話を覚えた方がいい。それを教えるべきだし、習うべきではないでしょうか。

僕はアメリカに行って、普段アメリカ人が使っている単語すら知らないことに愕然としました。英語でシェイクスピアのような文学作品を勉強しても、日常の生活でそんな単語は使わない。つまり、日本の英語教育は、基本が英文学なんですね。「こういうことまで知っている」というプライドみたいになっているんでしょう。だから、誰も使わない言葉やことわざを覚えさせる。

――日本人は特にヒアリングが苦手な傾向が強いとも言われますが。

聞いて分からなければ、「もう一度言ってください」と言えば会話は成り立つ。しかしそういうことを、あまり潔しとしない。分かったふりをする、というところがありますね。

NYで最初に小此木さんとやった企画は「子どもを現地校に通わせるメリット、デメリット」というテーマで、取材でいろんな先生から話を聞きました。子どもは現地校に行くと発音がすごく現地化して、遊びに溶け込んでいける。親はそれを見て、子どもが英語をマスターしたと誤解する。しかし、実際には子どもは授業の内容を理解していないことが多くて、いわゆる学力的にはどんどん遅れてゆく。さらに、家に帰ってくると、親がどちらも日本人なら当然、日本語の生活になりますね。結局、日本語も英語もマスターしない。ある女性の先生の取材で、印象に残っているのが「何か起きたときに英和辞典も和英辞典もひけない子どもになりますよ」という言葉でした。

バイリンガルは例外なく子どもの頃に英語を覚えますが、中学・高校は日本で生活するようにして、大学に入ってもう一度外国で英語を学び直すといわれます。ずっとアメリカにいると、子ども英語と子ども日本語の両方とも非線形で、欠けている部分が出てくる。帰国子女がいじめられる、ということがよく言われますが、日本語の会話の中に英語の単語が入っていたりすることも一因でしょう。

言葉のアイデンティティというのはすごく大事で、母語を身につけないうちから外国語を覚えようというのは危険な面がある。だからと言って小学生の英語教育に反対しているわけではないですが。つまり、住みかとしての言語が子どもの中に根を張ることが、学習の前提になるということなのだと思います。

ベトナム戦争の影と、移民社会アメリカ

——取材以外の生活で、危ない目にあったということは？

車の調子が悪くて高速でモタモタしていたとき、後ろから追い越してきた車が目の前に止まって道をふさいで、運転者が下りて、すごんできたことがありましたね。

ホームレスのシェルターもずいぶん取材しましたが、悲惨な状況で、ベトナム帰還兵、黒人の人たちが多かった。アメリカの底流にはずっと、そういうものがある。後のオバマ大統領はそれを変えようと国民保険制度（オバマケア）に取り組んだわけですね。

ホームレスがかなりの比率でベトナム帰還兵ということは驚きでした。兵士たちは、国のため、自由主義陣営のために、といって称賛されて送り出され、帰ってきて人殺し呼ばわりされる。送り出される時とのギャップ。これは世界のすべての兵士に起こることですが、帰ってくると非難の中に巻き込まれるという現象がありました。

NYで日本人の駐在員を見ていると、日本食の店があって、赤ちょうちんがあって、接待に使う高級バーもあって、そこで働いているのは語学留学に来ている日本の女性。ゴルフ場でも日本人は一緒に行動する。しかし経済的な変動があると、あっという間に引いてゆく。韓国の人はそうでないわけです。

ベトナム戦争に参加した韓国は、その後かなり多くの軍関係者がアメリカのビザを取って、移民として体を張って生きていた。黒人の中のコミュニティにも入り込んで、摩擦もあった。そしてロス暴動が起きて（ロサンゼルス暴動＝九二年四—五月、黒人に対する差別的な警察官の扱いと陪審評決などに対する不満がきっかけとなって、民族間の軋轢が噴出したとされる）、すぐ取材に行くと、韓国からの移民が経営するスーパーマーケットなどでは、ハチマキをして二丁拳銃で武装していました。街中には州兵が動員されていて「やっぱり移民社会ってすごい」と思いました。韓国人は体を張ってアメリカ社会に入り込んで、選挙に出たりしていた。

日系人の日系社会もアメリカにはあるが、基本は駐在員文化でしょう。駐在員は外国にいて外国の体験をしているようだが、実は外国の体験もしていないと思います。

「フィラデルフィア・インクワイアラー」（アメリカで三番目に古い日刊紙）に当時、二人組の記者がいて、調査報道で何度もピューリッツァー賞を取っていました。日本でいう国税、ＩＲＳ（連邦歳入庁）のデータを元にしたもので、実によく取材していた。権力の内幕を暴くよりも、もっと地味な統計を調べて、全体像を見せるという報道でした。中間層がレーガン時代にいかに失われたか、アメリカのどこが間違っていたのか、という分析で、クリントン政権の誕生に大きな役割を果たしたと言われています（九二年四月十五日付朝刊3社　メディア欄『権力報道ＰＡＲＴⅡ　２０』）。このキャンペーン記事『アメリカはどこで間違ったのか』、これが本になって大量に配られたんです。その内容はひとくちで言えば、レーガン・ブッシュ時代に中間階層がいかに没落したかをＩＲＳ（連邦歳入庁）、つまり国税当局の統計資料を用いて証明したものでした。実際にこれが記事として掲載されたのは十六ページくらいの折り込み特集記事で、たった二人の記者によるものでした。

表面上は冷戦の終結で超大国としてアメリカだけが残った形になったが、実態としては軍拡競争によってソ連が自滅し、アメリカも疲弊していた。ソ連はアフガン戦争で膨大な戦費を使って命取りになって、チェルノブイリ原発事故もあって政権が倒れる引き金にもなったわけですね。日本がかなり自動車、家電などでアメリカ市場を席巻し始めていた。プラザ合意以降日本はバブルに向かい、やがて不動産取引の総量規制になってバブルが弾けるまで、日本はアメリカの物件や土地を買いあさり、日本脅威論が叫ばれていた時期です。アメリカ社会全体の地盤沈下に対する危機感をみんな持っていた。クリントン当選の背景にはそういう状況があった。

九二年大統領選挙は本選挙のおよそ一年前、前哨戦といわれるアイオワのコーカス（党員集会）、ニューハンプシャー州の予備選挙から取材しました。当時はワシントンとNYの支局員が二人で長期取材に入ったんですが、そのときはワシントンの吉田慎一さん、NYの私が担当です。取材で地方を回って、中産階級の没落がここまで来ているのか、と実感することになりました。

どこの町へ行っても、ホームレスのシェルターがすごい勢いで増えていた。中間階層が家を手放さざるを得なくなっていた。アメリカは産業構造の変化の波についていけず、重工業などの部門で日本、西ドイツに追い抜かれて、次の成長産業が見えない状態だったんです。レーガン政権の八年とブッシュ政権の四年、社会全体がボディーブローを受けていた。

九二年にはロス・ペローというテキサスの富豪が民主党・共和党とは異なる独立系で出てきて、第三極といわれた。この人はざっくばらんな人柄で、反知性主義のトップみたいな感じが今のトランプに通じるところがある。ワシントンD・Cやウォールストリートに対する不信、反発というのは当時もあって、共和党にも民主党にも限界を感じた人は多く、それがペローの支持につながった。

かつてケネディ大統領の補佐官を務めた歴史学者のアーサー・シュレジンジャーが当時書いた本、『アメリカの分裂』で述べたことですが、つまり二大政党の意見が固定してしまってきて、支持政党も地域で固定され、東西両海岸は民主党支持、中西部は共和党支持が強く、アイオワ、フロリダといった「スイング・ステート」と呼ばれる地域の行方によって結果が変わる。そういう傾向がだんだん鮮明になってきていた。

クリントンに関しては、予備選中にスキャンダルが出て、いったん消えたと思われたんですが、カムバックボーイと言われて復活してくる。ゴアを副大統領候補に選んだときは、みな驚きましたね。クリントンのように若い候補なら、普通はそれを補うベテランを選ぶ。コンベンショナル・ウィズダム（社会的通念）というか、そういう慣例のようなものがあったのに、同じように若くて、自分と近い東海岸を基盤とするゴアを選んだんです。

民主党はその前の八八年の大統領選挙で敗れたあと、戦略を練り直した。支持者、候補者に左派、リベラルが多かったし、黒人も多かった。一時は有力候補だったジェシー・ジャクソンが代表的ですね。そこから中道に舵を切り、民主党を変革した。のちのイギリス・ブレア政権のニューレイバー、新しい労働党も同じような変革といえるでしょう。サッチャー路線を受け継いで規制緩和を進めた。

選挙戦の途中、ペローが出馬を取り消すことを表明するんですが、またレースに参入してきた。これでかなり共和党の票を食ってしまった。民主党大会のとき、NY支局で徹夜みたいにして情勢分析の原稿を吉田さんと書いていて、夜中にペローが出馬を取りやめるというニュースが入ってきた。そのとき吉田さんが「この候補はまた戻ってくるぞ」とポロッと言ったのを覚えています。結果的にその通りになって、その読みの深さ、鋭さに驚きましたね。やはり政治部の人は政治家の振る舞い方に対するカンみたいなものがすごいなと思った。この場合、政治部というより吉田さんが、ということかもしれませんが。

クリントンのバンド・ワゴンといわれたアメリカの記者たちと候補を追っかけながら、アメリカはいまどういう状態になっているのかを見ていました。私のNY駐在は三年目に入っていて、社会部から行った特派員は交代の前後に連載させてもらえる慣例がありました。私は人を通じて、アメリカ社会の変化の底流を描こうとしました（『アメリカの肖像』九三年一—二月、夕刊2社。他の記事も含め同タイトルで書籍化）。

私の予感では、クリントン・ゴアが勝つだろうと思いました。その後も大統領選には社会の底流の大きな変化が表れている。

クリントン・ゴア政権の経済戦略

九二年大統領選後の話になりますが、クリントン・ゴア政権がすごいなと思ったのは、就任後に情報ハイウェー構想を打ち出して、これがインターネットの普及につながった。インターネットで主導権を握る戦略を早々に打ち出して成功した。アメリカ大統領は就任して最初の百日間が勝負と言われますよね。いわゆるハネムーンの間は、マスコミも批判しない。大統領選中の有名な「ステューピッド」の言葉（「経済」最優先を意味する陣営の合言葉）に表れたように、一にも二にも経済の立て直しで、その後の日本でいう「骨太の改革」経済諮問会議のようなものを作って徹底的に議論した。

東京に戻ってからも、アエラの仕事でNYには何度か行きました。景気の指標のひとつがタクシーで、景気が良くなるとなかなか止まってくれない。空車が少なくなる。自動車の渋滞の表現で「グリッドロック」という言い方があって、グリッド、格子状に渋滞で車が止まっちゃう状態をさします。例えば大統領が来たとか、要人が来ているとかでそれが起こるんですが、景気が良くなると、何もなくてもグリッドロックになる。九三年の秋にNYに行ったら、それになっていた。NYが目に見えてきれいになった。ジェントリフィケーション（都市再開発による貧困地域への富裕層の流入現象）などによるものですね。赴任まもなくNYタイムズの斜め前のホテルで銃撃戦が起きた話を前にしましたが、スラム状態だった街が目に見えて良くなっていました。「アメリカって、よみがえるんだ」というのがV字回復を見ての実感でしたね。

日本がバブルのころ、アメリカの戦略家の中にはロシアの資源と日本の資金が結びつけばアメリカをおびやかす、という意見を持つ人がいました。今の中国に対する危機感に似ていますね。しかし、日本はそのあと長い停滞期に入るわけです。ふたつの成長曲線が交差するような時代だった。よく言われることですが、DCの中にあるのは環状線（ベルトウェー）の中の特殊なアメリカで、ワシントンを見るだけではアメリカの変化は見えない。それくらいダイナミックな多様性があって、人によって、地域、集団によって違うアメリカがあるんです。

とにかくアメリカは自由な議論をして物事を動かし、政治を動かしてゆく、草の根民主主義みたいなものが強い。日本の無党派層が動くのとは意味が違います。日本の場合、ムードというかブームという面がある。ブームによって政党選択を変えるでしょう。アメリカの大統領は選挙で一年半かけて資質や対外能力を試される。マラソンに例えられるが、四年間のために一年半は死にものぐるいで戦って、まず党内で、党大会で選ばれる。ものすごく激しい議論があって、犯罪、治安、妊娠中絶、宗教などでマスコミも候補者の過去の言動を徹底的に調べる。そういう意味では世界一過酷な選挙です。

アメリカに比べ日本の民主主義は「底が浅い」

アメリカは一人の握る権力の度合いが大きいから、単に世界一の軍隊を率いているというだけじゃなくて、議会に対する権限上の強さがある。議会の大統領に対するチェックもまた強烈で、とくに上院は人事で承認権を持っています。古傷を暴いて、徹底的に審査する。日本みたいに閣僚になってから問題が出てくるなんてことは、任命の段階で許されない。日本はそこが何というか――底が浅いところがありますね。アメリカの民主主義の徹底ぶりから見ると。

各種機関、独立調査委員会の独立性の高さというのも日本と違います。これはイギリスもそうですが、第二次安倍政権のように、法制局長官に息のかかった人を持ってきてとか、あるいは日銀総裁みたいな、そういうことは考えられない。例えばFRB議長だったグリーンスパンでも、政府との「あうんの呼吸」はありますよ。しかし、独立性にものすごくこだわる。独立性を保てなければ、政府との距離を疑われてしまう。これはイギリスでもそうで、独立調査委員会が強力に存在するわけです。BBCでも大英博物館でも、第三者委員会があって政府が介入できない。第三者委員会の独立性、政権との距離は欠かせません。

――日本の場合は政権交代がないからでしょうか。

政権交代がないことは、すごく大きいですね。イギリスはマグナカルタの頃から、王権を制限してきた歴史がある。ものすごく長い時間をかけて、権力を制限してきた。イギリスには絶対的な権力が生まれない仕組みになっていた。強権に向かったドイツや日本とはそこが違う。社会のすみずみまで、安全装置が埋め込まれている。アメリカは、歴史は浅いがイギリスの歴史を引き継いで純化したような人たちが建国した経緯があって、中央連邦政府の権限が比較的弱くて、地方の分権というのがものすごく進んでいます。津々浦々に至るまで、民主主義のための議論をしている。

そういう意味では、南北戦争は大きかったでしょうね。血で血を洗う、同胞同士が戦ったこの戦争を経て、アメリカは初めてひとつになった。内戦で血を流すことの残酷さ、無意味さをとことん思い知った。民主主義で徹底的に議論することが、南北戦争後の伝統になったわけです。アメリカの議会戦術のひとつに「フィリバスター」というのがあって、一人の議員が倒れるまで演説して議事を遅らせる、というものです。映画『スミス都へ行く』（一九三九年製作、フランク・キャプラ監督）にそれが出てくる。

主役のジェームズ・スチュワートがある法案の成立を阻止するために、議会でなん昼夜にわたって、倒れるまで演説する。日本では許されないでしょう。えんえんと演説しても法案が通ることは分かっていますが、その間に世論が動く可能性がある。マスコミが動くかもしれない。つまり、徹底して討論しないうちは法案を通さない、というアメリカの民主主義をよく描いていますね。日本はどうか。数を取っていれば、あとは丁寧に聞くふりをすればいい、選挙で多数を取ればいいという政治文化でしょう。

ジョン・スチュワート・ミルに有名な言葉があって、「反対するのが一人だけでもその一人に発言の機会を与えないということは、一人が多数に発言を許さないのと同じことだ」と言いました。つまり、たった一人の少数意見に耳を傾けないということは、一人が権力を握って、独裁者が万人の意見を封ずるのと同じことで、民主主義においては一人の意見と万人の意見は等価だという意味です。キリストだって、ソクラテスだって、当時の多数派は危険な人物と見ていたわけでしょう。いつの時代も少数派は正しいことを言っている可能性がある。だから、少数意見の尊重は民主主義のためにこそ必要なのであって、決して多数派からの恩恵や施しではないんですね。

日本で「数の論理」というか、そういうものの最初の言い始めは小沢一郎さんだと思うんだけれど、今の政治は数で決まるということになっている。先日、山口二郎さん（法政大教授）と対談したときに出た話ですが「禁止事項がなければ白紙委任されているわけではないだろう」ということです。コンベンショナル・ウィズダム（通説、社会的通念）という長年培われてきたものがある。たとえ成文法に規定されていなくても、不文であっても守らなければいけない社会の仕組みや掟があるんです。それを変えるなら徹底的な議論をしなければならない。

アメリカ独特の宗教観

――アメリカに関していまひとつ分からないのが、宗教国家という面、宗教右派が強力で、同性愛や妊娠中絶の問題でも突っ張っているような状況でして――。

アメリカの宗教は、キリスト教ではないんですよ。大統領が就任式で聖書に手を置いて宣誓しますね。聖書は旧約がユダヤ教で新約がキリスト教。また「ゴッド・ブレス・アメリカ」という歌にあるゴッド=神とは、イエス=キリストではない。キリスト教とユダヤ教を包括するものとして聖書があるんです。アメリカ人が神を信じているというとき、聖書を信じているのであって、キリスト教ではない。そこが日本にいると分かりにくいかもしれませんね。

「アメリカ人は神に選ばれた民である」というのが、アメリカと宗教を端的に物語る言葉であって、神を信じることが大事、ということです。イエス=キリストにせよ、ローマ法王にせよ、神の代理人が誰かはさまざまになる。神によって選ばれた民が自分たちである、という使命感をアメリカ人は持っていますね。ある使命を神から与えられている、と考えるわけです。

これは何が起源か。基本的には清教徒、ピューリタニズムですね。マックス・ウェーバーは、ベンジャミン・フランクリンのことを典型的なピューリタンと書いている。フランクリンは、あらゆるものは金に換算できる、金は信用の指標であると言って、勤勉に働くことを勧めた。それがなぜ資本主義につながっていったのか、とウェーバーは考えたわけです。潔癖で、もうけをいやしんでいたピューリタンがなぜ資本主義の実践者になっていったのか。それをウェーバーは解明した。

ともあれ、初期の資本主義を起動させたバックボーンの倫理がピューリタニズムにあることは確かでしょう。アメリカ人にとっての使命感は現世において達成されなければならないもので、仕事を一生懸命やる、怠惰を嫌う、自己責任、独立自尊。日本の福沢諭吉がそれに近かったと思います。福沢は学者・教育者であり、印刷業もやりフランクリンとよく似ていました。

アメリカの宗教の根っこにあるものは、日本には理解できないところがある。ヨーロッパでは教会が権力を握っていた時期が長くて、国王、貴族、教会が権力を争っていた。アメリカでは宗教が権力と直結していないんです。西部劇を見ても、『荒野の決闘』でも『真昼の決闘』でも何でもいいですが、鉄道が敷かれて、教会が出来て、学校が出来て、保安官が生まれて、電信が引かれて新聞記者が現れて、と進んでゆくわけですね。アメリカは同じことを西に向かってやってきた。鉄道と学校と教会があって、自分たちが選ぶ保安官がそれを守っている、という形になります。

日本と違うのは、教会に日曜ごとに集まるのが、町の同胞になる、住民になるひとつの資格というところですね。毎日曜日ごとに顔を合わせて、コミュニティであることを再確認する。宗教心はすごく強いし、同胞精神につながっています。カトリックは一番戒律が厳しい。生命を重んじるから妊娠中絶は許されない。「結婚は聖なるもの」という考え方を崩していないんですね。同性愛者や性的マイノリティへの嫌悪感は非常に強い。新教徒の方が同性愛者も受け入れています。

ユダヤ教にしても、原理派と世俗的な自由があるグループでは考え方が違う。今でもブルックリンとかに行くと、山高帽をかぶってひげをはやして「生魚は食べない」とか、「金曜日は安息日だから電話に出ない」とか、そういう人がいます。ユダヤ人で戒律にこだわらない人はマスコミや芸術関係者に多くて、一方でユダヤ人にも過激派がいるわけです。

——そういう宗教的な風土で民族的、性的マイノリティが権利を拡大してきたというのは、すごいことですね。

公民権運動が一番大変だったと思います。アメリカで内戦がようやく終わったのが公民権運動ということでしょう。ご存じのようにクー・クラックス・クランとかもあったし、南部の差別というのはすごいものだった。食堂もバスもプールも別々で、アパルトヘイトみたいなものですね。今ではアパルトヘイトなんていっても分からないかもしれませんけれど。ある黒人の女性がバスで白人用の席に乗って、席を立たなかった。そこから始まって、侮蔑されても殴られてもバスに乗り込む。非暴力抵抗運動でした。やがて白人の中で良心的な人たちが一緒に行動するようになって、その人たちがバスで南部を旅するわけです。そして攻撃を受ける。銃撃も含めて。そうした活動から、ようやく勝ち取ったといえるでしょう。

マーチン・ルーサー・キングの有名な「私には夢がある」というなかに「友がいて一緒に語り合う夢」があって、それを実現させたのが、アメリカのすごいところですね。

アメリカの歴史学者が言った「マニフェスト・ディステニー」（明白なる運命）という言い方がありますが、アメリカの国民が持つ使命感の表現と言えるでしょうね。西部開拓も明白なる運命であって、国勢調査で西部開拓が終わったのが一八九〇年とされています。アメリカという国を作るんだという使命感から、領土を拡張してゆくことになる。西海岸に到達して、その後に米西戦争でフィリピンを領有して、ハワイにも侵攻して、その後もアメリカはずっと明白なる運命を生きているわけです。世界を自分たちが治めるという考えは、宗教的な情熱とどこかでつながっている。しかし、それがだんだん出来なくなってきていることが、彼らの自尊心をひどく傷つけている。トランプの言う「アメリカ・ファースト」ですね。トランプが演説で「偉大なアメリカを取り戻す」ということを強調するのも、そこに背景がある。アメリカのこういう面を、宗教的な情熱と切り離して考えるのは難しいでしょう。

分かれている宗教をひとつにするのが合衆国旗であって『ゴッド・ブレス・アメリカ』で、そこに一体感を求める。こういうところは、僕らが宗教と呼ぶものとはちょっと違います。宗教によってコミュニティの一員であり、アメリカが世界を治める意識にも続いている。これは日本で例えて言えば、仏教の無常観とか「もののあわれ」というものに近いのかもしれませんね。別に宗教とは関係ないけれど、日本人の生き方そのもので、みんなが分かる、みんなが持っているものでしょう。

ビル・クリントンの笑顔と人の警戒心を解く魅力

――クリントンは「グレートコミュニケーター」と呼ばれ、妻のヒラリーの方が優秀という評もありましたが、どうでしょう。

大統領がグレートコミュニケーターと呼ばれるきっかけはレーガンで、「俳優がなぜ大統領になるのか」と言われましたが、しかし彼には高い能力があった。大統領に求められる資質のひとつ、グレートコミュニケーターであることがそれです。難しい問題を分かりやすく、丁寧に伝える能力ですね。そういう意味では、クリントン夫妻では旦那の方がグレートコミュニケーターなんでしょうね。

大統領選の初期、クリントンがNYタイムズに来たことがあって、タイムズの十五階がレストランになっていて、そこに話題の政治家や外国の元首を招いて、もてなしてゆっくり話を聞くことをタイムズ首脳はよくやっています。そのとき私は偶然、クリントン一行に出くわしたんです。彼はタイムズのセキュリティの人たちや郵便を受ける係の人たちにも握手していて、「マメな人だなあ」と感心しましたね。彼の笑顔を見ると、みんな警戒心を解く。

選挙戦の最後、クリントンが当選するとき、アーカンソーの選挙事務所を置いているホテルにクリントン陣営がいて、私もそこにいて、当選が決まった瞬間に部屋を飛び出して新しい正副大統領夫妻が壇上に出てくるのを見ました。四人は本当に輝いていましたね。オーラを放っていて、とくにヒラリーとビルの二人はスターみたいでした。あれだけ輝いている人を見たことは、その後もないかもしれません。なにしろレーガンとお父さんブッシュという高齢の大統領が十二年続いて、それが一気に四十代になったのだから。ヒラリーもきれいだったし。あの世代はビートルズ世代なんですよ。大統領選というのはつまり、聡明な人を選ぶ選挙ではなく、タフな人を選ぶ選挙なんですね。たまたまタフだけれど聡明でもある、という人もありうるけれど、まずタフでないと務まらない。

インターネット放送局の『ハウス・オブ・カード』というドラマがあって、DVD化されています。これは面白いですよ。アメリカ大統領を裏面から見た内容になっている。アメリカ政界の考え方とか、すごく皮肉に描いている。

NYの恵まれた演劇・映画環境

――NYでは公私どちらでもかなり多くの演劇をご覧になったそうで、一部は記事にもなっています。

支局が入っていたNYタイムズはブロードウェーのすぐ西側にあって、歩いても五分から十分で劇場に行ける場所です。原稿を出してから東京の夕刊の締め切りまでの間、空いていれば、軽く食事をしておいて、夜の八時から十時くらいの間に集中的に夜の部の劇を見ていました。水曜と土曜はマチネーで昼の部の上演もあるが、土曜は交代で非番の日があったので、マチネーも見ることがありました。

やっぱりあれだけ演劇が続いていると、見ているほうも批評眼、鑑識眼が高いですね。アメリカの演劇はまずトライアウト、田舎での公演から始まって、ワシントンやフィラデルフィアといった都市でテストを重ねて、ブロードウェーにたどり着く。上演の前日にプレビューとして批評家たちに見せて、その評価が上演当日の朝刊に載る。その情け容赦のない批評ぶりにびっくりしましたね。NYタイムズにはフランク・リッチというイェール大出の演劇記者がいて、ものすごく厳しい批評を書く。

この人に酷評された作品が二、三日で幕を閉じることが結構あった。それくらい関係者は戦々恐々としていた。その後、リッチはコラムニストとして社会全般を扱うようになりました。

そのころ、柄谷行人さんがNYに来て一緒に飲んだことがあって、柄谷さんは、批評は反批評がないと成り立たないとおっしゃっていた。日本では、文芸批評は辛うじて成り立っているが、演劇や映画は批評ではなく紹介で、取り上げる以上はあまり厳しいことを書かないというのが暗黙のルールのようになっていますよね。また、NYでは公演に期間の定めがない。客足が伸びればロングランになる。『コーラスライン』にしても、『オペラ座の怪人』、あるいは『ミス・サイゴン』、『ライオン・キング』にしても、観客が支えてロングランになった。これが日本だと、まず役者さんのスケジュールが優先されるので、一定期間の上演に限られる。再演はあるが、基本的には好評にせよ不評にせよ、やったらおしまいです。

NYでは好評の演劇はずっと長く続く。古典を育てる仕組みになっていて、それを世界に発信できるわけですね。逆に二百万ドル、三百万ドルを投じた大作でも、コケれば一週間、二週間で終わってしまう。ショービジネスの中でも際立って厳しい。アメリカの観客を相手にしているから、アメリカンドリーム、ハッピーエンドという型はありますが、社会的なテーマを取り込んで作るのも特徴です。『ミス・サイゴン』であればベトナム戦争だし、『レ・ミゼラブル』ならフランスでの革命運動です。

その伝統は、マッカーシズムの一九五〇年代、演劇界、映画界にも赤狩りの嵐が吹き荒れたところから来ています。中には仲間を裏切る人も出てきて、非米活動委員会に取り上げられた脚本家や監督が作品を作れなくなった。そのときに仲間を売ったことへの負い目が、ハリウッドでは言論の自由、表現の自由に対する伝統につながったわけです。マッカーシズムをきっかけにして、どんな時でも政権や社会的な不正に対する批判的な立場を大事にした。

アメリカでは東にブロードウェーがあって、西のハリウッドは映画の拠点なんだけれど、映画で成功した俳優もブロードウェーに戻ってきて真剣勝負に挑む。そこがアメリカの面白いところでしょうね。大したお金にもならないのに、大スターが演劇に出てくる。当時ダスティン・ホフマンが『ヴェニスの商人』をやっていたし、アル・パチーノ、ジェシカ・ラング、ジュリー・アンドリュースも生で見ました。レィディオシティーでフランク・シナトラやライザ・ミネリの公演を見たときには感激しましたね。

それからメトロポリタンのオペラハウスは横の幅と奥行きが同じくらいの大きさで、それが何面もあるんです。フランコ・ゼフィレッリの演出した『トゥーランドット』はその絢爛豪華さに度肝を抜かれましたね。『アイーダ』も見たし、モーツァルトも全作品やっていた。恵まれていた時期でした。夏にはセントラルパークで一流の演奏家が無料のコンサートを開いて、ワインやシャンパンを持って行って、芝生に寝転がって見る。ジプシー・キングの演奏とかにも行きました。

――仕事でも演劇や芸術関係の記事を書かれていますね。

そうですね、特に一人六役を演じた黒人女性など印象深い。ブロードウェーはやはりアメリカの特徴がよく表れていて、『アメリカの肖像』にも書きました。それと、当時はエイズが危機的な状況で、同性愛との関連が言われていましたが、演劇関係者にも感染者・患者が多かった。当時、エイズを真っ向から描いた戯曲、『エンジェル・イン・アメリカ』（その後テレビドラマ化も）があって、これも社会的な問題にすぐ反応するアメリカらしいですね。ローゼンバーク事件も描いていて、赤狩りは芸術関係者には深刻なトラウマみたいなものを残したことがよく分かりました。映画人の中には、ロナルド・レーガンのように俳優協会の会長として赤狩りの風潮に乗っかった人も出たんですが、それに対する抵抗もあった。『ローマの休日』の脚本を書いた人が活動を封じられたこともありました。

それから特に記憶に残っているのが、USAトゥデーで「ハリウッドの俳優がつきまといの被害にあっている」という短い記事を読んだときのことで、「ストーカー」という言葉を初めて見て「なんて訳すんだろう?」と思った。「セクシャルハラスメント」も社会問題化して演劇のテーマにもなっていたんです。初めて目にして、耳にしたときの「何だろう、これ」という感じは残って、日本に戻ってから振り返ると、アメリカの社会現象が十年くらいたって日本に波及するというのは当たっていますね。そういうふうに、アメリカの言論には問題に気付いたらいち早く声を上げるという面が強い。

――映画もだいぶご覧になったと思いますが、特に印象深い作品は?

『マルコムX』(一九九二年、スパイク・リー監督)ですね。これは一大旋風を巻き起こした。公民権運動の第二波と私は思っています。キング牧師以降、黒人がもう一回声を上げ始めた。マルコムXにもう一度脚光を当てることで、表面的にはなくなったことになっていた差別などの問題を再び問い直すことになった。ロサンゼルス暴動の取材のことは前に話しましたが、やっぱり差別や偏見は根強いものがあったんです。NYのクリニッジヴィレッジのクラブで、黒人男性と白人女性のカップルが酒を飲んでいるのをみてすごくびっくりしたことがある。いわゆるセレブリティの集まる場所で、そういう二人がいるというのは当たり前ではなかったですから。当時はまだ、公の場で連れ立って歩く人種の違うカップルも珍しかった。今では信じられない話ですが。

そういえば、あるとき私が女性とお酒を飲みにあるバーに入ると、周りに不思議そうな目で見られた。店内は紫色のスポットライトが光って、どうも雰囲気が違う。しばらくして気付いた。そこは同性愛者が集まる店だったんです(笑)。同性愛者もそういう特定の場所に出入りすることはできても、まだ表ではあまり見られなかった。黒人ではその後国連事務総長を務めたコフィ・アナンが白人の奥さんと一緒に公の席に出てきましたが、ああいうふうになったのは最近のことで、その先にオバマがいるわけです。

「やっぱりアメリカってすごいな」と思いますね。どんな時でも声を上げる人たちがいる。徹底して戦う。うやむやにしておく日本社会とは違います。エンターテインメントの世界の人たちも、人権とか平等に価値観を置いていて、社会活動をするのが当然のように受け止められている。

【証言・小此木潔さん】かけがえのない同僚との時間

〈おこのぎ・きよし　一九七五年朝日新聞入社、東京経済部長、編集局長補佐、論説副主幹、編集委員を経て二〇一四年から上智大学教授を務めた。外岡さんとともにニューヨーク支局員。著書『財政構造改革』『消費税をどうするか』〈いずれも岩波新書〉など〉

NYでも後輩のため献身的に仕事をした外岡記者

私がNYに赴任したのは八九年六月、外岡さんより一か月だけ早い赴任です。小説を書いた人だ、というのは聞いて知っていたけれど、会うのは初めてでした。仕事だけでなく休日も家族ぐるみの付き合いがあって、妻がすっかり外岡さんびいきになりました、何かにつけて「外岡さんは違う」と言うもんだから、私が「なんだ、外岡なんてちょっと顔が良くて文章がうまいだけじゃないか」（笑）と反発したりして。すると妻は「ほら、やっぱり違うわよ！」。というわけで、家族で外岡ファンでした。

――最初の支局長の金丸さんは「締め切りまで支局にいろ」「取材で助手に頼るな」と言われたそうで、すでに経済部、社会部で中堅記者だった小此木さんと外岡さんに対してだいぶ厳しい要求とも思えますが。

私はそこまで言われなかったなあ。外岡さんが自発的に夜中まで残っているんだろうと思っていました。金丸さんは出世を気にする人ではなかったけれど、ニュースに対する責任感は強かったから、外岡さんにそう言ったのかな。

彼はいつも、夜中までずっといるんですよ。「いい加減帰ったら？」と言うと「まだやることがありまず」と答える。支局で絶対やらなきゃいけないことというよりも、社会部の企画の協力が多かった印象です。「メディアの湾岸戦争」「権力報道」などの。担当の鈴木啓一記者はNYにも来ていて、僕も一緒に飯を食ったりしましたが、記事が本になったとき、あとがきで彼が「半分は外岡さんに書いてもらったようなものだ」と感謝していました。

社会部の後輩のために、そういう作業も几帳面にやっていた。「それじゃ体がもたないだろうから、本人にやらせるべきじゃないの」と言ったら「私がやらないとできませんから」。人のためにここまでやるのは、真似のできないことですよね。そのうち私は、少し冗談めかしてですが「朝日新聞に人格者が一人だけいるとすれば、それは外岡だ」と言うようになりました。

そうそう、司馬遼太郎さんが『街道をゆく』NY編を取材に来て、外岡さんが協力したころだったかと思いますが、彼に「また小説でも書けば？」と言ってみたことがあります。もちろん『北帰行』の続編を、という意味ですが、彼は即座に「あのときは、重たいものを肩から（あるいは、背中の重荷を、と言ったかもしれません）おろさなくてはいけないという気持ちで書いたのですが、いまはそういうものがないので、書く必要がないんです」と答えました。高潔な人柄が出ていて強く印象に残っています。

それと、こんなことは言ってはいけないのかもしれませんが、NY時代にある上司と私は折り合いが悪く、そのことを心配した外岡さんが「自重してくださ い」と私に言ってくれたので、そうすることができました。あのとき同僚が外岡さんでなかったら、その後の記者生活はどうなっていたか。あらゆる意味で、外岡さんと一つ屋根のもとで仕事をした三年間は、私の人生にとってかけがえのない時間だったのです。

日本のバブル期に低迷したアメリカ経済が復活へ

――ちょうど日本のバブル経済期にアメリカ経済の取材をされていた。

日本のバブル全盛期に日本を離れ、それから崩壊まではアメリカにいたので、崩壊は実感がありませんでした。アメリカ国内は日本に先んじて不況が続いていたことも一因でしょう。自動車産業はレイオフ（一時解雇）を連発してウォール街もリストラ、リストラ。アメリカ産業は総崩れかと言われたが、アメリカのエコノミストは「我々はソ連とは違う、必ず復元する」と言うのです。

そうなんだろうな、と思いつつ、その復元はどこから始まるのかは分からない。結果的にそれはシリコンバレーから、マイクロソフトなどの台頭によって実現する。復活の兆しは半導体やハイテク部門を軸に、アメリカ車などでも改善が進み、為替がちょっと動けばある程度は日本製品と競える状況になっていた。そのあたりは、ワシントンの武内健二さんと「日本無敵神話のかげり」というテーマで企画記事を書いたことがあります。

それからアメリカにいて冷戦終結の意義を見ることができたことが外岡さんにも私にも重要です。ロバート・マクナマラ（ベトナム戦争当時の米国務長官）にインタビューしたときには「冷戦が終わって平和の配当を世界が享受できるようになる。軍備を縮小して、その浮いたお金を生活向上のために使うべきだ」という見方を語っていました。たしかに軍需産業には冬の時代で、取材でグラマン本社に行ったときにも、リストラの説明用紙が待合室にあったのが印象に残っています。

アメリカの社会主義者、ポール・スウィージーには冷戦後の社会主義の行方というテーマでインタビューしています（九一年十月十六日付）。社会主義は資本主義の否定に立つ考えで、その意義はソ連がなくなっても変わらない。ソ連の問題は労働者の民主主義（それが社会主義の本質だと彼は言った）をつくれなかったことで、それは引き続き資本主義国にとっての課題であり続ける。環境問題をとってみても、究極の解決は社会主義だと。そんな話を書きました。

第四章　冷戦終結後の国連、湾岸戦争を取材

続・ニューヨーク支局

湾岸戦争前の国際情勢、冷戦の終結

アメリカでは一九八〇年代、レーガン政権下で格差の拡大が進みました。これは規制緩和、いわゆる新自由主義的な政策で、高額所得者への課税をゆるめ、貧富の差が広がることになりました。そしてソ連との軍拡競争も激しくなり、ついていけなくなったソ連は、敗れたというか自滅したわけです。当時、アメリカは圧倒的な国力を持っていて、外交・軍事でどこもアメリカに挑戦できる国はなかった。冷戦が終わって、今度はどこがアメリカにチャレンジするのか。日本とロシアが手を組むことを懸念している人がアメリカにはいました。中国は天安門事件後、孤立していたし、経済的に離陸する前という段階でした。

国連は冷戦下で休眠状態が長く続いていました。戦後の日本外交は国連中心主義、日米関係の強化、アジア友好が三本柱でしたが、国連外交は事実上、ほとんど機能していない状態だったんです。国際連盟は全会一致を建前にしていて五大国が一致しなければ動かなかった。そのため国際連合では、国

連を維持するための安全弁として拒否権が導入された。これが当初の設定と違って冷戦となり、大国は互いに拒否権の発動をして、紛争については協議がストップしてしまいます。

スエズ動乱（第二次中東戦争＝一九五六年）のときに当時の事務総長が作ったのがＰＫＯ（平和維持活動）という仕組みの始まりでした。国連憲章の六章（実力行使に至らない仲介）、七章（強制行動を伴う実力行使）の中間に置かれた形で、「六章半」という独自のシステムですね。安保理で議論してもほとんど物事は進まないから、紛争の拡大を抑止するＰＫＯにかろうじて期待が残っていた。私がＮＹに行ったとき、国連はそれほど紙面的にも重視されていなかった。冷戦が終わると、多国間外交の中心地として急に世界中から注目を受けるようになった。ＮＹに行ってまもなくベルリンの壁が崩れて、九一年にソ連が解体する。ちょうどその間を私は見ていたことになります。

目の前で劇的な瞬間がいくつかありました。ソ連のシェワルナゼ外相が国連でいきなり、ソ連の崩壊を明言して驚きましたね。これはぶら下がりだったか――いや、会見だったたな。報道陣がみんな囲みましたよ。シェワルナゼが「ソ連はいくつかの共和国に独立します」と言った。「いつ?」「今日からだ」。みんな予想していなかった。ゴルバチョフは今もソ連を解体した人物として、ロシア国内の批判が強い。エリツィン、プーチンという強い指導者に対するロシアの希求みたいなものがあるんです。

カンボジア問題でもシアヌークが国連で和平を宣言した。あれも劇的でしたね。目の前で世の中を動かす最大級の世界ニュースが起こる。すごい時期にいさせてもらった、という実感はあります。

九〇年、湾岸危機の勃発と国連、日本外交

湾岸危機（イラク軍がクウェートに侵攻）が起こったのは九〇年八月でした。そのとき私は休暇中で、当時はポケットベルだったんですが、それが鳴って、急いで支局に電話すると、そのときの支局長は川上洋一さんで「大変なことが起こった、イラクがクウェートに侵攻した」と言われました。私はピンとこなかった。恥ずかしい話だけれど。

川上さんは中東の特派員が長い人だったので、すぐに意味が分かったんです。「何日か私が国連をカバーするから、少し予定を早めて戻ってきてくれないか」という話で、その日か次の日にNYに戻り、国連に行ったら大変なことになっていました。

九〇年の八月は冷戦が終わるとみんな分かっていた時期で、ソ連は解体に向かっていた。アメリカはジョージ・ブッシュ（父）政権で、アメリカがこれから世界を仕切っていくことは誰の目にも明らかだった。しかし、アメリカはまだ単独では行動しない。世界中が一丸とならないと問題を解決できないと思ったんでしょう。国連を使って紛争をやめさせるテストケースにしようという考えがあった。

――紛争への介入もしくは武力行使は国連のお墨付きを出させて……。

そう、お墨付きを得てから行動しようと。中国は天安門事件の余波でまだ孤立していて、外交的に発言できない時期です。アメリカは中国のことはそれほど考えなくていい。すると、イギリス、フランス、それからソ連をどう固めるのか、という問題になってくる。イギリスはかつてイラクを統治していたいわば当事者で、フランスも隣のシリアを統治していてやはり同じ地域の当事者だった。アメリカ、イギリス、フランスの三カ国が国連代表部でも本国の外交当局でも話し合って、案を作ってソ連・中国に見せて、了承が得られれば十五カ国の安保理理事国に配布して、それが採択される、という段取りになっていました。そのどの時点で、どうニュースにするか。

あのとき、日本は非常任理事国ではなかった。蚊帳の外でした。非公式会合があると、我々は会場から出てきた各国の外交官をつかまえて、ぶらさがって囲んで「今どういうことを……」と質問します。すると、日本の国連代表部の外交官もそれをやっていた。

――若手の職員ですか。

いや、公使クラスの人でした。日本の外交官たちは、あれだけのお金を出して蚊帳の外という屈辱を感じたわけです。それがあとの日本の常任理事国入りの運動につながっていく。

当時、ある日本の外交官と話をしたときに「代表なければ課税なし」と言っていました。日本の国連への拠出額はアメリカに次いで、イギリス、フランス、イタリアの三カ国を合わせた額より多い。「これはおかしいんじゃないか」と。私はそのとき「イギリスにはシェイクスピアがいるし、イタリアにはヴェルディがいるし、フランスにはゴッホとセザンヌがいますからねえ」と言って、ひんしゅくを買ったんです。

――どういう意味でしょう。

つまり「金を出しているからそれに応じて発言させろ」という、その発想は貧しいんじゃないか、いろんな価値観を加味して考えるべきじゃないか、ということです。

結論から言えば、私は日本の常任理事国入りは何らかの形で実現すべきだと思っています。というのは、それが最大の安全保障になるからです。攻撃を受けることがなくなる、国益になる。しかし、金があるから発言権、代表権を買おう、「経済大国だから常任理事国にせよ」と言っても、世界の大方は支持しないでしょう。

そういうわけで、九〇年の八月中は国連に缶詰状態でした。一晩中いることもあった。緊急会合が行われるのは昼とも限らないし。国連ビルの記者クラブが二階にあって、たしか三階が安保理でした。

アナウンスで「これから安保理の非常任理事国会合が行われます」と流れて、ただひたすら終わるのを待つ。公式協議の場合は、終わったとたんに担当者を囲む。それぞれ各国のメディアは自国に強くて、例えばロイターはイギリス、APはアメリカの動向を詳しく分かっている。各国記者の情報を収集して、知り合いの記者同士で話し合って全体の流れを理解しようとしました。

日本人の記者クラブには各社のデスクがありますが、常駐している、必ずいるのが時事通信と共同通信でした。他社はだいたいNY支局にいるのは三人から五人で、一人というところもあるから、常駐は出来ない。私の席の隣が時事の長濱孝行さんという人で、この人は朝から夜までいました。そこで彼と協定を結んだんです。私が立ち寄った時には、彼がそれまでの事態のあらましをブリーフィングしてくれる。私が特ダネ、独自ダネを書くときは、事前に教えて同着にする、という協定でした。昼間に一回、夕方一回顔を出して、何かあれば原稿を送るという毎日でした。

とにかく一日に出る発表文章の量が半端じゃなかった。それが紙で棚に投げ込まれ、記者は必死になってそれを読む。非難決議から始まって、国連憲章の六章から七章へ。条文に沿って進んでゆき、それを積み重ねて最後に武力行使決議に、というお手本みたいな決議の流れでした。

湾岸戦争が終わってから、いろんな政治家や軍人にインタビューしましたが、湾岸戦争とは、「冷戦の最後」だったのか、「冷戦後の最初」だったのか、意見は分かれました。冷戦が終わりかけていた時期で、ソ連は解体に向かっていて、冷戦は終わっていると見る人もいた。まだ冷戦期のうちだったという見方もありました。それまでは米ソ対立で両大国がことごとくいがみ合い、一方で中ソの対立という二重の対立がある、それが冷戦だった。湾岸戦争は国際協調で紛争を解決した最初のケースといえるでしょう。

「特技」生かしサウジのビザ取得、湾岸戦争の現地取材へ

国連で取材していると、武力行使不可避の方向にどんどん動いてゆく。まもなく外報部から世界中の特派員に、サウジアラビアのビザを取れという指示が出ました。サウジは報道規制の厳しい国で、なかなかビザを出さないことで有名だったんです。アメリカは当時、サウジの盟友だったので米国の記者は圧力でビザが取れるが、日本はそうはいかない。カイロで、ヨーロッパで、申請しても取れない。業を煮やした外報が、一斉に指令を出したんでしょうね。

——たまたまNY支局員のビザ申請が「当選」して、中東まで戦争の取材へ。

私が申請すれば出るだろうと思っていました。というのは、私の記者として数少ない取りえというか特技が、望んだビザは必ず取れるということだったんです。日曜版「世界名画の旅」の取材で、中国から入ってインド、パキスタンと取材していって、ヨーロッパまで三か月で行ったことは前に話しましたね。このときアフガニスタンのビザがなかなか取れなくて、無理だろうと言われた。中国のビザも遅れたけれど、出発の一か月前には出ました。しかし、どうしてもアフガニスタンには入りたかったので、青山にあった大使館へ、臨時大使だったかもしれませんが、面会を申し込んでお願いしました。

「飛行機も取っていて宿も決めてある、アフガニスタンに入れないとこの企画自体が成り立たない」と言うと、それはハッタリに近いんだけど、「分かった、本国にかけあってみる」ということになった。一方、日本の外務省には便宜供与というシステムがあって、出先の大使館や領事館に訓令を出して、報道関係者に便宜をはかるよう指示できるんです。そこで外務省に頼んで便宜供与を受け、アフ

ガニスタン外務省のビザ発給担当者の名前を割り出してもらって、日本の大使館からも早めに許可を出すよう要請を出してもらう。「今のままでは間に合わない、計画そのものが水の泡になってしまう」と訴えたわけです。そして、たしか出発の二週間前、アフガニスタンからまだ返事が来なかったので、臨時大使に会って「もう出発が迫っている。何とかしてくれないか」と頼みました「出発はいつだ」「明日だ」（笑）。そしたら、出してくれたんです。

のちにコソボ紛争のセルビアの取材とか、キューバに行くときにも、本国の担当者を割り出して攻勢をかけるやり方でした。この手法は邪道かもしれませんが、特に世界中の記者がビザを申請しているような場合、誰から発給してゆくのか裁量の基準はないですからね。そういう経験があったので、自分がやればビザを取得できるだろうと思っていました。

サウジの戦地へ取材に行くことになって、心配だったのが、国連を誰がカバーするのかということでした。支局長の川上さんにずっとカバーしていただくわけにもいかないし。しかし、あるベテランの記者は「戦争が始まったら国連は沈黙するから大丈夫」と言っていて、その通りになりましたね。国連は戦争が起こるまではいろいろ動くが、戦争が始まってしまうと口を挟む余地がなくなってしまう。サウジには九一年の一月三日、ヨーロッパ経由で入った。アメリカ軍が主力を置いているダーランに行って、ダーラン・インターナショナルホテルに入ってアメリカ軍のブリーフィングを聞くという取材です。サウジの首都・リヤドには川崎剛さんがあとから入りました。

――戦争になる可能性はどの程度考えていましたか。

「フセインは撤退するだろう」「孤立して、戦えば負けるという戦争に行くことはないだろう」という見方が強かったですね。でも、どうなるか誰も分からなかった。日本の外務省では「戦争にはなるまい」という見通しが主流だったということです。当時の海部首相はその前提でアジア歴訪日程を組んでいた。唯一、開戦を察知していた人が、当時ロンドンの公使だった田中均氏だったそうです。外務省の情報部門の人から後でそう聞きました。また田中氏はイギリスの外務省から教えてもらったということを、後でご本人から伺いました。イラク軍の撤退というのは、日本にとって希望的観測でもあったのでしょう。

米軍の輸送車をチェック、「開戦不可避」と判断

ダーランの米軍は「エンベデッド」という従軍記者制度（「埋め込み型」「プール取材」などとも呼ばれる）を実施していて、断片的な従軍記者のリポートが次々に出てきます。そこから全体状況をつかもうとするのは、ジクソーパズルを組み合わせるような作業でしたね。各部隊には情報担当の士官がいて、具体的な兵士、装備などの情報を出すこともあるが、全体の動きとなると隔靴掻痒感が強かった。どこの場所で、どの地点でどう展開するのか？　となると分からない。

ダーランに行ってすぐ、一個五百円くらいのガスマスクがサウジから支給されました。また、米軍にはいざという時のためのグラウンドルールがあって「その規制に従います」というサインをさせられた。米軍の手の内を分からせるような記事を書かない判断を求められていました。ガスマスクの支給は理由があって、イラクのサダム・フセインが核・生物・化学兵器、いわゆる「ＡＢＣ兵器」を持っているのかどうか、分からなかったんです。イラクにスカッドミサイルがたくさんあるとは分かっていた。それに「ＡＢＣ」を搭載できるか。当時、イラクが持っているだろうと言われたのは毒ガスでした。戦争前にはイラクが化学兵器を使った、という話も出ていました。

サウジからガスマスクを支給されて、こうした関係に詳しいワシントン（アメリカ総局）の吉田文

彦さんに意見を聞くと「ガスマスクだけじゃダメですよ、皮膚を覆うようにしないといけません。毒ガスは皮膚からも入ってきますから」「暑いでしょうが、サランラップみたいなもので、体をぐるぐる巻いたらどうでしょう」と言われました。仕様がないから、サランラップみたいなものを手に入れて巻いていた。

米軍の動きを知るため、とにかく幹線道路をマークしました。何を運んでいるのか、ロジスティックをチェックする。これは、戦前の陸軍のスパイ、ロシアなどで諜報活動をしていた石光真清がしていたことで、中公文庫から出ている彼の四部作を読むと分かります。当時のスパイにとって鉄道が一番重要で、時刻表を見て、列車に積んでいるものと輸送量を見て、軍隊の展開、軍事の機動力が分かる。第一次世界大戦のときのT・E・ロレンスもオスマン＝トルコの軍隊が鉄道を使って輸送をすることを知っていたんです。ロレンスは線路を爆破してアカバに向かって進撃し、オスマン帝国を崩壊に導くことになります。

戦争はロジスティックがものすごく大事です。何もないところに巨大な工場を建てるようなものですからね。三か月前から五十万人を動かして、資材を送って、兵士の訓練を重ねる。Xデーが開戦日とすると、この部隊はそれまで何をするのか、というスケジュール表を作ります。それをチェックしながら、海軍、陸軍、空軍を組み立ててゆくわけです。

戦争後、米軍の司令官に取材したときに、Xデーマイナス何日というスケジュールのあと、「Xプラス1のシナリオは?」と聞くと「それはないんだ」「作っても仕様がないから」という答えでした。WAR・PLAN、戦争計画はあるんですよ。例えば朝鮮半島で北が南進してきたとき、いざという時のマニュアルはあるし、訓練もしている。しかし、実際の戦争では敵の反応次第ということです。

幹線道路を観察していると、米軍が運ぶ物資が土木資材や重機から、だんだん兵器へ、危険物へ、そしてジェット燃料などが入ってきた。医療班が来たときは、「これは間違いない」と思いましたね。開戦の何日か前に、その原稿が載っています。そして開戦後、水鳥事件になるわけです。

（※開戦の数日後、クウェートの石油施設から原油が大量に流出したと英メディアが報道し、真っ黒になった水鳥の映像が世界中に流れた。当初アメリカはイラクの攻撃による意図的な環境テロと主張したが、実際には別の原因による小規模の流出であったらしいことが後に分かる）

このときは「あり得ない」と何度も何度も言ったんだけれど、1面トップに私の名前で原稿が載ってしまった。

（一月二十七日付朝刊、黒い水鳥の写真はCNN映像を加工して1社に掲載された）

「戦争の最初の犠牲者は真実」

原油流出の一報が出てから、数日にわたって海岸沿いにずっと見ていったけれど、そんな汚染はどこにも起きていない。ダーランで環境学者らが会見した。イラク軍による破壊だ、環境汚染だ、と。要するに宣伝工作ですよ。

のちにNYからアエラに移って、九四年の特別号だったと思いますが、湾岸戦争に関するメディア、マネー、ミリタリーの「3M」をめぐる特集記事を書いたことがあります。ヒル&ノールトンという広告代理店がクウェートの宣伝キャンペーンを請け負って、イラクの環境破壊、環境テロという虚偽宣伝を展開したんです。また、クウェート大使の娘を使って、イラク軍が病院のインキュベーター（保育器）から乳児を引き出して殺したという話を持ち出した。国連で開かれた公聴会での証言だったが、あとでウソだと分かった。マスコミを使って世論誘導しようとしたわけです。

戦争の最初の犠牲者は真実だといいますよね。旧日本軍もマスコミを統制した。水鳥を使ったキャンペーンを体験してから、自分の目で見聞きするもの以外には乗せられまいと思いました。見聞きしたものの中には、エンベデッド（従軍代表取材）の報告も入っていて、それは消毒済みの安全なものしかない。開戦後、一回だけ日本の記者団にもエンベデッドが割り振られたことがあります。これは各社との話し合いで、共同が行くことになりました。新聞一社が行っちゃうと対立するし、地方紙のことも考えて共同がいいだろうと。

共同の記者は、日本の油田があったカフジに行って、イラクが占領していた地域を見てきてブリーフィングをした。これで本当にびっくりしたのは、共同のAさんが代表で取材に行き、ブリーフィングをする。そうすると、それを聞いた朝日、読売、毎日などの記者はそれぞれが自分の名前で記事を書いていいんですね。クレジットにブリーフを聞いた記者の名前がつく。「実際に行ってもいないのに、おかしいんじゃないでしょうか」と言ったら、「それが慣例だから」と言われました。

外電を見てルポを書く――外報記事の虚構性を知る

外報記事では、外電を使って、実際には行っていない記者の名前でルポのような記事を書くことがある。これにはものすごい抵抗を感じましたね。カフジのそのときは、同じ記事を書くのはおかしいので、ブリーフをしてもらって、それぞれの記者が、自分がこれだと、必要だと思うところを記事にしました。それでも自分の名前を出すのは抵抗があって、「○○取材団」というクレジットで記事にしました。

デスクと話したときに私は「プール取材だから、そのまま書くわけにはいかない」と言ったんですが、誰かが「外報の慣例はこうだ」ということを言ったんでしょう。自分が行っていなくても代表した人が行って見たことを、自分が見たように書く。それは一理ないとは言えませんが、個人名でルポをのせること自体がおかしい。いまの慣例がどうなっているかは知りませんけれど。

とにかくこの水鳥事件とプール取材の一件があって、外報の記事は虚構で成り立っている部分があることが分かった。しかしその後ずいぶん変わりました。つまりグローバル化による変化があった。記者が直接、現場に行けるようになって、ずいぶん外報の文化は変わったと思います。

NYに行く前、外報の内勤を八九年の五月から七月まで短期間だがやったんです。小デスクが紙焼きの写真をいくつか持ってくる。それを選んでデスクに見せて、これを使おうとデスクが決める。内勤は三人一組、班長、次席、新人という構成で、新人の仕事は写真のキャプションを書くことでした。班長と次席は外電をチェックする。私が新人で、班長が竹信悦夫さんでした。

内勤は早版が終わって一段落というところに暇な時間がある。竹信さんはのちに『英字新聞がどんどん読めるようになる』という本を書いて、これは私もすごく役に立ちました。彼は内勤の暇な時間、私に外報の記事の取り決めを教えてくれたんです。「西側外交筋って誰か分かるか」「?」「日本大使館のことだ」。「消息筋、これは同業他社のことだ」。「観測筋というのは、自分のことだ」(笑)。

これは竹信さん独特のユーモアというか、半分冗談なのかとも思うけれど、外報にはそれで通じる文化もあったのでしょうね。

通信手段の変革で変わった外報の文化

外報記者は「書斎派」と「現場派」に分かれると言われて、外電を丹念にチェックするタイプが書斎派と呼ばれていました。現場派は語学力に関係なく、通訳を連れて行って自分で取材すればいいという考え方で、社会部出身の人に多い。外報の内勤はロイター、AP、AFPなどの外電が巻紙みたいに出てくるのをビリビリやぶいて、それを見ながら現地の記者が送ってきた記事と両方をチェックする。それが外報のかつての慣習でした。

特に海外支局の場合、昔は支局を離れるわけにはいかなかった。支局を離れていて大きなニュースを落としたという話はずいぶん聞きました。出かけるときは短波ラジオを持っていってBBCをチェックしろと言われていた。その後、ポケットベルが出て、後に衛星電話も登場し、送信手段もつながるようになった。外報の文化が変わったのはそれが大きいですね。昔は物理的な制約で、支局から動けなかったから。

NYには「レクサス・ネクサス」というデータベースがあって、過去記事が検索できる。NYタイムズには地下に「モルグ」（死体置き場のこと）と呼ばれる切り抜きの部屋があって、「この記事を見せてほしい」と頼むとタダで見せてもらえました。

――アメリカ経験の長い元論説主幹の松山幸雄さんが「今の特派員の記事の質は我々の頃より格段に上がった」という趣旨のことを書かれていた。つまり、いまの特派員は現場派でないと務まらないということでしょうか。

支局にいる意味がない。どこでもインターネットを通じて即座に情報を得られるし、どこにいても、特派員でなくても発信できる。昔は外国の取材に行くと、まずその支局に行って、自分の支局や本社から連絡が来ていないか確認したんです。ホテルの電話を使うとすごく高いから。今はどこに行ったって、その必要はないでしょう。

電話には時差という壁があった。時間を越えることができない。日中と夜間の差がある。FAXは時間を超えられるが場所は越えられない。FAXのある場所にしか届かない。メールは両方を乗り越えた。二〇〇〇年だったと思いますが、北朝鮮問題の取材で、私がワシントンで、本田優さんが東京で、箱田哲也さんがソウルで、三カ所を結んで連絡を取りながら進めました。

朝日の強みは朝鮮半島と中国にあると思います。当局の発表しかなかった時代から、朝日は経験と蓄積、人脈をすごく持っている。以前はアメリカの特派員には中東の特派員を経てからなる人が多かったですね。中東を分からないと、アメリカの国際問題での行動は分からなかったから。それが今は中東から中国になりつつある。今の国際報道部は中国とアメリカを往復するようなキャリアパスが増えていますね。

戦争とメディア、CNNの決断

――湾岸戦争ではCNNとピーター・アーネットが世界的に名をはせました。

戦争開始直後のイラクに、実はピーター・アーネット以外にもう一人、ジャーナリストが残っていたんです。しかし彼は通信手段を持っていなかった。映像を送ることができない。湾岸戦争でのCNNをどう評価するかは、通信手段を持っていたことと切り離せない。戦争中、フセインが子どもの頭をなでたりする場面がCNNの映像で流れました。逆宣伝に使わせることでCNNはピーター・アーネットの身を守った。一種の安全弁だった。そこがCNNの決断のすごいところでしょうね

――他のネットワークと比べて新興の会社だから冒険出来た印象も受けました。

当時、天安門でもベルリンの壁でもあれだけ成功して、湾岸戦争に賭けたんでしょうね。CNNの時代にするぞ、という意気込みがあった。CNNの技術力も含めてね。それはメディアが外交交渉で宣伝戦の一翼を担うという面でもある。多国籍軍のピンポイント爆撃の模様はCNNの映像で公開さ

れ、軍事専門家がそれを解説する。いかに正確で、スマートであるか、精密誘導兵器の優秀さを強調しました。その背景には、ベトナム戦争の悪夢があった。軍への批判をいかに解消するか。正義の軍であると売り込むか。

だから多国籍軍は深追いしなかった。国連が与えたマンデート（権限）で、武力行使の条件はイラク軍をクウェートから撤退させることだった。一九五〇年の朝鮮戦争で、中国の参戦を受けて国連軍の司令官だったマッカーサーは、深追いして原爆を使おうとしてトルーマンから解任される。「マンデート」、国連が与える任務を超えたからそうなったわけです。アメリカはイラクでフセイン体制を倒さなかった。倒せたと思いますが、あとの準備が出来ているかというと、そうではなかった。戦争は破壊することはできても建設することは出来ない。

だからイラク戦争の息子ブッシュは本当に向こう見ずで、何を考えていたのかという話になるわけですよ。チェイニーとかラムズフェルドとかそのへんの周りにしてもそうですね。だって、フセインを倒したあとは日本の占領統治を例に挙げて、日本のようにすればいいと言ったというのだから、信じられないですよね。

戦争と記者の安全、米軍の前線基地では

話は戻りますが、一月十七日に開戦する。これは砂嵐と新月という条件からある程度は予想された範囲で、イラク軍は夜間に行動する装備を持っていなかった。前にお話ししたように、衛生班が投入されてきたので「開戦は間違いない」と思っていましたが、日本では希望的観測の人も多かったと聞きました。

開戦時、ダーランのホテルの広いホールにサイレンが鳴って、地下壕に逃げろと言われました。ガスマスクを持って地下におりると、アメリカかイギリスの記者がショックで倒れてけいれんして、同僚に助けられているのを見た。そこでは本当にひとことも話し声はなかったですね。イラクは化学兵器を使うのか。核はないにしても、何が起こるか分からなかった。

初日は一時間くらい、地下壕にいたでしょうか。そのうちに朝夜かかわりなくサイレンが鳴るようになると、いちいち地下におりるのが面倒くさくなってきた（笑）。段々分かってきましたが、イラクがスカッドミサイルを使うときはイスラエルに向けて使うときとほぼ同時でした。イスラム関係の国は検閲がすごいんです。サウジアラビアのTVは生中継のように見えて、検閲をした後で映像を少しずつずらしていた。

イスラエル、バーレーンは危険をキャッチするのが早くて、両者でもイスラエルの方がわずかに早い。サイレンが鳴ってもしばらくCNNの映像を見てから避難するようになりました。そうした中で、リヤドにいた田岡俊次さんと川崎さんが「現場を見たい」とダーランにやってきて、田岡さんがこう言いました。「パトリオット（迎撃ミサイル）があるから大丈夫というが、関係ない。むしろパトリオットがスカッドミサイルに命中したら破片が飛び散って落下するからかえって危険だ」。なんだ、そうなんだと思いましたね。これは半分、田岡さんの冗談なんでしょうけれど、実際にスカッドミサイルの破片で何人かの兵士が死んでいますからね。

戦争が始まってみるまでは、イラクの実力は分からなかった。米軍もかなり警戒しつつやったのだと思います。開戦後にバグダッドに入ったNHKの柳澤秀夫さんが、トマホークが頭上を通過するのを映像でとらえた。これはだいぶ後で見ました。ほとんどのプレスはインターナショナルホテル・ダーランに泊まっていましたが、NHKはスタッフの安全をすごく考えている。しっかりしていて、すごいなと思いました。

こちらの場合、指示は来るけれども安全は自助努力だから、ガスマスクひとつしかない。NYからサウジに出発するとき外報部に「家族がいるので戦争保険に入りたい」と言いました。保険料を出してもらえないでしょうかと。

——それは当然ですよね。

結局、出してもらえたんだけれど、生意気なやつだと思われたでしょうね。その後いろいろあって、紛争地の取材に行く記者は保険に入る制度になりましたが、会社が受取人になっている。もし殉職したら会社が弔慰金とか補償とかいろいろ出すんだから、という理屈でしょう。会社の仕事で行く以上、安全をどうするか考えるべきだと思います。

九九年のコソボ紛争取材のときには、自分で一億円の保険に入って行きました。これは会社に相談せずに。今は報道関係者の危険度も増して、保険料もだいぶ高くなっているようですね。湾岸戦争のとき、プレスは車体に「ＰＲＥＳＳ」と表示していれば、これを攻撃してはいけないという暗黙の前提があった。赤十字もＮＰＯも、国境なき医師団も同じでした。それが崩れたのが九〇年代の旧ユーゴ紛争で、国連のコンボイが狙われた。国連の名を借りて敵の輸送に使っている、という理由からです。その後も状況は進み、プレスであることがむしろかえって攻撃を招くという事態になって、人質にされることにもつながっている。

危険が避けられない取材をどう判断すべきか

——戦争・紛争、また近年の原発事故の報道でも、記者、会社は現場取材をどう判断すべきかの議論が出ました。

これは現場の判断だと思います。記者個人が判断すればいい。会社はそれを尊重して、だけど、いざ記者が危険に追い込まれたりした場合は最大限救援する。もし殉職したら、家族の面倒を徹底的にみる、そういう形しかないと思います。

ところが私も立場違えば考える場合があって、後に編集局長のときに、読者の紙面モニターで「イラク戦争で自衛隊のサマワでの活動の検証記事がないのはおかしい」という意見が多かった。私もそう思ったし、当時カイロにいた川上泰徳さん（中東アフリカ総局長）もそう思ったんです。そして川上さんが「取材したい」と言ってきた。この時は、GM（人事・管理担当の編集局長）も含めてかなり突っ込んだ話をして、川上さんが申請した予定より短期間という条件で許可しました。他の記者でなく中東取材の経験が豊富な川上さん本人が行くことと、必ず数時間おきに連絡を入れて、無事と居場所を知らせることも条件にして、です。

これと逆に、積極的に飛び込んでいく必要があったのは、二〇一一年の福島第一原発事故の取材です。（四月二十二日に）緊急時避難準備区域になった南相馬市には二万人くらいの人が残っていた。そこから一斉に日本のマスコミが消えた。病院も避難所も小学校も閉鎖され、ガソリンを持ってゆくタンクローリーも郵便も、宅急便もコンビニの商品も、みな来なくなった。記者もいない。会社を早期退職してフリーの立場になった私がそれを聞いたのは五月の後半でしたが、あってはいけないことだと思いました。二万人の市民が残っているところで報道陣が撤収するというのはあり得ないですよ。

もちろん安全は考えなければならない。若い記者、とりわけ女性の記者を現場に送るのは避けるべきです。しかしもう先の限られたベテランが「行きたい」と言えば、行かせるのが当然です。結局、政府の指示に逆らうのがこわいんですよ。NHKにしたって同じで、三十キロ圏の外に出て中継して「守っています」というサインを出す。フリーの記者、NHKのEテレビの一部のクルーが取材しただけで、みんなほおかむりしている。あれは報道の真価が問われる事態だったと思います。

その状況を世界に発信した当時のNYタイムズ支局長・マーティン・ファクラーさんが南相馬の市役所に入ったとき、大きな歓声で迎えられたということでした。南相馬市の桜井市長がツイッターで世界中に訴えた、その意味をファクラーさんは分かっていたんです。日本のマスコミは自分たちの責任を自覚しなければならなかった。ただ、九九年の東海村JOC臨界事故のあと会社が組合と取り交わしたマニュアルがあって、そこになんと書いてあるのか正確には知りません。でも、会社はそれを口実にした面もあると思います。

政府の要請や指示にすべて従っていたら、大本営になっちゃう。誰も行かない所ではなく、数万人規模で住民がいる場所にマスコミが行かないのはおかしい。会社は行けと命令しちゃいけないけれど「行きたい」という記者がいたら阻んではいけない。これはIS（イスラム国）の問題でも、シリア、北朝鮮でも「取材に行きたい」という記者が出てくると思いますが、同じことです。

CNN抜きには語れない湾岸戦争

――再び湾岸戦争に戻りまして、日本だけでなくCNNを除くすべてのメディアが開戦前にイラクからいったん撤退しました。当時の各社の判断、今振り返ってどうでしょう。

あの戦争はCNN抜きには語れない、CNNがバグダッドにいることでまったく違う状況になった。メディアは戦争に常にかかわっています。宣伝戦という形で。あの戦争はCNN抜きではあり得ないし、最先端の技術を持ったメディアは戦争にかかわらざるを得ない面がある。活字メディアとしては、撤退はやむを得ない面があるでしょう。あそこで実況する以上の影響力のある送信手段を持っていなかったという問題もある。ただ、CNNはどうやって自分たちの安全を確保しようとしたのかは興味のあるところで、彼らの居場所は爆撃からはずしてくれという要請、そういうギャランティーはあったのではないかと想像しますね。

戦争のあと、米空軍の司令官にインタビューしました。多国籍軍はイラクのコンボイを空爆して兵士を殺りくした。一説には湾岸戦争で八万人のイラク兵士が殺されたというが、どれくらい亡くなったのかは分かっていないと彼は答えました。「軍の仕事は敵の戦死者を数えることじゃなくて自分の方の戦死者を数えることだ」ということです。「ボディーカウント」とはそういう意味で、「あーなるほど」と思いましたね。

空爆の精度には誤差がつきもので、損害が周りにどれくらいあったのか、実は分からない。目標地点からの等心円の半径のなかで、どれくらい命中度があったのか。第二次大戦後の原爆調査団はそれをやっている。アメリカは湾岸戦争当時、衛星も偵察機も持ってはいたが、自分たちの攻撃の精度をリアルタイムで知ることはできなかった。CNNをそれに使っていたと思います。ある意味で互いに使われていたし、使っていた。だからギャランティーも与えられているんじゃないか。ここは安全、爆撃しないという情報が。プリントメディアにそこまで求めるのはちょっと酷という面はありますね。なにしろ、テレビでお茶の間に流れた初めての戦争だったから。

それと、ベトナム戦争のころアメリカは徴兵制で、くじ引きで決まった。階層に関係なく。それが、反戦運動が盛んになる理由にもなったわけですね。湾岸戦争の兵士はヒスパニックや黒人が多い。特に地上部隊はそうでした。空軍はエリートも多いけれど。貧者を動員する、しかもキレイな、スマートな戦争のように見せようとした。しかし決してそんなことはなかった。戦争をいかにきれいに見せるか、しかし実態はいかにひどいものか。そこをめぐる権力とメディアの攻防ということでした。

湾岸戦争に参加したことで僕の取材も紛争や災害が大きな柱になってしまったし、国連だけ見ていたら分からないその後のこと、国連で行われる議論がいかに地上で世界を変えるかを見てしまったので、いかに現場で見ることが大切かを知ることになりました。カンボジア和平問題でプノンペンに行き、当時の明石康・国連特別代表の取材もしたし、明石さんは後に旧ユーゴ紛争でも特別代表になっていますね。そこにも取材に行きました。九九年のコソボ紛争、二〇〇一年の9・11後も現場に向かいました。

NYから社会部に戻らずアエラを希望したわけ

――NY特派員およそ三年半で、東京社会部に戻らずアエラへの異動となりました。これはかなり異例と思いますが。

前にお話ししたように、僕の記者生活でもエキサイティングだったのは地方支局と特派員、そしてアエラですね。NYに行って地方のときの喜び、楽しさみたいなものを思い出した。学芸の家庭面も楽しかったですけどね。そこでも記者クラブに所属せず何でも自由に取材することができたから。司法記者時代を除けば、何でも取材できるポジションを続けてきて、次にどこが一番それに近いか、社内の持ち場で考えたとき、アエラだと思いました。アエラは当時、硬派の記事も多くて「ライバルは朝日新聞」というのが宣伝文句だった。そこで、自分で行きたいと手を挙げたんです。

その頃、社会部の若手で武藤いずみさんという人がいて、社内にもファンが多かったんです。その人が会社を辞めて「武藤ショック」といわれていた。みんなに嘱望されていて、文章も練れたものを書いていた。辞めて弁護士になりました。僕がNYからアエラに行くのを認められたのは、武藤さんのことが影響したと思います。

内々にアエラに手を挙げてから、東京に呼ばれました。当時の社会部長が堀鉄蔵さんで、部長代理が本沢義雄さんだったと思います。どういう理由かと聞かれて、さっき話したようなことを説明したんです。「自分としては出来るだけ自由な環境で、いろんなテーマで記事を書いていきたい」と。すると「社会部だってそういうことは出来るんじゃないか」と言われて（笑）。

社会部でそれに一番近いのは遊軍なんだけれど、結構向こうから降ってくる話が多い。ずっと自分のテーマで取材をすることが許される職場かというと……というようなことを話して、堀さんたちも「まあ仕様がないか」という感じになったと思います。おそらく武藤さんのことがなかったら、社会部の枠でNYに出ているのにアエラに行くなんて、そんなこと許されない。堀さんたちは「こいつ、辞めるんじゃないか」と思ったんでしょう。あと私の場合、もともと本社勤務は学芸から始まっているから。社会部たたき上げだったら、やっぱり許されなかったと思います。

——時代の変化というか、疋田桂一郎さんのような、社会部の「大遊軍」みたいな存在が徐々に許容されにくくなってきたことを表しているようにも思われます。

これは編集委員制度とも関係あるでしょうね。編集委員室をいかにして制御するか、コントロールするかが編集局長室の課題みたいになっていた。編集委員はもともと疋田さんと岸田純之助さんたちが第一号で、やりたいことをやる、という立場でした。そういうことが編集委員でもだんだん難しくなっていた。

【証言・柳澤秀夫さん】
戦火のバグダッドから報道

（やなぎさわ・ひでお　ジャーナリスト、元ＮＨＫ解説委員長、バンコク、マニラ、カイロ支局長。湾岸戦争の開戦約二週間後にバグダッドに入り、約三週間現地取材した。著書『記者失格』〈朝日新聞出版〉、福島県会津若松市出身。外岡さんの母方の曽祖父が会津出身で白虎隊の生き残りで、その縁でも後に語り合う）

外岡さんは同年生まれの花形記者で、常に意識する存在だった

――なぜか以前から、番組で拝見する柳澤さんのお姿と外岡さんのイメージが重なるところがありまして。お二人は同年代で、戦争含めて国際取材の経験が豊富で、編集局長、解説委員長という全体を見て運営するご経験もあり、と共通点が多いですね。

外岡さんもそうだと思うんですが、現場にこだわりがありますね。僕は「ニュースウォッチ９」とかもやりましたが、スタジオに入ったり管理業務をしたり、あんまりそういうことを目指すとか、好んでやりたいと思ったことはない。記者は黒子であって、メモ帳とペンを持って現場に行って、見聞きしたことを伝えるという仕事ですから。

僕ら一九五三年生まれで、仲間うちで「俺たちゴミ（五三）は」とよく言っていました。外岡さんも五三年生まれですよね。僕の最初の任地が横浜で、そこで一緒だった朝日の伊中義明さんが湾岸戦争のころ「月刊Ａｓａｈｉ」にいて、連絡があったんですよ。「バグダッドでのことを書いてくれないか。外岡がアメリカ側を書くことになっている」と（九一年五月号に掲載）。外岡さんのお名前は知っていましたが身近に意識したのはこの時が最初です。

それからしばらくして、大学の同級生でフリーの編集者をしている友人から、国際報道をテーマにした外岡さんとの対談に誘われたんです。たしか池袋のビルの一室で、初めてお会いした。それは対談の形ではないのですが、活字になっています。

外岡さんは朝日の花形記者というか、スター的な感じで「かっこいいなあ」と思いました。僕らの世代は新聞記者にあこがれがありますしね。それから阪神大震災のときはアエラでリュックひとつ背負ってずっと

被災地に行って取材していたでしょう。「やっぱすげえなあ」と感心して読んでいましたね。ロンドンにもおられましたよね。常に意識する存在でしたね。

二〇一五年に朝日で隈元信一さんが連載をした（夕刊「テレビ60年をたどって」）ときに取材を受けて、その後にTBSの金平茂紀さんと三人で飲んで、みんなゴミ（五三年）なんで、「外岡さんは札幌にいるんだよ」という話になって、酔った勢いで電話しまして。外岡さん僕のこと覚えてくれていて「おお！」と言っていましたね。

開戦時イラクに残れず悔い、しかし再入国に成功

――湾岸戦争で外岡さんは多国籍軍の前線があったダーランで取材していて、一方、柳澤さんは開戦後にバグダッドに入って取材された、その時点で日本人ジャーナリストとして唯一の存在でした。

外岡さんとは反対側で取材していた形になりますね。湾岸危機が起こった九〇年八月はフィリピン・マニラ支局から東京に戻って一年くらいたっていて、インドシナの取材、特にカンボジアの内戦が主な仕事でした。どうも中東で戦争になる可能性がある、というので取材中のベトナムから急遽、東京に呼び戻され、いざというときの体制を組む準備を担当した。

一九九〇年当時ベトナム戦争の取材経験のある記者はベテランクラスになっていて、いわゆる「兵隊」のヒラ記者に前線での戦争取材経験者はほとんどいなかった。僕はカンボジア紛争の現場も経験していたので、そういう役割になったんでしょう。

サウジアラビアのビザは申請したけれど取れなくて、アンマンからバグダッドに入ったのが一月九日ころ。国連がイラクに突きつけたクウェートからの撤退期限の一月十五日にバグダッドにいてくれという指示でした。どうも本気で戦争やりそうだ、これは想像もつかないような戦争になるかもしれない、とデスクたちも浮足立つ感じがありました。

そのころ、東京では外務省が報道各社にバグダッドからの撤退を要請していたそうで、伝え聞いたところでは「それぞれの社の判断で」ということになったようです。すると、報道関係者は次から次へとバグダッドを出てゆく。わが社は七、八人のクルーがいて、デスク役が僕でした。アンマンの前線デスクは「分かってるな」と言ってきて、つまりみんなを無事に送り出したのを確認してから出国しろという指示でした。

でも僕は、開戦後も残るつもりでいました。相棒のヨルダン人カメラマン、ファクリともそういう話をして肚は決めていましたし、マスコミがぞろぞろバグダッドから出ていくことに反発も感じましてね。クルーを送り出すと、前線デスクから毎日「お前も早く出ろ、出ろ、出ろ」と言ってくる。「取材があるんでそれが済んでから」とかわしていたんですが、だんだん向こうから電話の回数も増えてきて、こっちもソバ屋の出前みたいに㊛「すぐ出ます」「今出ますから」、最後には部屋にいるとしょっちゅう電話がかかってくるので、部屋にいないようにして。

期限の十五日になっても取材を続けていたんですが、いざというときに備えて購入を画策していた自動車が入手できないことが分かった。空路は開戦したら閉ざされるから、陸路を確保しておこうとしたわけですが、それがうまくいかなくて、ファクリに「まずいなあ、どうしようか」、ファクリも「足がないんじゃなあ……」。で、「いったん出ようか」ということになって十六日に空港に行きました。「残る」という思いが同じだったら残ったと思います。映像取材は二人いないと出来なかったですから。前線デスクからの出国命令も、最後には「バグダッドを離脱しなければ危険地帯から脱出する記者としての能力なしとみなす」という手厳しい言い方になっていました。

空港に行ったものの、いつ飛べるかわからない。機材（飛行機）はあるんだけれどジャミング（通信妨害）が始まっていて、飛べないんじゃないか、という話だった。でも、結局、夜七〜八時くらいの〝臨時便〟でアンマンに戻って、空爆が始まったのはその約五時間後でした。

アンマンの空港では日本大使館の書記官が待っていて「あなたが最後です」「これで私もホッとしました」と言われましたが、僕にしてみれば非常に悔しかったですね。

開戦後、すぐにCNNのピーター・アーネットがバグダッドのアル・ラシッド・ホテルから中継しているのを見て「ちくしょう、やられたな」と感じた。自分がふがいないという思いで悶々としていたら、アンマンのイラク大使館から「もう一回入らないか」と言ってきた。ビザのリエントリー（再入国）の申請はしていたんです。デスクに報告したら腰を抜かしたような反応でした。

そのとき、バグダッドには十七人の報道関係者が入りました。トルコ、フランス、スペイン、イタリア。

（NHKと提携関係にある）ABCは開戦後すぐバグダッドからおん出されていたから、「うちにも映像をくれないか」と頼まれまして、イラクではセンサーシップ（審査検閲）で日本語はダメだといわれたので、目から火の出るような恥ずかしい思いで英語のレポートを送ったわけですね。

――やはりギリギリまで残ろうとした努力が、開戦後の取材につながった。

アンマンのホテルを出るとき他のメディアから取材を受けまして、ABCかな、「今どんな気持ちか」と聞かれて「記者としてこんな恵まれたことはない」とか格好良く答えて（笑）。ただ、やはり戦地だから「ひょっとしたら」という意識はありました。「いざ」というときの覚悟はあった。ファクリと一緒でなければ入れなかったでしょうね。

アンマンで入手した三菱パジェロで、ファクリと陸路バグダッドを目指しましたが、機材を積みすぎて、イラク－ヨルダン国境の緩衝地帯でパンクしてしまった。タイヤを交換するにも油圧ジャッキが破裂しちゃってた。重量オーバーだったんですね。イラク側の検問所に夜七時までに着かないと入国できない。そこへ後から我々を追い越していったタクシーに「オーイ、止まってくれ」と手を振ったんだけれども、行ってしまった。ところが少しして戻ってきてくれたんです。イタリア人とフリーの記者が借り上げたタクシーでした。彼らが手伝ってくれてタイヤ交換できて、何とか間に合いました。

情報戦の現場では――イラク当局との駆け引き

――湾岸戦争は情報操作の戦争という側面がありました。柳澤さんが「月刊Asahi」に書かれたリポート（「戦争は汚い　正義であれ、大義であれ」という見出しで掲載）にも、イラク側の「やらせ」ではないかと一部で報道された場面が紹介されていますね。

バグダッドは爆弾が落ちてくる側で、多国籍軍・アメリカはいかに近代兵器を駆使して住民への被害を抑えるか、じゅうたん爆撃ではなくピンポイントなんだ、ということを強調する。一方でイラク側は、いかに多くの被害が出ているか、無辜の民が犠牲になっているか、ということを強調しようとする。それは見ていて感じました。あの原稿にも書きましたが、住宅街にトマホークが落下して、我々が取材に行ったら女性が現れて、英語で怒りをまくしたてた。この人は外務省職員の関係者だったとも言われましたが、僕は現場で取材していて、あまり不自然な感じは受けませんでした。イラクの人って結構、英語ができますしね。

イラク側は、外国人記者のレポートを「アラビア語、英語、フランス語、ドイツ語」などに限定しました。日本語は？ というと情報省に日本語ができる人間がいなくて、内容をチェックできないのでダメ。僕もすべて英語でリポートしなきゃなんない。東京で使われたリポート映像には「イラク当局の規制により英語になっている」という意味のスーパーインポーズがついていたことを知ったのは後のこと。当時は手を変え品を変え、検閲をくぐり抜けて日本語で詳しい情報を伝えようと考えていました。

そこで思いついたのが、ワイヤレスマイクを使って、立ちリポではない映像に日本語をかぶせる方法です。ファクリが撮影している間、僕はカメラから少し離れて小さな声でブツブツ日本語のリポートを吹き込む。これは、音声が2チャンネルあることを利用したアイデアです。カメラが拾う音声とワイヤレスの音声があるわけですが、衛星伝送のときはワイヤレスの音声を絞ると、情報省側も気づかない。しかし実は僕の日本語が裏に入っていて、受け取る東京側がそれに気づけば、その日本語音声を再生し、日本語でのリポートが成り立つ。情報省には「これはリポートじゃない、独り言だ」と言っていたんですが、しばらくするうちに気づかれたらしく「独り言も英語でやってくれ」（笑）と言われました。僕としては何とかして、検閲で制限されていないメッセージを入れたかった。

――特に印象深いくだりは、「取材当初は自分たち西側メディアの人間がいるホテルが爆撃で狙われることはないだろうと思ったが、取材を進めるうちに、このホテルも安全とは言えないと感じるようになった」というところでした。

実際に最初のうちは、アル・ラシッド・ホテルの周辺に被害もなかったんです。しかし戦争が進むにつれてだんだんとホテルから遠くない場所でも被害が出始めて、ホテルの地下にイラク軍の秘密司令部がある、という噂まで出てきた。

それが本当なら多国籍軍に狙われてもおかしくない。ホテルの支配人は噂を否定するために、我々を地下に案内して撮影させた。地下一階と地下二階、普通の倉庫みたいになっていました。僕もこの映像を出さないといずれこのホテルも攻撃されると思って、すぐ東京に伝送しました。

というのも、たしか二月十四日のバレンタインデーだったと思いますが、アミリア地区という住宅街にあったシェルターに誘導爆弾が落ちて、シェルターの中にいた多数の人が亡くなった。多国籍軍は、そこが秘密司令部だったと主張していました。噂があったし「次は我々のホテルじゃないか?」と思いますよね。

空爆もだんだん近づいていてきて、ホテルから千メートルくらいの距離にある空港が爆撃されたことがあります。そのとき僕はホテルの窓を開けて爆撃の様子をカメラで撮影した。すると、わりと近いところに爆弾が落ちて、爆風の直撃をもろに受けました。吹き飛ばされはしなかったものの、土ぼこりをバフッと頭からかぶって、爆音で耳がキーンとなって。その時は報道陣もみんな地下に避難していて、相棒のファクリも僕に「ユーアークレイジー」とはき捨てるように言って地下に避難していきました。

だから、このホテルも西側のジャーナリストがいようがいまいが「やられるときはやられるだろう」と思うようになりました。開戦時から中継をしていたCNNも慎重で、取材で動くときはアトランタの本社に「我々は移動する」とアピールしていた。さらに移動する車の屋根にCNNのロゴを書いていて、上から見てもわかるようにしていました。空から攻撃を受けないようにという用心の意味もあったでしょうね。

テレビでお茶の間に流れた戦争

——開戦時にバグダッドに残ったCNNをはじめ、テレビの報道が圧倒的な存在感を見せた戦争で、九〇年代の報道の主導権が新聞からテレビに移っていく重要なポイントになったように思います。

開戦のタイミングではCNNのほかに、ABCも残っていたんですよ。でも開戦後まもなくイラク側から撤退させられた。BBCも開戦ギリギリまでいたはず。やはりアメリカやヨーロッパのメディアはふんばって残ろうとした。そのあたりは違いますね。バックアップ体制やリスクコントロールの準備が違う。特にCNNには三大ネットワークをしのぐ勢いがあった。ペンタゴンともツーカーでやれるでしょうしね。アーネットもベトナム戦争のときはAPだったかな、やはり戦場取材で勇名を馳せた記者としては、「ここで残らないと沽券にかかわる」というのがあったと思いますよ。

たしかに湾岸戦争でマスメディアの勢力図が変わっ

たということはあったと思います。戦争という出来事をリアルタイムでお茶の間に見せつけたという意味では、活字メディアと映像メディアの力関係が変わってゆく歴史的な一コマだったと僕も感じています。

それにしてもCNNの物量はすごかった。僕らはまるで竹ヤリ部隊みたいなもの。CNNの強みはバグダッドにフライアウェイ（可搬型の衛星伝送装置）を持ち込んでいて、それを使うことを認められていたことです。先ほどの活字メディアから映像メディアへという流れも、これがあったからだと言える。

われわれNHKも含めてあとから入ったメディアは自前のフライアウェイを持っていなくて、CNNのものを一定時間、使わせてもらう約束になっていた。イラク側も、CNNのフライアウェイを他のメディアに使わせることを条件にしていた。我々もかろうじて「インマルサット」（通信衛星を使った国際電話）を持ち込んでいたが、これで最低限の原稿やリポートを送ることができた。イラクも自分たち側の情報を西側に出したいからそれを認めたわけです。

たまたま僕がCNNのフライアウェイを使わせてもらう時間に立ちリポをやっていたそのときに、イラクが休戦協定を受け入れる、という情報が流れたことがあったんです。まさにその瞬間、僕は東京のNHKと生で掛け合いをやっていた。約束の時間はまだ残っていたけれど、そばで見ていたピーター・アーネットがすごい顔で近寄ってきて、僕のイヤホンを奪い取らんばかりでした。結局、所定の時間は使わせてもらって、休戦の話も誤報だったんですが、あとでCNNの現場責任者に「ありがとう」と礼を言ったら、向こうは「こっちはアトランタからこっぴどく怒られた」「でも、約束は守ったからな」と言っていました。

とにかくCNNはすごかったですよ。陸路で次々に物資を送ってきて、シャワー室といってもビニールで囲った程度のものですが、シャワー室まで作りましたからね。食料もよかった。一応、ホテルで食事は出たが、ひからびた野菜みたいなものばっかりでね。NHKもアンマンの取材拠点から色々送ってくれました。僕はマヨネーズが好きなので（笑）そういった食材を。しかし、きちんと届かない場合もある。途中でどこへ行ったか分からなくなることもあった。CNNからは時々、パンのかけらみたいなものを「食べるか？」と、もらったりして（笑）。

――およそ三週間バグダッドで取材されて、アンマンに戻ることになったのは。

東京から「お前もずっと入りっぱなしで疲れただろう」と言ってきて、「いや、別にいいですよ」と答えたんですが、交代に管理職の大先輩が来てバトンタッチすることになりました。これは憶測ですが、僕は組合員だったから、ずっとバグダッドに置いておくと、もし何かあったら組合問題になる、ということがあったんじゃないかな。

イラクから国境を越えヨルダンに入るとNHKのスタッフが待っていて、僕にインタビューしようとするる。「どうでしたか」と。自局の人間にインタビューするのはいささか変だとは思ったんですが、そこで初めて、どうも周りの反応がおかしいと気づきました。

——バグダッドで取材してきた記者の存在自体がニュースになっていた。

それで、しばらく居心地が悪かった。僕としては何も特別なことをしたつもりはなくて、普通に現場に行って取材してきたということでしたけどねえ。そのとき東京との掛け合いで「今、やりたいことは?」と聞かれて開口一番「風呂に入りたい」と答えて、あとで先輩に「あの状況で不適切な答えだ」と怒られました(笑)。

映像メディアと活字メディアの補完関係

——私が現場で取材していたのも二〇〇〇年代半ばまでですが、そのころはもうTV報道の影響力は完全に新聞を追い抜いたな、とは感じていました。

いや、僕は活字の持つ力が映像に抜かれたとは思っていないんですよ。僕がそういう世代だからかもしれないけれど。活字と映像はどこまでいっても互いに補完しあう関係だと思います。TV側は自分たちが伝えていることの限界を知るべきであって、事実を伝えきれてはいないし、結果的に視聴者を欺いている場合もある。戦争がまさにそうですよね。米軍はミサイルの先端に取り付けたガンカメラの映像で攻撃がいかに正確かを印象付ける。それはアメリカ側、ペンタゴンの情報操作の一環で、本当はミサイルが目標に到達し映像が消えた瞬間から始まるわけだから。

だから活字メディアの果たすべき役割はやはり大きいですよ。TVの世界は、非常に大きなリスクを抱えている。見ている人が、すべてを真に受ける恐れがあるということです。TVはすべてを映し出してはいない。TVに映し出される映像は画角が意図的に切り取られている。時には効果音や音楽までつけて演出している。つまり、TVの世界はあくまでも部分的な事実であって、それがすべてだと真に受けてもらってはまずい。映像を伝える側は、それをきっちりお断りしたうえで伝えなきゃいけないが、実際にはネグっていることが多い。

別の言い方をすると、TVは事実を伝えてはいるが、必ずしも真実を伝えきれてはいない、ということです。そこで活字的な伝え方が重要になってくる。活字は瞬間的な映像だけではなく、長期的な伝え方ができる。もちろん我々も映像でドキュメンタリーとしてやるんですけれど、活字には及ばないことも多々ある。

放送の技術は進んでいくけれども、テレビの側が傲慢になれば墓穴を掘る。だから謙虚さが必要だと思います。

――私は、二十二世紀までに少なくとも紙の新聞は消えるが、テレビは依然としてメディアの王座に居続ける、と思うのですが、外岡さんは「いや、テレビだってあっという間にすたれる。SNSとかがどんどん発達していけば」というご意見でした。

たしかにSNSなどの発信手段が増えて、YouTubeなど動画サイトの映像などもそうですが、TVの役割も変わってゆくでしょうね。ライフスタイルが変わってくると、同じ時間に同じ部屋で、ということは難しくなってくる。TVの前に座ってください、見てくださいという時代ではないかもしれない。そうは言っても同時性がTVの強みではありますよね。リアルタイムを求める人間の本能というか、癖みたいなものはあるから。自分たちが伝えていることの限界をわきまえたうえで、我々に求められているものを考えれば、逆に生き残ることができるような気がします。

でも僕は、TVがなくなるのなら、なくなってもいいと思うんですよ。何かそれに代わる別の新しいものが出てくればそれでいい。TVというメディアを残すことが我々の役割ではない。大切なことは信頼されるメディアであるかどうか？　それがいま問われているのでは。

【証言・川端清隆さん】
国連・和平活動の現場で

（かわばた・きよたか　元福岡女学院大学教授。時事通信記者を経て一九八八年から二十五年間、国際連合本部に勤務してPKO、安全保障理事会やアフガン和平などを担当。著書に『アフガニスタン　国連和平活動と地域紛争』〈みすず書房〉『イラク危機はなぜ防げなかったのか　国連外交の六百日』〈岩波書店〉など）

日本人ほど国連好きで国連を知らない国民はいない

――川端さんは国連で数多くの日本人記者を見てきたと思います。

国連の担当記者との接触が多くなったのは冷戦体制が崩壊した九一年ころ、日本の国会ではPKO法案が焦点になっていた時期ですね。日本が湾岸戦争の際に「金だけ出して」と批判されて、その後PKO活動が急にクローズアップされて、そんなに活発でなかった国連報道も需要が高まった。外岡氏と知り合ったのもたしかその頃です。

私はよく言うのですが、日本人ほど国連が大好きな国民はいない。「国連」というと何か耳さわりがいいようで、しかし日本人ほど国連のことを知らない国民もいない（笑）。

国連で、いつかは本来の意味の集団安全保障のシステム――大国は無理でも中小国は国連を通して――を作り上げるために、まずその一歩としてPKOをしっかり理解してほしいのですけれどね。

国連担当記者はみんな忙しいから、どうしても記事に出来る最低限のことを早く聞き出そうとしますが、外岡氏は忙しい最中でもこういう本質的な話によく耳を傾け、我慢強く相手の話を聞いていました。また多くの記者はとかく記事の内容や取材の対象を自分が所属する組織の「社論」に合わせがちですが、彼の場合はほとんど「朝日的」なにおいを感じることはありませんでした。

外岡氏とは深い話がえんえんとできた。国連とは何か、日本の戦後とは何だったのか。PKOの意味は、日本の憲法との関係は。憲法を守らなければいけないが、日本の国内問題は国連には関係ない。そこをどう分けるのかのジレンマ、沖縄の基地問題と憲法九条の関係は。私は「日本もいつかは日米同盟を卒業して、国連のような多国間外交の場を生かした安全保障に移ってほしい。そのためにPKOをがんばってくださいとずーっと言い続けていて、そこまで彼は理解する。

――NY支局で国連担当というと記者の花形ポストですが、帰国してからもその方面の報道に関わり続けている人は案外少ないように見えます。

外岡さんは例外ですね。私が見ていて、日本人の国連担当記者は二種類しかいない。国連が大好きになって帰るか、大嫌いになって帰るか（笑）。国連が活発な時期に担当した人は好きになって帰る。その反対の時期に担当すると「仰々しいばかりで何も前に進まない、いつも掛け声倒れ、張り子の虎の官僚組織」と、嫌になる。こちらの人の方がやや多くて、六割くらいの感じですね。

裏取りをきちんとして書く外岡氏は例外だった

外岡さんの特徴のひとつに、きちんと取材する、裏取りをして記事を書くということがあります。冷戦後の合間を縫って、米ソ以外の第三の勢力、いわば「北欧マフィア」が台頭してきた。スウェーデン、フィンランド、デンマークなどPKOに積極的で、中小国の割には事務職員も多く、事務総長室を中心に隠然たる勢力を築いていた。あるときそんな話をしたら、しばらくしてから電話がかかってきて、「あの話は書けない、裏が取れない」という。私なりに確信をもって伝えた材料ですが、これは感心しました。

記者の中には、こちらが言ったら言ったまま書く人が多い。国連取材の経験がない東京のデスクもチェックできないから、原稿はほぼ素通り状態。典型的な「発表ジャーナリズム」に堕ちており、裏取りをやらない。こちらも最初の頃はオフレコ、オンレコの区別も慣れていなくて、そのまま書かれて困ることがありました。外岡氏はそこがきちんとしていた。

日本外交は対米協調だけでは立ち行かない時代、国連で補完を

――長らく日本メディアの国連に関する報道をご覧になってきてのご感想は。

国連報道には日本の立ち位置、戦後日本社会のねじれが表れていると思います。国連は安全保障以外にも経済開発、人権、保健や文化など多岐にわたる活動を

行っています。しかし、国連の最も重要な目的は「国際の平和及び安全の維持」です。そのなかでも最優先課題は、前世紀に二度にわたって人類に言語に尽くせない惨害をもたらした世界大戦の防止です。

国連憲章の前文にあるような（――善良な隣人として互に平和に生活し、国際の平和および安全を維持するためにわれらの力を合わせ、共同の利益の場合を除く外は武力を用いないことを原則の受諾と方法の設定によって確保し――）、いずれはそういう組織になってもらいたい。これは本来、日本の平和主義ともつながっているはずだが、日本人の頭の中で日本国憲法の「平和主義」と国連の安全保障がつながっていない。

日本外交の三本柱と言われる対米協調、国連中心、アジア重視、このうちあとの二つはお飾りですね。真剣にやるのは対米協調だけ。国連はお祭りの場で、九月の総会で平和の尊さを確認するが、日本人の頭の中では紛争が起こってそこに飛び込んで平和を構築するような、いわば血なまぐさい面とうまくつながっていない。外岡さんとも話すのですが「日本は繭《まゆ》に包まれた蚕のようだ」と。しかし、世界の動きから孤立して繭の中でいつまでもぬくぬくとしていられるのか。

結局、頼りになるのはアメリカしかいない。そのしわ寄せで沖縄の人に泣いてください、となる。何かが変、何かが抜けています。しかし今のアメリカはかつてのアメリカと同じではないことを、多くの人が分かっていない。そこが問題でしょう。

第五章　阪神・淡路大震災の現場から

一九九三―九五年　ＡＥＲＡ（アエラ）編集部・論説委員

アエラにいても半分は新聞の仕事をしていた

――九三年一月、外岡さんは帰国してアエラへ。バブル経済が終わってまもない時期でしたね。

まだバブルの余熱は残っていましたね。ただ、アエラにいる間も半分は新聞の仕事だった。九四年夏から戦後五十年の企画が始まって一年間続き、日独の続きものが九五年正月の連載開始で、目玉はこれだと言われました。

――九五年元日の『深き淵より　ドイツ発日本』ですね。アウシュビッツのルポで五感から入って歴史問題へ展開してゆく印象深い内容でした。

それが終わって三連休があけた日に阪神・淡路大震災があって、すぐ初日から現場に入りました。それから毎週アエラにルポを載せて、三月には地下鉄サリン事件が起こっていったん東京に帰れと言われたが、その後も神戸通いは続き、九月になって沖縄で米兵による暴行事件が起こって新聞の方の沖縄取材班のキャップをやれと言われました。

その間、九五年四月に論説委員兼務になりました。このときは論説兼アエラにすると給料が下がると言われて、アエラ兼論説にしてくれと（笑）。それと予算項目が論説になると減るので、出張もそうそう出来なくなる。だから論説兼務は受けますけれど、取材には行きたいのでアエラを優先してほしいと言って認められたけれど、生意気な態度だったでしょうね。でも、社説を書いたことはほとんどない。阪神の社説と、あとオリンピックの社説を書いたかな。とにかく九四年から数年間は、いま自分は何の仕事をしているのか、ときどき分からなくなった（笑）。

あるときは阪神をやり、あるときは沖縄をやり、戦後五十年の締めくくり企画をやり、カラヴァッジオの取材に行き、新聞週間の絵解きの記事を書き、と三、四本の企画を掛け持ちで仕事していた。当時どこで何をしていたかと聞かれても、すぐには思い出せない。ただ言えるのは、九五年というのは自分にとって転機になった年ということですね。

阪神大震災から沖縄問題へ、転機になった一九九五年

阪神の取材ではアエラでじっくり書けるルポを任せてもらいました。そして並行して沖縄にかかわることになります。蜷川真夫さんがアエラの編集長で、着任したときにバーに連れて行ってもらって「どこに取材に行ってもいいよ。月に行ってもいいよ」と（笑）言われました。「こいつに機会を与えよう」という社の方針だったのでしょう。それから新聞の戦後五十年企画にかり出されて、一段落したら阪神で、発生から一週間くらいたって蜷川さんが現地に来られた。大阪から神戸に行く船の中で「好きなだけ連載やっていいよ」と言ってくださった。オウム真理教の事件が起きてからは、デスクに「そろそろ震災の連載はいいんじゃないのか」と言われたこともありましたが、蜷川さんは「気が

済むまでやっていい」とバックアップしてくださって、感謝しています。

ひとつのことにこだわって取材する機会というのは、なかなかない。阪神でそれが出来ました。ひとつの事件が起こり、ずっとその後の推移を取材する。沖縄もそうなんですけれど、息長くかかわることが大事だと分かりました。災害、特に大災害は起きたときが最大で、だんだん治まってゆく。それをかなり長い間、見ることができた。どんな問題が起こるのか、ひと通り見ることができて、その後も息長く問題を忘れずに見続けるということを、この取材で教えられましたね。

九六年一月には、月刊『みすず』で毎月、「阪神大震災記」という連載を始めました。後のことになりますが、「奔流中国」の取材をやりながら震災、沖縄の取材も続けた。NY支局で映画や演劇の取材、国連の担当と何をやってもいいという立場で、そういう瞬間的反応というか適応性というか、とりあえず行ってみて何かを書く、ということが出来るようになったのかなと思います。

アエラでの多様な取材テーマ

――外岡さんのアエラ時代の記事は署名から朝日のデータベースで検索できますが、角川春樹氏の事件とか、憲法問題とか、テーマが多様ですね。

死に対する取材もしました。ホスピスに行って、亡くなる一週間前の方にご了解を得てお話を聞きました。アエラの特集として、死を取りあげる。これも普通だと考えられない。自然シリーズで紀伊・熊野に取材に行ったり、南紀の海にもぐったり。陸軍中野学校の取材もしました。九四年、九五年には新聞の取材班に出入りすることが多くて、年間企画で何班かあって、いくつかの班に入れ代わり立ち代わり加わって、阪神があってアエラに戻って、五十年企画の最後に「人間の安全保障」をやって……。

つまり私は、キャリアパスには乗っていないんです。学芸にいたときも家庭面は一年くらいで、あと三年近くは日曜版の仕事をしていたし、特にアエラにいた時には肩書と実体がずれていた。またアエラでは田岡俊次さんとお話することが多くて、締め切りは当時、何曜日だったかな。その晩、徹夜で話し合ったことが何度かあります。情報機関の取材から、田岡さんと本格的に仕事をした。その後も新聞に移って安全保障の取材で田岡さんに来て頂きました。

その安全保障の取材は政治部から本田優さんがキャップ、社会部から外岡で二人キャップ制でした。社内ではずいぶん縄張りを荒らしたと見られていたでしょう。本田さんとはその後も日・米・沖縄という三極を同時に見てゆく掘り下げ型取材ができました。

阪神・淡路大震災、発生当日に到着した暗闇の現場

――発生が一九九五年一月十七日、私は甲府支局員でしたが、震源からあれだけ離れていても、早朝に目が覚めるほどの揺れでした。

私は会社からの電話で地震を知りました。戦後五十年企画の打ち上げがあって泥酔して、そのあと三連休だったけど熱が出て三日間床に臥せって（笑）、ようやく今日から仕事に行こうという日だったんです。

スーツ姿で羽田に向かい、伊丹空港に着いたのが午後二時ころ、車で神戸支局に向かいましたが、渋滞でほとんど動かない。渋滞を縫うように進むうちに、高速道路が横倒しになっている現場に差し掛かった。そのへんから夜になって、本当に真っ暗、何も見えない。時折切れた電線から火花が出て

いるくらいで、何ひとつ動くもののない暗闇だった。支局に着いたのは午前一時か二時ころ、電気も水も止まって真っ暗な中で支局員たちが残って記事をまとめていました。アエラからは三人の記者が先に入っていた。

――到着して東京のデスクへの電話報告で「被害は小型の内戦と同規模です」と。

当時首相の村山富市さんが首相官邸で死者百何人と聞いて「えーっ、そんなにか」と言ったのがお昼前くらいで、それくらい東京に状況が伝わるのは遅かった。夜に入って人々が集まってかがり火をたいている光景があちこちにあって、自動販売機を横倒しにしてそこからお金を取っている少年たちも見ました。住民でもそんな大災害の経験のある人はほとんどいなかったはずですが、昔のことを知っている人がいたのか、本能的に自警団が出来て、倒壊した家から金品が盗まれたりしないか見回っていた。避難所も初日、二日目くらいは大変で、あのときパニックはなかったということになってはいますが、実際の現場ではものすごい混乱があった。それはそうですよね。

神戸支局に着いたら、翌朝に伊丹から飛ぶヘリに一席あるので乗らないかと言われて、すぐ伊丹に引き返した。上空から神戸を見たときは、頭から血の気が引く感覚でした。雨が降って、ブルーシートがあちこちに開かれて、神戸が青く見える。あんなにたくさんのブルーシートを、よくあんな状況ですぐ調達できたものだと思いますね。

一方で、ただの褐色、土色のところもあって、そこは家が倒壊していた。あれだけの規模での倒壊は予想していなかった。NY時代に取材したロマプリエタ地震は、地震の現場取材という意味で勉強になりましたが、被害の範囲が限定的だった。カメラの映像は一番すごいところに集中しましたが、実際には高速道路が倒れたところは一か所、液状化現象が起こったのも一区画だったんです。

阪神大震災の場合、被害地域の南北の距離は三、四キロでそう広くないが、東西が長い。帯状にえんえんと続く。そして長田地区では火災が大きくなっていた。まずルポ記事を送って記者座談会をしましたが、どの程度の被害で広がっているのか、早急に把握する必要があった。アエラの特集号では「日本の動脈が切れた」という、だれが考えたかわかりませんけれど、そういうコピーがついていた。総力を挙げての取材でした。

――当時、外岡さんが記事で「日本が戦後初めて経験する民族的災厄」と表現されていたのを覚えています。

戦後それまで一番被害が大きかった災害は伊勢湾台風ですが、阪神はそれに比べて面的な広がりがあった。日本の経済の中枢ではないが、副次的には中枢に近く、関西の中で重要な一画だった。そこが根こそぎ巻き込まれたわけです。

私は半年くらい、ずっと神戸で取材を続けました。時々大阪に行って一、二か月に一度くらい東京に帰って数日いてまた神戸に戻る。最初の一か月くらいはホテルも水が出ない、お湯が出ないという状態で、食事の確保もなかなか大変でしたね。まさか被災者への救援物資をいただくわけにもいかないし。

そのうち、炊き出しをしたり、情報も出回ったりするようになり、徐々にコンビニに弁当が並ぶようになった。アエラの誌面では、ボランティアとか、都市計画とか、ベトナム人の労働者とか、長田の下町工場とか、テーマを変えて連載を続けました。震災発生から半年くらいたったころに、これは一人の目で見たことを網羅的に把握していかなければいけない、と思うようになったんですね。

地震被害のドラマではなく教訓を次の世代に残す

というのは、その時点から七十年ほど前に起きた関東大震災の記録を探してもほとんどなくて、唯

一、書店で見つけたのが吉村昭さんの『関東大震災』という文庫本でした。本社のデータベースセクションには役所側の記録がいくらかあって、内務省警保局とかそういうものですが、これは一般の人の目にふれるものではない。地震と社会について、関東大震災の教訓はどれくらい後の世に伝わっているのか、ということを考えざるを得ませんでした。

当時、東海地震七十年周期説ということが言われていました。七十年たったときにほとんどの人は被害を忘れている。世代をまたいでしまう。夜寝るときは洗面器に水を張っておくとか、親の代がそういう教訓を守っても子どもには引き継がれない。寺田寅彦が「天災は忘れたころにやってくる」と書きましたが、このままでは記録が散逸して記憶も受け継がれなくなってしまうと思いました。そこで、震災半年後くらいに百以上の消防、警察、団体などの機関に手紙を出して「震災時の記録が出来たら送ってください」と頼んだ。そしてもらったもの、返ってきた記録をできるだけ残しておこう、次の世代に残さなければと思って『みすず』の連載（九六年一月号から、のち『地震と社会』として単行本化）を始めました。

災害報道はドラマを伝承しようとするけれど、ドラマはそのとき限りの話で、いわば消費されてしまう。大きな教訓にはなっていません。特に東京でオウム真理教の事件（地下鉄サリン事件・九五年三月二十日）が起こってから、震災の報道がパタっと東京の紙面から消えた。デスクは災害後しばらくすると「復興のつち音高く」といった記事を出したがるものですけど、復興が進んでいるといっても、そこからもれ落ちている人は必ず出てきます。大阪の紙面はそれをちゃんと報じていた。十年くらいはやっていたと思います。

予知に頼る地震対策ではもうもたない

――阪神大震災で我々は地震の威力を思い知らされましたが、その後の約三十年でも、二〇一一年の東日本大震災をはじめ、数年おきに多くの犠牲者が出るような大地震が続いています。

東日本大震災では原発事故があったから被害の長期化が明らかで、それは無視するわけにはいけないから報道が続けられていますね。今年（二〇一六年）に入っても十万人近くが避難生活を送っているわけだから。前にお話ししたように、アメリカのロマプリエタ地震を取材したとき、橋げたが落ちた。高速道路が倒れて、日本の専門家は「日本ではありえない」と言いました。これにはちょっと愕然とした。日本の土木技術の耐震性はその当時、関東大震災を基準にしたものでした。しかし関東大震災の被害は火災の方が大きくて、大旋風が起こって大八車に飛び火したりした。

この本（『地震と社会』）で一番言いたかったのは、国家プロジェクトとして六〇年代から予知計画に力を入れてきたが、それがまた失敗に終わった、予知に頼る防災体制はもうもたない、ということです。地震学会ですら、確率論という形でマグニチュードいくつの地震が起こる可能性は、ということをまだやっている。過去に観測された震度から、確率論的に予想しているんです。しかし、近代になって地震を正確に計測できるようになったのはここ百五十年くらいでしかない。数百年単位で起きる巨大地震については、百五十年間のデータで確率を出して、その意味がないとは言いませんけれど、ほとんど役に立っていません。

人類の経験を超える、予知できない災害が起こったときにどうやって対応するか、その前提で対策を立てなければならないと思います。しかし、例えばプルサーマル計画とか高速増殖炉「もんじゅ」

とか、この種のプロジェクトはなんでもそうですが、いったん始めるとなかなか止められない。当時、神戸大学の教授だった石橋克彦さんが『大地動乱の時代――地震学者は警告する』（一九九四年、岩波新書）を出したのが阪神大震災の前年で、この人は東大の助手時代に東海地震七十年周期説を唱えていて、東海地震の特措法が出来るにあたっては、その説が大きく影響しました。東海地震は予知できるという立場だった。その石橋さんが結局、戦後何十年にわたって大きな被害の出る地震がなかったけれどそれはたまたま平穏な時期が続いたのであって、これから大地動乱の時代に入る、という意見になったわけです。

また石橋さんは、地震によって原発が事故を起こすと強く警告していましたが、東日本大震災まで、原発の専門家は聞く耳を持たなかった。東日本大震災に関して言うと、地震動によって原発施設にどれくらいの被害が出たのか、実は分かっていないんです。

津波の被害で全電源が喪失してメルトダウンに至ったということになっているけれど、地震動によって施設の機器類に被害が出ていなかったのか。もし出ていたら、これは電力会社にとって困るわけです。津波という想定を超えた災害と言ってきたのに地震動による損傷があってはまずい、できれば無傷で済ませたい。そういう業界の体質みたいなものがあります。地震学者にしても原発の専門家にしても、本音のところではそれが気になっている。しかし、予知ができるという前提で社会が動いてきたから津波にさえ備えればいい、ということになっていますね。

耐震性にせよ、建物は倒れなくても窓ガラスが割れてそれが凶器になりうるということは阪神大震災で分かりました。しかし、何が起こるかわからないからそこまで心配しても仕様がない、ということで済ませてしまう。リスクについての専門家の評価はありますが、一般の人とのコミュニケーションが出来ていない。一般の人にもわかるようにリスクを説明して共有することが必要で、いまだにそれができているとは思えないんです。もちろん、地震災害の前例が役に立たないわけではないけれど、想定の範囲外のことが起こったとき、我々の持っているデータには限界があります。近代以降の歴史では推し量れないことが起こりうるんです。

災害によって社会の問題が縮図のように表れる

——九五年の長期にわたる被災地の取材はタフなものだったでしょうね。

でも神戸支局という拠点があったし、水も弁当も最初は大変でしたけれど、だんだん確保されるようになった。なにしろ大阪がほぼ無傷で、バックアップ機能があったので、ある意味では楽というか、恵まれた環境でした。そんなこと言っては被災者の方に申し訳ないけれど。

——それから、阪神大震災の大きなトピックがボランティアの活躍でした。

これはアエラでも一冊、特集号を出しました。ボランティアは取材していた僕らも本当にびっくりした。神戸元気村のリーダーが山田和尚（山田成雲さん）という人で、「バウさん」と呼ばれていました。バウというのはカヌーの用語で要になる場所という意味です。当時普及し始めたインターネットの呼びかけで、カヌーイストが全国から集まった。水源地を探して水を確保したり、「元気鍋」という炊き出しをしたり、御影にあった彼らの拠点に行くと梁山泊みたいな感じで、テキパキ動いていた。こんなに機動力がある若者がいるんだと目を見張りました。

一方で、ある公園にはベトナムから働きに来ている人たちが集まっていた。製靴などの工場で働いていた人が多い。そういう人たちはどうしても孤立しちゃうので、テント村を支えるボランティアも入ってきていた。若者のみなさんはボランティアのあり方をめぐって午前二時三時まで激論するわけですよ。

　そこで、ある中年女性が「自分探しをしちゃダメよ。早く寝ましょう」と言ったのが印象に残っています。ボランティアは自分探しの場ではない。いかに機能的に、効果的に被災者の役に立てるかを考える人でないとできない。実際に会社の休暇をとってボランティアに来たけれど、そこである意味、燃え尽きたような感じになって会社に戻れない、という若者がいました。ボランティアは自分を律することができないと長続きしないんです。

　とにかくああいう大きな災害が起こると、社会のいろんな問題が縮図のように表れてくる。外国人労働者の問題、部落差別の問題、都市計画の問題――神戸はそれまで、山を削り海を埋め立てて都市計画を成功させた例だったわけです。それから日本の場合は小学校や中学校を避難所にするため、コミュニティが温存されるという問題がありますね。避難所の間はいいんですが、仮設住宅に移るときは抽選だからコミュニティが分断される。さらに二年から三年かけて仮設住宅から復興住宅に移るときに、再度分断されてしまう。

　日本の災害復興の基本法は戦後まもなくできたもので、その後改正もされたんですが、基本的にはみんなが貧しくて助け合った時代のものだった。そこから社会が都市型になって、ネットワークやシステムが発達した都市社会になっている。一方で、二〇一六年の熊本地震でトヨタの部品工場が稼働できなくなってサプライチェーンが断ち切られたように、全体が地方に依存している、相互依存の関係になっている。災害の基本法はそういうことを想定していなかったわけですよね。

「人の安全保障」をどう構築するか

――単行本『地震と社会』の結びになっていますが、「人の安全保障」としてスイスやドイツで緊急時の対応、防災体制などを取材されていますね。

予知に基づく地震対策は、直近にあった大地震の被害を前提にしている。しかし想定外のリスクに対する即応能力が、ある意味で手抜きになっていると思います。壊れても復興できるような町づくりをどう進めるか。東日本大震災ではっきり表れましたが、防潮堤とか大規模な土木工事は早く予算が通るんです。一方で生活の再建はどんどん遅れていく。若い世代は他の地域に移り、そこに生活基盤ができるから戻らない。もともと少子高齢化が進んでいた地域で、さらに過疎化のスピードが進むという結果になっていますね。実際に求められているコミュニティの再建との間に、大きなギャップが生じてしまう。

取材したスイスでは、災害時の代替性ということをすごく重視していました。システムがダウンしたときにそれに代わるものを備えておくわけです。例えば電話を繋ぐ交換手も、自動制御がダウンした場合に備えて、手動で繋げるようにしておく。阪神大震災の時には兵庫県庁に非常用の通信施設がありましたが、ケーブルが切れてダウンした。東日本大震災では原発事故でスピーディ（放射能影響予測評価システム）が役に立たなかった。システムが失われたときにコミュニティがどれだけ助け合って対応できるか、その基盤を整えることが今後は必要になってくると思います。

【証言・守田省吾さん】
『地震と社会』から『傍観者からの手紙』へ

（もりた・しょうご　元みすず書房代表取締役社長）

時評的な連載の企画依頼が転じて震災の記録へ

外岡さんの名前を知ったのは一九七六年の『北帰行』で、同時期に武蔵野美術大学在学中の村上龍が『限りなく透明に近いブルー』で群像新人文学賞と芥川賞をとり、東京大学法学部在学中の外岡さんが文藝賞をとって話題になっていました。本の帯に載っていた彼の横顔がかっこよかった。

一九九三年だと思いますが、月刊誌『みすず』の編集をしていた僕は、NY特派員だった外岡さんに原稿依頼の手紙を書きました。共同通信の原寿雄さんが「小和田次郎」のペンネームで六〇年代に『みすず』に長期連載していた「デスク日記」、僕は世代が違うから直接は知りませんが、ああいうものを、あなたに連載してもらえないか、という内容です。

その後のやり取りで九五年の一月に会おうという約束になったと思います。そして、一月十七日に阪神大震災が起こった。彼は「アエラ」にいてその日にすぐ現地に取材に入ったし、僕自身も、中井久夫さん（当時、神戸大学教授）を中心にした精神科医たちの震災後の活動を記録するために神戸に入っています。

お互い忙しくて、ようやく二月半ば以降か三月に面談が実現した。銀座の風月堂で会ったと思います。そのときには期せずして、毎月の時評みたいなことよりも「震災のことで書いてもらえませんか」「書きたいです」というようなことで、連載が始まりました（『みすず』九六年一月号から九八年五月号まで、のち『地震と社会』上下巻に）。

「存分に書いてください」とは言いましたが、連載があんなに長くなるとは思わなかった。歴史的な検証だから内容がふくらんでゆくのはやむを得ない。もう少しコンパクトな本にして部数を出した方がより多くの人に読まれたかもしれないけれど。とにかく立体的で総合的な構成が外岡さんの頭の中でできあがっていて、それを実現したら全二巻の分量になりました。地震学の誕生から、予知連のこと、政府自治体、警察、建築、メディア、心のケア、現地で活動した色んな人のことなど、多方向からの検証だった。九八年に、中井さんの本と外岡さんの『地震と社会』が評価されて僕が「青い麦編集者賞」を受けた、その授賞式には外岡さんも来てくれて、お祝いの言葉を頂きました。

『みすず』で『傍観者からの手紙』の連載が始まるのは二〇〇三年からで、手紙という形で毎月毎月の政治的なこと、社会的なことなどの時評を書いてもらっています。九〇年代前半にお願いしたことが、スタイルは変わっても実現したかたちになりました。

ゆるやかな物の見方を提示するスタイル。要所ではとにかく動く人

それとは別に僕が外岡さんに書いてもらいたかったテーマがあって、それは「人に聞く」とはどういうことかということでした。人類学者でも同じだと思いますが、まず相手と付き合わなきゃダメで、頭の中でこういうことを答えてもらいたいと組み立てて取材相手に会っても、こちらの鋳型にはめ込んだ切り取られた情報だけになってしまい、なんら実相が浮かび上がってこない。そもそも信頼関係が成り立ちません。

初めての町に行ったときにはバスに乗って町の地形の全体や風土を知り、郷土資料館に行ってその土地の歴史を学び、そういうところから相手に接していく。そういうマナーというか倫理観というか方法をはじめ、情報処理のしかたなど、外岡さんからジャーナリズム志望の若い人に伝えてほしかった。

外岡さんの取材する様子を横で見ていたことがあります。いま思い出すのは、スミソニアン博物館の館長だったマーティン・ハーウィットさんが来日したとき。「ここはどうなんですか」というような、すぐ核心に迫る聞き方はしない。「周辺」のように見えることをいくつか聞いて、それで「ありがとうございました」。それを再構成して提示する。特ダネを取るとかとは対極にあるような、もっと広い地平のコンテクストで事象なり人物なりに接近しようとしている。

『傍観者からの手紙』でもそうですが、読んでいる側からすると「そういう物の見方をするのか」と、読みながら学んで自分で考えてみるという書き方になっている。答えを得るより、ゆるやかなものの見方を提示して、一緒に考えましょうという、彼のスタイルなんでしょうね。やり手の記者というのは、僕も知っていますが、いわゆるアクが強い、自己主張の強い人が多い。外岡さんは全然違うタイプです。一方で外岡さんは、震災のときもそうですが、ここがポイントとなったらとにかく動きます。そのカンが鋭い。大事なときにはすごいフットワークです。

第六章　転機となった沖縄取材

一九九五―九六年　ＡＥＲＡ（アエラ）編集部↓社会部兼論説委員

後ろ髪引かれる思いで神戸から沖縄へ

――阪神大震災の後に沖縄の米軍基地問題の取材に転じた経緯は。

戦後五十年企画でまる一年、複数のチームで広島をやり長崎をやり、「日本とドイツ」をやって、いくつかの班が交代でテーマを変えつつ取材しました。その中で「沖縄をやらなくちゃいけない」という声はあったんですけれど、結果的に取りこぼしてしまった。九五年九月に、米兵による少女暴行事件が起きたとき、戦争の傷跡が残っていてそれをカバーしていないということを強く感じました。「やっぱりあの時取材しておくのだった」というとり返しのつかない後悔がありましたね。

ある日、急に連絡があって「沖縄取材班を作って新聞の方の企画をやるから戻ってこい」と言われた。沖縄で県民集会が行われた直後でした。そして十月に沖縄の取材に入ったんですが、それまでの沖縄での経験といえば、横浜支局のときに障害者年の企画を担当して、障害者の人たちを船に乗せて沖縄を訪問する取材をしたくらいで、沖縄についてはほとんど何も知らなかった。神戸の取材の途中でしたが、沖縄の企画の一回分だけだったらしようがないかと引き受けたんです。でも、神戸を見捨てて行くような気がして、後ろ髪引かれるような思いで沖縄に行ったのを覚えています。

連載は「沖縄　怒りの底に」というタイトルで、私は一回目にそのとき知事だった大田昌秀さんのことを書きました（九五年十二月五日付朝刊1、4面）。大田さんは少年時代、「鉄血勤皇隊」に参加している。これは「ひめゆり部隊」のいわば少年版で、摩文仁の海で死線をさまようような体験をして、友人も戦死した。大田さんは後年、鉄血勤皇隊のことを本に書いて、その印税から健児の塔を建てました。七十冊以上の本を書いた学者で、琉球大の先生を辞めて知事になった（一九九〇年当選、九四年再選、九八年落選＝知事二期、その後二〇〇一—〇七年に社会民主党参院議員）人です。

大田さんはアメリカ軍用地強制使用の代理署名を拒否（九五年九月二十八日）することを、少女暴行事件以前から考えていた、ということでした。ジョセフ・ナイ（学者出身で米クリントン政権の国防次官補）が作ったいわゆる「ナイ・リポート」（東アジアの安全保障戦略、九五年二月公表）を読んだとき、沖縄の基地が固定化を意図していることにショックを受けて「我々はもう耐えられない」と感じていたそうです。もちろん、代理署名拒否への背中を押したのはあの事件だったでしょう。

沖縄に関する本土メディアの報道は、七二年の復帰まではものすごい量でしたが、それからパタッと止まった。あの事件が起こって、沖縄の基地問題に関する県民の怒りが沸騰した背景を、連載「沖縄」で太田さんの人生に重ねて1面で書き、中面では沖縄で何が起こっているのかを書きました。とくに本土との大きな認識のギャップというものがあって、沖縄は戦後二十七年間、米軍の統治下に置かれ直接統治を受けてきた。日本国憲法も日米安保条約も適用されませんでした。米軍の自由を確保するために。立法院はありましたが、施政に関する実質的な権限は高等弁務官が持っていて、「沖縄の自治は幻想である」と発言した弁務官もいました。

米軍人が犯罪をおかしても、米軍基地内に逃げ込めば訴追できない。そうした現実への沖縄の人たちの怒りに少女暴行事件で火がついた。それは基地という構造が起こす特別な犯罪で、繰り返されてきた。復帰後も米軍関係者による五百件以上の犯罪があったんです。そういう思いが積み重ねられてきた。復帰前、日本政府は「沖縄には日本の潜在主権がある」と言ってきましたが、もしアメリカの施政権が放棄されれば代わって日本の主権が復活するというだけの話で、現実には沖縄に関してアメリカの言うことに日本政府は何も言えない。それが潜在主権の実態だったわけです。

沖縄の人たちの言う自治権の拡大は直接、民主主義を勝ち取ったもので、そこが本土にいるとわかりにくいんですね。日本は敗戦後の占領から六年半、事実上米軍の間接統治を受けてきたが、沖縄は直接統治だったんです。二十七年の間に本土では高度経済成長がありましたが、沖縄には基地に依存する体制、経済システムを作り上げた。一時期より減ったとはいえ、いまだに国内の米軍基地の七十四パーセントが沖縄に集中している。今もゆがんだ状況があります。

沖縄の米軍基地問題の構造的な差別と、本土マスコミの責任

――沖縄の人々は米軍への怒りよりむしろ日本政府・本土への怒りの方が強く見えます。

基地問題とは本土にとっては安全保障問題で、しかし沖縄の人にとっては生活、くらし、人権の問題なんです。暮らしの中で否応なく基地に向き合わざるを得ない。安全保障問題にすり替えては分かり合えない。日本政府は基地を固定化している。「それは差別だ」という形で反発が現れた。

そういう意味では「最低でも県外」と首相になる直前に言った鳩山由紀夫さんのことを、沖縄の人はある程度評価しています。あれで基地問題に再び注目が集まった。ただ鳩山さんは具体策があった

わけではなく、「口先だけで、できもしないことを言っただけ」という見方もありますけどね。

もともと沖縄は野党としては社民党、共産党が強くて民主党はそれほどでもないんです。でも民主党政権になったときは、政権さえ変われば基地問題は動く可能性はあると沖縄の人は思った。しかし鳩山政権を経て、これは政権の問題じゃない、差別だ、と思うようになった。システム的な差別が構造としてある、というのが沖縄の人たちの実感でしょう。

米軍を受け入れている国は日本の他にもあるし、国内の他地域にも米軍基地はありますが、海陸空海兵の四軍が全部ある地域は沖縄しかない。第七艦隊は横須賀にあって、海兵隊の中心地が普天間にある。米軍の中では空軍が社会的にも教育上もしっかりしていて、日本の基地にも家族連れで来る人が多いんです。海兵隊の場合、徴兵制を施いていない今のアメリカでは、大学に進学するのと引き換えに軍に入ってくるような人がどうしても多くなる。若くて単身者が多い。「空軍はともかく海兵隊は困る」と沖縄の人たちは思っています。

――沖縄取材のはじめのころ、長期的にかかわりそうな予感はありましたか。

それはありましたね。取材で国際紛争にかかわってきましたが、社会部の中ではそういう記者は多いわけじゃない。それと自分の性格から言って、のめりこんじゃう。取材しないと納得できない。沖縄問題をマスコミ・ジャーナリズムが放置してきたことで過重負担を長引かせる原因になった。それをなんとか変えたいという思いもありました。朝日は一九五〇年代に沖縄についてキャンペーン記事を載せて、これは今でも語り草になっています。これで初めて本土の人は沖縄の問題を知るんです。(※五五年一月、占領下での米軍の強引な土地収用の問題に関する報道で、「朝日報道」として沖縄史上、特筆される)そのころから本土の労働組合が島ぐるみ闘争を支援するようになった。

自分たちが無関心できただけに、現状を繰り返し、繰り返し伝える必要があると思いました。毎月のように沖縄に行って、シリーズで二か月に一回は連載した。この間に、九六年一月の橋本―モンデール会談で普天間返還が決まって問題が大きくなったんです。一方でその前に大田さんが代理署名を拒否していて、読谷村の「象のオリ」（米軍の通信施設）の使用権限が切れて一時使えなくなった。

当時の取材は、今は想像がつかないでしょう。大学関係者と飲みに行くと、県の関係者や地元紙の記者もいて、そこに重要な情報、「あす県でこういう発表をすることになっている」といった連絡が入る。それが地元紙の翌日の朝刊に出ることもある。大田さんの仲間だった学者グループが政策面で支えていたから、そうなったわけですね。

本土でも七〇年代に入るまではそういうことがあったんでしょう。革新市政とか都政とか、一部の人たちの情報交換の中に新聞記者も入っていた。そういう体験は後にも先にもそのときだけでしたが、かつてのマスコミのそれが、まさか今ここに残っているとは、と感じましたね。

沖縄と北海道の共通性

――外岡さんは前に「自分は沖縄の人と気が合う」と話しておられましたね。

名護で緋寒桜が咲くのが二月で、北海道だと桜の開花は四月末から五月にかけてです。ところが学校教科書には「サイタサイタ　桜が咲いた」と入学式のことが書いてあったりする。「教科書って嘘書いてある」（笑）と思いました。北海道は本土とブラキストン線を隔てて動物や植物相がまったく違う。そういう目で内地を見てきた。これがヤマトを眺める沖縄の人たちの生活実感とすごく波長が合うんですね。

北海道は開拓使がおかれる前は蝦夷地で、松前藩はあったけれど、ほとんど日本国外という化外の地だった。沖縄は五百年以上琉球王国であって、薩摩の支配下に置かれてからも日中への両属支配だった。夏目漱石が一時戸籍を置いていたのは北海道で、日本の近代で最後まで兵役義務と選挙権の付与が遅れたのは沖縄と北海道だったんです。明治政府は安全保障のため北海道に屯田兵を置き、沖縄では琉球処分を行って統一国家を作ったわけです。

辺境の地であった北海道の人間からすると、沖縄の問題は他人ごとではなくて、親近感を覚えましたね。北海道はご存知のように、最初に内地から渡ってきたのが主に戊辰戦争で敗れた奥州の人たちで、次に西南戦争や佐賀の乱で敗れて逃げてきた人、その次が自由民権運動の残党、そして囚人という歴史があります。

沖縄を取材する際に私が気を付けてきたのは、沖縄に仮託して何かを批判することはしない、ということですね。局外者、部外者がそれをやると、最初は受け入れてくれても、結局最後には「沖縄を利用している」と思われて信用されなくなる。革新陣営、新左翼の活動家、みんな最後は受け入れられない。沖縄の本当の心情を本土に伝えるが、代弁者にはならない。「何かのために沖縄を使っている」と感じ取られると、信頼されない。そこは沖縄の人はものすごく敏感で、使われることを警戒するし、人を見抜きます。長い間沖縄と付き合うことは本土の人にとって難しい。どういうスタンスを取るのか。そこが絶妙だったのが筑紫哲也さんでしょうね。

沖縄取材で大田昌秀・前知事から聞き書き

その後、前知事になった大田昌秀さんの聞き書きを本にしました（『沖縄の決断』二〇〇〇年、朝日新聞社刊）。これは『屋良朝苗回顧録』（一九七七年刊、同）の形を踏襲したものです。我々の仕事は常にそうですよね。先輩の誰かがやった仕事を更新してゆく。視点や枠組み、問題意識や方法は一貫していて、今それをやったらどうなるか、というのがジャーナリズムですね。『屋良朝苗回顧録』を参考に、その後の沖縄について大田さんと第三者の証言で構成しました。

――ところで、沖縄から独立論などの強い意見が出てくるのは、近年の中国との関係が影響していませんか。

中国が台頭してきてアメリカとのパワーバランスに変化が生じていることは確かですが、中国寄りの人が発言力を増しているということはない。沖縄では中国への警戒感の方が強いですよ。近代までは琉球王国として五百年の独立王国の歴史がある。日本の統治機構に編入されて、戦前に皇民化教育を受けて忠誠を尽くそうとした。しかし沖縄戦で破局を迎え、捨て石にされたという思いがあります。サンフランシスコ講和条約では沖縄だけが切り離され、二十七年間、軍政下でつらい思いをしてきた。復帰でようやく日本国憲法が適用されることになったものの、本土の基地が縮小される一方で沖縄の基地はなかなか減らない。それに対する疑問や不満が積もりに積もって、耐えかねるところまで来ています。

中国の歴史学者の中には「琉球は朝貢で冊封体制にあり、中国の一部だったことは歴史的にも明らかだ」という主張をする人もいますが、沖縄側はきっぱり「そんなことはありません」と否定しています。沖縄は一貫して中国でなく日本の文化圏にあったと、これは揺らいでいない。それではなぜ独立論が出てくるかというと、なぜ基地の負担を沖縄だけに押しつけるのか、それに対する自治権というか自主決定権みたいなものを求める訴えという気がします。

沖縄は中国圏に入っても経済的なメリットはあまりないし、入りたいという気もない。文化的に中国の影響もありますが、むしろ日本の文化の源流という誇りも強いですよ。これはいろいろな説がある。柳田國男が伊良湖の浜でヤシの実を見つけて、それを友人の島崎藤村に話した。島崎が『椰子の実』を作詞し、柳田は「南島論」を着想しました。日本の南方に民族・文化の流れがあるというものです。民族学者の谷川健一は「黒潮文化」を唱えた。海女《あま》や風葬の習慣、フダラクと呼ばれる補陀落信仰にもみられます。また産土《うぶすな》信仰で、妊婦を穢れから浄めるという考え方も南方から本州にかけて、沿岸に共通して残っています。

いずれにしても、たしかに沖縄の文化には中国、とくに福建地方の影響が強いですが、言語的にも民族的にも日本とつながっている。古い日本の原型を身につけていて、それが崩れていない。沖縄の独立論は他国の独立論とは違って、日本政府や本土に自省を促す宣言という面があります。

中国との関係で言えば、むしろ台湾の方に沖縄との親和性がある。歴史的に台湾が隆盛になると沖縄が沈滞し、沖縄が隆盛になると台湾が沈滞するという関係でした。代替関係にあったわけですね。一方が栄えると一方が沈む関係で、倭寇があったときには台湾が注目された。日本本土の方が近代国家として台頭する明治以降になると、日本は沖縄をステップにして版図拡大に向かっていきます。明治政府の台湾出兵がひとつのきっかけで、清と日本の間で琉球諸島をどうするという交渉が行われ、アメリカのグラント前大統領が仲裁に入ったりしている。そこで分島論が登場するわけです。南の宮古・八重山諸島を清に割譲するというもので、いったん日清間で合意したが実現せずに日清戦争に至る。

司馬遼太郎さんが『街道をゆく』の「沖縄・先島への道」編で、琉球王国が沖縄県にされる過程を書いています。あの方は明治政府に賊軍の汚名をあびせられた会津に思い入れがあって、また新政権を作った薩摩も西南戦争を起こすという経緯があって、両方の目から新国家台頭に伴う犠牲を描いている。司馬さんは初め、琉球だけでなく他の藩も辛酸をなめた、沖縄だけではない、と考えました。しかし廃藩置県から琉球処分へというくだりで、視点がどんどん変わってくるんです。王国が解体され、尚家がおろされて沖縄県にさせられる。他の県とはまったく事情が違う。

北海道も沖縄とともにもうひとつの例外でした。松前藩はありましたが、それ以北はずっと蝦夷地で、明治になって日本に編入された。特異な歴史を背負っている点は共通していて、納税や徴兵の義務も、両方とも導入がかなり遅れています。それはなぜかというと、領土として編入される前は違った土地制度ということがありました。沖縄には独自の地割制度があったし、蝦夷地は場所請負制度で和人がアイヌと物々交換をしていた。近代国家として編成する過程で、土地制度を変えなきゃいけなかったわけです。

近代国家は領土と国民の確定からはじまります。南の中国、北のロシアとの間で国境を確定させるのが明治国家にとって最初の課題でした。

【証言・比屋根照夫さん】
沖縄を愛した外岡さん

（ひやね・てるお　琉球大学名誉教授。著書に『近代日本と伊波普猷』〈三一書房〉、『戦後沖縄の精神と思想』〈明石書店〉など）

沖縄取材での出会い、泡盛で飲みつぶれた外岡さん

外岡さんに初めて会ったのは米兵による暴行事件のあと、九五年の十月ころでしたか。そのころの私たちは、市民大学人の会とか、知事の大田昌秀さんの裁判をサポートする法律家の会とか、法律、歴史などいろんな分野の学者たちが知事のまわりにたくさん集まって活動していた。外岡さんも沖縄の本格的な取材は初めてで、どこから取材したらいいか思いあぐねている感じでしたね。相当緊張しておられた。

地方の一知事が国の運用接収の代理署名を拒否するというのはとても勇気の要ることだった。僕は大田さんの戦争体験を外岡さんに話しました。なぜこういうことをやっているのか。その背景には、米兵事件の不条理性の問題もあるが、大田さんの戦争体験があった。この体験が大田さんの政治行動を決定づけている。大田さんの経歴について、師範学校から早稲田に行って米国留学して琉球大の先生に、ということも話しましたが、いちばん外岡さんの心を打ったのは、すさまじい戦争体験だったのでしょう。これは、全国的には知られていなかったんです。

外岡さんの記事（一九九五年十二月五日付朝刊「沖縄　怒りの底に」連載一回目）は非常に大きな反響をよんだ。見出しには「友の戦死」とありました。あとから外岡さんに聞いた話では、知事室で大田さんにインタビューして、夕闇が迫ってくる頃には両目に涙がにじんでいたのが印象的だったそうです。

私とは初対面のとき、取材後に「お酒はどうですか」と誘うと「いけますよ」ということで、民家風の居酒屋に連れて行きました。彼は泡盛は初めてだったのか、「食べながらゆっくり飲んでください」と言ったのですが、早く飲みすぎて、腹ばいになるように伸びちゃった（笑）。

――外岡さんもそのときを振り返って「泡盛を飲んで、つぶれて――」と。

外岡さんの取材は、いわば真正面に切り込んでくるようなもので、新聞記者というより研究者、あるいは

言論人的なまなざしというか、表層をなでるのではなく、その社会、対象の背景、歴史、文化をよく調べて、本格的な知性の蓄積で取材活動をやるから、記事も一語一句の文章が切れるんですよ。すっと本質に入ってゆく。

その後、外岡さんは「私は比屋根先生の言うとおりに書いてきて、沖縄に関して間違いのない報道ができた」と言ってくださっている。「今でも最初の取材のときに比屋根先生がおっしゃったことはそらんじて言えます」と。

――外岡さんは「沖縄の人と気が合うところがある」とも言っておられます。

まずやっぱり北海道の人、東北や北海道からは沖縄に関心のある人物が出てくるんです。沖縄の話から広がって、北海道と沖縄の共通性みたいなもの、東北・北海道と沖縄の歴史的な共通性にもよく話が及びましたよ。明治維新の薩長に対する会津、奥羽越列藩同盟ですね。宮沢賢治とか石川啄木の話とか、僕としても沖縄の話ばっかりしているよりは心地よかった。

沖縄取材での外岡さんの涙、普段見せない感情の発露

大田知事の代理署名拒否の前後、大田さんが上京する予定があると、外岡さんはその二、三日前に沖縄に来て、いろんな県民の動きの取材を始める。で、知事が上京する飛行機の隣の席に座って機中、大田さんに質問を投げかけて、羽田に着いたらそのまま沖縄行きの便に乗って戻ってきて取材する。そういうことが何回かありました。

沖縄の問題が日本の民主主義を考えるうえで重要だ、外岡さんはそう思っていた。やがて彼は日米安保体制の取材に入ってゆく。沖縄の現実を見て安保の問題がいかに重要か気づかされて、そこから勉強された。おそらく沖縄に来るまでは抽象的な理解だったと思いますが、安保の見える沖縄という場所に来て、いろんな意味で記者の感覚を研ぎ澄ませたと思います。あの人の国際問題に関する考え方、安保に対する記事は並みの時事解説ではなくて、弱者、弱い国にのしかかる強大国というのか、巨大な力を持った国家のはざまで国際関係を見ている、と僕は感じました。

大田県政の終わりにつながる九八年二月の名護市長選のときの外岡さんの姿は忘れられない思い出です。助役で自民党が推した岸本建男くんと、革新政党と大田知事が支援する玉城義和さんが対する選挙で、玉城

有利という声が圧倒的だった。しかし選挙中、取材に来た外岡さんがある夜、「どうもこれは、岸本有利という状況じゃないか」という分析を述べて声を詰まらせていた。大田さんが市長選告示日に来て「辺野古の埋め立てはやらない」と言ったもんだから、岸本サイドは「この問題は終わったことだ」という。それで岸本有利になったのではないかと、涙していました。

——つまり、選挙で岸本氏が勝って、後々に辺野古問題が沖縄を分断するだろうという見通しを外岡さんはそのとき持ち、沖縄の行く末を思って感極まったということでしょうか。そういう感情を発露されることがあるとは、知りませんでした。

そういうことは一回じゃありませんよ。名護のときは「先生、いいですよね、たまに大事なときにはこういうふうになっても」と言っていた。

沖縄に来て僕と話すとき、彼は自分のことを「わし」と言うんですよね。天声人語の話題になったときには「先生、わし逃げてるんです」とか。

沖縄ではいろんな束縛から自由になっているところがあるのかもしれないね。編集局長を一年半で辞めたときも、真っ先に飛んできたのは沖縄で、そのときはしたたかに飲みました。重荷を下ろしてとってもご機嫌でした。心の底から解放感を楽しんでいた。飲んで、帰りに一緒にタクシーに乗って、家の近くに着いて私が降りようとしたら、外岡さんは私の腕をつかんだ。まだ話し足りない思いがあったのでしょう。なかなか放そうとしなかった（笑）。

彼はもちろんジャーナリストとして非常に大きな存在だし、記事で感情の起伏はあまり見せないけれど、やはり原点は『北帰行』で、文学者として見た方が当たっているように思います。

第七章　沖縄から日米安保問題、アジアへの展開

一九九六―一九九九年　社会部兼論説委員

九六年、普天間返還合意で「山が動いた」と社説に書いたが……

――沖縄取材を続けておられた九六年四月、アエラを離れて社会部員兼論説委員ということになりました。

アエラ兼論説委員のときにも新聞の取材に駆り出されることが多くて、論説の昼会（毎日定例の論説委員室の会議）には出るようにしていましたが、肩書とやっている仕事が違う。「これはまずいんじゃないか」ということになったのでしょう。また、アエラにとっては実質的に定数から欠けている状態だから「そろそろ新聞に戻した方がいいんじゃないか」ということになったと思う。この異動は、自分で希望したというわけではなかったんです。

九五年秋から始まった沖縄取材は九六年に本格化していました。九六年四月の橋本（龍太郎首相）―モンデール（駐日アメリカ大使）会談で米軍普天間飛行場の返還に合意し、発表された。その時には社説を担当して「山が動いた」と書きました。しかしその合意には付帯条件が付いていた。それから今に至る二十年で、沖縄の基地問題は何も変わらない状態が続いている、という見方もありますね。

しかし実際には、沖縄側が抵抗して変えさせなかったということです。日本政府の圧力をものすごい力で跳ね返した、停滞の二十年ではなくて、力によって抵抗した二十年だと思います。

一九六〇年代にケネディ大統領が「もし日本を失ったら我々はハワイまで後退する」と述べています。海洋国家であるアメリカは太平洋と大西洋における他国の覇権を許さない。そのアメリカを脅かす二度にわたる危機があった。それは第二次大戦のドイツと日本であり、その後の冷戦時代のソ連だったわけです。ソ連はユーラシア国家で、ヨーロッパとアジアの両端をおびやかす、アメリカにとって許すことのできない存在だった。だからアメリカはイギリスと特別な関係を持っているように、日本を必要としています。アジアへの防波堤として。かつて共産主義だった中国は軍事大国になりつつある。日本がアメリカを必要としているのと同じくらい、アメリカは日本を必要としています。日本が軍事大国であればイギリスと同じような関係になったと思いますが、日本は憲法九条を持っていた。在日米軍はアメリカの権益を守っているから、日本から撤退させられるのは困る。持ちつ持たれつの関係といえるでしょう。

日米安全保障条約は、読んでいただければわかりますが短い条約（全十条）で、同盟関係の実質的な根幹となるのは五条と六条しかないんです。五条が共同防衛義務、六条が在日米軍の基地使用と地位協定について規定している。五条はそれぞれの憲法に従うことを明記していて、日本の憲法は個別的自衛権しか認めていなかったので、外には出ていかない。また、日本国の施政権の及ぶ範囲（「日本国の施政の下にある領域における、いずれか一方に対する武力攻撃」）という二重の規定があります。

さらに在日米軍の行動の歯止めとして事前協議の制度が設けられていますが、この六十年間一度も行われていない。のちに明らかになったように、安保条約には条文にない密約がありました。核兵器の持ち込みと朝鮮半島有事に関しては事前協議の対象としない、というもので、民主党政権時代の有識者会議でもこの密約の存在を認めました。

事前協議制度ができたいきさつは、日米安保条約が発効してすぐ後の第五福竜丸事件（一九五四年）によって、アメリカの核の持ち込みに対する反対運動が起こり、反核運動、さらに沖縄の反基地運動、いわゆる「島ぐるみ闘争」が活発になっていったことへの日米両政府の危機感がありました。社会党も日米安保条約は不平等条約だと批判を強めていた。当時の駐日アメリカ大使・ライシャワーは「これは何とかしなくてはいけない、このままでは日米安保体制は持たない」と公電で書いています。

改定される以前の旧安保条約では、米軍に日本の防衛義務は課されていなかった。日本を占領していた米軍がそのまま駐留を続けるためのもので、締結時の首相の吉田茂は「この条約にかかわると後世に汚名を残すから」と言って、側近をつけずに自分一人で署名した。いわば苦渋の決断だったわけです。その後、鳩山一郎らパージされていた政治家が復活してきて、ナショナリズムが噴き出しますね。不平等条約だという批判が保守の側からも出てくる。岸はそれに乗っかる形で条約改定を進めましたが、平等性の要求は一蹴され、アメリカに相手にされなかった。結局、不平等な関係は密約として欄外に押し出されて形式的には「平等」という体裁をとった。一種のペテンがまかり通ったといわざるを得ないでしょう。

七二年の沖縄返還もまったく同じで、沖縄での本土復帰運動の高まりに、当時のライシャワー駐日大使が「このままではもたない」と進言して、最終的にニクソン大統領が返還を決断した。核については「保有していない。持ち込みもしない」ということにした。こうした岸・佐藤の兄弟のやり方は似ていますね。独立国家の体裁をとろうとするんですが、実際には密約が存在する。好意的に評価すれば、それぞれ安保改定・沖縄返還を成果として、結果として残したとは言えるでしょう。ただその手法は強権的で、反対勢力を力で抑え込む、重要なことを密約で公の目から隠す、という部分があった。

あえて「日米同盟」をタイトルに

――日米安保関係の記事は、二〇〇一年に『日米同盟半世紀』として書籍化＝本田優氏、三浦俊章氏と共著＝されていますが、日米同盟という言葉自体を拒否する、嫌う人は当時まだ多かったと思います。特に朝日では。

これは、社内のそういうアレルギーも意識して、あえて「日米同盟」という言葉を使いました。言葉によって現実を見えなくしてはいけない。同盟という言葉を避けても、その陰で同盟関係はどんどん強化されている。言葉で言い繕うことで議論しなくなる。戦後のそういう風潮の大元にあるのは、軍という言葉を使わないようにしたことですね。自衛隊の階級は旧軍の階級とは別の言葉にした。戦争直後でそういうこだわりは仕方のない面があったとは思いますが、それをやっているうちに自衛隊は事実上の軍隊として大きくなっていった。現にあるものはきちんと見なければ、そこで議論をやめてしまう。社会も思考停止に陥ってしまいます。

外務省でも「安保屋」と呼ばれるのは北米局一課二課のひとにぎりの人間で、マスコミや大学でもきちんと議論できていない状態が続いていました。言葉によって規制するのはおかしいし、九七年の日米ガイドラインによって現実に同盟関係が強化されているのに、今さら「同盟じゃない」ということ自体もおかしい。この日米安保の取材を通して、私は自衛隊が必要だと考えるようになりました。ただしそれは専守防衛の枠内で、日米安保と一体のものという条件つきで自衛隊を認めるということです。

沖縄取材からアジア取材への展開

——天声人語の担当を依頼されたのは、論説兼務で社会部に戻ってからのことですか。

九六年に論説主幹が中馬清福さんから佐柄木俊郎さんに代わる前だったと思いますが、副主幹だった佐柄木さんから喫茶店に呼び出されて「やってくれないか」と正式に言われました。しかし前にお話ししたように、そのときは沖縄取材で現場に入り込んでいる最中で、目の前で事態がどんどん動いている時期だったので、お断りしました。当時の大田知事が米軍基地使用のための代理署名を拒否して、国と沖縄が真っ向から対立していた。

大田さんはアメリカ留学の経験があって、アメリカの表も裏もよく知っている人です。アメリカの公文書を読んで政策を判断するし、日本政府を介さずにインターネットで情報を取り寄せることもできた。知日派の学者ジョセフ・ナイが書いた、いわゆる「ナイ・リポート」を読んで日米同盟の強化・沖縄の基地固定化を感じ取っていたんです。当時の大田さんは二期目に入っていて政権基盤が強くて、「オール沖縄」という体制をとれたわけですね。沖縄の怒りを国に向けて、代理署名の拒否という前代未聞の出来事で政府は窮地に陥っていた。

——この九六年ころから、外岡さんは大型企画への参加や連載のまとめ役のお仕事も多くなって、朝日を代表するライターの一人という立場になったように思われます。

いいや、まだそうではなかったでしょう。編集委員になったのは何年だったかな。

——最初に頂いた履歴書だと九九年四月ですね。

九六年は「奔流中国」の連載も始まっていて、そちらにも参加している。そして九七年は香港の中国返還があって「香港物語」も夕刊に連載しました。なぜそんな行き当たりばったりになったかというと、沖縄の取材にのめりこんだことの結果ですね。あとでお話しするように、基地問題から安全保障問題の取材になって、アメリカ・日本政府・沖縄を俯瞰する取材が必要になりました。

しかし、もし基地がなくなったら、沖縄の生きる道はアジアしかない。当時、韓国や台湾が急速に経済成長していて、中国はようやくエンジンがかかった状態で、そうした姿を「奔流中国」で描こうとしたわけです。中国の成長を通じて、沖縄がアジアの中で生きてゆく道を模索する意味もあった。この企画はたしか加藤千洋さんが言い出しっぺで、いろんな方に声がかかったと思いますが、私には台湾編で声がかかりました。

台湾と、もう一シリーズ、これからの中国を考える部分もやらせてもらった。台湾の現地取材は一か月半から二か月くらいかけて、まず1面トップと中面で大展開というパターンでした。これが論説で議論になって「我々はひとつの中国という原則を言ってきたのに、台湾をこれだけ取り上げていいのか」という意見が出たんです。私はただちに反論して「社説の方針とは別に、報道の立場から台湾を紹介するのは当然のことだと思います」と言いました。

――朝日は七〇年代の中国報道で懲りたと思っていましたが、九六年でも台湾を認めないような声があったんですね。

これは、「奔流中国」というタイトルのもとで台湾をこんなにたくさん扱っていいのか、という意見でしょう。当時、朝日だけでなくマスコミ一般は、台湾を取り上げること自体あまりしたことがなかった。しかし、社説の建前と報道は違っても構わないと思います。報道は社論に従え、ということになれば、下手をすると事実を曲げることになりかねない。

およそ十年ぶりに取材した中国の変貌ぶりに驚く

台湾は蒋介石以来、反共、独裁国家というイメージが強かったが、息子の蒋経国が総統になってから李登輝を取り立てて、変わってきた。我々も知らないうちに、台湾は民主国家になっていた。連載では「静かな革命」というタイトルをつけた。野党も認められて、民進党ができて、李登輝が総統になって真の意味での民主主義社会が出来上がりつつあった。そういう変わりつつあることを描きました。

「奔流中国」のもう一シリーズでは、北京から広州まで鉄道が新たに開通して、それに乗って中国がどう変わりつつあるのかを見た。これは本当にびっくりしました。私が最初に中国を訪れたのは八四年か八五年、「世界名画の旅」の取材でシルクロードを取材したときでした。上海から西安へ、そしてタクラマカン砂漠を通ってクンジュラブ峠からパキスタンへ出た。その頃の中国はとても貧しい国という印象で、まだ文革の影を引きずっている時期でした。

ビルの工事現場では、竹で足場を組んで――香港の一部では今もそうしていますが――本当に手作業で作っていました。宿で朝起きると、「シャー、シャー」という音が外から聞こえる。ものすごい数の自転車が走る音だったんです。食堂に入ると従業員は自分たちの昼食中で見向きもせず、釣銭は投げてよこす。これは金を汚いものと見る社会主義的な考え方も関係あるでしょうが、サービス精神なんてかけらもない。外国からの訪問者は空港で荷物を全部開けられるような時代で、文革の余波が続いていたわけですね。

しかし「奔流中国」の取材では、十年あまりでこれが同じ中国かと思うくらい変わっていた。鉄道は物資を運び、人を運ぶ。開発のための手段です。十九世紀の鉄道は、軍事的な目的がすごく強かった。第二次大戦後、各国では鉄道建設が一段落していたが、中国ではまだ整備されていない。鄧小平が考えたのは、まず沿岸に工業地帯を作って外国資本を呼び込んでいこう、ということでした。工場を誘致して特区を作って、次第に内陸に波及させていく。深圳は香港に隣接している。ほとんど寒村に近い場所だったのに、私が訪ねた時は、すでに高層ビルが林立していました。華僑の故郷といわれる汕頭《スワトウ》を特区にする。これは東南アジアの華僑の資本を呼び込むためだったんですね。マカオと隣り合う珠海《チュウハイ》、そして台湾と向き合う厦門《アモイ》。こうして香港・マカオの返還に備えて、さらに台湾統一までも視野に入れて特区作りを進めたわけです。

つまり、将来の香港返還を見越して、資本主義化する手立てに特区を使おうとした。発展を内陸部に呼び込む呼び水にしようとして鉄道を敷く。それが北京―広州の鉄道だったんです。これが江沢民時代になると、内陸部へ長江に沿っての西部大開発が行われる。沿岸から発展を呼び込もうと、遅れていた重慶や四川省といった地域に外国資本を引き込むためですね。

このときの中国取材は私にとって、アジアに関心が向くひとつのきっかけになりましたね。それは沖縄の取材からつながってきたことで、NYのあとロンドンでも海外駐在を経験して、最後はアジアをやらなければと思っていました。

香港の中国返還という一大プロジェクトを「香港物語」に

九七年には自分から手を挙げて香港の連載をやりました。ちょうど高橋郁男さんが企画報道室長だったかな。「香港返還は二十世紀最大の国際プロジェクトですよ」と提案して六月から約一か月間連載しました。七月一日が返還の期日で、それに向けての同時連載という形にした。現地で一週間くらい取材したところで連載開始、あとは同時進行のドキュメントをストーリーとして展開したわけです。この取材ではイギリスの外交官にも取材して、アメリカの西海岸に亡命していた元新華社の香港支社長にも取材しました。許家屯という人で、『香港回収工作』という本を書いた。新華社の支社は影の中国領事館みたいなもので、中国の対香港工作の内幕を全部知っています。彼は天安門事件で共産党内が割れたとき、趙紫陽の側だったので、自分も追われると思ってアメリカに亡命して、内幕を暴露しました。

香港の歴史を簡単に言うと、香港島はアヘン戦争でイギリスに割譲された。そして第二次アロー戦争で九龍も割譲されて、もうひとつの隣接した地域の新界があって、これは租借だったんです。一八九八年から九十九年借りるという条約で、普通、侵略があっても負けない限りは割譲されない。一九四一年に日本軍が世界同時攻撃を始めて、香港には広州から入ってきた。英国側は香港島に立てこもったんですが、日本軍は山の中に入って水を止めてしまったんです。香港島は水と食料を止められたら生きていけない。香港には北側の新界からしか水や食料が来ないので、単独では生きていけないようになっています。

鄧小平は九七年の新界返還に向けて、割譲していた香港も含めてすべてを返すよう求め、イギリス首相のサッチャーは名誉ある撤退を選んだ。イギリスのすごいところは、あれだけ悪いことをしていながら、植民地時代の支配地だった国と英連邦を結んでいることですね。オーストラリア、ニュージーランド、シンガポールにしても。やっぱり制度と教育と言語を残していったのが大きい。イギリスが去ったあとも、そういう遺産のようなものは現地に生きる人にプラスに働いている。

香港には廉潔政治公署（ＩＣＡＣ）という役人の汚職を摘発する役所があって、香港の役人はアジアでもっとも身ぎれい、収賄や不正が少ないといわれています。香港人のアイデンティティというものは、台湾人もそうですが、簡単には中国に同化しない。文化が違っているし、民主主義が根付いている。欧米も含め、香港の取材はおよそ三か月に及びました。

――その夕刊連載「香港物語」（一九九七年五月十九日―七月十七日、三十六回）は、小説のようなタッチですね。

これはもともと高橋郁男さんが始めた企画です。「〇〇物語」としてストーリーの形をとったノンフィクションで、内容は事実だけを書くスタイル、しかも同時進行で記事を出してゆくのは高橋さんが考え出した手法で、ソウル五輪（一九八八年）のときに高橋さんがソウル全体のルポを同時進行で描きながら開会式に向かってゆく形でした。高橋さんが社会部デスクのときには、ヨットの「たか号」の遭難事故と漂流（九一―九二年）、北海道・奥尻島の大津波災害（九三年）でも、鈴木啓一さんが中心になってそういうドキュメントを書きましたね。近過去をめぐるドキュメント手法のスタイルを目指したものでした。そのやり方を踏襲したわけです。

そういえば私の「アメリカの肖像」というタイトルも、高橋さんが都内版で連載した「都市の肖像」というタイトルをお借りする了解を頂いて踏襲しました。

――初回に登場した瀬島龍三氏は、なかなか本当のことを明かさなかった印象のある人ですが、こういう取材は受けたわけですね。

インタビューしたのはまだアエラにいたときです。瀬島さんにはずっと会ってみたいなという気がしていました。香港の返還について日本の新聞が連載するにあたって、歴史的な事実関係をきちんと押さえておく必要があった。そこで一回目に太平洋戦争の真珠湾攻撃と同時に侵攻した香港を書きました。

瀬島さんについては、共同通信社会部の『沈黙のファイル』、あれが一番核心に迫っていると思います。一番の謎は、参謀本部にいた彼が終戦直前に旧満州へ飛んで行って、日本軍をソ連に労働力として提供する密約をしたんじゃないかという、これが最大の疑惑ですね。彼自身も十一年間シベリアに抑留されたわけですが、大本営の方針としてその工作をしたのかどうか。これはいまだに謎とされている。

編集委員にならないかと言われたが断る

九六年ころ、編集委員にならないかと言われましたが、「なりたくありません」と断りました。編集委員は希望者が手を挙げて局長室が審査をする制度になっていたので、「手を挙げません」と言った。そのとき思ったのは、編集委員になると棚上げされちゃうというか、現場と切り離されてしまうということです。編集委員室にいて、あまり五階の編集局にも来なくなる。その方が居心地のいい人もいるでしょうが、自分は現場でチームを組んで取材する方がよかった。のちにコラムニストにならないかと言われたときもお断りしました。コラムだけを書く立場にはなりたくなかった。雑報も書きたかった。九九年に特別編集委員になったときは、これは自分で手を挙げるんじゃなくて任命制だからと言われました。

――編集委員は多くの記者のあこがれ、目標でもあったと思いますが、次第にその活動がいろいろ物議をかもすというか、会社も扱いに困るようになってきた印象です。

もともと編集委員制度の第一号には岸田純之助さんと疋田桂一郎さんがおられて、管理職に行かない、専門的に記者だけを極めたいという人をきちんと処遇すべきじゃないかということで始まった制度でした。大学でいえば教授みたいなもので、取材して専門分野を極めてゆけるという記者のあこがれですね。あなたが送ってくれた筑紫哲也さんのインタビュー(『本多勝一の冒険と探検』岡崎洋三氏、一九九九年刊)を読んで、筑紫さんがおっしゃっている通りだと思った。特に「朝日は本多勝一さんを作り、そして持て余した」というところですね。

僕は本多さんのことを朝日に入るまで全然知らなくて、本も大学生協の書店に山積みになっていたんですが、まったく読んだことがなかった。なにしろ高校を出るまで新聞は道新（北海道新聞）しか読んでいないし、大学のときに取っていたのは読売だし（笑）。朝日に入ってからも、本多さんと取材などで直接ご一緒したことはなくて、知ったのは疋田さんを通じてでした。やっぱり職人なんですよ。これは疋田さんにも言えることですが、職人気質というか、ジャーナリストであると同時に職人という意識を持っておられたと思います。

疋田さんは外部にほとんど書かなかったし、自著も私家版で朝日新聞の先輩の伝記（『ある新聞人の生涯——信夫韓一郎小伝』）を出しただけで、一般の人には知られることが少なかった。本多さんは外部でも脚光を浴びた。編集委員の中でも本多さん、筑紫さん、下村満子さんですね。この三人が特にマスコミを通じて有名になった。それから森本哲郎さんは、対外的に本多さんと同じくらい大きな存在だったと思います。

本多さんの毀誉褒貶のかなりの部分は中国取材についてですよね。ベトナムの『戦場の村』やカンボジア取材についても批判はあるけれど。特に中国のお先棒をかついだという批判が多いんですが、日中国交回復までは中国で現場取材もできなくて、戦時中の日本軍の行為については封じ込めていた。本多さんが取材に行くことで、初めて生身の声が出てきた。その中には、誇張があったり誤りがあったりしたかもしれない。しかし、この問題を最初に日本に知らせたという歴史的な意味はきちんと評価すべきです。こういう取材には誤りはつきものでもありますし。

文化大革命のときの中国研究者、学者はどういう意見だったか。文革当時、『中央公論』が特別号で取り上げたことがあって、私は六階のデータベースセクションでその本を読んで唖然としました。ものすごい文革礼賛だった。その後、中国の専門家たちは一斉に発言をやめた。あるいは、沈黙を強いられたわけですね。彼らに続く中国研究者がその後いなくなってしまって、ようやく次に出てきたのが興梠一郎さんや国分良成さんの世代になります。今ではよく知られているように文化大革命の実態は内乱で、ものすごい数の人間が殺された。

ベトナム報道についていえば、七五年に北ベトナムによって統一が実現したときに、あれは結局、民族解放闘争ではなく北による南への統一戦争だったと言って、それまでを「ベトコンを持ち上げた報道」と批判する人がいました。しかし、だからといってアメリカが正義の戦争をやってたいたのかというと、それは違います。本多さんのベトナムでの報道の意義は変わっていないし、中国での報道の意義も消えていないと思います。

冷戦後、朝日は難しい立場になっていた

――九〇年代後半は、冷戦後のいろいろな変化が明らかになる一方で日本はバブル経済後の景気低迷に入り、という時期に重なります。

そうですね、冷戦が終わったという認識がようやくここに来て浸透した。寺島実郎さんがよくおっしゃることですが、冷戦に費やしていたお金をどこに向けるか、各国が必死に考えている時期に、日本では「踊るポンポコリン」とか「ジュリアナ東京」とか浮かれていた。それが冷めてきたのがバブルが弾けた九三、九四、九五年にかけてですね。そして九五年はインターネットが普及し始めた年で、しかしこの当時は広告がネットに載ることはまだ少なかった。

決定的だったのはグーグルがネットでのクリックごとに誰が購買したのか分かるシステムを開発したことで、これによってネット上の購買層をチェックする仕組みが整った。それまではネットに広告を出しても、若い人など一部にしか見られていないと思われていて、効果は分からなかったんです。

日本の新聞では購読の売り上げと広告収入がほぼ半々というところが多いけれど、アメリカは圧倒的に広告に頼っている。広告がネットに移り、あっという間に部数も減るという事態が起こったわけです。特に求人広告の減少が大きかった。グーグルで検索機能が備わってからの変化です。

日本の新聞は宅配制度と再販制度がビジネスモデルの柱という独特な仕組みですが、アメリカと韓国は圧倒的に広告に依存していて、その分、部数が落ち込むのも早かった。

——政治的にも、朝日は立ち位置が難しくなってきた時期ですね。九四年に読売が憲法改正試案を発表して、九五年には朝日は現憲法の堅持を掲げた提言を発表しました。

冷戦が終わって、それまではリベラル、革新、あるいは社会党系というポジションにいた朝日は、今後どういう方向に行けばいいのか分からなかったと思います。日本全体が分からなかったと言えますね。八〇年代は経済力でアメリカをも上回ったと思っていたらそこから滑り落ちて、失われた十年、あるいは二十年と言われる時代に入る。どうやって回復、再生していくのか、朝日は難しい立場になっていた。読売はわりとはっきりしていて、もともと政府寄りだったから葛藤は少ないですよね。しかし朝日の難しさは、社内的に議論が割れてきたところにある。つまり現実主義の意見が強くなってきたわけですね。

——現実主義といえば、本多さんや筑紫さん、石川真澄さんたちの次の世代で、代表的なライターになった船橋洋一さんが思い浮かびます。

船橋さんは現実主義というよりリアリズムを大切にする方で、リアリティで物事を組み立てていかれる。その方法論は精緻で、特に権力基盤の分析に優れ、権力の側に直接取材をして、ストーリーとして分かりやすく示すことで一時代を築いた方ですね。手法でいうと僕は、船橋さんと対極にあると思います。

つまり困っている人がいると、なぜ困っているのかをまず直接聞いて、そこから構造に迫ってゆく。何か問題があったときに責任者に聞きに行く必要はないと思っている。そういう人たちは自分で発信できるルートを持っていますからね。僕らが行かないと声を発するすべのない人、話す相手が誰もいない人のところに行くべきだと思っています。一方、イデオロギーを重視しない点では船橋さんと共通しています。

ただ、僕は改憲派とはダメだけれど、護憲派も苦手なんですよね（笑）。「もうちょっと具体的な話をしませんか」と思ってしまうんです。平和憲法はいいけれども、沖縄ではどうなのか。沖縄の復帰闘争で人々が日の丸を掲げていた際に、アメリカの軍人が日の丸をサーベルで切って捨てるということがあった。沖縄の人は「我々がいま蹂躙されている状況を復帰によって日本国憲法が回復してくれる」と思っていたわけですよ。いざ復帰してみるとそれが全然違う。裏切られたという思いがある。だから日の丸焼き捨て事件が起こったんです。

本土にも基地はありますが、マッカーサーの構想は沖縄に基地を集中させて本土を非武装化するものので、マッカーサーの当初の設計では九条と沖縄がセットで日本防衛ができることになっていた。沖縄には「憲法があるから沖縄の基地がなくならない」と言う人もいる。これは本土に対してすごく重い言葉です。いわゆる護憲派の人と話がかみ合わないのはここで、沖縄はベトナム北爆にも直結していましたからね。

九五年が戦後五十年であったことは象徴的で、戦後築いてきた平和で豊かな社会がきしみ出して、いろいろな矛盾が露呈した年になりました。オウム真理教事件も九五年で、大きな前提が揺らぎ始めた年ということでしょう。

第八章　コソボ紛争を現地取材、9・11の衝撃

一九九九―二〇〇一年　編集委員

コソボ紛争の取材に特派、戦場へ

――九九年にコソボ紛争を現地取材することになった経緯は。

九六年に台湾で李登輝が初の民選総統選挙を実施した際に、中国はミサイルを配備して圧力をかけ、アメリカは空母を派遣して牽制したのを取材に行って、そこで田岡俊次さんと会いました。湾岸戦争のときも台湾総統選のときも、行く先々で田岡さんに会うことが多くなってきた。国際紛争とか安全保障の問題でなにかがあると「あいつが取材に行くらしい」という、そういう空気が社会部の中に出てきたんでしょう。田岡さんは軍事面で動静をレポートし、私は国際政治や戦火に巻き込まれた市民の目から報告するようになった。田岡さんとはベオグラードでもお会いしました。

コソボをセルビア人支配から取り戻すのを目的にNATOの攻撃が始まったのが九八年の十二月で、その後に社会部長から行かないかと声がかかった。国際的な事件の報道となると外報が中心になりますが、社会面でも戦争を扱う伝統がありました。そういうことをやる記者だと社内的に思われていた

んじゃないでしょうか。のちの「9・11」のときも、行かないとまずいなと思ったし、アトランタ五輪は九六年夏ですね。そのときもテロの警戒要員として、社説を書く論説委員の仕事と兼ねて社会部から行った。実際に開会の前日にテロがありました。

しかし、最近は戦争とか紛争の記事を社会面で見なくなりましたね。

——確かに近年の社会面は内向きの話題が多くを占めている印象はありますね。

それでいいのかなあ、と思いますけれど。

——コソボ取材にはご自分で戦争保険に入って行かれたそうで。

湾岸戦争のときは会社に強く言ったから保険料を出してもらえた。今度は自分で一億円の保険をかけて、これは東京海上と契約しました。もともと国連担当のころから旧ユーゴスラビアの問題には関心があって、九五年に当時の国連特別代表だった明石康さんのインタビューで現地に訪れていたし、阪神大震災の関連で「人間の安全保障」のテーマでも旧ユーゴで取材していました。

ヨーロッパの中でもバルカン半島、旧ユーゴはあやうい地帯なんです。昔でいえばロシア、その後も旧ソ連の圧迫を受けて、常に緩衝地帯で大国間のグレートゲームに巻き込まれる。地政学的にいえばアフガニスタンもそうですね。NATOがかなり激しい爆撃を行ったあと、国際面じゃなくて社会面で、紛争下の住民を取材する目的で九九年四月に現地に向かいました。

まずイタリアのアヴィアーノにあるNATOの出撃基地に行って、誤爆の意味とか、コラテラルダメージ（副次的被害、戦闘による民間人の被害をさす）はどうして起きるのかということを取材しました。軍人というのはすごい技術者で、特に空軍はそうですが、ごまかさない。誤爆はこうして起こる、天候にも左右されるということを客観的に話してくれた。誤爆というのは必然的に起きるものだということが分かりました。

例えば橋というのは重要な攻撃目標で、ケーブルや電線が露出している。橋を攻撃すれば通信を断ち切れる。たまたまその橋を通行している人や車がいれば、一緒に落ちてしまう。そのころはベオグラードの中国大使館を米軍が誤爆した問題のすぐあとで、これはターゲットの設定が間違っていたから起こったと分かった。パイロットは目標を正確に撃っている。だから誤爆にもいろんな理由があるんだなと分かりました。

コソボは小さな自治州で、アルバニア人が多かった。その前にボスニア・ヘルツェゴビナ紛争があって、それがセルビア国内に飛び火したという形ですね。クロアチア、マケドニアがまず独立した。他の地域も独立した中で、ボスニア・ヘルツェゴビナも独立を申請して、ドイツなんかが認めちゃったんですよね。旧ユーゴでは大セルビア主義、大クロアチア主義がぶつかり、その焦点をなすのがボスニアだった。ボスニアは歴史上、何度も翻弄されてきた。地下資源が豊富で、交通の要衝でもある。ボスニアの血で血を洗う争いがコソボに拡大した。自治州のコソボが独立を目指し、これをセルビアのミロシェビッチ（セルビア大統領ののちユーゴスラビア大統領。コソボ紛争でのジェノサイドの罪で国連戦争犯罪法廷の裁判中に死去）が抑え込もうとした。

コソボ取材と「行間に消えたライカ」

ベオグラードに入ったら、支局でコソボ取材への同行をお願いしていたドライバーと助手が「行きたくない」と言い出した。当時はベオグラードにも支局があって、ウィーンの支局長が兼務していたと思う。その助手はセルビア人で「行ったら何をされるか分からない」と言うんです。こわかったんでしょうね。当然ですけれど。それで「だれか探してくれ」と頼んだら、「見つかった」と言って連れてきたのが四十代のセルビア人女性で、いやー、びっくりした。

これから行くのはアルバニア人が多いところで、そこにセルビア人の女性が行ったらそれこそ何をされるか分からない。「あなたお子さんは?」と聞くと「いない、独りだ」。「ご両親は?」「いない」。「コソボに一緒に行けば身の安全は保証できませんよ」と念を押すと「ここにいたって危ないし、どこにいたって同じだから」と言うんです。その女性の名前がライカで、彼女の運転でコソボ自治州の州都プリシュティナに入った。それがNATO軍到着の一日前で、外報の人はみんなそっち(NATO軍と同行)から入ったから(先を越されて)面白くなかったんじゃないかと思いました。


――コソボは湾岸戦争以上に危険な現場では?


いや、正規軍の入っているところは意外と安全なんですよ。米軍ならもっと安全だけれど。ベオグラードではいいホテルに宿泊して、そこは中国大使館の人たちも泊まっていて、ここは安全だと思った。中国大使館への誤爆で犠牲者が出たばかりでしたから、二度やったら戦争になっちゃう。

コソボの現地に着いてホテルを探していたら、ライカが「床に銃が落ちていた」と言うんです。そこらへんに小銃が落ちている。セルビア兵がやけになって空に向かって銃を撃つ。空砲じゃなくて実弾で。それを酔っぱらってやるもんだから、上に向いていた銃口がだんだん下がってきて危ない。実際に、落っこちてきた実弾が当たって死んだ人もいます。そこら中で銃声が聞こえる。

結局ホテルがいっぱいで、民家に別々の部屋を間借りして泊まりました。かなりのお金を払って。その家は巨大な冷凍庫があって、食料はしっかり確保している。でもパンがなくて、ライカが外に買いに行った。すぐNATO軍が入ってきて、連載(「戦火の果て」九九年六月十五日―十九日夕刊1面のち2社)の一回目には、親子のように見える女性と姪の写真をつけました。一回目でお話ししたように、衛星電話を持っていって写真を撮った相手の目の前で電送した。その時にメディアの激変を実感しました。ロイターもネット配信を始めていて、パスワードを入れればリアルタイムで記事が閲覧できました。

ライカのことは連載には書かないで、あとから「行間に消えた人　ライカ」というコラムで書きました（九九年七月四日朝刊オピニオン面「閑話休題」）。

——こちらも短編小説のような味わいでした。ライカを連載「戦火の果て」に登場させなかったのは、それをやると報道の焦点がぼやけるということでしょうか。

そういうことですね。コラムにも書きましたが、英語が通じない国の取材は現地語の通訳が必要で、通訳を二重三重に介してのインタビューになる。その間のことは出来るだけ記事には出さないで、物語でなくて必要な事実を出していく。しかし、それで切り捨てられない人間関係、この人抜きには取材することが出来なかったという人については、どこかで書いておきたい気持ちがあります。ふつうは社内報とか「えんぴつ」（当時の東京編集局報）に書くんですが、このときはコラムで「この人がいたから自分は取材できたんだ」ということを書いたわけですね。

前にお話ししたように、外国のニュースと言うのは約束事で出来ている世界です。かつて作られた約束では、東京の外報部で大方の記事を作っても特派員のクレジットで掲載されることがあり、外電を取り込んでいてもあえて読者には知らせない。新聞社にはそういう、自分の力を大きく見せたいという無意識の力が働くんじゃないかと思います。そこを国内ニュースと同じにしたい、読者とも共有したい、自然な形で見せたいという気持ちもありました。

冷戦から民族と宗教の対立する世界へ

――冷戦後になってから民族や宗教による対立が顕在化しました。サミュエル・P・ハンティントンの『文明の衝突』が出たのが九三年です。

冷戦の終わりを国連の場で目撃して、ソ連が崩壊しドイツが再統一するという流れの中で、世界史の前提として見てきた冷戦構造はもはや歴史上の遺物であって、役割を終えた、舞台が終わったという実感がありました。アメリカではフランシス・フクヤマの『歴史の終わり』（九二年）がベストセラーになった。アメリカ一極の覇権、パックス・アメリカーナの時代になるという内容がアメリカでもてはやされていた。

しかしアメリカにいても国連から見ていると、カンボジアの紛争やイラン・イラクの戦争が終わる一方で旧ユーゴスラビアの分裂が始まったわけです。アフリカ・ルワンダの紛争の現場も取材しました。東西対立が終わっても、世界平和は決してアメリカ一国の支配で守られるわけではないと思っていた。

私は、冷戦後に民族対立が激化してゆくだろうことは感じていました。しかし、宗教の要因がこれだけ深いものとは想像していなかったですね。むしろ宗教が世俗化していく中で宗教問題は表層化して、対立は減っていくと思っていた。前にお話ししたように、一九七九年は画期的な年で、イラン革命があってソ連のアフガニスタン侵攻があった。つまりこれは、イスラム覚醒の年だったんですね。それまでイスラム諸国はいろんな実験を重ねたが、ことごとく失敗してきた。エジプトのナセルのような民族主義であったり、社会主義路線をとってソ連側についたりしました。しかし、うまくいかない。そして最後にたどり着いたのがイスラム原理主義、宗教と現世・世俗が一体化する極端な世界だったんです。

イランのパーレビ国王にはアメリカが肩入れしていましたが、ホメイニ師が亡命先からカセットテープをイランに送って指示を出して、やがてアメリカ大使館人質事件を起こします。同じような動きがアフガニスタンでもありました。

アフガニスタンではソ連が介入してカルマル政権が出来て、それを引き継いだナジブラ政権もソ連が肩入れする傀儡《かいらい》政権だった。ソ連はイスラム勢力の放逐を狙ったんです。アフガンがイスラム化すると、自分の衛星国がある中央アジアで雪崩を打つ可能性がある。そこにくさびを打ち込むためにアフガンに派兵した。アメリカはムジャヒディンと呼ばれた反政府勢力にＣＩＡが武器を提供するなどして、ゲリラ戦を支援しました。ナジブラ政権をカブールに足止めする形にした。ソ連はアフガンでの疲弊と軍拡競争に敗れる形で崩壊していったわけですね。

そしてアメリカはソ連が崩壊したら、金も人もアフガンから撤収しました。残されたムジャヒディンが過激化する。その資金を出したのはサウジアラビアであり、パキスタンの情報部グループということになります。パキスタンはインドとの対立を抱えて、後背地のアフガンを逃げ場として確保しておきたかった。

冷戦後、歴史の奔流が動き出す

これは小和田恒さんの説ですが、彼にハーグの国際司法裁判所で取材したときにこういう話をされていました。冷戦についてのたとえ話で、大きな劇場があってその劇場の前で小さな人形劇の幕が開いている。その劇中劇のような舞台、これが冷戦だった。劇中劇が終わって本物の劇に戻る、冷戦後の歴史はもとの世界史に戻るだけだ、ということでした。

アフガンは十八世紀、十九世紀、二十世紀と大国がグレートゲームでせめぎあう場で、バルカン半島もそうでした。大国がせめぎあう場が発火点になって紛争が繰り返される。これを地政学という観点から説明する人もいますが、歴史上のうねりみたいなものが奔流となって、目に見える形で始まったわけです。旧東欧ではチェコスロバキアが分裂し、旧ユーゴが分裂し、というように、力づくで外から押さえてきたものが、タガがはずれて爆発的な事態に至った。

中東もそうですね。フセイン政権を倒して逆にＩＳ（イスラム国）みたいなものが生まれた。ある体制がとんでもない不正、不法を行っていても、それを倒すことでよりひどい混乱が生じてしまう。体制を壊すのは簡単だけれど、壊したあとに作るのは大変です。

――そういうお話を聞くと、やはりアジアにおける北朝鮮を連想します。

北朝鮮の場合は明らかに、中国・韓国・日本・アメリカのバッファーとしての役割を持っている。ひどい体制でとんでもないことが行われているが、バッファーによってかろうじて保たれている秩序がある。それがなくなったときのことも考えておかないとまずいだろう、と思います。もちろん、バッファーであることが金体制を維持するための防波堤として許されてはいけない。ただ、中国はバッファーを必要としています。

もっとも理想的な解決法としては、経済改革・改革開放に向かいつつ、当面は金体制を維持するにしても世襲化されずに戦争体制を緩和するような形でしょう。ただしそれを金一族が拒む以上は現実的ではない。そうすると、ずっと前からいろんな人が言っていることですが、核を持っている北朝鮮と共存できるかどうか。これはすごく難しい問題で、金一族は独裁体制を維持しようと、アメリカと交渉するために核を持とうとしてきた。実は核ミサイルが現実にアメリカを脅かして、もう臨界点を超えた可能性が高い。そのときにアメリカがどう対応するかでしょう。

不寛容はイスラム教だけの問題ではない

――近年イスラム過激派による犠牲者がこれだけ多く出ると「イスラム教自体に何らかの問題はないのか」と感じる人は少なくないと思います。女性の人権を制限している宗教でもあるし。

イスラム教はコーラン自体が一義的に女性の行動を細かく制限しているわけではない。解釈ですよね。外に出るときにスカーフやヒジャブで髪を隠すのだけでなく、顔から目しか出さない人もいれば、顔は出しても構わない人もいる。民族によって解釈は分かれて、コーランが決めているわけじゃない。ただあまり厳格に解釈すると、とんでもない発想になりますね。

同じ問題はキリスト教にもあって、ヴォルテールの『寛容論』は新教徒が冤罪で処刑された「カラス事件」を題材に、キリスト教の非寛容性を糾弾する内容でした。イスラムだけでなくあらゆる宗教は他の宗教に対する寛容と不寛容の文化があって、節目節目で顔を出す。キリスト教でもアメリカの中には原理派がいて、進化論も堕胎も認めないグループがいます。あらゆる宗教には寛容と不寛容の問題がつきまとっていて、イスラム固有の問題ではないんです。

トルコはNATOの重要な構成国ですが、EUに入れるかどうかですごく議論があります。もともとEU加盟国はキリスト教が母体で、イスラム教国のトルコを入れるべきでないという意見がある一方で、興味深いことに、ヨーロッパ各国でも政教分離を経ておりトルコも政教分離をしているから受け入れるべきだ、という意見もあります。現在のトルコは世俗政権で、戒律も自由です。イスラムの原理派はユダヤ教、キリスト教に敵対するが、政教分離を経たイスラムは他宗教と共存できる。寛容か非寛容かを分かつのは社会、あるいは人間の問題になってくるわけです。

フランスではイスラム教徒でも公共の場でスカーフを着けてはいけない。「それは宗教差別、民族差別じゃないか」という意見に対してフランス政府の言い分は「キリスト教徒も同じことで、公共の場で十字架を身に着けてはいけない」ということです。

編集委員になっても記者同士は対等、上下関係を持ち込むのは良くない

――たしか九七年か九八年頃だったと思いますが、編集委員の公募と部付制が発表されて、格上の「特別編集委員」というのが出来て、九九年に外岡さんも就任しました。

それまで編集委員は辞退していたけれど、「これは任命制のものだ」と言われて「そこまで言われちゃなあ」と引き受けました。このときの編集委員の制度改定には給料のこと、つまり年俸制の関係もあった。このころは経営者がいかに人件費を抑えるか躍起になっていて、その一環で年俸制も導入されたわけですね。全体として年功序列ではなく実力主義に移すというふれこみでもあった。年俸制に私は反対だったし、「特別編集委員」というのも紙面には出ていません。当時、エクセレント記者っていう制度もできたでしょう。

――ありましたね、「卓越記者」とかいう。

あれなんか、上が決めて本人には知らせず社内にも知らせず「何の意味があるんだろうか」と(笑)。一貫して、記者というものは経験も序列も関係のない対等の立場だと思ってきました。今もそう思っています。デスク―部長―局次長―局長というラインのマネジメントは必要ですが、記者としては駆け出しの新人であろうが、編集委員であろうがまったく変わらない。やっていることは同じなのだから。そういう記者の中に上下関係を持ち込むのは良くないと思いました。

新聞社の経営陣は、実は経営の経験がない人がやっていて、聞きかじりの経営学から最新のものを受け売りで導入したりする。そういうものをそのまま新聞社にあてはめても、うまくいかないでしょう。

9・11テロで世界は変わった

――二〇〇一年九月十一日、同時多発テロのときはどちらにおられました。

会社の新館五階で、近くに人はいなかったですね。そのころは日米安保の取材を続けていました。あの夜、知り合いから電話がかかってきて「NYが大変だ」という。テレビをつけると、一機目が世界貿易センタービルに突入したあとの映像の中継が出て、二機目がビルに吸い込まれていった。それを見て「テロだ！」と口走ったのを覚えています。

――『9月11日　メディアが試された日』（枝川公一氏、室謙二氏との共編著）によると外岡さんは「途中からテレビ（の生中継映像）を見るのをやめて、何が起こったのかじっくり考えてみようと思った」と。

その本にもありますが、9・11の直後にそれまでの安保取材の資料をかなり捨てました。環境が激変していることを自分に言い聞かせる必要があった。冷戦時代のつもりでいると間違える。自分で思い切りをつけるためにも、そうした方がいいと思いました。

このテロを起こしたのはアルカイダだということは、比較的早くに知ったんですね。テロの半年くらい前に、国連でアフガニスタン紛争の仲裁にあたっていた人が「オマル師がタリバンを率いてものすごい勢いでアフガンを変えつつある。タリバンが過激化して、アフガンとパキスタンが大変なことになっている」と話していた。だからアメリカが犯人をビンラディンとアルカイダと名指しして、それをかくまっているのがタリバンだ、と公表したのを聞いて、だいたいの仕組み、構図が分かりました。

それからは電話を通じて国連を取材して記事を書くという形が二—三か月間続きました。「近くアメリカは戦争に踏み切る」という内容の記事も書きました（九月三十日付朝刊1面「米、限定攻撃の準備完了」）。そういう記事を出すことで、前線にいる米軍の将兵を危険にさらす恐れはないかという点も、慎重に考えました。民間用の支給品を空から投げるということも記事には入れたんです。

その前に、アフガンに特殊部隊が入っているとCNNなどは報じていました。近代と違って現代の戦争で最初にやることは、特殊部隊を投入し、遭難者の救援体制を整えることで、そのため周辺国から領海領空を通過する許可を得る必要があるわけです。救援体制を整えるために基地も作る。そうなるといつ空爆が始まってもおかしくない。

そして「近く限定空爆に入る」という見通し記事を打ってから実際に空爆が始まるまでは、一週間ほどデスクに「まだ始まらないんですけれど」と言われました。デスクにしてみればそれは不安だったでしょうね。

社説「限定ならやむを得ない」はおかしい、攻撃のゴーサインになる

——そして十月七日に空爆が始まり、朝日の十月九日付社説「限定ならやむを得ない」が社内外に波紋を広げることになります。

この間、社内で勉強会があって、中馬清福さん（当時、編集顧問）が「日米安保条約の適用範囲を広げられないか」と言ったんです。自衛隊の護衛艦がインド洋上でアメリカ軍空母の補給を行うということが求められていて、そのために適用範囲を拡大していいんじゃないかということでした。このときは本田優さんも私も「条約上の文言にある意味を広げるべきじゃない」という意見を言いました。

その後、大阪の護憲派の人と話をしたときに私は「アルカイダというのはオウム真理教の国際版みたいなものです」と言った。テロを許してはならないし、無差別に一般人を殺害しているし、国民を守ることを最優先にすべきだと思いました。タリバンはパキスタン情報部の支援で成長してイスラム原理派が集まってさらに過激化した。それまでに世界各地にもアルカイダのテロの兆しはありました。あの社説はおかしいと思った。藤森研さん（当時、論説委員）に、そういう話をしました。アメリカが攻撃するのはやむを得ないし、止めようがない。しかし社説でそれを容認するのはしちゃいけないことです。

——問題の九日付社説が出る前、二日付社説では「米国の軍事行動はやむを得ないとしても、それに踏み切るためには、理解を得るための手順を尽くさなければならない」と書いています。あの九日付社説が唐突感を与えた理由は結局のところ……。

見出しですよね。当時のメディアの状況だと、朝日が「やむなし」と打ち出したとたんに、それがゴーサインになってしまう。朝日はいわばゴールキーパーの役割を持っていた。そこを開けちゃうと、シュートは素通りになってしまう。

やっぱり、アメリカがあそこまでの攻撃を受けたのは太平洋戦争でのパールハーバーだけで、本土では初めてだったし、民間の飛行機をハイジャックして爆弾にするという手段も衝撃的だった。当時のブッシュ政権は「敵か味方かの旗幟を鮮明にしろ」と迫った。たとえて言えば、アメリカが各国に銃をつきつけて「はっきりしろ」と迫っているような形で、そこで社説としても踏み込むという判断になったのだろうと思います。

集団的自衛権の容認につながる9・11後の議論

米軍の第七艦隊が出動して、自衛隊の護衛艦も一緒について出ていくことになった。そのことをどう評価するのか。防衛庁・自衛隊を担当する社会部内で問題になりました。護衛艦は東京湾まで行ったけれども結局、引き返した。そのすぐ後に、前に言った通り、当時編集顧問の中馬清福さんが社内の勉強会（新・日本の進路研究会＝新進路研）で「この際、安保条約の範囲を拡大していいんじゃないか」という意味のことをおっしゃった。僕らは「絶対そんなことをさせてはいけない」と言った。日本国内で武力行使がされたわけでもないのに、それはおかしいと。

これは今にして思えば、集団的自衛権の容認につながる議論だったんですね。この問題はその後もずっとくすぶっていて、二〇一五年の安倍政権下の集団的自衛権の容認に至る。それから、二〇〇一年には自衛隊法の改正があった。いわゆるスパイ防止のための改正ですよね。この法案を見たとたんに「これはおかしい」と思った。それまで封印してきたことがなし崩しになっている。これは本田さんがきちんとマークして報道しました。この問題も二〇一四年の特定秘密保護法につながってくる。

ロボットと戦争について取材

二十一世紀最初の正月企画で、私はロボットを担当しました（二〇〇一年一月三日付朝刊「日本の予感」）。この取材はアフガニスタン空爆に至る情勢判断の役に立ちました。

日本ではロボットという鉄腕アトムとかドラえもんとか、ヒューマノイド、人間の形をしたロボットを思い浮かべますが、ヨーロッパは違います。キリスト教、ユダヤ教では神が自分に似せて作ったのが人間だから、人間の形は神しか作れない。だから人間の形をした人工知能はある意味タブーで、ヒューマノイド研究は日本が突出しています。ドイツなどでは車をロボット化する技術を追求していました。

アメリカの場合は軍事技術が突出していて、アメリカの研究機関で働く日本人の学者に取材したときに、軍事費の配分を統括する米国防高等研究計画局（DARPA）の役割も知りました。インターネットもDARPA生まれですね。

監視カメラの映像が少しぼんやりしているから解像度を上げるとか、特定の人物を登録しておいて似た人物の映像を見つけるとか、空中にセンサーをつけた風船みたいなものを飛ばしたりボール型のものを転がしたりしてテロリストの動きを監視するとか、昆虫型のロボットを飛ばすとか、つまり非対称型の戦争、アンシンメトリーな戦争に対応する技術を開発している。ひとことで言えばテロリスト、対テロ戦のための技術です。

そういう取材経験があったので、特殊部隊が入ったということと空爆開始が間近であることはすぐ結びついたんです。特殊部隊は何をするかというと、高精度の誘導爆弾を投下するときには偵察機にデータを入れターゲットを設定して狙うやり方と、地上から誘導するやり方があって、地上で特殊部隊が誘導するのが一番精度が高い。そこに誰がいて何をしているのかが分かれば、敵方にとらわれた味方を救援に向かうのも、ビンラディンを急襲したときのように情報を得てターゲットをつかまえることもしやすい。

アメリカは湾岸戦争以降どんどんそっちの方に傾斜して、軍事技術のかなりの部分がロボット化している。警察でも爆弾を搭載したロボットを作って現行犯を射殺する、これは実際の事件でもう使われましたね。

第九章　混迷する9・11後の世界をめぐる

二〇〇一—〇二年　編集委員↓ヨーロッパ総局長

9・11後にアメリカの長期衰退を予測

私が過去に持っていた将来の見通しのなかで、今から振り返っても「そう間違っていなかったな」ということが三つあります。もちろん冷戦の終わりとか、宗教的な対立の激化とか、見通せなかったことも多かったけれど。

ひとつは、大震災の予知は出来ないという問題提起です。一九六〇年代から国家プロジェクトとしてやってきたけれど、阪神以降を見ても、新潟中越、東日本、そして熊本と、その後の数多くの震災で予知が無理だということを地震学者も認めざるを得なくなっている。

二つめは9・11のときなんです。米国をめぐる翌年の新年企画（二〇〇二年「アメリカ　アメリカ」）が進められていて、最初の企画会議で、アメリカの一極集中、一極覇権がテーマ案として出てきた。しかしその会議に呼ばれた私は「アメリカはこれで凋落する」という意見を述べた。水をかけるようなことを言ったわけですね。中国が台頭するということも言いました。

理由を聞かれて僕が話したのはカール・ポパーの『開かれた社会とその敵』の理論で、アメリカが世界中の人たちを引き付けている魅力は、開かれた社会であることと民主主義であって、ある意味でアメリカ自身もそれを意識している。その強みによって覇権が成り立ってきた。その開かれた社会が閉じられることは国力低下につながる。これをアメリカの長期衰退の根拠として挙げたんです。どの程度の衰退を予測したか、ということはあるが、そのときの見立ては間違っていなかったと思います。

三つ目は二〇〇三年のイラク戦争について、ロンドンにいた我々は早い段階で「イラクに大量破壊兵器は存在しない」という疑問を書いていた。武力行使を進めようとするアメリカとイギリスに対してフランスとドイツが立ちはだかって、紙面では「フランスとドイツが正しい」と展開できて、疑惑をつきつけていった。

今年（二〇一六年）七月にイギリスの独立調査委員会（チルコット委員会）がイラク戦争参加の大がかりな検証結果を発表しました。結論は「ブレア政権は誤った戦争をした」ということで、もちろん十三年たっていて、失われたものは還らないが、それでもとことんまで突き詰めてゆくイギリスはすごいと思いますね。

憲法九条を変えるべきではない理由

――冷戦後の朝日について、社内で意見が割れてきた、現実派の意見が強くなってきたというお話が前にありました。

冷戦下の改憲、護憲の問題と、9・11以降の問題はちょっと質が変わってきています。冷戦下の改憲議論は、昔からある「押しつけ憲法論」で、自主憲法を制定すべきだというものですね。これと裏腹に「アメリカにもっと貢献すべきだ」という主張があって、この二つは明らかに矛盾があるんだけれど、自民党政権がほぼ一貫してとってきた立場で、憲法を変えてもっとアメリカと一体化すべきだということですね。

一方、冷戦下の護憲派の理論は、親中親ソの立場でアメリカに対抗する、アメリカの戦略に組み込まれることのないように、護憲をその盾にしようというものです。もうひとつは、まったく純粋に「戦争はいやだ」という非武装の道を日本は平和憲法で選択したんだ、というものでした。しかし九条がありながら、日本は自衛隊を作っているし、自衛隊は国民から支持されている。だとすれば九条の文言をそのままにしておくのは良くないのではないか、「自衛隊を認める内容にすべきではないか」ということですね。

私はずっと、九条を変えるべきではないと思っていました。今の自衛隊は憲法を前提にして組織・運用されている。憲法があるから軍事法制をとらない、とれないという発想です。憲法を変えれば、いろんな物事を組み替えないといけない。軍事裁判も必要になるし、もし徴兵をやるなら徴兵検査も必要だし、交戦規則の整備も要る。捕虜になったらどうするか決めないといけない。そこはあえて作らずに空白にしておいて、ふたをしてきた。個別的自衛権の範囲で対処するということでやってきたわけです。

冷戦後のシステムは、九条が設計された当時の環境とは変わった。冷戦の終了であらゆるシステムが変わっていきました。従来の護憲・改憲の議論とはまったく違う土俵が出来たということです。非対称型の戦争が起こるようになった。国と国の戦い、正規軍と正規軍の戦いが冷戦下で前提となっていた構図だったのが、大規模なテロによって非正規軍と国家の戦争が起こる。あるいは破たん国家が出た場合、その平和構築をどうするかという問題が出てきた。

こういう九条で想定していなかった事態に日本がどうかかわるのか。私が護憲派に批判的だった点は「国連を通じて日本は平和構築に貢献すべきであり、PKO型の関与は認めるべきだ」ということです。アメリカ一辺倒ではなく、両脚、両軸を使った安全保障を考えるべきです。一方、「国連の力はたいしたことはない、アメリカ重視で」というリアルな議論も社内にはある。

これまでの護憲の姿勢では解決できない問題が世界で起きています。仮に日本が攻撃されたら、護憲を掲げるだけでいいのか。沖縄をずっと取材してきて思うのは、日米安保は沖縄を犠牲にして、いわば一本足で立っている。沖縄が本土復帰した七二年以降、あやうい状況が続いている。それまでの護憲論には、大半の負担を沖縄に押し付けてきたという自覚は少ないんです。

田岡さんがおっしゃるように、自衛隊が日本を独力で守ることはできます、軍事的には。しかし自衛隊はアメリカの支援があるという前提で編成されている。特に海上自衛隊は一体化して、空は少し違いますが、陸自が自力だけで守るのは難しい。さらに核の問題、核の脅威、核の威嚇に対してどうするのか。護憲論と日米安保の問題は違う側面を持っているということです。

憲法と日米安保の構図を読む

護憲・改憲と日米安保と結び付けて考えると、4つのケースがあります。①護憲でアメリカとも距離を置く②護憲でアメリカと協調する③改憲で自主独立路線、米と距離を置く④改憲でアメリカと協調する。今（二〇一六年）の安倍政権がこの④の立場です。朝日の立場は護憲でアメリカとの協調をはかるというものでした。

僕は9・11のときに、第一の立場にははっきり批判的でした。新しい形の紛争が起こっている中で、国家防衛に対しては日米安保と個別的自衛権はプラスであるというのが僕の立場です。国連安全保障理事会の常任理事国になることにも賛成で、それは究極の安全保障になるからです。常任理事国を攻撃する国はありませんから。そしてもし国際社会の同志を得られたら、拒否権を持てる。そうして安保理で日本が努力している、汗をかいているという実績を作ってゆくことで、日本を攻撃すべきではないという抑止力にもなる。国連を通じて実績を積むべきだと思います。

先日NHKで、カンボジア紛争のPKOに参加して武装勢力に殺害された文民警察官、高田晴行さんの特集番組をやっていましたね（二〇一六年八月十三日、NHKスペシャル「ある文民警察官の死—カンボジアPKO　23年目の告白」）。あれは僕もずっと引っかかっていた問題で、なぜあそこで高田さんが殺されなければならなかったのか、なぜあそこに派遣されたのか、ご自身もご家族もたぶん分かってはいなかった。PKOには、このために行くという国民のコンセンサスが必要で、もし亡くなったら国民が悼む、国民に悼まれる。そうでないと行かされる方はたまったものではないですよね。

平和のための貢献ということが日本の場合、国民の実感になっているのかというと、必ずしもそうではない。かつてはエチオピア飢饉とかあったが、難民が流出しても概して無関心、日本は内向きと言われる。ここはヨーロッパとの大きな違いですね。

——日本は難民から遠い位置にありますしね。

地球温暖化の問題もそうです。北極海に面しているアメリカ、カナダ、ヨーロッパの国々は北極海の氷山が減っているのを目の当たりにしている。日本はオホーツク海の流氷の接岸が遅れたとか、その程度の話です。北極航路も変わってきていますが、地理的に遠い日本とはギャップがあるんです。

核の問題もそうですね。核兵器は北極圏を通る計画で作られている。ICBMなども、潜水艦からの攻撃にしても。だから北極海と地球温暖化の問題を世界共通の差し迫った危機としてとらえる。日本の世界認識はアメリカの影響がすごく大きい。特に大西洋に面した東海岸、ワシントンＤＣの認識に左右されがちだと思います。

アメリカはなぜイラク戦争に進んだのか

――よく言われたことですが、９・11は息子ブッシュ大統領が就任してまもなくのことで、その大統領選はゴアと大接戦で、もしゴアが大統領になっていれば、９・11はあっただろうか、その後のアフガン攻撃は、イラク戦争は、という……。

９・11はゴアが大統領でも防げなかったと思うし、アフガン攻撃にも進んだでしょう。ただ、イラク戦争はブッシュの個人的な色彩が強い。ブッシュというよりもネオコン（ネオコンサバティズム＝新保守主義）ですよね。ブッシュ政権のウォルフォウィッツとかチェイニーとか。アフガンの場合は攻撃しないと、「やられたらやり返すアメリカ」という世界が持っていた認識が崩れちゃう恐れもあった。

しかしイラク戦争は必要なかった。あれがその後の中東の混乱につながった。

――アメリカという国は定期的に戦争を求める体質との批判もあります。古くはアイゼンハワーが大統領の離任時に軍産複合体の影響を指摘していますが。

軍需産業はワクチン製造と同じと言われます。定期的に投与して生産を続けているものをやめると、新たに作り直して生産ラインを再稼働させるのは大変で、武器生産も簡単にはやめられないと。また武器輸出も軍事産業が成り立つためには、私企業であるから必要だという、これは当たっている面があるでしょう。

国連安保理の五大国はみんな武器輸出国で、外征能力を持っているのもこの国々だけ、他の国にはない。外征には空母がなくちゃいけないし、潜水艦と長距離の輸送能力が必要になる。これはやっぱり田岡さんに学んだことですが、軍艦にしても航空機にしても、改良に改良を重ねて実戦配備に十年二十年かかる。それだけ継続性がなければ最新鋭の機能を維持できない。十隻あっても五隻は休養させるし、退役する艦のことも考えると、常に建造を続けていないといけない。ワクチンじゃないけれど、いったんやめるとその水準を取り戻すには大変な手間と時間、お金がかかります。これは軍需産業に傾斜する理由のひとつになっていますね。

ただ、軍需産業でなくても、ロケット産業でも技術的には同じです。平和産業の形で維持することはできると思います。核についても原発の技術は運搬の技術、つまりミサイルと結び付ければ核兵器と同じ技術ですよね。原子力とミサイルと両方の技術がなければ効果がない。そしてミサイルとロケットの技術はまったく同じで、北朝鮮はそれをやってきた。ミサイル発射を「あれはロケットだ」と言い続けてきたわけです。

そういう意味で、日本が原発を持っていることは他国への脅威になる。これは日本の外務省の方針で、公式見解としてははっきり出ています。政府が脱原発をしたくない理由はここにもあります。しかし、これほどプルトニウムをたくさん持っている国はない。管理をできるのか、最終処理をどうするのかという問題がある。

私は、核燃料サイクル事業はただちにやめるべきだと思っています。原発によって生じた核廃棄物が行き場を失っている。それをどうするのかという議論をしないうちに、あんなことをしちゃいけない。無責任体制に乗っかって事業が進んでいる。かつての地震予知プロジェクトと同じ構図です。

世界一周航空券を使って「テロ後　世界は」企画

9・11のあと、十一月か十二月に「テロ後　世界は」という社会面の続き物を始めました（〇一年十二月五日朝刊から三十日朝刊まで計八回）。同時進行ルポで、アメリカのNY、ワシントンから始めて、ロンドン、パリ、イスラエル、ベルリン、テヘランと取材して、最後はカブール。9・11の起点になったNYから始めてアフガンで終わると決めていました。移動日があって、取材に一日、すぐ記事を書いて出してまた移動、というとんでもない企画だった。この手法は小泉政権下の郵政改革を特集したときと同じで、あれはニュージーランドの郵政改革をモデルにしていたので、ニュージーランドからアメリカ、ヨーロッパへという企画を考えました。

JALが入っている「ワン・ワールド」という航空グループで、世界一周切符を売っています。これで、アメリカやヨーロッパへの往復料金と同じ金額で世界一周ができるんです。大西洋を渡る便だけ確定しておけば、あとは「一筆書き」で同じルートを戻ったりしなければグループ内の便なら時間、ルートは自由というものです。世界一周をするとすごいお金がかかるけれど、こんな安い値段で行けるならと企画として提案するときに、こういう切符があることを社内にアピールしました。

これは、一人の記者が9・11テロ後の世界が動いていることを見る、実感としてつかむ必要があると思って世界一周を企画したわけです。地球の裏側はどうなっているのか、9・11が世界にどういう影響を与えたか、一人の記者が見る。ただ取材はしんどかったですね。パリで取材してその翌日はイスラエル、そこからテヘランに向かう予定が、このイスラエルとイランは犬猿の仲で直行便がなくて、ベルリン経由でイタリアからテヘランに行きました。しかし、そんなに取材費はかかっていない。のちのリーマンショックを受けた企画でもこのやり方を使って、中国、アメリカ、ヨーロッパ、ドバイと回りました。

――特派員がいるのに一人でその企画をやって、例えば外報関係からの風当たりはなかったですか。

社内的に大丈夫かとか、そういうことには神経が慣れっこになってしまっていて（笑）。考え始めるときりがない。それを言い出したら何もできなくなるから。社会部なのに沖縄取材から安全保障取材に入っていったのも、縄張りを考えると、政治や外報の領域でしょう。この頃だとそういう声は無視するくらいになっていた、ということでしょう。

それから、9・11テロ後に「あれ取材しないの？」と社内のいろんな人に言われました。なぜ取材しないの？　ということを。この間にも対アフガン戦のことを書いたりしていた。社会部員でそういうことをする記者が、あまりいなくなっていたんですね。あの企画は一人の人間がずっと回って、一人の視点から見ることに意味があった。〇八年のリーマンショックのあとにもこれをやって、1面から中面に導入する連載でした。

小沢一郎氏インタビューの企画が持ち上がる

前後しますが、一九九九年には沖縄の関係で橋本龍太郎元首相の聞き書きを紙面でやって、上下で掲載されました（十一月十一日、十二日朝刊3社）。これは大田昌秀前知事の聞き書き『沖縄の決断』のときに関係者の証言を取材したんですが、橋本氏のインタビューは本には間に合いませんでした。取材しても本にするには三か月かかりますからね。

橋龍さんのインタビューを見た別のデスクから、「小沢一郎さんのインタビューをさせろ」という話が持ち込まれて、〇一年か〇二年ころだと思いますが、小沢さんに一回会いに行ったことがありますよ。ただ、まもなく私がロンドンに異動することになって、結局この企画は実現しなかったんです。

――実現していれば面白かったですね。感触はどうでしたか。

小沢さんという人は政党を作っては壊しを続けて悪評さくさくだったけれど「自分の言うことをマスコミにつまみ食いされるのは嫌だ」と政治家で言った最初の人でしょうね。会ってみて「じっくりやれば協力してくれるんじゃないか」という感触を持った。ただ実際に企画としてやるなら、本人の聞き書きだけでなく第三者の証言を入れることが最低条件でしょう。

ヨーロッパ総局長の前にアメリカ総局長の打診

――9・11からおよそ一年、二〇〇二年十月にロンドンのヨーロッパ総局長に異動されますが、最初はアメリカ総局長の打診だったそうですね。

打診があったのは夏の初めころだったのかな。ところがロンドンに変わった。ロンドンは九〇年代の半ばに一度、特派員として行かないかという打診があったんです。このときはお断りしました。沖縄取材にかかわっていた時期で、阪神大震災の取材も続けていたし、「これを途中で振り切ってというのは出来ないな」と思った。

――アメリカ総局長の話が流れたのはなぜでしょう。

アメリカ総局長には外報部か政治部出身の人がなる慣例で、僕は特派員の経験がNYだけだし「伝統に反するじゃないか」という声が出たんじゃないかな。それから、僕は沖縄問題で「アメリカにきちんともの申すべきだ」という意見だったから「こいつにアメリカを任せて大丈夫か」というのもあったかもしれませんね。
僕はアメリカにこだわっていたわけではないし、ロンドンに行くのがうれしかったくらいで、アメリカをもう一回よりもヨーロッパをじっくり見たいと思っていました。

北朝鮮・拉致問題で噴き出した国民感情

――外岡さんのロンドン赴任の直前になりますが、〇二年九月に当時の小泉首相が北朝鮮で日朝首脳会談を行い、北朝鮮側が拉致を認めました。この関係の取材は？

その取材にはかかわっていません。小泉訪朝はテレビで見ました。北朝鮮に関しては、九四年の核開発問題でアメリカと一触即発という危機でカーター元大統領が訪朝した、そのときの交渉関係者に取材して、再現ドキュメントを九九年に展開しました（四月十五、十六日付朝刊）。本田優さんが日本で、箱田哲也さんが韓国で、私がアメリカで、毎日メールでやり取りして大特集をやった。『日米同盟半世紀』のやり方で、北朝鮮問題をやったわけですね。

北の問題はずっと取材している記者がいたから、「あいつら、何やっているんだ」と思われていたでしょうね。僕は沖縄の取材から安保に入っていったけど、だいぶ煙たがられたと思う。安保を取材するのは、基本は政治部だから、縄張りを荒らすみたいな感じがあったことはあったでしょうね、社内的には。こちらには、そういう気はなかったけれど。

――この〇二年の北朝鮮拉致問題から大きく国内政治の局面が変わりましたね。

拉致問題は日本が被害者として正当に主張できる珍しいケースで、それまでは加害者としての責任がずっと言われてきた。被害として広島、長崎の原爆、東京大空襲などはあったが、アメリカに責任を問うことはできない。自分たちが最初に攻撃していたから。僕は、被害は被害としてきちんと伝えるべきだが、加害としての側面もあるから、両方の視点を持つべきだと思ってきました。

拉致問題の場合は一方的に被害を受けた、無辜の人々が犠牲になったもので、国家主権の侵害ですね。金大中事件を除けばあまり例がない。しかも普通の人が犠牲になっている。この拉致問題が突破口、風穴になって、ある種の国民感情の爆発があった、今まで抑えられてきたいろんな感情が噴き出したことは否定できませんね。

後の話になりますが、編集局長のときに拉致の問題をきちんと扱うとともに、対抗面で核ミサイルの問題を展開するという方針をとりました。拉致は国家犯罪だが、拉致問題が北との関係のすべてであるような印象を与えないようにしたい。

韓国だってもっとたくさんの人が拉致されて、ひどい目にあっている。当時はノドンが配備されて、テポドンは実験段階だったかな。アメリカは北のミサイルが直接の脅威になる可能性は低かったが、核開発が進んで、その技術が闇市場に流れる恐れがあった。一方で拉致に対する日本の怒りが強かった。それまで朝日が拉致問題をきちんと扱ってこなかったことも確かです。

北はいつも、日米韓の足並みが乱れることを狙っている。結束が乱れるとまずい。核、拉致、ミサイルをセットにした紙面で、考える材料を提供したいと思いました。

読書欄の書評委員を二年間務める

――ロンドンに赴任される〇二年秋をはさんで〇三年春まで読書欄の書評委員をされていますね。

今はどうなっているか知りませんが、僕のころの書評委員は任期が二年で、その途中でロンドンに行くことになりました。二週間に一回集まって書評委員会を開く。読書欄の担当者が事前にピックアップした百何十冊が並べてあって、読書編集長の司会で書評する本を投票で決めてゆくんです。「ぜひ書きたい」のは◎、それに次いで○、△をつけますが、一人がそれぞれの印をつけられる数の上限は決まっている、という形でした。

複数の書評委員が同じ本に◎をつける、二重丸同士がぶつかる場合もあります。そういう場合は、委員の中で長老というか、必ずそういう大家がいて、この人がひと声発したら「まあ、今回は誰々さんで」というふうに書く人が決まっていました。

ところが、ある委員が選んだけれども書かなかったという本が出ることがあります。◎をつけても忙しいのか必須でもないと考えたのか、書かないでそれが二週、三週と続くとまずい。掲載のタイミングが話題の時期から遅れてしまう。この場合は社員の委員が編集長から「これは是非ものだから書いてくれ」と頼まれるわけです。このために社員の記者から書評委員を出している面があります。

それから、危ない本というか、どう評価するか微妙な問題がある本、評判にはなっているから取り上げたいが、委員からは敬遠されるという本もあって、これも社員の委員が書くことが多い。ハーバート・ビックスの『昭和天皇』が僕に回ってきたのはそれでしょうね（ロンドン赴任後の〇三年一月五日掲載）。あの本はピューリッツァー賞を取ったんじゃないかな（二〇〇一年受賞）。この本については、あんまりフェアとはいえない取り上げ方をしているというのが結論で、昭和という時代を網羅的に見るにはいいけれど、色眼鏡というかある一定の視点からしか見ていない一面性を感じる、という意味のことを書きました。著者がアメリカの学者ということを考えると、やむを得ないのかもしれませんが。

それからメディアについての本は、新聞の書評としては必須の分野だから、記者の委員がジャーナリスティックな視点で取り上げることが多いですね。それぞれの委員の専門分野からもれちゃうようなテーマの本もそうです。記者というのは転がってくる球はなんでも拾い上げなきゃいけないから、そういう要員ですね。だから書評委員になる記者は本をよく読んでいることが前提で、書いてくれと言われたら嫌がらない人。そうでないと頼みにくい。

書評をどう考えるかは人さまざまで、私と一緒に委員をやっていたある記者は「批評しなかったら書評にならない」という考えでした。ただ面白いと勧めてもダメだと。私は、百何十冊の中から数限られたものしか紹介できないのだから、書き手が読みごたえがあると思った本を紹介すればいいと考えていました。外国のブックレビューの世界なら、例えばNYタイムズやロンドンの書評誌などではひとつの本を何ページにもわたって紹介する。文学、文芸批評はそういうものですが、新聞の書評欄は紹介ですから、基本的には「読んでみよう」「買ってみよう」という文章で、これは欠陥があるとか面白くないとかいう本は書かなくていいと思います。

――書評欄については、取り上げる本が高踏的すぎて一般の読者とかけ離れているということがよく言われます。

朝日の書評は専門的すぎる、面白くない、ということはいつでも言われています。朝日のやり方は他社とは全然違う。読売や毎日のやり方について詳しくは聞いていませんが、毎日の書評は一時期、丸谷才一さんが取り仕切っていました。週刊朝日の書評を外された形になって、毎日で書評を展開したわけです。

それにはいろんな見方があって、「丸谷さんは自分と親しい人の本ばかり取り上げて、狭い世界で紹介し合っている」という批判もありました。日本の文化とはそういうものだという考え方もあります。おつきあい文化というか、連歌の付合（つけあい）みたいなものですよね、人の句に自分の句を続けてゆく。丸谷さんはそういう文化を汲んできた方だから、その延長として、あいさつとか付き合いを大事にして熟練してゆくという考え方でしょう。

一方で、本当に相手と距離を取って作品を批評するのでなく仲間内の付き合いでやると、仲間の内輪ぼめみたいなところがあります。書評委員になると、おのずと社会的な権威を身にまとう。それはカギカッコつきの「権威」ですけど。だからそういう「お勧めの三点」の中には自分の分野、ジャンルに関わる本が必ず入ってくる。選んだことで箔がつく。家元が「箱書き」しているようなところがある。これは日本文化の嫌な面でもあり、なかなか切り離すことのできない伝統ということでもあるでしょう。

昭和天皇の実像示す史料を特報

――それから、昭和の終わりの取材でお話のあった、敗戦後の占領期に昭和天皇とGHQの会見で通訳を務めた外交官、松井明氏の手記を特報したのがロンドン赴任直前の〇二年八月五日付ですね。


これは九五年ころに一度、社のOBを経由して手記のコピーが持ち込まれたということでした（松井氏は九四年四月死去）。しかしまだ昭和天皇が亡くなってまもない時期で、タブーが重くのしかかっていたこともあって、詰め切れなかった。僕は沖縄を通じて安全保障に深入りしましたが、歴史ものは学芸の分野として以前からあって、ただ政治や安全保障が絡むから難しいんです。解釈の仕方や政治的なインパクトを考えて報じないと危うい部分がある。僕は八八年に「門番」をやって以降、皇室ものを扱うときは十分に配慮しないと危ない、という実感がありました。

まずやったことは、彼（松井氏）の別の手書きの文書を入手して、コピーが本人のものか、警視庁でも仕事をしている筆跡鑑定人に見てもらいました。九十何パーセント間違いない、と言われました。

ご遺族にも当たったけれど、こちらは出版許可が得られなかったんです。しかしニュース性があれば、全文でなく一部なら著作権にはふれない。著作物への引用でなく、要約の形の新聞記事であれば問題ない。この点は会社の顧問弁護士にも相談しました。

この松井氏の手記は、いまだに表には出ていません。だから、歴史学者の分析対象にはなっていない。本来『昭和天皇実録』にも含まれるべき文書だと思いますが、いまだにご遺族の了解が得られていない。このとき解説をお願いした豊下楢彦さんが『論座』に何度か連載をされて、それを読めばだいたいのことが分かると思います。

この手記を初めて読んだときは愕然というか、驚嘆しました。昭和天皇がいかに軍事とか安全保障に精通していて、踏み込んで発言していたかが分かりましたから。在位の後期は象徴天皇としてのイメージが強いですが、戦中の天皇は自分で考え、踏み込んだ発言をしていたんです。ある意味で虚像を演じた昭和天皇と比べると、平成の天皇は生身の象徴天皇として発言し、行動していますね。

昭和天皇は一応立憲君主ではあったが、実際には絶対君主制の君主に近い存在で、「神」としての側面を持っていたわけです。自分のいろんな側面を押し隠すようにして後半生を生きざるを得なかった。これはご本人の問題というより、ＧＨＱや外務省の力、外圧もあってのことだった。そうして二つの面を使い分けざるを得なかった昭和天皇は、自分の意見を表に出せなかった。

【証言・佐久間文子さん】作家の横顔、深く読んだ書評

〈さくま・あやこ　ライター。一九八六年朝日新聞入社。学芸部、AERA編集部、読書面編集長、編集委員などを経て二〇一一年三月に早期退社。著書『「文藝」戦後文学史』〈河出書房新社〉『ツボちゃんの話　夫・坪内祐三』〈新潮社〉〉

書評欄を通じて出来た飲み会グループ

私は金沢支局のときに殺人事件の裁判を取材して、京都支局に異動後も担当していました。八九年に最高裁で死刑判決が破棄されて、そのときの取材で東京社会部の最高裁担当だった外岡さんとお会いしています。「すごくちゃんとした人だなあ」という印象で、それまで知っていた大阪社会部の先輩は人を人とも思わないというか（笑）、若い記者の目から見てこわい人が多かったですから。外岡さんは、県版を書く私に社会面用の原稿を「これでいいでしょうか」と見せてくれて、新鮮でした。

九四年からアエラに三年いて外岡さんと重なっていますが、ほとんど話した記憶はありません。「ずっと編集部にいない人」という感じでした。阪神大震災関係の記事は感心して読みましたね。「継続的に取材をする人だなあ」と。被災者の心情を俳句に託した記事も印象深かった。編集長の蜷川真夫さんは外岡さんをすごく信頼していて、編集部の全員が敬意を持って接していたように思います。

九七年に私が学芸部で読書面の担当になったとき、書評委員で作家の久間十義さん――札幌南高で外岡さんの同級生です――と親しくなって、須賀敦子さん（作家、イタリア文学者。九八年三月死去）の担当だった関係から新潮社の鈴木力さんとも知り合いました。後で知りましたが、力さんはずっと外岡さんに小説の依頼をしていらっしゃったそうです。

力さんや私が須賀さんの入院のお世話とか、お葬式のお手伝いもすることになり、やはり須賀さんの担当だったみすず書房の尾方邦雄さんとも知り合いました。外岡さんとも知り合いということで九八年ころに一回、集まって飲んだんですね。そのときのメンバーの中に「沖縄に一度も行ったことがない」という人が何人かいて、沖縄に詳しい外岡さんのお世話で行こうという話が出て、実現したのがたしか九八年の十月

だったと思います。久間さんと、ライターの仲宇佐ゆりさん、みすずの守田省吾さんも一緒で、全部で七人でした。その旅行の打ち上げで集まって飲んで、それからもう二十年くらい、一年か二年に一度、集まって飲んだり、メーリングリストを作って意見交換したりという関係のグループができて、打ち上げで行った居酒屋のメニューに「豆腐兄弟船」というのがあったので、「豆腐きょうだい」という名前が付きました。

それから印象深いのは、私は九九年に、精神科医の中井久夫さんを文化面で取材したことがあります。震災の関連ですね。そのときに中井さんが、以前に取材に来た外岡さんのことをすごくほめていました。「新聞記者の中にああいう人がいるんですね」と敬意を込めて語られて、同じ会社の人間としてうれしかったですね。その頃は新聞って良く言われることがなくなってきていたから。特に中井先生は一番取材を受けていた時期でしょう。初めて会った私に話すくらい、外岡さんは目立っていたんですね。

のちに外岡さんに読書面の書評委員になってもらったときに、文芸評論家の斎藤美奈子さんは「同じ時期に書評委員をするのは感慨深い」という趣旨のことを話されていました。斎藤さんは新潟出身で、お父さんが宮沢賢治の研究者でもあり、外岡さんが新潟支局のときに取材に来たことがあって、「あの文藝賞の人か」と思ったそうです。コラムニストの中野翠さんも「私も『あの文藝賞の』と思った」と、おっしゃっていました。

注目される朝日の読書面を運営する難しさ

——佐久間さんは長く読書面を担当されて、外岡さんも同時期に書評委員をされたことがありますね。

二〇〇〇年から読書面を再び担当したときに、私が外岡さんに書評委員を頼みました。「何か起きた」「誰かが原稿を落とした」ときに頼むのは、外岡さんが話している通り、社員の委員なんです。記者の文章って「分かりやすく」で終わってしまうところがあるけれど、外岡さんは本を深く読む人で、書評にもそれが表れているように思いました。

その後、読書面の編集長を二〇〇九年から一一年までやって、難しいのは、「取りこぼし」がないようにしなければいけないところです。いろんな専門分野を、エンターテインメントも含めて、二十人前後の委員の枠に収めなければいけない。経済とか歴史とかは大学の先生に入ってもらうことが多いのですが、歴史の枠を二人とかにも出来ないので、専門家の人だとどうしてもより学術的な書評になりがち、ということですね。

朝日の書評はよくも悪くもいろいろ話題になることが多くて、「朝日ともあろうものが」という反応や、「この本を取り落としている」「この翻訳は重要なのに取り上げていない」という指摘とか。いわゆる「コア読者」を気にしている面はあるでしょうね。他紙の書評欄だと、そこまで批判されない。読者が本当に求めているものは、専門書も落とさない、エンタメも、これぞ、という本も落とさないことなのか。

ベテランの経験ある記者が担当してコントロールしていく、グリップを強くするのも一案じゃないかと。ただ異動の多い新聞社ではそれは難しいから、どうしても社外の専門家の力を借りようという形になるのですが。記者の専門性が高まれば、編集部がより多くを担当しても大丈夫な形に読書面を変えるのは、あり得るのかなと思います。

沢木耕太郎氏と外岡さんの縁

――佐久間さんには作家としての外岡さんのエピソードもうかがえれば。

私が家庭面にいたころ、沢木耕太郎さんが連載『彼らの流儀』で、外岡さんのことを取り上げようとしたことがありました。連載の原稿をファクスで送るためNY支局に行ったら「彼がいた」。それが外岡さんで、『北帰行』が出たとき、沢木さんは珍しく自身「アン・フェアー」と思える書評を書いて、その原因を嫉妬心からではと感じていた。その彼と、思いがけず再会したときのことを『彼らの流儀』に書くつもりで、外岡さんに原稿を送って許可を求めたところ、『書いたものを載せないでくれという権利が自分にあるとは思えないが、もし載せていいかどうかと訊ねてくださっているのならば、載せないでほしい』という返事で、断念されたんです。

このやりとりを、隣席だった連載担当記者から興奮気味に聞かされました。幻の原稿のゲラも見た記憶があって、たしか一回目の終わりは「彼がいた」と結ばれていたと思います。沢木さん自身がその後、書いたエッセイ（幻の「西四十三丁目で」＝『不思議の果実象が空を』所収）によれば、沢木さんがその書評について弁解のようなことを言うと、外岡さんは「感謝している」と答えたそうです。のちに、外岡さんに、それはどういう意味か聞いたことがあって、「そのときは朝日新聞社に入って記者になると決めていたので背中を押された気がした」というものでした。沢木さんの書評を読んでみると、確かに辛口ではあるんですが、著者の方法意識は「文学的というより、ジャーナリスティックなセンス、というべきものではないか」と結論づけているんですね。

「彼らの流儀」の二回目は、外岡さんの「小説というものに対する『覚悟』」「思い決めたこと」について書くはずだったそうで、その書かれなかった幻の回を今でも読んでみたい気がします。

また、外岡さんが会社を辞めて最初に書かれた『カノン』は、エンタメ寄りの作品だったという点で、意外でもありました。それは考えて、そういう傾向の小説を書かれたんだろうと思います。『北帰行』や『未だ王化に染はず』と完全に断絶してはいませんが、ジャーナリストであった自分の経験を存分に発揮できる小説の枠組みを探って、あの内容になったのではないかと思います。そのテーマが『カノン』の脳移植であったり、『ドラゴン・オプション』の美術オークションや中国の国際政治であったり。

『未だ王化に染はず』では北海道と新潟が出てきます。北海道は外岡さんの地元で、新潟では小説のための取材ではなくても、小説家としての視点を失わず記者の仕事もしていたのかと思いました。退社後はなんとなく、日野啓三さん的な小説――先日、『文藝』に発表された『消えたダークマン』はイメージに少し近いんですが――が出てくるのかな、と思っていたら、まったく想像していなかった内容で、新鮮でした。

第十章　イラク戦争、テロ・ＥＵ拡大、揺れる世界を見つめる

二〇〇二―〇六年　ヨーロッパ総局長

ロンドンでの最初の課題はイラク戦争阻止

――二度目の海外駐在で、ご自分なりのテーマはどんなものだったでしょうか。

これはもう、イラク戦争をどうやって防ぐかということですね。それが最優先だったし、そのつもりで取材していた。もちろん、一新聞記者が、しかも外国の新聞の記者が戦争を防ぐなんてことは到底無理かもしれませんけれど、日本がその戦争に参加することは、なんとしてもどこかで抑えなければと思っていた。大量破壊兵器を理由にして、アフガンの問題も決着しないうちにイラクに手を付けるのは明らかに間違っていた。

国連関係者の取材を通じてアフガンの後始末をずっと見ていた。曲がりなりにもカルザイ政権が出来たが、アメリカのネオコン政権は、明らかに今度はイラクに戦争を仕掛けようとしている。このころのことは『傍観者からの手紙』に書いています。

北朝鮮の拉致、核の問題があるから日本はアメリカに貸しを作っておかないとまずい、という人が

当時の知識人、マスコミに出る人たちの中にありました。その人たちを否定するわけじゃないけれど、国際問題は必ずしも貸し借りでは動かない。アメリカはそんな国じゃない。自分たちの利害を追及する。日本も各国もそうですよね。

貸し借りで見るということは、二国間関係しか見ていない。その人たちの頭の中には日米関係しかない。それは密室の中では効く場面があるかもしれないが、マルチの場では説得力がない。ましてや今日では、根拠のない不正な戦争だと分かってしまっている。

ロンドンに行ってすぐに、ワシントンの西村陽一さんと私の連名でオピニオン面にイラクについて問題は何か、という解説を何回書いたかな（〇三年四月九日付など隔月くらいで数回）。これは面白かったし、楽でした。電話でしゃべってテーマを決め、原稿を四百行ずつ書く。それを西村さんがサッとまとめてあわせて四百行にする。だいたい取材に一週間、原稿に一日、編集に一日かけていました。こんなにラクしていいのか（笑）というくらいでした。アメリカだけの目ではなく、複眼で問題をとらえた当時としてはいい企画だったと自負しています。

ブレア政権はなぜイラク戦争を支持したのか

日本では小泉政権のイラク戦争支持の是非を誰も問おうとしない。イギリスのすごいのはそこですね。イラク戦争が泥沼化した頃、「インディペンデント」紙に、政治家や知識人、マスコミ人のイラク戦争当時の発言と、それを自分で今どう思うという一覧表が載った。言論には責任が生じるという姿勢は明確になっている。

——ブレア政権が、あれだけの反対にもかかわらずアメリカ支持に固執したのは今となってみれば不可解にも思えます。

イギリス国内でも百万人デモなど反対がありましたが、ブレアは押し切った。閣内にも反対はあった。ブレアも最初は国連決議を通してのイラク攻撃でアメリカを説得できると思っていました。しかしだんだん言い方が変わってくる。イギリスにとって、フセインは直接の脅威ではなかった。湾岸戦争のときイラクは国連査察に非協力的でしたが、あのときは国連にはイラクからゴーサインがおりて、査察を進めていた。査察官を拉致したとかいうなら話は別だが、査察の最中に攻撃するという理屈は成り立たない。当時のフランス外相、ドビルパンはそうはっきり言った。

国連の場で唯一アメリカを支持していたのがイギリスで、それからスペインが支持した。チルコット（独立調査）委員会が明らかにしたように、〇二年七月にブレアがブッシュに「いかなることがあっても一緒にやる」という内容の秘密メッセージを送っていた。「イラク・インクワイアリー」というサイトに独立調査委員会が調べた全証言が載っています。

ブレアはブッシュを説得して国連決議に従わせて国際協調に組み込もうとしていた。自分の力を過信してコミットしていたから、最終的にああいう形になってしまった。

アメリカのネオコングループは一国覇権主義で、国際協調なんか、はなから相手にしていない。危うい考え方で、明らかにおごりがあった。パウエル国務長官が国連で決定的証拠と述べたのは、イラクがアルカイダをかくまっていることと大量破壊兵器の存在だが、これは両方ともなかった。フセイン政権が倒れた後に「力の真空」が生まれ、そこにアルカイダも流入してきた。シーア派重視のマリキ政権のもとで、爪弾きされたスンニ派武装勢力がシリアの反政府武装勢力と結びつき、ＩＳ（イスラム国）が生まれ、シリア内戦を混迷状態に陥れた。

こんな大失敗は世界史でもあまり例がないんじゃないでしょうか。開戦理由が全部、間違っていた。

イギリスも開戦前、「イラクは大量破壊兵器を四十五分以内に配備できる」という報告書を出しました。この報告書の問題性を指摘したＢＢＣが政府と全面対決となり、大量破壊兵器についての情報顧問を務めていた科学者、ケリー博士が謎の自死をとげる。この問題を調査したハットン調査団（独立行政委員会）はブレアをはじめ高官を次々と呼んで、その証言を次々とインターネットで公開していった。これによってＢＢＣも傷つく。「政府の関与はなかった」というのがハットン委員会の結論で、世論は納得しなかった。

「四十五分以内に」報告の妥当性をめぐってバトラー委員会が出来て、報告には大きな欠陥があったと指摘しました。そして不人気で退いたブレアに代わったブラウン首相がチルコット委員会を作った。

総局長でもベタ記事を書いていないと解説を書けない

――〇二年十月からのロンドンでの生活は『傍観者からの手紙』で様子が分かります。

もうひとつ、当時の『論座』に「欧州サイドミラー」という連載をやっていました。日々の出来事を新聞で書き、それを鳥瞰する文章を『傍観者からの手紙』で書き、さらに論座で詳述するという形ですね。

「長」とつく仕事は初めての経験で、次長（デスク）もしたことがなかった。キャップというのは会社の職制ではないし。ヨーロッパ総局長としてはロンドン支局を見つつ、ヨーロッパ管内で何か大きなことがあったら調整をする、あるいは指揮をする。大きな節目では解説も書く、というのが主な仕事になります。

ある総局長のことで聞いた話ですが、日々ベタ記事を書いていないと解説が書けない。引いて見て大局的な立場から解説を書くといっても、日々迫ってくる細密な事象を自分で処理していないと、いざというときに対応できなくなってしまう。そうならないように、日々のベタ記事にしかならないような、現地紙の記事を切り抜いてテーマごとに棚にバインダーしておいた。アエラや週刊朝日から出張で来た人がいると、それを渡して時系列で見てもらえるようになっていた。自分で作ったモルグ（＝死体置き場、転じて過去記事切抜き帳のこと）ですね。

ロンドンに外報から来ていた相方の支局員は福田伸生さんで、途中で稲田信司さんに交代しました。僕はNYでの経験で、そういう人間関係には気を遣う方だったので、支局員が何かを書く仕事を奪っちゃいけないと思った。まず福田さんに書いていただく。お互いにそういう配慮をしていないとまずい関係になる。そういう例はいくつか聞いていました。

また〇四年にはアテネ五輪があって、スポーツ部からの支局員の稲垣康介さんが担当で、私もアテネ支局開設の準備をしていた。それからジュネーブの支局をたたんでローマ支局兼務にするとか、ロンドンの事務所の契約が期限切れで更新をどうするか、という仕事もありました。当時の事務所はバブルの頃に2フロアを借りたもので、広すぎた。これを1フロアにしてもまだ広い。広告とか販売もロンドンに置いていた人を減らしてゆくという中で、新しい事務所に移転することにして、地下鉄のバービカン駅の近くからホルボーン駅の近くに移った。今もその事務所は使っていると思います。これには一年くらいかかった。弁護士にも間に入ってもらって、お金も大きく動きました。千万円単位で。こういうことは、本来の意味での総局長業務ですね。

——〇三年五月にロンドンで五十歳を迎えて、感慨はありましたか。

あまりなかったですね。というのは、自分としては勤続二十五年がひとつの節目だと思っていたから。それに〇三年三月にイラク戦争の開戦で、これは目の前の危機ですから、それどころじゃないというのもあった。

七七年に入社した時にはまだ五十五歳定年で、入社二十五年になると企業年金受給の資格ができる。入社の時に「次にみんなで集まるのは二十五年後だ」と言われていた。当時は大阪本社での勤続二十五年表彰もあって、本当にそうだなと思いました。途中で何人か亡くなったりしていたけれど、東京編集局にいる同期とは頻繁に顔を合わせていたし、同期会もよくあった。自分が二十五年も勤めるのか、半信半疑でした。途中で倒れるんじゃないかとか、体力、気力が本当にもつかとか。無事たどり着いて良かったと思いましたね。節目としては年齢よりも感慨深くて、ひとつのゴールみたいなものだった。

我々が入社したころは五十五歳定年だったから、勤続二十五年になるとまもなく定年、半分終わった人みたいな、峠を越したという感じでしたね。

イラク戦争・日本でなぜ反戦が大きな声にならなかったか

当時のパウエル国務長官が国連安保理で演説して「決定的な証拠がある」と言ったときの「モメント・オブ・トゥルース」という言葉は、あれはスペインの闘牛士が牛にとどめを刺すときの言葉だと思うんですが、その「決定的な証拠」として出した二つ、イラクがアルカイダを匿っていることと、大量破壊兵器を持っているということ。みんな「アメリカのことだから衛星写真とかで核心の証拠を握っているに違いないだろう」と思っていた。

それ（物的証拠がない）を見てみんな唖然としました。安全保障の専門家もイラクの専門家も。そこでフランスのドビルパン外相が敢然と立ちあがって反対の演説をして、後方に立っていた各国の外交団から拍手が起こった。

その後、地球規模のリレーとして反戦のデモが広がり、ロンドンでも目の前でそれを見て「なぜ日本がこの輪に加わっていないのか？」と考えこまざるを得なかった。湾岸戦争の頃からそうですよね。日本ではそういう声は大きなものとしては起きなかった。


——かつて一九六〇年代から七〇年代にはベトナム戦争反対の運動なども活発だったわけですが……。


ひとつ大きいのが、六四年の東京オリンピックは高度成長の真っただ中で行われて、その後日本の生産労働力がどんどん増えていった、上り坂の日本のある場面で、ある局面で起こったのがベトナム戦争とその反対運動だった。六〇年に爆発した日米安保闘争から続く対米不満、それはナショナリズムと言ってもいいと思いますが、そういうものも残っていて、新左翼が出てきて学生の間でワッと広がった。べ平連とか、ノンセクトラジカルとか、広い範囲の人たちが参加しました。

そこで生まれたいろんな種をそれぞれの人が持ち帰って、七〇年代は市民運動が拡大し、八〇年代のコミュニティ運動にも引き継がれています。しかし九〇年代初めのバブル崩壊で大きく変わった。社会が勢いを失ってしまった。若い世代は非正規雇用が増え、三—四割に達するようになる。経済の新自由主義化が進み、若い世代はそれどころではないところまで追いつめられていく。同じ事態は世界で起こっていた。ただ、ヨーロッパでもアメリカでも、左翼とかマルクス主義の影響を受けない、冷戦の影響を受けないリベラルが根付いていて、日本では残念ながらリベラリズムがあまり深く根付いていないということです。これは『日本国憲法の価値』（朝日新書）でも書きました。

ソ連が崩壊して、中国・ベトナム、あるいはキューバもそうかと思いますが、社会主義国が変質していくわけです。資本主義の一極化が起こる。世界の単一市場化が進み、世界規模の賃下げ競争が起こる。それが安い賃金となって国内にも波及し、雇用の非正規化が進む。どういう価値基準で市場万能主義に対して、社会主義ではない対抗軸を持てるか。欧米にはそれがあります。日本にはなかった。それはいまだになくて、効率化とか利便性に誰もが走って、それに対する対抗軸を持たない。

ある時点から日本は、人材というのを資産ではなくコストと見るようになった。それは新聞社の中でもあって、賃金をコストの対象として「この人があと十年勤めるよりも割り増し退職金を払って辞めてもらった方がいい」ということになりました。請負、下請け、いかにアウトソーシングをすればコストカットできるか。そういう発想に変わっていった。ここ二十年くらいで起こったことは効率と利便性の追求で、ではそういう効率化が社会を本当に幸せにしているのか。勝ち残る、生き残ることだけを考える人々は幸せなのか。

欧米ではそういうことが進んでも、振り子のように社会が復元する力がある。それは価値観でしょうね。歴史に対して一歩引いて眺める復元力というか、価値観でしょう。

それは、イギリスがイラク戦争の責任を追及したことと無縁ではない気がします。小泉政権はイラク戦争ですぐ支持を表明して、今まで誰も問題にしない。少なくとも国会で本格的には取り上げられていない。福島第一原発事故の本格的な検証もない。

日本の官僚は予算主義で、決算主義ではないとよく言われますね。決めるときだけは問題にするが、その結果がどうなったのかは問題にしない。高速増殖炉「もんじゅ」にしても、地震予知のプロジェクトにしても、誰の責任かまったく明らかにしていない。国家プロジェクトとして決定したときはすべてがバラ色で、その結果には誰も責任を取らない。これでは、「あの時代」がまた来る、同じ道をたどると思わざるを得ない。戦後もずっと繰り返してきた。有事になれば同じことをやるだろうということは、今から明らかです。

私はやっぱり、すごく大事なのは検証であって結果責任、説明責任を考えることだと思います。マスコミが担うべき大事な機能はそこで、マスコミが自らを検証しなかったら、いったい誰が検証できるんだと思う。編集局長になったときに戦時下の朝日の報道を検証する「新聞と戦争」の企画をやったのも、二年前（二〇一四年）の問題で朝日の労働組合に呼ばれてお話ししたのも、そういう気持ちからでした。

対権力でマスコミが共闘できない日本

――〇五年一月には、ＮＨＫの番組改変報道（一月十二日付1面トップ「ＮＨＫ『慰安婦』番組改変　中川昭・安倍氏『内容偏り』前日、幹部呼び指摘」）があり、ＮＨＫと安倍・中川氏側が全面否定して混乱、朝日の報道が信用を落とす曲がり角でした。

ＮＨＫについての報道は、知ってはいましたがそこまで深刻な状況だとは知りませんでした。後の福島第一原発事故の「吉田調書」の報道の問題にも関係してきますが、事実関係を本当に詰めきって、相手が否定しても反証を、相手の否定を否定できる材料を持っていないと。政治家を相手にする場合にはとことん詰めてゆく。大きなダメージを与えるものを持っていないと、権力を相手にする場合にはそれくらいの周到さがないと。

それから、対権力ということでは他のマスコミがついてきてくれることが大事な要諦ですね。今なぜそれが出来ないか、ということですね。かつては佐藤栄作首相の離任会見で、報道に不満を持っていた佐藤首相に「新聞記者は出ていってくれ」と言われて、新聞記者がみんな会見場から出てしまったということもあった。「ペンタゴン・ペーパーズ」でもウォーターゲート事件でも、他の新聞が後追いすることが援護射撃になっていました。対権力や表現の自由の問題になると、欧米のマスコミは徹底して戦う。同志となる。

日本では同志という感覚がない。在京紙では東京・朝日・毎日と読売・産経とに分断されてしまっていて、それがいろんな局面で出ていますね。

――私は欧米のマスコミ事情には暗いんですが、読売や産経のような政府寄りというか、より正確に言うと自民党政権寄りですが、ああいう報道機関はあるんでしょうか。

イギリスなら「デイリー・テレグラフ」や「タイムズ」は政府、政権に近い。特にタイムズはマードックが買収してから、マードックが衛星放送の事業をやっていることもあって、時々の政権にすり寄っている。ただ、BBCがあるから、報道は公共のものという概念が根付いている。これは政府とは違う。コモンズという発想がある。共同資源ですね。公共は、政府も勝手にはできないという概念です。日本の場合、公共は「おかみ」と結びつく。NHKを国営放送と勘違いしている人が今もたくさんいると思います。

BBCは第二次世界大戦でもチャーチル首相の言うことを聞かずに客観報道を貫き、政権に左右されなかった。戦争が終わってからドイツ人の中から「BBCを聞くことだけが頼りだった」という感謝の声が出た。フォークランド戦争のときにサッチャー首相が「イギリス軍でなくわが軍と言え」と言っても、BBCはイギリス軍、アルゼンチン軍と言い続けたんです。報道はコモンズ、公共のもの、共通のものだという考えは強い。

よく、アメリカのジェファーソン（独立宣言の起草で知られる、第三代大統領）が報道の自由、言論・表現の自由が最も重要であると言った言葉が引用されるように、アメリカの報道関係者はそれを担っているという自負、矜持があります。いざというときは自分の会社、企業とは関係なく、報じなくてはいけないものは報じる。同時に、検証ですよね。それをきちんとやる。

――イギリスのＢＢＣに比べると日本のＮＨＫは対政権で弱いとよく言われます。

ＮＨＫとＢＢＣの違いは戦時中ですね。ＮＨＫは戦時中に朝日と同じようなことをしていて、そこから脱却しきれていない。大本営の経験を清算しきれていない。戦時中と戦後が連続していてとらえられている。戦時中を今では信じられないような思いで振り返りますが、記者は軍属として戦地に派遣されていた。報道機関ではなくて情報機関、宣伝機関だった。軍の一部なわけです。県紙統合によって各地方紙が一県一紙に統合されて、共同通信の前身にあたる「同盟通信」は、満州事変後に国策通信社として設立されていた。今の報道機関とは違うことが、なかなか理解できない。

そうなるに至った背景として、満州事変以降に新聞の側が変質していったことがあります。軍部批判をやらなくなり、戦地に記者を出していった。これは部数を伸ばすためにという経済的な事情もありました。そういう歴史を知らないと、それを繰り返すことになりかねない。

イギリスの食事はなぜまずいか

――また『傍観者からの手紙』の中で、あまり食事の贅沢をおっしゃらない外岡さんにしては率直にイギリスの食事のまずさに言及されていますね。

イギリス生活では、出張者が来たときはレストランに行くけれど、あとはほとんど自炊でした。ＮＹはレストランがおいしかった。ロンドンでは自衛もあって外食は控えました。サンドイッチが日本円で七百円も八百円もするんです。当時はポンドが高くなってはいたけれど、これが、ぱさついていて本当にまずい（笑）。日本のサンドイッチに慣れている身からすると。幸い住んでいたところがチャイナタウンの近くで、中華の食材は手に入る。ジャパンセンターも歩いて行けるところにありました。

もちろん、ロンドンにもおいしいレストランはありますが、すごく高い。日本食なんかびっくりするような値段でした。EUに加盟してからイギリスはおいしい食材に恵まれるようになって、食生活がものすごく良くなった。それにしても、食材は手に入るようになっても、レストランに行くとパサパサだったり煮すぎていたり（笑）。何でもクタクタに煮ちゃう。パスタなんか茹ですぎちゃう。コシのあるものをクタクタにするのはイギリス流です。アルデンテを期待してイタリア料理の店に行っても、イギリス人好みにしたパスタが出てきてがっかりする。

当時、パリ支局長の大野博人さんが、打ち合わせと称して時々冷やかしに来るんです。食事の話でイギリスを、まあ、くさすことくさすこと。彼の説ではイギリスは早々にカリブ地方を植民地にして砂糖が手に入ったから、食の改善に向かわなかった、味音痴になった、ということでした。確かに香辛料、胡椒にしても、なかなか手に入らないフランスでは工夫をした。

以前にパリ支局長などを務めた鴨志田恵一さんが書かれていましたが、ワインにしても葡萄ができるかできないか、北限ギリギリの地域産のものが本当においしい。濃縮された味になる。北海道の池田町にしても余市町にしても、ブドウの北限に近いところがワインの名産地になっている。

戦争に負けず市民革命もなく王室・貴族が続いたイギリス

――私は以前、駐英経験のある取材相手に「日本が格差社会なんてとんでもない、イギリスなんてすごい階級社会、カーストですよ」と言われて驚いたことがあります。

前に詩人の長田弘さんから、戦争について伺ったことがあります。「敗戦国では戦前、戦時中の体制が総否定される。戦勝国では維持される。それが大きな違いだ」と。

イギリスは戦争で負けたことがない、市民革命が起きたこともない国です。もちろんピューリタン革命と名誉革命はありましたが、その間数年しかたっていなくて王政復古、立憲君主制になった。王制と貴族は現在の形でずっと残ってきた。フランスではフランス革命があり、戦争にも負けて変わってゆく。特に土地制度が変わっていった。

たとえばロンドンの目抜き通りはいまだに王室や貴族が所有していて、九十九年貸与とかで業者に貸している。だから貴族は実入りが閉ざされない。この九十九年方式というのは香港返還のときに話しましたが、イギリスにとっては永遠という意味でした。しかし鄧小平が後背地の新界を押さえて補給の道が断たれてしまうことが分かって、サッチャーはあきらめて返還を決断した。大英帝国時代の名残というか、イギリスでのやり方が世界で適用できると思っていたんですね。

ロイヤルインステテュート（王立研究所）をはじめ大学とか研究機関とか、王制が社会の隅々まで行きわたっていて変わりようがない。貴族は上院で庶民は下院という序列もそうだし、貴族にはノーブレスオブリージュがあって、スポーツや学問、官僚の世界に入っても責任を負い、軍隊に入ったら士官になって指揮をする。貴族の子弟はパブリックスクール――本当は私立だからあの名前は矛盾しているんだけど――に入ってそういう道を進む。戦時中、日本も各地の中学校などに配属将校を置いていましたが、イギリスの配属将校は今でもパブリックスクールで続いています。

新聞にしても、十八世紀から十九世紀に税金をかけて値上がりして、タイムズを読めるのはその料金が払える人たちに限られた。労働組合とか地下活動をしているグループはパンフレットを発行した。それがやがて商業化されてタブロイド紙になって、伝統的に権力に批判的で、クオリティペーパーとは違う。どの新聞を読んでいるかでどの階層の人か分かる。そういうライフスタイル、収入、地位などあらゆるものがずっと引き継がれているというのはその通りです。
しかしそれは崩れつつあって、サッチャー時代の政策、EU加盟、ブレアのニューレイバー、それでイギリスは大きく変わっていった。その揺り返しがEU離脱といえるでしょう。

二〇〇五年の反日デモ報道をきっかけに退社考える

——区切りの二十五年を過ぎたとき、新聞記者とは別の道といいますか、また小説、創作活動を再開するというようなことは?

いや、二十五年のときは思わなかったけれど、〇五年の四月にあった中国・韓国の反日デモのとき、社内の反応をみて、自分は「ずれた」のかな、この会社でやっていくのは難しいかな、と思い始めました。「もし自分が会社を辞めるとしたら、どういう道があるか」ということを考えるようになった。

——あれは国連のアナン事務総長が日本を安保理常任理事国入りの「有力な候補」と言及したことがきっかけで、中国で反発が起きて大規模なデモが毎週末起こった。

最初は韓国で、それが中国に飛び火した形でしたね。日本の常任理事国入りに対する反発が主な理由ですが、根っこになるような動きが日本側にあったんです。当時、外務省が世界中の外交官に大号令をかけた。各国へ常任理事国入りを働きかけるようにと。そのせめぎ合いの中で、韓国や中国が反発したわけです。

私は国連を担当したことがあったので、以前にお話しした通り、日本の常任理事国入りには賛成だったんです。しかし、この方式では絶対に成功しない。「とんでもないことを始めた」と思って見ていた。まったく何というのか——幻想ですよね。あの時点で常任理事国になれると思うこと自体が。

そのステップとして敵国条項を撤廃するとか、地域大国、ドイツのような国と話し合いをするといった方法はあったけれど、アジアのバックアップがない限り、なれるはずがない。中国が拒否権を使うことは明らかだし、そもそも地域のバックアップなしには地域大国たりえない。

日本は当時、世界二位の経済大国なのに、国連のP5（安全保障理事会常任理事国）と比べて政治的な発言力はほとんど持たなかった。サミット（主要国首脳会議）だけがそういう場だった。サミットはソ連と対抗する意味で始まったもので、ソ連が崩れたら政治的な大きな意味はなくなって、結局、経済的にもG20みたいな形にならざるを得なかった。日本のサミット報道というのは世界でも突出していて、大したことが決まっているわけではなくても大きく扱います。これは発言権、発言の場がほとんどないから、その限られた場に取材が集中するという、いびつな構造になっていたわけです。

P5は核保有国であり、武器輸出国であり、旧連合国という共通の基盤があって、一定の力を持っている。このP5に拒否権を持たせているのは、国際連盟が事実上、無力化したことに対する反省を踏まえて、超国家組織で強制力を持たない国連としては、安全弁としての拒否権を認めざるを得なかった。冷戦時代は西・東に分かれて五大国が拒否権を乱発し、事態が動かなくなったので「六章半」と呼ばれるPKOが考えだされて、一定程度の役割を果たしました。

冷戦が終わって、日本の外務省は拠出国二位ということで「代表なくして課税なし」と称して、経済力を政治力に転化させようという野望をずっと持っていました。以前にお話しした通り、湾岸戦争は屈辱的なトラウマで、発言力が限られている状況を打開したいという、もともとあった本音がここで出てきた。五大国の独占を打開して国連を時代に即した形にすべきだというコンセンサスは出来ているが、じゃあどこを選ぶか？　となると利害が一致しない。

日本以外には、地域大国としてドイツとかブラジルとか、いろいろ国が候補にのぼりましたが、準常任理事国というか、拒否権は持たなくてもそれに次ぐような地位を与えて、地域の大国として発言する形は考えられる。その場合、少なくとも地域のバックアップがなければ、地域に容認されてコンセンサスがなければ無理だというのは誰が見ても明らかです。

戦後日本の外交は国連と日米関係を第一にして、対アジアはアメリカの意向によって、アメリカが認める限りにおいてアジア政策を採るという立場をとってきました。アジアの地域大国として認められる位置にはいないんです。最も反対したのは韓国・中国だった。「あっ、これは何をやってるんだろう」と思っていました。

そこまでは予想されたことでした。ところが、日本で「これは韓国、中国の国内問題だ」という報道がされて、それは思い違いをしていると思いました。「中国共産党の正統性が揺らいでいるから日本たたきに走っている」とか、紙面展開もそうなっていた。日本が自分のやっていることを無視してそういうことを言うのはおかしいと思った。両者の相互作用であういう事態になったのだから。

当時の外報部デスクにも論説の方にも、電話してそういう話をしたんですが、「そうは言っても君、北朝鮮の拉致問題があってから日本の状況は変わったんだよ」というような答えが返ってくる。これはダメだと思いました。それは朝日がダメだというだけでなく、自分の感覚が日本国内で新聞を作っている人とずれている。海外勤務が合わせて五年以上になって、国内にいたときも海外出張に頻繁に行っていたし、そのズレは埋めようがない。一層、開いていくだろう。それが辞めようと思った主な理由ですね。

日本には中国の急成長に対するあせりがあった

――たしかに当時の紙面は、雑報も社説も「天声人語」も、中国にかなり強い不快感を示すものが目立ちました。私も「中国はおかしい」と感じていました。

中国は民間のデモといってもあくまで官憲の許可がないとできないから、官がデモを許容している。その見方は間違っていない。しかしデモの原因は中国政府がやらせているからという見方は偏狭で、相手のことしか見ていない。権力基盤の構造だけを見て、外務省がいかにとんちんかんなことをやっていたかを見ていない。猟官運動で、アフリカや南アメリカの国々の票を集めて勝とうとしていた。「これがどうして分からないのかな?」と当時、不思議でした。

湾岸戦争のとき、「代表なくして課税なし」と言っていた日本の外交官との話をしたことがあるでしょう。

――ああ、外岡さんが「イギリスにはシェイクスピアがいるし、フランスにはセザンヌが……」と答えたという。

あれは半分冗談ですが、僕が言いたかったのは、文化でも何でもいいけれど、他の国から一目置かれるようなものを持つ、それが国際的な地位の裏側にある。そういうものをかなぐり捨てて、援助とか金の力で猟官運動をするのはおかしいんじゃないか、ということです。

日本が非常任理事国の選挙でバングラディシュに敗れるということが昔ありました(一九七八年)。日本にはものすごい屈辱感で、「バングラなんかに」というおごりがあった。そういう日本に対する反発、反感は当時からとりわけアジアにあって、そういう状態では見込みがない。中国は二〇〇一年にWTOに加盟していて、その後は二ケタの経済成長を続けることは無理でも八パーセントくらいの成長を続けて驀進《ばくしん》すると見られていた。「このままでは中国におびやかされる、今のうちに発言権を確保しておこう」というあせりがあった。まだ経済的に優位なうちに、と。

――なるほど、それは北朝鮮の拉致問題とともに現在に至るまで続く問題ですね。隣国からの被害、また隣国が強大になる恐れでナショナリズムが台頭してきた。

前に話したように、拉致問題は日本が被害国として正当に主張できる立場で、それはもちろん正論ですが、ある意味で歯止めが外れちゃって、国家として今までたまっていた感情を受け身から攻める方向に転化し、全部吐き出してしまうという面がありました。核疑惑やミサイルの問題とどうバランスをとって、拉致被害者をどう救出できるか、という冷静で緻密な議論を組み立てることが必要でしたが、感情論が表に出てしまった。

——それで早期退職＝選択定年の場合の退職金について会社に問い合わせされた。

そう、今会社を辞めたらどうなのかと人事に問い合わせたら「五十一歳で辞めるのが、退職金が一番高いですよ」と言われて、「あ、そうか」と思って。

——海外駐在で三年たつと、普通は異動が近いという感じでしょうね。

この間イラク戦争があって、アフガンの問題も続いていて、どちらもものすごい混迷に向かっていた。イラクは中東アフリカ総局がカバーする地域ですが、そのころはヨーロッパ管内全体でローテーションを組んで交代で取材していて、イラクにいて危ない時はヨルダンとか、ひっきりなしに交代で入っていた。今のこの状態で人を変えるのは難しいと思っていました。

ＥＵの壮大な実験、ロシアとの関係

——ヨーロッパ全体の取材を統括するお立場で、ＥＵについて印象深い出来事は。

二〇〇四年はＥＵが十か国増えて、旧東欧、ポーランドやラトビアなどがワッと入ってきた。これはＥＵ第五次の拡大で、十五か国から二十五か国になった、最も拡大したときですね。そこでＥＵが変質する瞬間を見ていた。EUにとって非常に大きな転機で、ヨーロッパということを考えるうえで、それを見たのが大きかった。

当時はヨーロッパがアメリカ、アジアと並ぶ三極としてほぼ同じような市場や経済力の存在感を持っていた。上り調子で、絶頂期といってもいいかもしれません。EUというのは壮大な実験と言われていますが、いつでも——何というか困難を抱えて後戻りする。そして混迷を経て、やはりこれしかない、と一歩進む。匍匐《ほふく》前進するようなところがある。EUは単一の条約ではなくたくさんの条約や取り決めで成り立つ、いわば平面ではなく立体なんですね。

いろんな条約で構成されているから、簡単には崩れないように、後戻りできないようになっている。そういう仕組みを構築してきた。だからEUにはいろんな紆余曲折がありますが、基本的にはご存知のように、フランスとドイツがEUのかなめで、第一次世界大戦も第二次大戦も、仏独の対立が背景にあって起こった。それは戦略物資をめぐる戦いで、その反省から欧州石炭鉄鋼共同体（ECSC）を作ったのがEUの始まりです。

当初は仏独とベネルクス諸国、イタリアが加盟していた。一九七三年にイギリス、デンマークが入って九九年には単一通貨ユーロを導入して、ある意味では経済統合がクリアされた。また九九年にはマーストリヒト条約を締結して、その後EUがさらに拡大しても意思決定できるようにした。十か国拡大でも、ものすごく周到な予備期間があって、加盟国が増えても合意を取れる仕組みを作った。基本にあるのは仏独が戦争をしない、させないことです。そして旧東独のような独裁政権が再び現れないように、安全保障と不戦の枠組みを作っている。

当時、EU十か国拡大について「経済的に遅れた国が新たに参加することはどうなのか」と危惧する見方もあった。この点でロンドンのある銀行家に話を聞いたことがあります。「経済的には一時マイナスになっても、長期的には独裁政権ができないプラスの方が、ヨーロッパの安定と繁栄には好ましい」という答えでした。そういう経済人もいて、幅広いコンセンサスがとれていた。

仏独のつながりがものすごく重要で、フランスのドゴール大統領が独自路線をとっていた時期でも、エリゼ条約を結ぶ。西ドイツはアデナウアー政権だったけれど、絆は崩さない。根幹にあるのはドイツ、フランスを一致させてヨーロッパの礎《いしずえ》にするという方向転換が戦後ヨーロッパだったわけです。

――その後の二〇一六年のイギリスの離脱決定(Brexit)に代表されるような不協和音、各国内の不満はどうでしょう。

EUは内在的に不安を抱えていて、仕組みそのものがよく「民主主義の赤字」という言い方をされていました。EU委員会は二万五千人の官僚組織で、理事会が各国元首で、ここで重要事項を決定する。欧州議会は歯止めとなって、何か問題があったらチェックする。この三本柱で運営されている。ところが、実際には執行機関であるEU委員会が事実上ほとんどの物事を決めている。各国各層の人々が意思表示をして、欧州議会がチェックするということはほとんどできない。各国はEUに主権を譲り渡していて、自分たちが知らぬ存ぜぬところで決められている。これが「民主主義の赤字」と呼ばれる問題です。EUの内部では民主主義が機能しない。この問題は内在的に備わっている。EUの将来展望が描けないということは当時から言われていました。

フランスに国民戦線のマリーヌ・ルペンが出てきたり、イギリス国内で独立運動があったり、イギリス離脱に至る不満はヨーロッパ域内で鬱積していた。国内与党はどの国もだいたいEU派だが、ブリュッセル(EU本部がある)に牛耳られているから自分たちは貧しくなっている、という不満に火をつけやすくなっている。分離、離脱運動というものを常に抱えていますね。

もうひとつの問題は、EUはどこまで拡大するのか、ということです。キリスト教圏、ローマ帝国がひとつの版図といわれてきたが、ＥＵのアイデンティティは何か、ということは当時から言われてきた。そこで問題となるのはトルコで、中東に近接してＮＡＴＯの同盟国としては欠かせない。イスラム教の国だけれど、世俗化された国家です。ある人が言った。「政教分離という原則があれば、加盟の条件を満たす」。これをとるしかない、と。宗教で壁を作るのではなく、「政教分離」をひとつの尺度として採用する。これからのヨーロッパはトルコを政教分離なら受け入れるべきだし、受け入れないとヨーロッパはもたない。ただ、トルコはエルドアン政権で宗教色が濃くなっていますね。

さらに北アフリカは入っていいかとか、じゃあ日本も入っていいんじゃないのか（笑）とか、そうするとアイデンティティが薄れてゆくという意見がある。

もうひとつはロシアで、ＥＵをどこまで拡大して、ロシアとどう付き合うのか、ＥＵにとって宿命的な課題ですね。二〇〇四年に起こったウクライナの「オレンジ革命」は私も取材に行きました。

このウクライナの政権争いは、ＥＵが目の前にまで拡大してきて親ロシア派と親ＥＵ派の対立から亀裂を生じたものでした。当時、ジョージ・ソロスが金を出して民主化を進めるとか、いろんな噂が飛び交いましたが、ひとまずオレンジ革命のあとヤヌコビッチが復権して、ティモシェンコが投獄されることになりますが、二〇一四年にはロシアがクリミアに侵攻して領土に編入した。ウクライナは親ＥＵになったが、東ウクライナでは親ロ派が反政府活動を続けるなど、もう一回揺り戻しが起きて今に続いています。

――ＥＵに「世界連邦」的な理想を見てきた人も少なくないと思います。

一足飛びに国家を超えることは難しく、よく「ハーモニーゼーション」という言い方がされます。総合調整して、できるだけ共通項を見つめて合意を積み重ねてゆく。イギリスはシェンゲン協定（ＥＵ域内の国境検査の廃止）には入っていないし、ユーロにも加わっていない。国としてそれぞれ事情があって、呑めないところは緩やかな協定にとどめています。

もともと、国家を超えた新しい共同体を想像する人はあまりいなかった。ひとつ言えるのは、EUは常に統合の方向に向かっていないと、遠心力が働いてバラバラになってしまうということですね。利害に違いはあってもその理念では一致してきたが、今は踊り場に差し掛かっている。債務危機の問題にしても、ギリシャ、アイルランドなど財務・金融統合が不十分で、コンセンサスをさらに進めようとしても、経済や国力の違いで足並みが乱れてしまう。

その原因のひとつは、ドイツがあまりにも力を持ちすぎたことがあります。コンセンサスでは一致していたが、そこまでドイツの一人勝ちに対する不満が高まってきた。

イギリスと日本の地政学的な共通点

――ところで、なぜEU時代になっても朝日を含めた各社はロンドンにヨーロッパの拠点を置いているのでしょう。

これは私も疑問だったので、ロンドンの日本企業の人に聞いて回ったことがありました。答えは「イギリスなら現地従業員のクビを斬りやすいから」というんですね。フランスはそういう解雇にはうるさいし、ドイツは労働組合が強い。イギリスの場合、二回くらい警告を出して様子を見たら、そのあとすぐクビに出来る仕組みになっているそうです。一般企業の理由はそういうことでも、報道機関についてはどうなのか。

大陸諸国とイギリスでは、情報量が圧倒的に違う。流通している量、種類、多様性、それはアメリカと並ぶほどのもので、かつての大英帝国の伝統から、中東、アジアとくにインド、シンガポール、オーストラリアの情報、もちろんアメリカの情報も日常的に入ってくる。逆に言うと大陸ではアメリカの情報があまり入ってこない。イギリスは大西洋を隔てていても、アメリカと大陸と等距離という感覚で、さらに逆に言うとイギリスに大陸の情報はあまり入ってこない。

これは日本も同様で、日本にはアジアの情報もアメリカの情報も入ってくる。だから外国の報道機関も日本に拠点を置いている面があります。中国が閉鎖的だった時代は各国とも香港や台湾で情報を得ていて、中国の改革開放によって一定程度ではあるが中国で情報収集が認められるようになっても、日本にも人を置いていますね。経済大国としては第三になったとはいえ、アジアにおける日本の存在感はまだ大きい。

アジアにおける日本と、ヨーロッパにおけるイギリスは似ていて、どちらも独自性を持っていないと大陸に飲み込まれてしまう。日本はアジアの端にあって、アメリカとの関係を保っていないとアジアの辺境になってしまう。

――いわば地政学的にイギリスと日本は似ているということですね。

そうですね。それは日本がイギリスに学んだことでしょうね。アメリカもそれを分かっていて、イギリスと日本とは特別な関係を保っている。とにかく独立国にこれだけ外国の軍隊がいる国はほかにない。もちろん冷戦下では西ドイツなどに外国軍がいましたが、あれはNATO軍であって米軍単独の組織ではないですから。

ロンドン同時多発テロ・日常を続けるイギリス人の強さ

――そして二〇〇五年七月にロンドンで地下鉄などの同時多発テロが起きました。このときイギリスのイーグ

ルトンでサミットが行われていましたね。

テロのときはイーグルトンの近くの町にいて――エディンバラだったかな。サミットは直接取材ができないんですよ。プレスセンターで映像をみて記事を書く。東京からの電話でテロを知って、テレビを見て一報を書いてからロンドンの助手の人に電話をしたら、爆破された地下鉄の、同じ電車の別の車両に乗り合わせていたというんです。しかも、日本人の助手が二人いて、一人は経理、一人は取材のアポなどを担当してもらっていましたが、その二人ともが同じ電車に乗り合わせていた。たまたま通勤でいつも使う路線、時間帯だったんですね。すぐにそのときの様子、乗客や事情聴取のことを聞いて原稿にして送って、ロンドンに戻りました。

テロ直後のロンドンは、いつ巻き込まれてもおかしくない緊張感はあったはずだけれど、たまたまその夜、駅からタクシーに乗って帰宅したら、パブでたくさんの人が飲んでいる光景が見えた。「イギリス人ってすごいな」と思いました。要するに「ここでおじけづいたりすると、つけ込まれるだけだ」ということですよ。そういう考え方が骨の髄までしみ込んでいる。何があっても動じない。

ロンドンのホワイトホール、日本で言えば霞が関に、戦時下の内閣が入っていた地下壕が保存されています。ドイツの空爆に耐えて指揮をとっていた場所で、そこで当時のチャーチル首相の寝室を見たときに「これはかなわないな」と思いました。本当に簡素なベッドで、ここにあの巨体をどうやって横たえていたのかと思うようなものだった。無線で得た情報をもとに内閣が会議を開いて、次にどうするか決める。そんなふうに何か月もここで耐えたイギリス人というのは並大抵じゃないなと、この人たちの不屈というか、勇猛果敢とは違った、どんなことがあっても耐えるという強さを感じましたね。

日本人は意外にあっけないところがあって、ある境、閾値《いきち》を超えちゃうとパニックみたいになる。

イギリス人はあきらめない、芯の強さみたいなものがある。アメリカ人は9・11のあといろんなバックラッシュがあって、ものすごくおびえていた。イスラムに対する態度とか身構える感じがあった。イギリスは正常なレスポンス、普段とあまり変わらない。

これは『傍観者からの手紙』の最後に書いたことですが、テロの二日後にタヴィストック広場の教会に行くと、花束に添えて「私たちは昨日この町から逃げ出したが、今日もっと偉大になったこの町に戻ってきた。犯人は失敗した。これからもロンドンは続く」といった内容のメッセージがありました。それを見たとき、日常生活を取り戻すことがテロに対するメッセージなんだ、と思いましたね。テロであれ災害であれ、日常を淡々と続けるということが、自分たちのできることなんだと。

昨年（二〇一五年）、パリで「シャルリー・エブド」紙に対するテロがあったでしょう。あのとき大きなデモが行われて、オランド大統領も街頭に出て、みんな「私もシャルリー」という言葉を掲げましたよね。イギリスってあんまりああいうことをしない。群れない、群衆の力で何かを誇示することをしないんです。てんでばらばらに見えるけれど、普段の生活を続けることで自分たちの強さを見せる。フランスはどちらかといえばアメリカの反応に似ているな、と思いました。

それと大きな衝撃だったのが「ホーム・グロウン・テロリスト」ですね。移民の二世、三世がテロに走った。パキスタンからの移民の子孫で普通に生活していて、当局にもマークされていない。それがいきなりああいうことをした。

イギリスは多文化社会のひとつの核で、それぞれの移民や文化がコミュニティを作ってコミュニティに任せる。この点、フランスは同化主義で、フランス人になるには共和制を受け入れなければならない。公の場に宗教を持ち込むなというルールがある。

そういう多文化社会のモデルだったイギリスで同化できない、同化しきれない、社会的に包摂できない移民の子孫がいる。イギリス人になり切れずに、しかも両親の祖国にも居場所がなく、民族を超えたイスラム原理主義に引かれてしまう。パキスタン、バングラディシュ、インド、そういった国からの移民は、地に足のついた生活をしていて、表向きは差別されていないことになっていたから、ある意味ですごいショックでした。

調べてみると、就職にしても何にしても、実はいろいろな困難があって、彼らには生きにくい世の中になっている。そしてグローバル化が始まっていて、貧富の差は拡大していた。ブレア政権はニューレイバーを引っ提げて出てきた、規制緩和とグローバル化の旗振り役だった。労働党がそうなることで歯止めがなくなって、貧富の差があのころからものすごく大きくなっていった。

「編集局長をやってくれ。紙面のことだけやってくれればいいから」

——朝日は〇五年一月ＮＨＫ番組改変報道からＮＨＫ、政治家と言い争いが続く一方、六月には武富士からの資金提供問題で箱島信一社長が退き秋山耿太郎氏が社長に、東京編集局長も吉田慎一氏から木村伊量氏に代わりますが、外岡さんは、上層部を政治部出身者が占めたのを「惑星直列で不吉」と冗談を言われたそうですね。八月末に長野総局記者の取材メモねつ造で、就任まもない木村局長が引責辞任となりました。

当時イギリスではＢＢＣが抱えていたイラク戦争における政府の情報操作疑惑の問題で会長が辞めるなどしていて、ＢＢＣがどういう対策を立てるのか、東京でも興味を持ってみていた。新聞週間に合わせてそういう記事を書いて、のちに朝日がジャーナリスト学校をつくるきっかけにもなったかもしれません。東京からこれを発注した人には前提として、朝日のＮＨＫ報道問題があったのだと思います。

記事の打ち合わせの電話で「今度の人事はこうなった」ということを聞いて、思わずポロッと「惑星直列だ、不吉なことが起きなきゃいいけれど」と言いました。

政治部はそもそも人数が少ないでしょう。六十人くらいかな。東京にしかない。六十人の母集団の出身者でこれだけの大きな会社を切りまわすような、そんな人材がいるはずがない。そこには違う原理が働いていた。あらかじめ各部のバランスを取るというより、適材適所に配置していけば、結果的には各部出身者のバランスがとれる。そうならざるを得ない。みんな政治部出身というのはどこかに無理が働いている、というのが第一印象でしたね。

――予感は当たって朝日は大混乱に陥り、吉田慎一さんがロンドンに来て外岡さんに編集局長就任を要請されたと。いつごろですか。

十一月か十二月だったな。その少し前に一度、吉田さんから電話があったんですよ。「会社のタガがはずれた、このままでは分裂する」と言っていた。長野の問題のあと、社員集会があったでしょう。そこで社長に「お辞めになったらどうですか」と言った人がいて、それがショックだったみたいでした。

――あ、それは私も見てました。確かにあのとき会場の浜離宮ホールが一瞬、静まり返りましたね。

そういう発言が出ることはそれまで考えられなかった。今までの秩序とか上から押さえつけるやり方では抑えきれなくて、圧力釜の内側でふつふつと煮えたぎっているようなものを感じたんじゃないですか。またあのころ、編集局長が次々に代わっていたでしょう。〇四年には取材録音・流出の問題での諭旨解雇もあったし、それ以前には広島支局員の中国新聞からの盗用（二〇〇〇年）もあった。吉田さんからは、電話のときは具体的な話は一切なくて、ロンドンに行くからということでした。

――今の状況について相談というか、意見を聞かせてくれという話かと思ったら……。

ロンドンに来た吉田さんに「局長をやってくれ」と言われました。食事のあと、どこへ行ったかな、かなり遅くまで話した。それで私が「マネジメントはやったことないし、向いているとも思わない。部長もやっていない、デスクすらやったことがない。編集局長になるなんて」と言うと、「マネジメントは別の人間がやるから、紙面のことだけやってくれればいい」という。

そういう気はなかったんで「それは無理です」というと、吉田さんは「これは業務命令だ」という。「それじゃ、辞めさせていただきます」と答えました。いやー、「いずれ辞めざるをえないな」とは思っていたし。吉田さんは、「明日もう一度話したい、一晩考えてくれ」ということで、その日は別れて帰ったんです。

一晩、ずいぶん考えました。私は組合もやっていないし、職場委員すらやっていない。今までいろんなことをしてもらって、会社のためには全然やってこなかった。「どうせ局長というのは辞めるのが仕事みたいなところがあるから、それだったら引き受けようか」と覚悟を決めました。

翌日、吉田さんにいくつか条件を出しました。期間は一年半で、そのあとは海外に出してくれ、ということと、政治・経済・社会の書き手を局長室に集める、あるテーマで頼めばすぐ書いてくれるライターを局長室直轄にしてくれ、ということです。それから「上から指示とかそういうことを言われても自分は聞けないと思いますよ」ということを生意気にも言いましたね。そういうとき、あの人は全部丸のみするんですよ。でもその後の社内調整で、最初の言葉通りになるとは限りません。あとになって「状況が変わったから、これでお願い」と条件を変えることにもなりかねない。ご本人に悪気はないのだけれど、最初の返事を額面通りには受け取りかねるところがあった。

一年半というのは、時間配分を逆算して割り出した。体力気力から考えて、やるんだったらとことんやらなきゃ務まらないだろうし、一年半たったらボロボロになっているだろうし。目標を決めておかないと。それに局長は一時、半年くらいずつ代わっていたから、一年半あればある程度のことは出来るだろう、ということもありました。

――各部から書き手をという注文はなぜ？

社会部はある程度分かっていますが、政治・経済は内側の情報がない。何かあったときに応えてくれる人がほしい。特に内側の情報がほしかった。どういう決断をしても、フィードバックがまったくないと局長室が宙に浮いた状況になってしまう。というか、すでにそうなっていました。

ロンドンから解説面などに記事を送ってデスクを通って、降版ぎりぎりの時間になってデスクから「ここは誤解を招きそうだから変えてくれ」「この表現は変えてくれ」と言ってくる。「どういう理由ですか」と当然聞きますね。「それはあなたの意見ですか、局長室からの注文ですか？」と聞くと、黙ってしまう。いったん自分が通したものを降版直前になって変えてというのは明らかにおかしいし、自信のなさは話しているとすぐ分かる。問題があれば最初から議論になっているはずで、誰の意見かと聞かれて即答できない、「これはまずいな」と。そういうことが何度もありましたね。

また、いろんな人から、局長室が編集権を振りかざして現場が委縮しちゃっているということを聞いて、これもやはり「ちょっとまずいな」と思っていました。トップダウン方式を新聞製作の現場に持ち込むのはまずい。各部から紙面委員が入って、局長室の人数がすごく増えたとも聞きました。デスクの上に紙面委員がいて、局長室の意向で紙面に介入するから、陰では「首絞め役人」と呼ばれているとか、デスクは上の言ったことをそのまま通すだけという意味で「土管デスク」といわれるとか、そういう話でした。

――しかし、デスク経験もなしにいきなり編集局長で不安はなかったですか。

不安に思うもなにも、全然知らなかったから（笑）。私はそれまで局長室の部屋に足を踏み入れたことが二、三回しかない。何をするところか知らなかった。そもそも新聞がどういうふうに出来ているのかも知らなかったんですから。

沖縄問題の取材を通じて、政治部や経済部とは文化が違うということは知っていました。縄張りとかそういうことには注意が必要だし、とくに外報のとき、他人の持ち場にはむやみに踏み込まない、というしきたりには気を遣いました。

前にお話ししたように、沖縄取材のキャップ格になってから、社内の力学や各部の力関係、あるいは「これをやっちゃいけない」などということをおのずと考えざるを得なかった。自分のためというよりチーム全体のために、そういうことをいろいろ考えたことがあったんです。

第十一章　東京編集局長　ゼネラル・エディター（GE）に就任

二〇〇六―〇七年　混乱する朝日の再生を託されて

まず局長補佐として観察、記者とデスクの委縮に気づく

――二〇〇六年二月一日付でヨーロッパ総局長から東京編集局長補佐に異動となって、すぐ四月から局長に。

局長としてどう振舞ったらいいか考える前に、現状がどうなっているか観察しました。他の人がどう振舞って、人間関係はどうか、ひたすら見ていたんです。どこをどう改善すればいいか、じっと見ているといろんなところに気が付いた。二か月間の局長補佐のときにこうした問題点が、いろいろと分かってきました。

例えば経済面に魅力的な記事があって、「これは社会面のトップだろう」と指示する。これが社面トップになると、社面の二番手以下の記事が次々に押し出される一方、経済面は代わりのトップが必要になる。現場が大混乱しているわけです。

また「これはいい記事だけれどもニュースを優先するから今日は預かりね」ということがある。「あとで使うから」と言って局長補佐の引き継ぎ帳にも書いておくんですが、翌日の当番編集長が必

ず使うとは限らない。どんどん遅れて、二、三日たつうちに他社に書かれちゃう。書いた記者にすれば煮え湯を飲まされた気分になるし、デスクに対して不信感を持つ。「局長室がこう言っている」と言い訳すると、「あの人は上しか見ていない」ということになりますね。別にデスクに悪気があるわけでなくても。

ある局長補佐が「鮮度はまだ保つからあとで使ってね」と言っても、毎日替わる当番編集長にはその日がすべてだから、そのうちに埋没しちゃう。一人がずっと見ていないと、必ずどこかに落っこちてしまう。「昨日、約束したじゃないか」という不満がたまってゆくと、組織が腐っちゃう。

当番編集長が引き継ぎ帳を通しで見ていれば分かりますが、だいたい前の日の引き継ぎは見てもその前は見ていないんです。二日たち三日たってどうだったか、追いかけて見ている人がいない。これは一人で見るしかない、引継ぎをしなくてもいい状態にするには。そこで、一人でやろうと思いました。

それと、現場の記者が委縮して、デスク会でもデスクが周りを見ながら発言している。局長室の中では「今のデスクはなっていない」と悪口ばかり言っている。もっとデスクが発言するようにならないといけないと思いました。

この際に、論説のときの経験は役に立ちました。社内で話し合いの文化を持っているのは論説しかないんじゃないかと思いますね。論説は本当によく議論する。反論が出ないことがこわいことだと知っているから、あえて異論を買って出て反対意見を述べたりする。そういう意味では、議論がまったくない編集局ってなんだろう、というのが気になっていました。

デスク会で各部のデスクは他の部の記事に対してほとんど発言しない。守りに徹している。何かいわれたときの反論はものすごく周到に用意している。「これはおかしい」とつい言っちゃうことがない。お互いに言わないいんです。直感で「それ変でしょう」とか、「世間より官僚寄りじゃないですか」

思います。

とか、「これだと困る人が出ますよ」とか、軽口でも言う、ポロッと言っちゃう。それが、読者が最初に感じることだし、ごく素直な反応、感想だと思う。それがないと、読者の実感からずれちゃうと思います。

でもそれを局長が、僕が言っちゃいけない。言い合えるような雰囲気を作るのが仕事で、議論をリードしようという気はなかったし、リードしちゃまずい。普通に言い合える関係を作ることに徹しようと思っていました。つまり当番編集長から発言権を奪っちゃう。自分が発言するよりデスクに発言させる。局長補佐は補佐にとどまるしかない。代わりにデスクに発言してもらう。局長室を骨抜きにして議論を現場に戻す。そういうことを考えていました。現場の記者はデスクだけを頼りにしているし、デスクだけを見ている。また、現場の記者を信頼しなければならない。

最初に引き受ける条件に出したうちで、各部の中堅記者を局長室に集めるというのは「二重権力になるから」という理由で断られました。つまり各部の精鋭を集めることになってしまうと、それが人事としての意味を持つから。

もう一人の編集局長でGM（ゼネラルマネージャー、管理担当）の武内健二さんとは東京に来て初めて会って、どうやって仕事を棲み分けるのかお互いに分からなかった。もちろん記者としても優れた方で、マネジメント担当といっても新聞記者なら紙面に言いたいことがあるに決まっているし、局長補佐の人たちだって紙面の理想像とするイメージは持っているはずですね。

でも、新聞（朝刊）を作っている半日、午後三時から夜中までの間にいろんな声が出てくると現場が混乱する。「昨日作った紙面、明日作る紙面には何を言ってもらってもいいですが、今日作る紙面に違う意見を言うとデスクが混乱します。今日作る紙面は私に作らせてください」と言って、一度決めたことは通すことにしました。

記者とデスクには新聞づくりのことだけを考えてもらう。ニュースバリューとか事件性で勝負する。そうしないと現場が混乱する。デスクがいったん通して、みんなで「いいね」と決めた紙面を、どこからか分からない声で変えちゃうのはまずい。「局長室が言っている」とか「十五階（役員フロア）が言っている」とか言うけれど、そういうことは個人名で言わないとダメなはずで、「局長室」とか「十五階」で通っちゃうこと自体がすでにおかしい。

編集局長GE始動、経済格差と歴史を年間企画に

――二〇〇六年四月二日付朝刊の1面署名論文「気骨ある紙面めざす」では、朝日新聞綱領を引用する形での「リベラル、中庸」への言及や「時流に流されず大きな構図を描き出す」「歴史と向き合う」など、その後の紙面展開を予告するような内容です。

電通に頼んで作った「ジャーナリスト宣言」という広告があったでしょう。それをするんだということは僕が就任する前から決まっていた。だけど、ジャーナリスト宣言をしながら、紙面が今までと同じだと「宣言ってなに？」ってことになっちゃうわけですよね。僕らはあくまで原点に戻るんだということを、紙面を通して読者に分かってもらう。あるいは、これが原点なんだということを見ていただく。そういうことが必要だと思ったわけです。

だから、「ジャーナリスト宣言ってどういうことですか」って聞いたんだけれど、「それも考えてくれ」って言われて（笑）。いやー、それはいくらなんでもなあと思っていたんですが、ちょうど私が東京に戻ってきたときに、「東京裁判についてやりたい」と、三浦俊章さんたちが企画を持ってきた。「東京裁判史観について考える」という特集を大展開する。そこでただちに「年間企画にしてく

れ。すぐに班を編成するから」と頼んだんですよ。そのグループが『歴史と向き合う』という年間企画に取り組み（第一部「東京裁判６０年」＝〇六年四月三十日付）、その後もずっとアジアの歴史シリーズなど、今に至るまで歴史問題をやってくれているということなんですけどね、朝日の中では。その一部の記者は「新聞と戦争」の方に行って、社会部、政治部、学芸部、経済部、論説にまたがる緩やかな連合で、年間を超える企画をやってくださった。歴史班のキャップは三浦さんですね。それをすぐに年間企画にしちゃったのは、すごい強引なことだったんですけれど、快く引き受けてくれて、それをやろうと。もうひとつは、二十一世紀に向けての『新戦略を求めて』、これは論説主導で、やるということが決まっていた。これが大きな二つの柱だと、とりあえず四月は。

もうひとつ年間企画として『分裂にっぽん』というのが決まっていたんです、経済部主導で（〇六年二月五日付朝刊から連載開始）。要するに貧富の格差ですね。社会が二極分化する、世界的にもそうなっているし、民主主義が形骸化して取り崩されていく危険性というのをここで打ち出したいと。僕はそれを聞いて「あ、これはいい企画だ」と思ったんですね。ところが試し刷りの段階か、いやラインナップの段階かな、編集会議があって、そこで侃々諤々《かんかんがくがく》の激論になった。

同じ時期に日経新聞が「格差なんてない」っていうキャンペーンを始めていた。ジニ係数で格差が大きく見えるのは少子高齢化の影響で、これをもって格差が広がっているというふうにとらえるのは間違っているというのが、当時の大方の経済人の主張だったんですね。日経がその代表格だった。

自民党の中でも中川秀直さんなんかは、「トリクルダウン」ということをしきりに言っていて、成長戦略をとっていれば、その成果がしたたり落ちて社会全体に波及するんだと、今のアベノミクスの先駆けみたいなことを言っていた。だけど、その企画をやった人たちの考えは、今の経済成長路線をとっていけば経済格差は一層拡大してゆくという警告をする、新自由主義経済に待ったをかけるという姿勢だった。その原稿を見た段階で、極端な人だけを取り上げて、それを社会全体の問題とするのはいかがなものかという意見が出た。

それで、僕は「そんなことはないと思う」と。世界的に見ても経済格差って広がっているし、生活実感としても小泉政権時代に非正規雇用がものすごい勢いで増えたから、月に収入二十万円いかないような人たちが東京で暮らすというのは一体どういうことか、暮らすだけで精一杯ということがあった。というのは、そのころ僕は会社をいつ辞めてもいいつもりでいたから、コンビニなんかへ行くと、時給いくらと書いたポスターとかが気になった。いつ辞めてもいいようにというので、どれくらい切り詰められるのか、自転車で安い店を探したりとか、そこでどういう人が来るのか観察したりして、生活実態というのは本当に厳しくなっているな、というのが実感でした。

だから僕は発言して「いや、これは極端なケースだとは思えない」と。取材班が足で稼いでいろんなケースに当たって、ある層を代表しているととらえているし、その一方で超富裕者もちゃんと取材している。「永遠の旅人」といって、税金逃れのために海外をずっと転々としている超富裕者も。

全体の構想を聞いていたので、ITバブルがはじけた直後くらいの時期ですよね。やはり株だとかで巨額の利益を得ている人たちがいたし、六本木ヒルズができたり、ホリエモン（堀江貴文氏）が逮捕されたりしていたでしょう。そういう陰にものすごい富裕層と貧しい人たちの二極分化というのがあって、現に生活保護を受けている人たちの数がどんどん増えている、ということを主張して、反対の声を押し切って、掲載しました。

紙面づくりの実際が分かってくるまで

だから、僕が局長になったのと同時に紙面で変わったのが、二つの大型企画をまずやる、ということ、一人が（編集長役で）見るということ、月曜から金曜まで。僕の生活パターンとしては、夕刊の最終版に間に合うように会社に行って、その日の紙面の候補というのを各部のデスクとの立ち話で当たりをつけておいて、午後三時からのデスク会を三十分やって、そして西三社に伝えて、それで午後五時過ぎからの拡大デスク会に出る。

版建てがそのころから変わったので、夜の十一時か十二時くらいまでずっと会社にいて、夕方からずっとゲラ刷りを見て、早版が降版したあとにもう一回デスク会で紙面替えがあるかを議論して、そして13版の刷りをチェックして帰る。だから、デスクもローテーションで回っているんだけど、局長補佐もローテーションだとお互い知り合う確率って低いわけですよね。僕は一人で見ているから、どのデスクとも必ず一緒になるし、このデスクはこういうプレゼンをするんだな、とか、このデスクはあまり発言をしない人だな、とか、いろんな癖とか個性とかが見えてくるんで、一緒に作っているという一体感みたいなものを雰囲気として出せたかと思います。

それと気づいたのは、意外と部長と話す機会がないんですよね。編集会議（部長会）というのはもちろんあって、これはいろんな名目で週に三回くらい顔を合わせるのかな。だけど雑談するというようなことがあんまりない。それで僕は金曜日の昼に部長に集まってもらって、これは希望者だけ、そこにサンドイッチを買ってきて、それを食べながら、要するに雑談する会ですよね、それをやりました。

それ以外に僕は煙草を吸うもんだから、タバコ部屋にしょっちゅう出入りしていて、そこに集まってくる人とは雑談になるんですよね。そこで知ったことってずいぶん多かったな（笑）。同じ顔触れなんだけど、例えば「いま政治部でこんなことが話題になっている」とか、「これはヘンなんですよね」とかいろんなことを聞いて、それから元の整理部、編集センターの当番デスクもよく吸いに来ていて、紙面の柱建てを話すことも結構あった。

僕は「ああ、そうか、編集センターはデスク会で決まるまでにあらかた根回ししているんだ」ということをそこで知ったんです。午後三時のデスク会では、紙面の柱建て候補が一枚の紙になって出てくるでしょう。1面候補はこれこれで、2、3面はこれでと。それをもとに決めるけれど、あらかじめ編集センターは構想を描いているわけですよね。途中でそれに気づいて「あ、これは自分一人で決めているみたいになっているけれど、ちょっとまずいな」とその時思った。

だいたいみんなが認めるニュースバリューの序列みたいなものはあって、決まっていくんだけど、ときどきプレゼンを聞いてから「あ、これは変えた方がいいんじゃないか」と思って、大方の予想を裏切って変えることもあるわけね。それはある意味でエディターシップということで許される面もあるんだけど、ものすごく大きなイベントになった場合は、編集センターで最初からやった方がいいと。そう思ったのが半年くらいたってからかな。それからあとは、何かあると昼くらいに関係部に集まってもらって、こういう紙面にしようと思うんだけれどどうか、と内輪で意見を聞くようにしました。

新聞っていうのは、そういうふうにした方がいいな、とそのとき思いましたね。つまり表の席で一斉にワッとやるのは公明正大に見えるんだけど、なかなか本音をみんなの前で言いにくいとか、いろんな事情があるでしょう。

――雑談みたいな形式張らない形で、意見を出しあいながら紙面が作られてゆく。

情報がまず編集センターに集中するものね。何を必要としているとか、デスクは紙面が空いているときに記事を投げたいから、今日はこういう柱があるとか、だいたいお互いに分かっているわけですよね。今までは下で積み上げてきたものを、局長室で、しかも当番で、頭ごなしにこれはいいとか悪いとか言っていたけど、そうじゃなくて、そういうふうに積み重ねてきているんだったらまずそれを聞いて、それを大事にするのがいいなと思ったんです。

上から、横からの圧力を止めるのが編集局長の役割

要するに、僕の役割というのは、横、つまり編集局以外の販売とか広告とか、その盾になるということと、上からの圧力とかを止めること。その二つなんですよ、一番大事なことは。上から、横からの圧力に抵抗できない場合は辞めるしかない。辞めて抗議するしかないというのが局長の役割なんですよ。そこは徹底しようと思っていた。

――そういうことがあったら局長を辞めるだけじゃなく、会社も辞めようと思っておられたと一四年の組合講演でもおっしゃってますね。

何かあったら辞めるつもりでいましたからね、引き受けた以上は。不祥事とかは別にして、抵抗して辞める場合は、ジャーナリストとしては筋を曲げるわけだから、そこはちゃんとジャーナリストとしては組織の中では終わりにすると。あとはフリーになるしかないというのが僕の考えだったので。それは一貫していた。

――局長になる前から？

そう、そう。それまでにいろんな事件があって、僕が局長になる前の話だけれども、アエラの、パナソニックの記事で現場の記者を動かすとか、それから週刊朝日で大江健三郎さんの書評を書いた人が、大江さんを批判するような文章を書いて、それを大江さんはすごくお怒りになったということがあって、責任者を外すとか。まあ武富士（資金提供）問題は論外ですけど、新聞の中に広告がらみで圧力がかかったということを聞いていたんで、広告には絶対に譲らない、広告をタテにスポンサーが

おどしてきたらそれに抵抗する、という気持ちでいました。

販売については、これはとにかく新聞らしい新聞を作ることが部数を獲得する唯一の方法なんだから、販売に関してはなんか言ってきても「我々は新聞を一所懸命作ります」というしかないなと思っていました。

上からの圧力については、僕の気持ちというのは吉田さんも、社長も知っているから、「あいつはなんか言ったら辞めるだろう」というのは（笑）。だから本当に何もおっしゃらなかった。それから、三浦昭彦さん（編集担当役員）が偉かった。

――組合講演でも「五階にほとんどおりてこられないし何もおっしゃらないから、一種の絶縁体のような関係」と。

新聞社が健全であるためのひとつの条件として、現場に任せるということなんですね。経営者が何も言わないこと。それはすごく重要なことなんですよ。だから僕は三浦さんがやってくださったようなことを、下に対してするというのが大事なことだと思っていたので、基本的には「みんなが作りたい新聞を作ってくれ」ということなんですよ。

それと最初の編集会議でみなさんの前で言ったのは、「あ、これは自分について書いた記事だ」とみんなが思えるような新聞にしたい、だから現場に行ってくれ、と。特に若い人が読まないのは、若い人について書いた記事が少ないからで、若者がいまどうしているのか、自分たちの身近なことを書かない限り、若い人は読んでくれない。しかも切実な問題を取り上げない限り、「新聞なんてよそ事を書いているんだ」としか思われない。重心を低くして、とにかく低く低く物事を見るようにしてほしい。そういうことを、口を酸っぱくして、ことあるごとに言いました。

――そして『分裂にっぽん』の企画もそうですけれども、『ロストジェネレーション』（〇七年1面正月連載）の企画にのちに結びついてゆく。

あれは、同時代の若者に読んでもらいたいと思って企画を考えてもらいました。キャップは真鍋弘樹さん。築地にいると僕ら五十歳以上の、デスクは四十代ですけど、男社会みたいな日常風景しか見られなくなっちゃう。自分たち四十代五十代が新聞を作っていると錯覚しちゃうんだけれど、新聞ってそうじゃないと思っていたので、各部の出先、記者クラブとかに出来るだけ行くようにしました。プレスセンター、国会記者会館にも行った、警視庁にも行ったかな。そのあとは首都圏の総局にも行ったし、立川にも行ったし、東京管内の総局を全部回って、西三社にも行って、ということをやりました。

僕は就任するまで知らなかったんだけど「ゼネラル・エディター」というのは朝日の紙面全体で、そこに本社の別はないんだということを、後になって、というのはうかつなんだけど（笑）知ったんですよね。北海道は別にして、西三社はそれぞれ勝手に新聞作っていると思っていた。しかし何か重大なことがあったら自分は出ていかなきゃいけないということで、そういう張り詰めた重責感みたいなものがありましたね。

第一次安倍政権にどう向き合うか

というのは、小泉さんが退陣することは分かっていて、安倍政権になった。僕の任期はぴったり第一次安倍政権に重なっているんです。この間、札幌でＨＴＢ（北海道テレビ）の田中英也さん――その頃は地域報道部長だったのかな――彼と飲んだときに「外岡さん、安倍政権になったときは編集会議で『これは大変なことになるから一人一人決意を言ってくれ』って言いましたよね」と言われて、すっかり忘れていた（笑）。

――安倍政権発足で編集局の部長たちに決意表明を求めたわけですか。

そう、それで「えー、そうなの、田中さんその時なんて言ったの？」と聞いたら「安倍さんは若いから、四年か五年は続くものとして我々は取り組むべきだ」ということを言いましたと。「一年で終わったけどまた出てきたね」って笑ったんですけど、僕は安倍政権になったらどうしようというのをずっと考えていた。つまりＮＨＫ（番組改変報道）問題ですよね。ＮＨＫ問題で生じた社内の亀裂をどう修復するかというのが僕のひとつの役割だったから。帰ってきて、とにかく社会部と政治部がものすごい険悪になっていた。

――政治と社会はもともと仲が悪い部ではありますが。

何というか、憎しみとまでは言わないけれど、とてもこの人たちとは一緒に取材できないという距離感、というかな、それにはびっくりしましたね。これにはＮＨＫを担当している学芸部も絡んでいて、もう修復するのは難しいなという感じだったんです。

もちろん記事に携わった人たちは、社会部――にはいなくても、社内のどこかにいるわけだよね。その人たちのこともあったし、現場の記者を守るというのが僕の大原則、下から順に守ってゆくというのが大原則なんです。だから記者は、不祥事以外は責任を問うことをしない、処分しない。その不祥事も、記者がやるだけやって結果的に間違ったら責任を問わないと。

ただ意図的に手を抜いたとか、もちろんねつ造は論外だけれど、そうでなければ問わない。ただ管理責任は世間に対して問われる、それはやむを得ない場合がある、という立場だったんです。

で、その当の安倍さんが出てきた。中川昭一さんも出てきた。政治部からは「取材ができないんだ」と。二人から取材させてもらえない。その頃から御手洗さんのような安倍さんのお仲間の財界人、キャノンとか、パナソニックとか、ＪＲ東海とか一斉にカラーの全広（全面広告）を取り下げたわけです。ほかの全国紙は全部載っていて朝日だけ載っていないということが一年くらい続いた。搦め手からも来るし、正面から取材させないし、そういう政権を相手にしなくちゃいけないということだったんですね。

僕が言ったのは「空中戦はやるな」と。「安倍さんを右だとかタカ派だとかいって攻撃するな」ということで、とにかく重心を低くして、暮らしがどうなるかということを徹底的に調べる、要するに年金ですよ。我々は消えた年金がどうなっているかを徹底的に追及した。生活、暮らしぶりがどうなっているのかということを見てくれ、と。若者が追いつめられている、医療がズタズタにされている、厚労省関係ですよね。生活保護の世帯もバッシングを受けたりして、弱肉強食の日本版みたいな社会になっている。世界でそれは起きているんだけど、今それが日本の中で吹き荒れているんだから、その風の中でみんながどれだけ苦しい思いをしているのかに焦点を当ててくれ、と言いました。

それと、安倍さんは拉致問題である意味で人気が出てきた人だから、北朝鮮問題をどう扱うのかというのが僕らに問われていた。前にもお話ししたように、拉致問題は人権問題だ、人権侵害を北はやって、それは徹底的に糾弾するし追及する、拉致被害者を返すように主張する。

ただし、拉致問題というのは韓国にもたくさんあるし、脱出してもスパイ扱いされたりして、いろいろな問題を抱えているんだけれど、基本的に拉致問題は日本の問題で、アメリカはそれを持っていないし、韓国もそれを直接問題にはしていない。基本になるのは北朝鮮の核でありミサイルなんだ、と。アメリカにとっては安全保障問題だし、韓国にとってはテポドンどころかノドンの射程内にあるし、ソウルは火砲の圏内にあるから、戦争がどうなるかというのが最大の関心事です。

拉致を主張したいのは分かるけれども、その場合は必ず核とミサイルがどうなっているか、日韓米の連携がどうなっているかを展開するようにしてくれ、拉致問題は人権問題だけれど、日米韓の枠の中にどう位置付けられるのかを常に分かるようにしてくれ、と。だから結果としては大展開に、両面開きになっちゃう。それはそれでいいと思った。

それが及び腰になったり、他の新聞に比べて過度に大きく扱ったり、そういうのはすごく目立っちゃうんだよね。自分たちのスタンスがはっきりしていない。それはいい面に出る場合もあるんだけど、過度に委縮したり過度に大きく扱ったりすると態度のブレにつながってしまう。すると、朝日は何をスタンスにしている新聞なのか、読者に分からなくなっちゃう。要するにプロポーションというのが問題で、この場合は拉致をきちんと扱うが、核・ミサイルもしっかり扱うというふうに決めておけば、ブレない。

拉致を取材している記者たちも、どこまで展開すればいいのか悩んでいるわけですよ。なにか今、拉致を言い募ることで北朝鮮に対する非難を煽っていないか。小さく扱ったり、逆にそういう新聞じゃないと見せようとして大きく扱ったりということはプロポーションを把握できない、大きな方針を決めるということはすごく大事だと思ったので。

それと、歴史問題にはきちんと向き合う新聞であるということは最初に言ったし、『歴史と向き合う』というのを年間企画にしてもらうのもそうだったから、前回お話しした〇五年の韓国・中国の反日デモの問題があった、あのときに感じたことだったんです。あのときに日本社会が流されているのを見て「これはもう危ない、日本は歴史と、過去と向き合っているんだということを社会の基本原則にしなくちゃいけない」という考えだったので、朝日は歴史問題をきちんと向き合うということを大原則にしようと思っていた。それは翌年の「新聞と戦争」でもそうなんだけど。

慰安婦問題の「吉田証言」検証をデスク陣に提案したが……

編集局長でいる間に二つケリをつけなきゃいけない問題があると思っていて、それは慰安婦問題と教科書問題でした。これは『正論』とか『諸君』とかに繰り返し攻撃されていて、とくに慰安婦問題での「吉田証言」については、僕ははっきり虚偽だと思っていた。九七年かな、慰安婦問題をいったん検証したんだけど（三月三十一日付朝刊）……。

――吉田証言については疑問視する声が出ていることを紹介したものの、その真偽については検証せず、結果的に問題を先送りしました。

そうなりましたね。それともうひとつは八二年の教科書問題。つまり教科書検定で侵略を進出と書き換えさせたというあれは、朝日が虚偽報道を流したということになっているけれど、そのときは各社がね。

――文部省の記者クラブ内での分担取材で、ある社のミスが全体の報道に影響した。

そういうことなんです。これは中川昇三さんが社会部長のときにチラッと書いたんだけれど、いまだに攻撃材料にされている、これをまずきちんと検証して、堂々と経緯を書いて出そうと。

それと、これは「新聞と戦争」に結実するんだけれど、朝日報道って戦時中はどうだったのか、きちんと向き合って書こう、と。それは一年くらいかかるし、準備も必要だったので、〇六年の秋くらいに言ったのかな、「来年からこういうことをやりたい」って。オピニオン面の松本一弥さんが総合デスクになってやったんですよね。

――「新聞と戦争」は内容も各方面に評価されましたが、「吉田証言」と教科書問題の方は、こちらは難しい、実現できなかったということでしょうか。

これはね、関係各部のデスクにこれをやってくれと頼んだんです。それで、いっくら言っても、やってくれない。あるデスクは「やるんだったら半年くらいデスクを外してもらわないとできないと思います」というから、「分かりました、外してもらいます」と答えて「外してあなたを専任デスクにするから、やってください」とまで言ったんだけど（笑）、僕がそんなこと言うはずないと思ったんでしょうね。

要するに「誰かが傷つく」ということなんだよね、先輩が。当時、関係者が社内にいたから。でも、それをやっている限りは朝日批判に耐えられない、と思った。安倍政権が相手なわけだから、安倍さんや中川さんが。

彼らが「朝日は嘘をつく新聞だ」みたいなことを言うときに、「そうじゃないんだ」と、「我々はこの点は間違っていたけれども、この点は譲れない」と自分たちの守るべきところをきちんと示して、ファイティングポーズをきちんととらないと戦えない。戦えなくなったマスコミって必ずやられるから、安倍政権が朝日は異常な新聞だといって取材もさせないわけだから、そのときに自分たちの弱点、アキレス腱はきちんと守って、守るということは自分たちで検証するということで「ここは間違っていた、ここは譲らない、ということをきちんとしないといけない」と言ったんだけれど、ダメでしたね。

――いや、今のお話をうかがって何ともいえない気持ちになりました。「たら、れば」ですけれど、もし外岡さんが考えた通りに紙面化されても、それとは関係なく安倍政権は一年で終わっていたはずですし……。なんの問題もないですよね。

――それから七―八年たってそれをやってみたら、あんなことになってしまった。原発事故の「吉田調書」報道の問題と時期が重なったという不運がありましたが。

あのタイミングはないよね。いちばんバッシングが強まっている時期だから、（一部メディアが）反中反韓を連日のようにやっているさなかだったわけでしょう。それに、あれ（「吉田証言」の報道）が間違っていたというなら、おわびしないといけない。僕はずっとそのつもりでいましたから。

――これは返す返すも、外岡GEのときに検証紙面を出していれば……組合講演のときに「この問題は私にも責任があるのでおわびする」とおっしゃっていましたが、そういうことだったわけですね。

その頃やっていたら、こんな問題起きてなかったよね。

――まったくそうですねえ。

あー、あのときやっていれば、という話すら起きていないわけだよね。

――忘れているのか、GEの指示をネグった、サボったこと自体をなかったことにしたいのか――。

そのときは何があるのか、分からなかったんだよね、正直に言って。

――「吉田証言」は虚言であろうけど、実際にはどういう経緯で取材・紙面化されたかが。

誰が取材したのかということも分からない。「吉田証言」が虚言らしいと分かった時点から「これはおわびしようか、ネグろうか」と判断する機会が何度もあったはずなんですよ。歴代その担当者はかかわっているはずで、その都度ネグるという方向に積み重ねてきている。僕が一回言っても、今さら寝た子を起こすなという感じなんでしょうね。

――そう考えると、二〇一四年になってから検証紙面を作ったのは、時間とともに関係者が会社にいなくなったから出来た、ということでしょうか。

第二次安倍政権になって、慰安婦問題について安倍さんが発言するようになっていた。それで「ここはきちんとしなきゃいけない」ということになってやった。あるいは、これは噂だけれど「国会に参考人で呼ばれるんじゃないか」とか、推測する人もいた。もう僕は離れていたから、そのへんは噂としか言えないんだけれど。

――もうひとつ、八二年教科書問題の方の検証もデスクたちが動かずですか。

これも長い間、執拗に朝日がたたかれている問題で、他の新聞、産経とか読売は、慰安婦問題も同じなんだけれど、早いうちに「ごめんなさい」をしているから、その後はたたく側に回っているわけですね。教科書問題は横並びの報道だったのに、朝日だけが謝らないから朝日が広めたという話になっているわけだよね。これは理不尽な話だし、なんでこんなこと謝らないんだろうと思ったんです。

――そこは外岡さんも指摘されるように、朝日に敵対的、批判的な勢力に頭を下げるのをためらったということがあるでしょうか。

要するに「誰を向いているか」ということなんですよ。僕らが向いているのはあくまで読者だけだから、朝日批判勢力とかそういう政治家とかを相手にする必要はないから、僕らが謝るべきは読者であって、経緯がどうであれ、事実でないことを報道したら読者に謝るのは当然なんですよね。朝日批判勢力に頭を下げるわけでもなんでもない。だからそこを勘違いして、反朝日勢力や批判的な勢力を相手に新聞を作っていたら、それは読者から見放されるということなんですよ。

――そういう危険が、特に朝日に対しては批判も強いから、読者に向けてでなく批判勢力に対抗した紙面を作ってしまう危うさというのは常にあるんでしょうね。

だけど「新聞と戦争」をやったおかげで、というと自慢みたいに聞こえるかもしれないけれど、朝日が戦争をあれだけ煽ったということは、もうあんまり批判されていないでしょう。だからきちんと認めるべきなんだよね、自分たちで誤った場合は。

「やっぱり生きている」新聞社は特ダネがすべて

――記者が生き生きと仕事に邁進するようにという目標で局長に就任されて、すぐにスケート連盟の不祥事（二〇〇六年四月四日付朝刊など）これは社会部の特ダネでしょうか、この報道で手ごたえがあったと。

新聞社ってやっぱり特ダネがすべてなんですよね。僕の特ダネの定義というのは、役所発表を一足先に書くとか合併を抜くとかそういうんじゃなくて、新聞社がやらなければ決して世の中に出てこない不祥事とか、それを正すことが必要で、記者がそれをつかんでくる。とくに取材先、ネタ元ですよね。そこで不正があると知った場合にはそれを掘り下げて、自分が孤立してもいいから書くというのが僕らの仕事だと思う。

だから、ああ、やっぱり生きているんだと、そのときは思ったし、不正の金額としては大したことがないかもしれないけれど、スポーツにしても芸事、芸術にしてもなんでもそうですけど、内輪で権威がいて決めるということが当たり前になって、外からの目が入らない体質ができちゃう、そういうことを正すというのはすごく大事なことだと思っていたので、ああ良かったと思いましたね。

――この段階に至るまでには、「ダメかなと思うこともあった」というお話ですが。

ダメかなというのは、ソファーを入れてくれということで、最初に政経社から記者を一人ずつ入れて、自由に使えるようにするのは二重権力になるから駄目だといわれて、次に僕が言ったのは、編集局の真ん中に机を入れて、そこで新聞づくりをしたいと。

局長室というものがあって、そこに出入りする人が限られていて、さらにその奥に個室が二つあって、という構造自体がおかしいと思った。もちろん他の人に聞かれちゃいけない問題はあるから、そういう場所は必要なんだけれど、そこに閉じこもって誰かを呼んだりする組織というのは新聞社ではないですよね。少なくとも新聞を作るときには平場で、みんなで作らないと、みんなの声が聞こえないとまずい、と思ったんです。

それで「壁は厚いなあ」と思って、特にソファーの問題では最初、スペースがないと言われて、いや、各部の記者が勝手に机を使える「お祭り広場」があるから、あそこを少し減らしてやったらと言うと「小デスクが寝ている」とか、「酔っぱらって帰ってきてグダグダしている記者がいる」とか。

――でもそれは夜ですよね。

いや、昔は昼間もときどきいた（笑）。社内見学なんかあまりなかったし。

――これはどなたに提案して断られたのでしょう。

部長の編集会議で、ソファーを置きたいと。するとデスクたちは「編集局長が普段からあそこにいて作業を見られると困るんだ」ということを、部長を通じて僕に言ってくる。なんて言うかな、落ち着かないということだった。普段から見られているみたいな感じで緊張するし、本音を話せないとか、そういうことみたいで、誰が反対したのかはよく分からない。それを蹴られたから、僕としては何かあったら担当のデスクのところへ行って話をすることにした。

――「嫌がらせのように、メールがきても直接会いに行って話した」そうですね。

そうそう、メールは使わない。メールか電話で来たら必ず相手に会いに行く。やっぱりメールがかなりコミュニケーションをダメにしちゃってるよね。

「新聞は若者たちのゲーム」「国民新聞を作る」

いつも二つのことを考えていて、ひとつは以前『権力報道』（九一年）の企画でNYタイムズの内部を取材したときに、「ペンタゴン・ペーパーズ」をやったニール・シーハン記者とか関係者にもあたって、その関連で、もう辞めることになっていたアーサー・サルツバーガー・ジュニアという社主に会いに行ったんですよ、社主室に。とにかくすごい決断をした人で、弁護士とかみんな反対したんだけれど、あれを出したら機密を暴露するから逮捕されると彼は覚悟していた。

結局それはタイムズが一週間掲載して裁判所から差し止め命令が出るんだけれど、情報源だったダニエル・エルズバーグがそれをほかの社に流して、ワシントン・ポストとかが掲載しちゃったから止めようがなくなったわけです。それで結局ニクソンと全面対決することになったんだけれど、そのときは新聞がスクラムを組んではねつけた。

その取材のときに、彼がタイプライターを使っていて、「コンピューターをお使いにならないんですか」と聞いたら、「新聞は若者たちのゲームだからね」ってひとこと言った。僕はそれを聞いてすごく強い印象を受けた。朝日のあの五階（編集局フロア）にいると、四十代五十代の顔しか見えないから、自分たちで作っているつもりになってるけれど、そうじゃないんだ、新聞を作るのは二十代三十代の記者たちだと、常にそう思うようにしていた。

それで実際にクラブとか総局に行ったら、本当にみんな若いし、生き生きして目も輝いているし。だから、あの築地の独特の雰囲気というか、沈滞したような、あれが新聞じゃないんだということを常に自分に言い聞かせないとまずいなと思っていましたね。

もうひとつは、僕が東京に戻る前に、船橋洋一さんがロンドンにいらした。何かの取材だったと思うんだけれど、そこでお目にかかって、船橋さんに「どういう新聞作りをしたらいいですか」と助言をお願いした。そのとき僕が編集局長になることは決まっていた。そしたら船橋さんはひとこと「国民新聞を作ることだ」とおっしゃった。僕はすごくいいアドバイスをそのとき頂いたと思って、政治的に色分けされるのは仕様がないにしても、新聞というのは国民を相手にするんだ。その国民には右寄りの人もいるし左寄りの人もいるし、真ん中の人もいるし、いろんな多様な人間が読者なんだと。そういういろんな人たちに読んでもらえるような新聞にする。

だから「新聞というのはフォーラムなんだ、とんがった意見も必要だし、反対意見も必要だし、そういうものを提供できるような広場にしよう」と。いろんな運動体、市民運動のニュースばっかりが出るのもおかしいし、かといってそういうものがない新聞も国民新聞じゃないし、出来るだけ間口を広くして入りやすい新聞にしようと。

これもさっきの慰安婦問題とつながるんだけれど、朝日はいろんな意味で批判されるし、ほかの新聞なら許されることが朝日というだけで攻撃されるようなことがあるんだけれど、それを恐れちゃいけないということなんですよね。だからできるだけいろんな意見を展開できるような新聞にした方がいい。最初に安倍政権が発足したときに、イデオロギーの攻撃や空中戦はしないといったのもそれなんですよね。そうなると必ず相手も意識するし、自分も意識する。朝日を読んでくれる読者もそう思っちゃう。でも、そうはしない。僕らが伝えるのは事実、ファクトだけなんだ、そこを、原点をはっきりしようということだったね。

特報チームの成果の陰には危うい場面も

それから、僕がGEになると同時に紙面モニター制度と特報チームができた。特報チームはデスクに任せていたんですよ。なんの指示もしないし、何か出てくるのを待っていたんですよね。そしたら、偽装請負の記事が出た（二〇〇六年七月三十一日付朝刊）。

――あれが特報チームで手掛けた最初の大きな仕事になりましたね。

そうそう、それで偽装請負というのは大手電機メーカーのほとんどが絡んでいる話だから、それを正面からやるということは、当然、反発が出てくるに違いないと覚悟のうえでやっていた。キャノンとかも取り上げたし。それが始まってまもなく、西の方から電話があった。ある人が、あるメーカーの広報から「自分たちのところも取材に来たみたいなんだけど」と言ってきたと。

僕はそれを聞いて、単純だから（笑）、これは広報が動いていることは伝えた方がいいなと思って、デスクに伝えた。「今、こういう電話があって、どうも相手の広報が察知したようだ」と、要するに「脇を締めてやってくれ」という意味でいったんです。ところが考えてみると、向こうから電話がきたということは、配慮してくれという意味、ニュアンスだったかもしれないんだよね。で、僕が伝えたデスクもそう受け止めたらしいんだ。これも分からない、推測だけれど。

――編集局内が忖度ゲームみたいになっていて、そのとき忖度したのかどうか、ということですね。

あるとき僕がタバコ部屋に向かうときに、すれ違った記者に声をかけられて、経済部出身の記者で、私はこの会社で今までいろいろ見てきた、と。それで「箱島さんのときは、現場に直に声が下りてきて、記事を止められたこともあります」と。「だけど特報チームができて、そんなことだけは、スポンサーに言われて記事を止めろということだけはないと信じて今日までやってきました」と涙ぐむんだ。もうびっくりして、「えーっ」と思って、「どうなってんの」とデスクに聞いたわけです。タバコ吸う人だったからタバコ部屋で、二人だけのときにね。

「確かにその会社が絡む取材をしています。でも、ほかの件に比べて取材が甘いので、もうちょっと詰めてから載せるつもりでいます」と言うわけ。それで僕は「甘くてもいいからすぐ出してくれ」と言った。これを今掲載しないと、記事がつぶされると思ったから。つまり僕を通さずにつぶしにかかってくると思った。それを出さないと特報チームがもたないから。

――このままではチームが空中分解してしまう。

すぐ出してくれと。その結果、いろんな（広告）出稿とりやめとかもあったけれど、特報の役割は何とか果たしてもらえたんじゃないかと思うんですけれど。だからそういう一言って、ある意味でものすごい重いんですよね。

――局長が何の気なしに言うと、過剰にそれを忖度するということがあるわけですね。

僕なんか上に行きたいとか思ったことはないから、上の意向を忖度するということもなかったんですよね。ほかの人がそういうことをするということも、よく理解できなかったし、平気で同僚と話しているつもりで話していたから「これは気をつけないといけないな」とその時思いましたね。

それと、その頃に出てきたプレゼンテーションの中に「ロスジェネ世代」というのがあったわけですよ。それで、僕はその言葉にすごく強い印象を受けたから、それで「ロストジェネレーション」を〇七年の正月企画でやってもらったんです。まさに非正規で、非常に厳しい生活を強いられている若い世代、就職氷河期に成人したような世代ですね。

それはおそらく今の問題だけじゃなくて、その世代はこれから先もずーっと非正規が続いて、いろんな面で社会問題になる。社会保障の問題にも絡んでくるし、年金の問題にもね、失われた十年、あるいは二十年と言われるものは、将来ツケになって還ってくるから、それはきちんと取り上げようという気持ちでしたね。

「承服できません」「しめた、こういうデスクを待っていた」

あと、ある日1面を決めるとき、経済部と社会部、政治部かな、1面候補を出してきて、もうパンパンになって、じゃあ今日は、経済記事は中面か2面か3面にということになった。そしたら、そこに参加していた経済部のデスク、原真人さんが一人で戻ってきて「私は承服できません」とすごい剣幕で、僕は「しめた」と思った。「こういうデスクを待ってたんだ」と。

すぐに1面に引き上げて、ほかの部に謝りに行って、「さっきのだけど、やっぱりこっちの方がニュース価値あると思うからゴメン」って。いや、僕は本当にニュース価値があるかは判断できなかったけれど、このデスクがこれだけ真剣な勢いで言ってくることについて「もうこの人を信用しよう」と思った。それはやっぱり現場を預かっているという、それが顔に出てたから。

――経済分野について私は不勉強ですが、朝日も一時はかなり構造改革路線に寄り添った記事が多かったといわれます。

それは論説なんですよ。論説が構造改革路線になっていたから。「分裂にっぽん」のことで論説に呼ばれたことがある。「どうしてあんな格差の記事を書くんだ」と。規制緩和とかそういうことを進めないと今の日本の成長は見込めないいんだ、という論調でした。それで僕は、格差社会というのは全世界的に広がっていて、これは社会全体の設計を考えるときに、成長するかしないかだけではない、いろんなひずみをもたらす問題なんだ。これは経済記事のつもりではなく、経済政策ではなくて社会のいま現在に基づいている問題として書いているんだから、ファクトに基づいて書いている。論説は論を張って結構ですけれども、現に貧困があるから格差の問題を書いている、と言った。

そのころからワーキングプアの問題とか、NHKなんかもやるようになって、間違っていなかったんじゃないかと思いますね。

――当時、論説主幹の若宮啓文さんが構造改革路線だったのでしょうか。

いや、若宮さんというより、あのときの論説にいた経済系の主流の人たちは、竹中平蔵さんとか、そちら路線だった。小此木潔さんは一貫してそういう路線には批判的だったと思うけれど。

紙面改革、2、3面を大幅変更

——二〇〇七年四月からの2、3面改革で、2面が「きょうがわかる」3面が「明日を考える」という大型解説化といいますか、一般雑報を排したかなり大胆な変更でした。

いやいや、あれはね、ものすごい議論したんですよ。紙面を大幅に変えていこう、モデルチェンジが必要だと。いろんなマーケティングとか閲読調査だけじゃなくて、紙面を見るときに視線がどうやって動くかとか、そういうことまでやったんですよ。それとインターネットが爆発的に普及していたから。SNSはまだだったね。グーグルが登場して、多くの人がネットに常時接続できる環境、ブロードバンドができていた。

要するに新聞の読まれ方が変わってきていると。典型的なのは夕刊のニュースで、午後一時半で終わっているわけだから。今はどこでもニュースが見られて、携帯電話にも入るし、パソコンを使っていても必ずチェックしている。夕刊は一時半までのニュースしか入らないから、その後に全部更新されて、夕刊と夕刊が家庭に届くころにはほとんどのニュースが読者の頭の中では更新されている、まず新聞は朝刊と夕刊と一体で改革しなきゃいけない。これがまず一つで、だから朝刊と同時に夕刊も変えたんです。それから、早版と最終版で版建てが3つあって、特ダネは最後に入れていたわけでしょう。

——いわゆる最終版、朝日でいう「14版主義」ですね。

それはもうやめよう、と。13版から載せる。夕刊に載った大きな事件も朝刊に必ず載せる。一部はダブるけれども、ダブっても構わない。それくらい今朝刊しか読まない人が増えているし、そうした方がいい。それから、よほどの特ダネは別にして、できるだけ早くネットに配信する。他社がそれを見てもいい。つまり新聞の読まれ方を話し合ったわけです。

マーケティングをやってびっくりしたのは、2面3面がなんのページか分からない、という読者が大半だったことです。ほかのページは固有面だから分かる。でも「2面3面っていつもゴチャゴチャ、どこともつかないものが載ってますよね」という反応が大半だった。こちらがこんなに苦労して、1面の次は2、3面だと新聞を作っているのに読者にまったく理解されていない。「これって何だ」というのが議論の出発点だった。

だから一番大きかったのは1面にインデックスを作るということと、2、3面をどうするか、だったんです。変えるとしたら1、2、3面だと。それと夕刊の性格を変える。

1面にインデックスを作るというのはかなり早い時期から決まっていた。ただしインデックスにどういうものを取り上げるのかはかなり議論があった。それと2、3面にニュースを載せるのかということもかなり議論になった。

つまり、二千人以上の記者が作っている新聞なわけでしょう。ただでさえ記事を載せる場所が足りない、スペースがないところに、大ぶりの企画を載せることで本当にいいのか、ニュースがこぼれ落ちちゃう。僕らは2面が今日起きていることの解説で、3面はもっと引いて見てある程度大型の構図を、深堀りしたような記事を出そうとやってたんですけれど、現場からは、特にデスクからは反発の声がすごく上がってきた。

それは最初、僕らの判断では、インデックスを作るからインデックスに顔出しすれば、固有面に回っても今までのように埋没することはないから、それでかなりの部分がカバーできると思っていたんだけれど、それでもやっぱり自分たちのニュースが落ちちゃうということに対する反発は結構あったよね。

――やはり政治、経済から。

社会部は社会面を3面持っていて、フィールドが広いから。ただ1面と2面と社面とラテ面って、カラー工程で最後に刷るから、そうすると最新のニュースが突っ込める。3面も次に〆切が遅くてニュースを突っ込める。だからそこで競って争うという伝統が続いてきたんだけれど、読む方にしてみればまったく関係ないから、まず1面をみて、2面をちょっとめくって、あとは社面に行くというのが、新聞のページが少なかった時代からの習慣ですよね。

そのときに、レイアウトとしても流し組みみたいなのはしないで、大きな箱を作って読めるようにしようと。その方が切り抜きもしやすいから。そういうことでスタートしたんですよ。やっぱりやって良かったと思う。新聞は朝刊で三十何ページある、新書一冊分あるわけだから、見出しがないと親切じゃないよね。それを見たら今日が一目で分かるというのがいいし、インデックスで顔出しをするというのが大事だと。

インデックスは要約でいいのか、前文というのは記事の要約で、さらに要約を載せる必要があるのかという議論もあったが、前文は要らない場合も多い。特に裁判原稿なんか、見出しで分かるわけだから。本当に悪文で長々とした前文は、前文がないと落ち着かないみたいなのはやめた方がいい。前文はできるだけ短くと言った。朝日新聞デジタルみたいにインデックスをクリックしたら記事全体につながるという形にしたらという意見もあったんですよ。だけど、いやそうじゃないと。そこは飲み屋の赤ちょうちんとか、看板風に（笑）、ここに来たらうまい酒がありますよというのはあってもいいんじゃないかという意見もあって、それもありとしたんです。

それと写真も出来るだけたくさん使う、カラーだから。中面だと白黒しか印刷できなくても、インデックス欄のカラー写真で人を引き付ける。だから写真を、特に人の写真をできるだけ使ってほしいと。だから僕の頭にあったのは週刊誌の広告みたいなものですよ。あそこまで、何というかな、「売らんかな」ではないけれど、「へー、こういうことを今日やっているんだ」ということが一目で分かるようなものに、と。

紙面製作で局長室管理が強まっていったわけ

――それから、旧整理部、編集センターとの関係で、整理の権限、出稿部へのチェックとかが弱まってきているんじゃないかと個人的に思っていましたが、どうでしょう。

それは編集局のエディターシップを言い出してから、局長室がものすごい権限強化してしまったからだと思いますね。今まで整理がやっていたような仕事を、紙面委員が直属のようにやるようになって、直接介入するようになって、ある意味で部長よりも権限を握ってしまった。そんな気は全然ないと思うんだけれど。でもエディターシップの強化という名目で整理の権限を奪ってしまったということだと思う。

だって大阪は当時――今はどうか分からないけれど――局長室の人たちは、夜になると飲みに行って、戻ってきて早版を見て、「じゃあね」と帰ったそうで、ほとんどデスクが新聞作っているようなもので、上からいちいち言わない。直接は。それは補佐がやることで。東京も昔はそうでしょう。編集局長といっても名前だけで。

――昔はそんなものでしょうね。

だから経営陣との関係が問題になるときだけ局長室の誰かが出て行って「それはこうでございます」と説得する（笑）、そういう役割だったんじゃないかな。

それが、トラブルがあったり不祥事があったり世間の目が厳しくなったりいろんな問題があって「脇を締めなくちゃいけない、スキを見せるな」という声が強くなって、それにコンプライアンスのいろんな問題が重なって――もう僕がいたときから、コンプライアンスってすごかったから。「行動倫理規範」を社員手帳に載せるとか、本当に、ああいうことをやると記者は委縮するし面白くないというふうには思っていたんだけど、それはあんまり言えないから、僕の権限じゃなかったからね。

機構改革に執着する朝日の上層部

それと、当時機構改革がいろいろあって、部をやめてグループ制にするとか、外報と政治を一時ひとつにするとか、新しい部を作るとか、いろんな機構改革案が役員室で話し合われていた。なぜそんなことを急ぐのか僕は分からなかったんだけれど、「とにかく変えろ」という声がすごく強くて、僕らがそれを跳ね返すでしょう。「名前だけ変えても実態が変わらなければ」とか「部を小さくすることはデスクがそれだけ増えることになるから良くない」とか、いろんなことを言ってGMを中心に抵抗するんだけれど、その都度役員室は突き返してくる。「とにかくやれ」と。

ほんとに改革疲れというか、改革というのは紙面で見せるものだし、どういう機構改革をしようが読者には関係ない。結果的にいいものができるならいいけれど、組織だけいじってみんなが落ち着かないということを言ったんです。それは権限争いだったと推測するんだけれど、機構改革を言った方が強いという力関係があるんじゃないかな。あと、大きな部に対する警戒心、要するに社会部に。

――ああ、これは昔から、首都部への分割とかありましたね。

だから、社会部をなんとかして割りたいというのがあるんじゃないですか。独立王国みたいになっちゃうと困るという。それと社会部って取材先に警視庁とか検察を持っているから、いろんな不祥事とかトラブルとか、そういうことを一手に引き受けているみたいなところがあるんだよね。特にその系列の役員は。

「OB会をやめましょう」と提案

——これも組合講演で、人事はOBから連なっているので「OB会やめましょう」と提案されて、その後外岡さんが退いたら復活したと。これは実際にやめたんですかね。

やめました、一時は。当時なぜ部をやめてグループにするかというと、その部が昔から、明治時代からあって、それが役員人事にまで反映されているわけですよ。そのすったもんだがそのまま下に降りてきて、いろんな不祥事になって出てきている。力関係で。たぶん週刊誌とかに出てくる不祥事は、だいたい上の方から漏れている、流れていると私は思っていたんですよね。相手側の力をそぐために、外部の力を利用するという。

——そこはもう病気ですね、あの会社の。

そう思っていたので、とにかく現場の記者に負担を強いるようなことはやめましょうと。OB会があれば部長だけじゃなくデスクもみんな出ていくわけでしょう。事務局をやるし。それから、現場を離れた人があれこれ言うのは迷惑だから（笑）、いや、現場を知ったうえで応援してくれるのはありがたいんだけれど、別にそれはOB会じゃなくたっていいし、そういうのをえんえんと続けていること自体おかしいと思うから「グループ制にするんだったらOB会もやめましょう」と言った。

それはね、OBが僕にいろんなことを言ってくるわけですよ。会社に来たり、電話をしてきたり。

はっきり言って辟易していたから（笑）。例えば「NHK問題は朝日の対応が生ぬるい、もっと戦うべきだ」とか。言ってくださるのはありがたいんだけど、それをいくら言われても何というか、今作っている紙面に役立つわけではないんだよね。

GE就任直後に朝日新書を書く羽目に

——ところで、朝日新書『情報のさばき方』はGEになられてまもなくの発刊ですね。これは東京に戻られてから書かれたわけですか。

いや、東京に帰ってきてGEになってから、その時期に朝日新書を出す、と言うから。

——ああ、遅ればせながら朝日が新書競争に参入した時期ですね。

「そんな、この忙しいのに」と思ったんだけれど（笑）、最初の五点の中に入れたいというから。姜尚中さんの『愛国の作法』とか、それと一緒に最初のラインナップで出したいと。だから三か月か四か月くらいしかなかったんじゃないかな。

——よくもまあ、そんな時期に。二〇〇六年十月刊ですが。

すると八月か七月に締切だから。四、五、六月とか、その頃に書いたんだね。

第十二章　イデオロギーを排し、暮らし掘り下げ歴史を検証

続・東京編集局長（GE）

紙面モニターで「内向き社内世論」の意識改革はかる

――外岡さんのGE就任と同時に紙面モニターが制度化されて始まりました。

その紙面モニターについては、私が東京に戻る前に作ることが決まっていて、私もそれは大賛成でした。記事審査レポートが毎日我々のところに来るけれど、その記事審は主に他紙との比較、横並びで見て、ここが欠けているとかここが良かったとか、そういうものなんですね。記事審レポートを読んだ担当の出稿部はともすると、これはこういう事情だったとか、批判に対していかに部長やデスクが守るかという場になっていて、結果的にどういう方向に作用するかというと、減点方式で守りの姿勢に入っちゃうんですよね。あるいは横並びを是とする方向に行ってしまいがちになる。

だから記事審は新しい試みについて、これは良かったと褒めるということをめったにしない。その価値判断は保留するわけですよ。他の新聞と比べてどこが欠けているという、比較を毎日毎日やっているような結果になっているわけですよね。

他方で投書とかメールとか、意見はいっぱい来ているんだけれど、それは分散されていて、書いた記者、書いた部局に直接行く場合もあれば、お客様オフィスに行く場合もある。だけどそれは局長室に届いていないんですよ。じゃあ、読者からのフィードバックはどこにあるかというと、ほとんどないに等しい。その空域をどこで埋めているか、それは社内世論なんです。

社内でお互いに「あれは良かった」とか、社内で意見が還流する仕組みになっているわけです。私はそれを打破する大きな手段、強力な手段としてモニターを使うべきだと思った。それを一番実感したのは、チェルノブイリの原発事故（一九八六年）から二十周年の特集のときですね（「チェルノブイリ　汚染大地20年」〇六年四月十九日朝刊1面など）。

「チェルノブイリ二十周年というのをやりたい」というので、私は企画の一回目を1面に持っていった。あれは何回やったのかな。かなりきちんとした扱いをしたんですね。社内から聞こえてくる声は「二十年もたって振り返るのはどうか」という後ろ向きのものだった。ところがモニターを見ていると、何通かそれを絶賛する声があって「みんなが忘れていた大事なことをよく取り上げた」というものだった。それで私は次の編集会議のときに、「みなさんご覧になっていると思うけれども、モニターの意見でこういうのがありました」と紹介した。

要するに社内の意見だけだと、同質集団の意見に支配されちゃうので、読者にどういう読まれ方をしているかが分からない。あるいは多様な読まれ方をしているのに、各部の力関係の縮図みたいな形で出てしまいがちなんですね。だからそれを打破する目的で、そういう背景を知らずに記事だけをご覧になって、素直に感想を書いてもらえる人の意見というのはすごく大事だと思った。

ひとつの投書の影には一万人がいるとよく言われますが、逆に言えば一万人に一人しかいない。葉書を書いて励ましてあげようという人がそんなにたくさんいらっしゃるわけじゃないですから、どうしても投書が趣味とか、クレーマーとか、あるいは、よっぽど感動した人は担当者に直接、というふうに偏りがちで、普通の人の普通の反応というのはなかなか出てこない。

新聞はプッシュのメディア、作り手の論理が優先されがち

新聞というのはプッシュのメディアで、読者が引っ張ってくるプルのメディアではない。どうしても作り手の論理が優先されがちなわけですね。インターネット時代というのはまさにその逆で、読みたいところしか読まないからパッケージとして新聞を送っても、本当に関心のあるところしか読まない、読まれない。だけど比較的きちんと読んでくださっているのは高齢者の、これまでもずっと新聞を読んでいる方々。そうでなければ主婦ですね。主婦は本当に読んでいる。

本来新聞記事は、中学生くらいのレベルを対象として、中学生の国語力で分かるような文章というのが基準といわれてきたわけです。ところがやっぱり難しくなりすぎている。というのは、一番よくないのは専門用語ですよね。役所と同じようなレベルでよく分からない外国語をカナカナにしたような言葉を多用したりとか、あるいはすごく古い役所言葉をそのまま引用したりとか。あるいは経済記事であれば専門用語。そういう旧弊がずっと続いてきて、それは当然分かっているでしょうという前提で書かれている記事がものすごく多かったので、読者がだんだん離れていく。

勉強してこの用語を調べようという読者は時代につれて少なくなってきたわけで、「新聞に出ているようなことは理解しているのが常識だ」というような常識がもう通用しなくなってきたんですね。読者の要望とかニーズ、反応にこれまで以上に沿ったものにしなくちゃいけないのに、そうできていなかった。

だから私はモニターを重要なものとして読んでいた。一番大きかったのは、前にお話ししたイラクへの自衛隊派遣の検証です。川上泰徳さんが記事にした（＝〇六年八月三十一日朝刊1面「サマワからの報告」など）。なぜそれがないのかというモニターの意見はその通りだと思ったし、要するに検証がすごく大事なんですね。報じっぱなしではなくて、役所と同じ予算主義ではなくて、予算がどう使われてそれがどういう経済効果をもたらしたのか、福祉効果とか、人々の役にたったとか、厳しいチェックをしなければいけない。それがなかなかされていない。いや、役所の予算の使われ方についてはかなり厳しいチェックを入れてますけれど、我々が報道した結果については、そこまでチェックしているかというとそうではない。

それと読者モニターの意見で「あー、なるほどなあ」と思ったのは、「ここが役に立った」とか、「ここが良かった」とか、本当にちょっとした感想があるんですね。例えば、温水器で故障があって業者が回収している、それをあるとき1面で記事にしたんですよ。図解入りで。

――それは珍しい。

普通、社会面の下の方におわびと回収のお知らせが出るじゃないですか。それに任せようというのが普通だけれど、生き死にに関わる事態ではこうする必要があるという、これは誰の発案だったか、1面に持っていったらモニターがすごく褒めてくれた。で、それからはなるべく具体的に出すように、それを記事にするようにした。

つまり、リコールや回収というのはそれ自体、ひとつのニュースなんですね。それを広告という形で今までやってきたけれど、読んでくれるとは限らないですから。本当に大事なものは記事にするというのが新聞のひとつの大きな役割ですね。

縦割り組織の弊害をどう克服するか

――それと、大きな組織にはありがちなことでしょうが、いわゆる縦割りですね、特に朝日は昔から「部あって局なし」と言われるほどで。

それはやっぱり、社長が政治・経済のたすき掛け人事できていて、社会は割れてどちらかにつくという形で来ていたから、そういう社内の力学が部の壁になって、部の中でも派閥になって、ずーっと続いてきているわけですよ。例えば読売みたいにナベツネさんが一人で牛耳っている組織とは違う。

――確かにあそこは伝統的にカリスマのトップを頂く型の会社ですね。

だから、ある意味で朝日は健全とも言えるけれども――健全というのは自民党の派閥のようにそれぞれが小さな政党のようになって、その中心に宏池会があって、わりと理知的な集団で、ハト派で、社会党ともうまく折衝できる。つまり妥協が出来るからうまく機能してきた。朝日も非常によく似ているところがあって、宏池会を担当してきた政治部の記者が、論説でも中心になる。だから宏池会的な、ある意味では社会党とも近い、穏健保守的な部分と穏健革新的な部分が集まって、中心になるということね。

裏を返すと、つまりそれは鉄の三角形で、自民党と財界と官僚がトライアングルを作ってきたのが戦後の日本です。朝日みたいな組織はある意味でメッセンジャーＤＮＡのように、各中枢に分かれていってそこで情報を取っているわけですから、同じような組織にならないわけがない。その忠実な型を局内に作ってきたという、それは簡単には崩れないと思いますね。

だから組織をいじったってそんなに変わるわけはない。私はそう思っていたし、ほかのみんなもそう思っていた。「名前を変えたり組織をいじったりするのはやめてくれ」と。落ち着いて仕事ができないから。というか、そのモデルチェンジのために膨大な時間を使っているわけでね、素案を作るために。だけど大方の意見は、百人の組織を五十人ずつにするために、それぞれにエディターが必要で、デスクも要る。結果的にはエディターもデスクも増える。それができますか？　ということだった。

だけどそういうことを上の方は全然考えていないから。実のところは頭でっかちの組織にしたら必ず失敗する、停滞するんですよ。小回りの利く集団にしたらうまくいくかというとそうではなくて、別の目で見ると部長が増えて、デスクが増えるわけですから。集団全体でみると、部長とデスクが多い組織。そうじゃなくて、できるだけ現場に任せるということ。中央省庁だって、課長が一番力を握っていると言われているわけですよ。それと同じで、新聞社もデスクが裁量権を握るようにしないと、活性化はしない。

というのは、現場の記者はみんなデスクを見ているわけで、そのデスクが上を見たら、もうデスクの言うことを聞かなくなっちゃう。だから前回お話ししたように、現場に力を戻す、活力を戻す、裁量権を戻すというので、局長室はできるだけ何もしないようにする、そのために見張っているというのが僕の（笑）役割で。

変わってゆく記者の初心と管理職志向

――デスクになるとどうしても、次は部長になれるんじゃないか、あるいはデスクを経験すれば編集委員という肩書がつくんじゃないか、とかそういう……。

いいや、でも実際は、編集委員は記者一筋でやってきた人がなるものだったから。編集委員を決めるやり方は、各グループが候補者のリストを出して、あるいは自分で手を挙げた人を出して、結局四社の編集局長と、当然GMと、それからあとで主筆というのが出来たんで、主筆も参加してそこで決めるということになったんですね。私がそこでお願いしたのは、歴史担当というのを作ってほしいと。もちろん念頭にあったのは上丸洋一さんだったんだけれど、ドイツの「ツァイト」という新聞があって、あそこで歴史担当の編集委員がいるという話を聞いていたもんだから、これは歴史だけをウォッチする人間が必要だと。歴史認識、あるいは歴史問題が出てきたときに、いつでも跳ね返せる、ということでそれを作っていただいたということです。

――ライターとしていい仕事をしたい、名を上げたいという人は、当然多いとは思うんですが、その先に「ラインで上に行きたい」という記者の方が、実はかなり多くて。

そこは変わってゆくんでしょう。やっぱり、ある意味で自分の限界を自覚したりとか、あるいはライターとして疲れが出てきたりする。デスクになるといったん書く現場から離れちゃうから、再び現場に戻ってやり直すのがしんどくなる人もいると思う。

それからデスクというのは意外に企画力が要求される、試されるから。すると、実際に新聞のイメージを作るわけですよね。やってみるとすごく面白くて、だけど自分の意見は通らなくて、というときには、部長になると自分の思いを実現できるんじゃないかと思い始めて、それがだんだんと変わっていくことになる。

でも、これは官僚の性質と同じでね、官僚も強力な権限を任されているのは課長なんだけれど、そこから先もっと大きな仕事をするためには、上に行かないとダメだとなるわけですよ。それがだんだん、いろんな不正をごまかしたり、あるいは上を批判しなくなって、変わっていくわけだ。それと同じ経過だと思いますね。

だから、上に行きたいという初心に偽りはなくても、上に行くに従って、その職場の文化風土になじんでいく。なかなか上を批判しない。最初の頃のライターの気持ちを忘れちゃう、やっぱり管理職、上から目線になっちゃうという変質の結果ですよね。

新聞はもう組織全体を変えないと生き残れない

——縦割りの壁、初心の変質、そのへんは組織にとって永遠の課題だと思いますが、特効薬はないにしても、何らかそういうところに風を入れるといいますか——。

いや、もうそんな時代じゃないですよ。つまりそういう官僚組織を維持できるような時代じゃないから。

——もう新聞社自体が縮小化しつつあって。

だからもっと緩やかな集団で、ゲリラ的に取材する記者たちをゆるやかに束ねるような形に組織が変わっていかないと。例えば年次がどうだとか、自分の専門分野がどうだとか、もうそんなことを言っている時代ではない。そんな悠長なときではない。

——前におっしゃった編集局長直属の遊軍をもっと大規模にやればどうでしょう。ただそれをやると、みんなそれになりたがるでしょうけれど。

全員をそれにしちゃうという手はあるよね。部署を持たせない。

——あー、つまり記者クラブとかから引き揚げちゃって。

だって、クラブの発表は同時にインターネットに公表されるわけだから。もちろん、人脈というのはありますよ。担当で毎日あいさつをして、広報と仲良くなってという、そういうことはあるわけだけど、そうでない取材の仕方も、いくらでもあるはずだから。

考えてみると、イギリスの大手の新聞の政治部の記者なんて数人、いや十人くらいですよ。NYタイムズだって、あんなにすごい新聞作っているけれど、記者の数からいったら数百人くらいですよね。もちろん一騎当千の記者を他社から引き抜いて、それで伝統の強みと伝播力と、そうした資産があるからそういうことができるわけだけれども。

つまり記者を二千人も抱えなくても、それをできるようになるわけですよ。そうすると官僚型組織をいかに打破するかということを考える必要もなく、組織全体を変えないかぎり生き残れない。

――問題は、それに気づいて変えるのが早いのか、あるいは経済的にダメになってから変えようとしても手遅れということになるのか――。

まあそこは環境問題と同じで、よく「茹でガエル」の例が引かれますけれども、しかしこの激変というのは誰もが分かっているはずだし、いま入社している新しい世代というのは、十年後にこの会社があるかどうか分からないという前提で入っているわけですよ。だから当然意識が変わってくるし。ただ、できるだけ今までの資産とか、財産とか伝統とか、それは大事にしなくちゃいけないという、今読んでくれている読者の人たちも大事にしなきゃいけない。だからそれをいかに少ない人数で維持しつつ、大胆に打って出るかという、そういう機動遊軍的な集団をどうやって作り出すかですよ。

不偏不党とはどの党派にも同じように立ち向かうこと

――前回のお話の中で特に感じたのが、安倍政権下でいかに上滑りにならずに新聞の本務を全うするかという、そこに心を砕かれていたことでした。

いや、でも僕の言っていたのはそんなに面倒なことじゃなくて、「イデオロギーで空中戦はやるな」と、「重心を低くして生活の問題を、年金の問題を掘り下げよう」と。もうひとつは、暮らしの実感が、あなた方が感じているよりも、ずーっと厳しくなっている。僕らは日常的には恵まれているから実感していないけれど、やっぱり非正規の人とか若い人、彼らの現実を見ないと、今の読者に受け入れられない。

だからそんなに難しいことを言っていたわけじゃないし、もちろん政治部の人たちからは「安倍さんの取材ができない」という不満とか来ていたけれど、政治というのは表門では門前払い喰らわせても、必ず派閥とかあるから、これだけ長い間政治と付き合っている集団だから、やっぱり中にはいるわけですよ。「安倍さんはだめだけれどもあの人に近い」とか。それがあるからあんまり心配していなかった。

ただ、何かの不祥事とかで安倍政権が、あるいは安倍さんのお仲間が攻撃を強めてきたときに、これがボディーブローのように効いてくるんじゃないかというのはありましたね。特にスポンサー関係ね。

――実際この時期の安倍政権に対して朝日は批判的であっても、特にヒステリックに攻撃したことはないと思うんですが、「朝日を筆頭にマスコミが安倍さんを引きずり下ろした」という見方が安倍支持者の間では強かった。だけど実際は自壊したということですね。不祥事で大臣の辞任が相次いだでしょう。だから二次政権との違いは――

コントをやっている「劇団ニュースペーパー」で小泉さんの真似をする人がいてね、その松下アキラさん。「さようなら原発」という集会に小泉さんが来るというコントなんだけれど、その中で、どうして安倍さんに人気があるか、ということを語る場面がある。「前の第一次安倍政権と今回の安倍さんと、すっかり変わったというけれど、そんなことはない。あの人はまったく変わっていない。前は私のあとで総理大臣になったからで、今回は野田さんのあとだからで」（笑）。

――うまいことといいますね。つまり民主党政権のあとだから。

民主党には任せられないというのがあのときみんなの実感だった、ほかに選択肢がないから一強が成立したというのが実態なわけで、それとアベノミクス効果による円安株高、それでここまで来ちゃった。安倍さんが新しいモデルを生み出したかというとまったくそんなことはなくて、第二の矢までは放ったけれども、第三の矢は成長戦略がなくなったわけですよね、ＴＰＰが。それに代わるものって武器輸出とカジノしかないわけ。あとは日銀による第二の矢を続けるしかない。「成長戦略はどこへいった」ということはみんな分かっているけれど、代わる人がいないというのが現状じゃないですかね。

――ほぼ私も似たような認識ですが……。

……なんの話からこんなところに（笑）。

――えーと、第一次安倍政権は朝日につぶされた、みたいに安倍さんの取り巻きとか熱狂的な支持者は信じていて、若宮啓文さんが「朝日が安倍を批判するのは社是だから」と言ったとか、朝日の幹部が「安倍の葬式は、うちで出す」と言ったとかいう話が出回った。もちろん若宮さんは否定しましたが。

そんな社是はないよね。だけどね、あらゆる政権を倒すとは言わないけれども、あらゆる政権が腐敗するのであれば、その腐敗を出来るだけ是正するというのがメディアの役割だと僕は思いますけれどね。それは安倍政権に限らないから。

――安倍政権であろうが、民主党政権であろうが。

いや、おんなじ。あの朝日新聞綱領でも言っているのは不偏不党ということなんですね。一番大事なのは、誰に対しても、どのような党派に対しても同じように立ち向かうということなんです。客観性なんてひとつもうたっていないから。あそこでは。

体の変調、常に誰かが話しかけてくるストレス

――心労を含め体力的に大変だったのでは。

僕がGEになってまもなく紙面の大刷りが原寸大だったのが、縮小版になっちゃったんです。まず目がやられて、ずっと目はいい方だったんだけれど、眼鏡なしには読めなくなっちゃって。それと次にきたのは難聴。左側の耳が聞こえなくなった。すぐ社の近くの病院に行ったら、お医者さんに「それはストレスですよ」とあっさり言われて。少し休みなさいと。二、三週間かかりましたね、戻るまでに。

――あ、戻ったんですか。それは治療で?

いや、治療じゃなく、少し眠る時間を多くしたりとか。その次は左ひざをやられて、しばらく足を引きずっていた。それで僕はね、築地の社のすぐ近くにマンションを借りていたんです。平日、自分が紙面を見るときはそこにいて、休みは家に帰るようにしていたんですけれど。夕方のデスク会が五時半からで、終わるのが六時くらいかな。終わったら食事に行くと言って、実際にはその部屋に行って仮眠をとっていた。次に戻ってくるのが九時くらいで、次の紙面刷りが出てくるのを待っていた。

それで何とかもったようなもんかなあ。朝も自転車で通っていて、会社から自転車で五分くらいだったから。会社にいるときは常に誰かが入ってきて声をかけてくる。タバコ部屋に行ってもだいたいみんな知り合いで、そこでも紙面の話をするから、でもそこでいろんな話を聞けたんで、それは良かったですけれどね。とにかく、いつでも誰かの声が耳に入ってくるという、それがストレスになっ

たわけですね。

――一人静かに考える時間がない。土日も決して完全休養ではなかったですか。

日曜日は比較的、完全オフにしていましたけど。というか、土日の紙面構成はあらかじめ作ってあって、自分も内容を分かっていたから。突発事故がない限り、だいたいこういう紙面になるな、というのは。

経営者は紙面に口を出さないことが大事

それとぜひお話しておきたいのは、局長時代、二回ソウルに行ったんですよ。ひとつは金大中さんのインタビュー（〇六年四月二十五日朝刊1面＝「新戦略を求めて」）で、それはそれで僕にとっては良かったんですけれど、もう一つは秋山社長と一緒に東亜日報に行った。朝日と東亜日報は毎年、社長と編集局長がお互いに訪問するということになっていたらしいんですね。行って向こうの幹部と食事をしてお話をして、紙面会議というのを見ていたわけです。すると、当時、社主の息子さんで事実上の社主が副社長で、社長が学者出身の方で、編集局長は編集出身。それで、朝の九時くらいに編集会議をするというんですね。そのあとに社長と、社主の息子の副社長と、編集局長と三人で話をする。それで、よく覆るというんです。朝の編集会議で決めた内容が。

当然、びっくりしますよね。秋山さんも「いやー、そこは我々と違いますね」と。「ではどうしているんですか？」と聞かれて、「全部任せっぱなしです」。で、「社長のご意向というかご意見はどうやって反映させるんですか」と東亜日報の幹部に聞かれて「それは人事です」。僕はそこで「秋山さんというのはすごい人だな」と思った。

本当はメディアの社長というのはすべからくそうあるべきなんだけれど、現実はそうじゃないから。朝日の中でも、そんな人は僕の知る限りでは中江利忠さんしかいなかったから。だから僕は「秋山さんは分かっていらっしゃる、素晴らしい方だなあ」と思いましたよ。

要するに自分が口をさしはさまない、紙面に。もちろん人を動かせば大きく変わりますよ。いわゆる懲罰人事だってあるだろうし。だけど紙面には口を出さない。つまり、そこなんですよ、大事なのは。紙面とか現場に直接影響力を行使しないということが。それが出来ない人が大半だから。

——やっぱり何かしたくなる。実際に権力を手にすれば。

だけどそれをやったらおしまいだから。そうしたら読売になっちゃう。

いじめ問題で1面に子どもたちへのメッセージ

——GE時代に新聞の読み方が変わったということはありましたか。ライターだったころと比べて、他紙にも目配りしなければいけないとか。

他紙との比較はもちろんしていましたけれど、僕が当時言っていたのは、とにかく横並びにいて同じ新聞を作るんじゃなくて、個性のある新聞を作ろうと。その日の1面が、泣いているとか笑っているとか、驚いているとか、その日の表情が顔に浮かぶような紙面を作るのがやっぱり大事じゃないかと。それで思い出すのは、「いじめられている君へ　いじめている君へ」、あれは山上浩二郎さんだった。

そのときは夏休みが終わって新学期が始まってからいじめが相次いでいる、自殺が相次いでいる。それを毎日取り上げると、また子供たちがそれに触発されて自殺を、そういう連鎖をどこかで食い止めなければいけない。それは僕らのジレンマみたいなものだけど、今の高齢者ドライバーの問題も、ちょっとそういうところがあるんだけれど、一つ大きく取り上げられると、そこに焦点が当たって、今までは大きく取り上げられなかったことが、だんだん大きく取り上げられて、相乗効果を生んでしまう流れが出来ちゃう。それをどこかで食い止めなければならない。

で、子どもたちにメッセージを出せないかと社会部に相談に行ったんですよ。そしたら山上さんが「今日、子どもたちに向けたメッセージをインタビューして取ってきました」と。あさのあつこさん（〇六年十一月十四日付朝刊1面）で、単発だった。「あ、これを毎日やろう」と。どこでやろう、ということになって、山上さんが「それはやるなら1面でしょう」と言って、それですぐ決めた。「じゃあ次もどんどん続けて取材しよう」と。

あれは小さな改革だったけれど、なかなか意味のある企画だったなと思いますね。1面に持っていったから、山上さんのおっしゃる通り。彼は教育をずっとやってきていたから。新聞は親に向かって発信するけれど、中学生や小学生に向かっての発信は、とくに1面では、なかなかないでしょう。でもそういうメッセージを伝えることで、僕らの姿勢を、「とにかく死ぬな」という呼びかけをすることが大事だった。

たぶんそれは前からあったんだけれど、今の母子家庭や父子家庭に対するメッセージの伝え方とか

――直接は伝えていないけれども、その取り上げ方とか、それから虐待問題、虐待する側、される側、そういう生活者の視点で読者に突きつける。「虐待なんかやめましょう」「なんてことをするんですか」という目線ではなくて、なぜ虐待しちゃうのかというところまで掘り下げる視点を持っていないとね。それを1面で、顔の見える紙面にしてくれと言ったときに、山上さんの発想が僕にとってはすごく新鮮だった。

「やるんだったら1面でしょう」というのは、社会部の教育担当班ではあったかもしれないけれど、でもそれは伝わらない、責任者には。責任者が「それは面白い、今日からやろう、今日組みでスタート」という、つまり何というのかな――。

――感度といいますか――。

うん、お互いに作っているというかな――本当にまさに、自分たちが何をやっているか分からないけれど、熱気の中で一緒にやっているという、昔はそうだったけれどね。僕らは新人研修の時に工場に連れていかれて、鉛の活字で職工さんたちが紙面を組んでいて、デスクがそこに飛んで行って「ここを直してください」といったらピンセットでつまんで記事を作って、トントントンと加工して。長い間、新聞社はそういう雰囲気の中で仕事をしてきたわけですよね。

――ところで、低次元ですがいきなり編集局長になって先輩に妬まれることはなかったですか。

それはね、あまりなかったと思いますよ。というのは、いろんな職場を回ってあいさつする中で「なんかあったらすぐ辞めますから」と言っていたから（笑）。もちろんみんなには、引き受けた任期が一年半というのは最後まで言わなかったけれど、何かあったらすぐ辞めると。そうしたら学芸の女性記者から「そんなこと人前で言っちゃだめですよ。すぐ辞める人なんて、誰も言うこと聞かないから」って注意されたけれど（笑）。そこから上に行くなんてことは誰も想像したことがなかったから。

――おそらくそうだろうとは、外岡さんを直接存じ上げなかった我々も思っていましたが。

あらゆるそういう機会を蹴ってきたし、とにかく自分が、のびのび仕事ができるのは現場しかないと思ってやってきたから。

――妬みかどうか、当時の「新聞と戦争」について、ある大ベテランの先輩が「あんなエクスキューズのようなことをやっても……」と評していた記憶があります。

うーん、それは――でもエクスキューズが必要だったんですよね。あのときは。

――私もそう思います。もっと早く目立つ形でやれば良かったと。

だけどあの時期までは出来なかった、要するに先ほど話した体質、明治以来の伝統というか、先輩を傷つけないというね。

憲法特集社説に際して編集と論説の関係を考える

――GE時代の論説との関係についてもうかがっておきたいのですが、当時は若宮啓文さんが論説主幹で、論説も活気がある時期だったように思います。

うん、ありましたね。

――若宮さんは読売の渡辺恒雄氏と対談して首相の靖国神社参拝問題で共同歩調を見せたり、また〇七年五月三日の憲法六十周年の憲法記念日には「提言　日本の新戦略」と銘打って社説二十一本を大展開したりと。

「社説21」というシリーズを僕がGEの間にかなり長期にわたってやってきて、その集大成をするということで、憲法についてどういうふうにスタンスを取るか、大展開するということだった。そのときになって、編集と論説の関係というのはきちんと整理しておく必要があると思ったんです。そうでないと、論説がかなり大きく論調を変化させた場合に、編集の側が動揺するだろうと。

だから編集と論説の関係をこの際はっきりさせて、我々が憲法についてどういうスタンスを取るべきか、自分なりに意見を言っておかなくちゃいけないな、と思った。最終的には若宮さんが編集会議にみえて、憲法九条をどうするかという話をしに来られたんですよ。それで、全体として編集の総意はこうだということを、たぶん申し上げる機会が来ると思ってましたんで、それまでに自分の考えははっきりさせておこうと。
――若宮さんは現実主義的な方と社内で見られていて、社会部などの中には彼を「改憲論者」と警戒する人もいましたが、〇七年憲法特集社説では、九条を変えることはせず国際貢献・PKOは積極的に認めていこうという方向でした。

揺れ動いておられたと思うんですよ。あるとき若宮さんと雑談をしていて、「君が代」について、今の君が代はそのままにして、二番を作ればいい、という話をしておられた。それだったら国歌として認めていいということで、僕はそれをすごく面白い案だなと思った。つまり、現実主義者であり、伝統は守るんだけれども、でもそれにとどまらず、新たな国民の総意というものを二番として付け加えることで、伝統を守りつつ新たな民主国家として歩んできた道を確認する、と。そうすると今ある右か左という論争は終止符を打てるんじゃないか。

たぶん若宮さんは同じように九条についても考えていらした。これは推測ですけどね。憲法九条はそのままにしておいて、そこに自衛隊についての項目を加えることで、逆に自衛隊を制御していく。やっぱり憲法上あってはいけないものが現実にあって、しかもそれ（自衛隊の存在）は八割の人が認めているわけだから、それについて憲法の条文と現実との乖離《かいり》があまりにも大きくなりすぎている。しかもそれが支えきれなくなるまでに乖離しちゃっている、というのがたぶん若宮さんの認識だったと思うんですよ。だからそれは自衛隊を認めることで制御すると。

若宮さんについてはいろんな見方があると思うんですけれど、私は、基本的には現実主義者で、左右の亀裂みたいなものを何とかして克服してそれをしっかりした土台にしたい、と。もう将来にわたって、何十年もこういう不毛な議論の対立は、するべきじゃないと。そういう考えだと思うんですよ。

若宮さんは韓国と深いつながりがあって人脈も多くて、二〇〇二年サッカーワールドカップを日韓の共同開催にしたのも彼の力が大きかったんです。日韓の関係が普段は平穏でも、左右の対立で何かあると突出した勢力が靖国参拝したりとか、教科書問題とか竹島問題で右的な発言をしたりすると、韓国は激しく反発してその都度日韓関係は揺れ動いてしまう。それは日韓にとって良いことじゃない、と。だから彼もコラムで当時、竹島について書いて、大変なバッシングにあったわけです。でも彼の本意は、竹島が日韓のトゲとなって争う、蒸し返すのはやめようということだったんですね。彼はお父さんが有名な、日ソ関係、国交回復の立役者ですね。

――若宮小太郎さん、朝日の政治部出身で鳩山内閣のときの首相秘書官ですね。

そういうお父さんを見て育っているので、彼自身も現実主義的な感覚で、しかも近隣関係をうまくやっていかなきゃいけないというバランス感覚の人だったと思うんですね。だから僕は彼のことを改憲論者と思ったことはないし、かといってハト派だとか左だとか、そうも思っていなかった。ただ考え方とか発想とか、柔軟性を大事にするところとか、価値観のうえでは自分は若宮さんに近い立場にいるなと思いましたね。ただ、「社説21」で「戦う社説」というのを掲げて、憲法問題で展開するというから、それは私なりに編集の総意をきちんと伝える必要があると思ったんですね。

論説は社論を形成し編集は事実を報道する

前にお話ししたのは、編集と、販売・広告との関係で、要するに現場には干渉させない。そして局長同士のルートを通じてしか言わない、それは下におろさないという原則を立てたわけです。それと同じことを編集と論説の間にも立てるべきだと思ったので、私が参考に考えたのはNYタイムズです。NYタイムズの論説と編集はまったく別で、交流がない。人事はあるけれど、普段からの行き来はない。論説はまったく論だから社論を形成する。我々は事実を報道する。もちろん編集委員とか各部の記者がコラムを書くことはある。でもそれはあくまで個人の立場だから、社論ではない。社論とぶつかっても、矛盾しても構わない。個人の考えですからね。社説には執筆者の名前がない。それは社の総意として我々はこういう論を展開するという原則に基づくから、あえて執筆者の名前も書かないわけですよ。じゃあ社論に反するような事実報道が出たら、どうするか。

それはまったく構わない。それが事実に基づく以上、きちんと報道すればいい。だから普段、編集は社論を気にして報道する必要はない。それが私の出した結論だったし、編集会議でもそういう意見を言いました。

ただ問題は、そのときはそれで良かったんだけれど、そのあとに主筆というのが出来て、主筆をどう位置付けるかということはまた、それはそれで考えざるをえなくなった。具体的には船橋さんが主筆になられたわけだけれども、主筆と編集、主筆と論説主幹の関係をどう位置付けるのかということは、それはそれで位置づけをしっかりしておかないと混乱を招くので、それはまたあとの話ですけれど。

とりあえずそういう区分けをしておいて——憲法特集を出す前に、憲法九条をどうするかというのを、若宮さんが報告に来られたわけですよ。編集会議に。

そのときに結論ははっきりおっしゃらなかった。ただやっぱり憲法九条と現実問題がかなり乖離した状態になっている。特に自衛隊について、最小限度の実力装置と最初の導入のときに政府が答弁し、それは武力には当たらないという論理を展開した。しかし今自衛隊の装備、役割、アメリカとの同盟関係を見ても、これはやはり軍隊と言わざるを得ない。武力に至らない最小限度の実力装置という言い分がいま通らなくなっているんじゃないかということを若宮さんは指摘された。

で、私はその場で発言して「憲法九条を変えるべきじゃないと思う」ということを言ったんです。その場ではそんなに詳しく展開できなかったけれども、まず「憲法とは自国に対する指針、戒めであると同時に他の国に対する約束だ」と。とりわけ近隣諸国とか国際社会に対して。それを変えるには、よほどのことがなければいけない。変えるだけの必然性とか論理、つまり説得力を持ってほかの国に論旨を展開しなければいけない。それがなくて、ただ現実が乖離しているというだけで変えることはできない。

それともう一つは、当時は集団的自衛権を行使できないという前提で憲法九条があった。つまりそれ以外の個別的自衛権は行使できるわけです。そして日本の世論調査を見ると、一貫して八割以上が憲法九条プラス日米安保条約という二本柱の安全保障について賛成し、コンセンサスを得ている。これが今の日本国憲法第九条をめぐる国民のコンセンサスなわけです。

その内実を見ると、日米安全保障条約は前にも申し上げたように五条と六条がセットになっていて、日本は集団的自衛権を行使できない代わりにアメリカに基地を提供するという非対称の双務関係にあったわけです。つまり、個別的自衛権しか行使しないというのが戦後のコンセンサスだった。自衛隊というのは専守防衛で、国民はみんな認めている。あるいは独立国である以上、当然の権利である。それは当然のこととして、自衛隊の役割は限定された形でみんなが認めている。だけど、それを、憲法九条に手を加えれば、今までコンセンサスを支えていた基盤が崩れることになる。

つまり、憲法九条が今のコンセンサス、日本の安全保障の二本柱を支えている以上、これを変えることは将来、二本柱を変える可能性がある。今これで十分足りているのに、あるいは今これが歯止めになって、日本がこれ以上の、アメリカとともにどこかの紛争に介入するといったことを抑えている以上、これは変えるべきではないという、これが僕の意見だった。

それからやっぱり、変えるべきではないというのは大阪、特に大阪社会部が中心で、大阪は政治部がないから、当然ながら大阪は憲法擁護だし、というのは釧路研（日本の釧路研究会）の、ご覧になったようなあぁいう議論を積み重ねてきているから、変えるべきじゃないというのが大多数だと思った。で、代表してそういう意見を述べました。

それは若宮さんに、あるいは論説にどの程度の影響を与えたか分からないけれども、僕が編集を代表して、憲法を守るという方向で我々の意見を言っておこうと思った。仮に若宮論説が「憲法を変えてもいい」ということになったとしても、我々は一切、報道の立場を変える必要はない。それはすでにみんなに公言していたので。

朝日はゴールキーパー、「加憲」でも利用されるだけ

やっぱり、例えば「日の丸」「君が代」の国旗・国歌法にしても最初は「強制力はない」という説明だったんだから。それを朝日が容認する社論になったとたんに通って、しかもそれが強制力を実質的に持ってしまった。要するに朝日はゴールキーパーなんですよ。

――前も9・11後の社説について、そうおっしゃいましたね。

朝日が容認したり、守りを甘くしたりしたら、それは日本全体の議論が変わってしまうということなんです。だからよっぽどしっかりしたキーパーでなくちゃいけないというのが僕の立場ですね。そ

れと「新聞と戦争」の企画をもう立ち上げていた。朝日はいかに戦前、満州事変以降論調を変えたか、大阪は抵抗したんだけれど、最後はなだれを打って翼賛に回っていくわけですよ。そういうことをやった新聞だから、よほど慎重でなければいけないというのが僕のスタンスでした。

――すると外岡さんとしては、おそらく若宮さんが当時考えていたであろう「加憲」的な、今の条項を変えずに自衛隊を認める条項を加えるというのも良くないと。

だって自衛隊法があるわけだから、それは国会審議を通して実効力があるわけだから、憲法で位置づける必要はまったくない。つまり、ある意味で自衛隊を容認するというのは、憲法の解釈としてコンセンサスになっているわけですから、それを新たな条項を加える必要はまったくない。逆に、その項目を加えることで改憲への勢力に同調することになるので、制御するという考え方が通るという保証はまったくない。むしろそれは利用されるだけですよ。

――結果的に、「加憲」もなく九条はそのままがいいという社説になりました。

僕の立場は本田優さんと近いんだけれども、安保取材をずっとやってきて、日米安保と自衛隊は認めるというのが僕の立場でした。そのうえで、日本の安全保障をどういうふうに考えてゆくのか。本田さんの立場というのは、軍の論理だけじゃなくて、外交と軍（政軍）を一体のものとして考えなければいけない、だからそれを切り離して考えるということ自体がおかしいという、それは僕もある程度理解しました。

だけど、僕の立場というのは日米安保と自衛隊、この二本柱でずっと来たという、それはこの先も認める。だけど、沖縄に日米安保の重荷を押し付けている限りは、いずれ破たんしてしまう。だから沖縄の基地負担を軽減する方向に行かないと日米安保も破たんする、という立場で、それは本田さんにもある程度理解して頂いたと思う。

僕らの護憲というのは、ある意味でものすごく現実的なんですよ。これを変えるとどういう結果が、予測しない結果が生まれるかもしれないという、その危惧の方が大きいから。つまり政治を信用していないから、それほど。

――石川真澄さんが「自衛隊という実力組織を憲法で認知しないのはかえって危険だと思う」というようなお話を、九〇年代に社内のどこかでされた記録を読んだ記憶があります。政治的に考えていくと、そういう意見になるのでしょうか。

それは読売がずっと言っていることだから。つまり読売の憲法調査会がずっとそう主張してきた。だけどそれに乗っちゃったら、日本の国論はそっちの方向にダダーッと行っちゃう。それを突破口にしてもっと拡大していくというのは目に見えているので。

記者に「抗命権」を、上を忖度する組織の危険

それと、その頃に「主筆」制度が出来て、僕が言ったのは「抗命権」ということです。抗《あらが》う権利。僕は編集会議の席で言ったんだけれど、通常の組織とは違って、新聞社という組織には上下関係はあるけれども、記者としては対等であると。上から命令があったときに、それに抗命する権利がある。一人一人に。でも権利まで認めるのはいかがなものかという人がいるかもしれないから、少なくとも釈明を求める権利、なぜこれをあなたは命じるのか説明してくださいと求める権利を認めようじゃないか、ということだった。

上に立つ人間はそれを説明しなくちゃいけない。自分はなぜこういう命令を出すのか、理由をはっきりさせる。そこで議論をしてくれ、記者にはそういう抗命権があるというのはどうか、ということ

を言ったんですね。編集会議で、部長と主なデスクもいた席で。

だからそれは当然、主筆と局長はどうか、とか、局長と部長、局長補佐と部長、部長とデスク、デスクと記者はどうかということにつながる。やっぱりほかの仕事と違ってこの仕事は、職務命令だとかなんとか言って命令一下それに従うような組織じゃいけないと思ったから。もちろん軍隊では許されないかもしれないけれど、我々の組織が健全であるために、ただ命令するんじゃなくて、議論をする。議論をすることをそれぞれが求める権利があるということを徹底させたかった。

もちろん、主筆が新聞紙上を統治するわけだから、ある意味で統《す》べるわけですよ。かといって「主筆がああ言ったからこうするべきだ」とか「こうしなきゃいけない」というのは、読売になっちゃうわけで、そうしちゃいけないというのが僕の考えでした。つまり、意見の多様性とか議論の重要性をまず我々は認識すべきだと。ただ船橋さんがその場におられたわけではないから、私のそういう意見をお聞きになったかどうかも分からないし……(笑)。

あとで何人かの部長に「そーんなことやったら組織がもちませんよ」と言われて、不評だったけれど(笑)。僕の本音だったし、二〇一四年の問題が起きてから後もそういう発言をしましたけれどね。

つまり、何というかな——僕らは会社員と思ったらダメだということなんですよ。「上がおかしいことを言ったと思ったら歯向かえ」ということなんです。その議論がなくなってしまったら、言論機関としてはおしまいだということです。

——朝日の場合トップダウンで何かをすると、往々にして失敗しているように見えます。広岡社長がワンマンみたいになった頃の中国報道とか、あるいは一四年の問題も。

そうですね、上を忖度するとか、朝日に限らずみんなそうなる。どこかで必ずおかしなことになる。だから今の読売だってそうなっていると感じます。要するに政府に対して批判的な報道がきちんと出てこないわけだ。

天声人語は二人制がいいと意見

——それからＧＥのあとは取材記者に戻られますが、会社の上層部としては、外岡さんに一度は天声人語を書いてほしい、でなければ論説主幹にでもなってほしい、と思っていたんじゃないでしょうか。

いやいや、ＧＥを辞めるときに、秋山さんには主幹はどうかとか主筆はどうかとか言われたんですが、全部お断りして、そういう約束でＧＥを引き受けさせていただいたので自由にさせてください、その代わり役員待遇は外してくださいということでした。

——以前にお聞きしたのは、ＧＥのときに天声人語について意見を求められる機会があって、二人制にした方がいいと外岡さんが言われたと。実際に〇七年春から二人制になりましたね。

僕は、天声人語を一人でやるというのはあまりにも酷で、取材も出来ないし、引き受けてくれる人にとってもすごい重圧になるから、せめて二人にしてほしいと。疋田さんが天声人語をおやりになったのは三島由紀夫が自決した時期ですね。あの方はそんなに長くはやっておられない。すぐ深代惇郎さんに渡した。そして深代さんは結果的に一躍、高い評価を受けて。

——伝説的になった「深代天人」ですね。しかし短かった。

そう、途中で倒れられた。疋田さんに僕はお話をうかがっていて、いかに過酷かということで、取材できないというのが。「それで途中で変えてもらった」という話をうかがっていて、それも僕が天声人語を受けなかった理由の一つですね。「あの疋田さんがこうなんだ」とびっくりしたんです。もちろん看板コラムでしょう、そこを書くのは最高の栄誉だということは知っていたけれども、でも疋田さんはそうじゃない。チーム取材をするとか、むしろ天人をやめてからの方がいろんな名企画を次々に手掛けた。だから記者としてどちらが幸せかというのをすごく、考えさせられたな。

疋田さんが過去何十年かの一月一日の天声人語を全部、読み比べてみたら、毎年同じような内容だったと。特に、長く書かれた荒垣秀雄さんのときは。それと、疋田さんが荒垣さんにお聞きになったという話なんだけれど、何を見ても、天人の大きさ、字数で見えるようになったと。何を見てもその行数で。「いや、すごいなあ」と僕は思ったけれど、疋田さんが僕にそのエピソードを伝えた意味は、「ものの見方がそうなっちゃうぞ」ということだったと思うんだよね。

だから、いつもお断りするときに言ったんだけれど、同じ陸上競技でも走り幅跳びがすごく上手な選手と、短距離がいい選手と長距離がうまい選手がいて、自分は長距離には向いていると思う。だけど走り幅跳びや三段跳びは出来ないのは自分で分かっている。こうも申し上げた。「文学で言えば天声人語は俳句とか短歌の世界で、自分は長い散文は好きだし、いくらでも耐えられると思うけれども、俳句や短歌をずっと作るのは向いていないと思う」と。どこまで納得してくださったか分からないけれど、ある意味で本音でした。

――結果的に、おそらく三十代の頃から天人候補と想定されていたにも関わらず、失礼ながら「逃げ切った」といいましょうか……。

いや、だからこの歳まで生きていられた（笑）。というか、引き受けていたらもう、GEになる前に力尽きていたんじゃないかな。記事を書くというのは、取材をして知らない人に会って現場を踏んで、書いて完結する作業じゃないですか。でも天人はそうじゃないから。小池民男さんもそうだったけれど、倒れて亡くなった方が多いよね。

第十三章　朝日の立て直しに手ごたえ、アジアの現場へ

二〇〇七―一〇年　東京編集局長（ＧＥ）↓香港駐在編集委員

「これで五年は大丈夫」立て直しに手ごたえ感じ離任

――一年半を終えられて、社内報〇七年十月号で「読者の立場にたって役割果たす　今後も『気骨ある紙面を』」という文章で締めくくられて、現状分析と今後の展望は今の社員も読むべき内容と感じます。

ＧＥをやめたときは、これで五年は大丈夫だなと思いましたよ、朝日が。これでもう自分がいなくても、五年は少なくとも問題は起きないだろうと。

――内ばかり見ないで外に向かってどんどん打って出るという。

うん。というのはみんながものすごい勢いで走り始めていたから。要するに、組織ってみんなそうだと思うけれど、そういう力を内に秘めている。だけどどこかでそれを抑えたり牽制し合ったりして、そのエネルギーがちゃんと仕事に向いていない。でも自分たちで走り出して、これは誰かが止めようとしてもなかなか止まらないくらいの勢いになっていたので。

――それくらい組織としても、個々の記者も活性化した手ごたえがあった。

それと、これは偶然だけれど、やめる直前に安倍さんがやめたから。「ああ、これでひと仕事は終わったな」と思った。

――少なくとも政権からいつ攻撃されるかという状況ではなくなった。

まさか安倍さんがまた出てくるとは（笑）思わなかった。それからずっと首相は一年おきに交代になっちゃった。そのあげくに民主党政権になっても一年おきに交代で、さすがにもう一年交代はやめてほしいということもあったんでしょうね。

朝日の強みは記者の意識の高さ、庶民性、文化的な資産

――編集局長一年半の経験から、改めて朝日の強みと弱みをどうご覧になりますか。

強いところは、ひとりひとりの記者のレベルがすごく高いということですね。現場のやる気ですよ。それはお高く止まっていると言われるかもしれないけど「いい新聞を作りたい、いい社会を作りたい」という、こう言うとすごい書生論みたいになっちゃうかもしれないけれど、若い記者はそういう意識を持って入ってくるからね。

つい先日もね、去年四月に入社して一年間たった、という記者が僕のところを訪ねてくれて話したんですけれど、やっぱり「ああ、すごいな」と思いましたよ。意識の高さというか、それだけに自分が今やれていることが歯がゆい、というんだけれど、そういう意識の高さに悩むなんていうことは、やっぱり他の社にはあまりないかもしれない。少なくとも今までの仕事とか伝統に敬意を持ってみんな入ってきているから、その名に恥じないようにしようという気持ちが強いんじゃないかな。それから実際に能力もすごく高い。取材能力、まとめ能力ね。

それと、意外に自分たちで気づかないんだけれど、わりと庶民的なんですよ。「サザエさん」を載せたり、さかのぼれば戦時中、国民総動員みたいな宣伝工作を、手を変え品を変えやるわけですよ。神風号をイギリスまで飛ばしたり。ああいうイベントを含め、ある種の運動を作り上げる力を持っている。でも、それは怖いことでもあるんで（笑）。

——一歩間違えば、ですね。

やっぱりそういうことに広がりを持っている。本来のそういう良さを自分たちの資産として意識していないと。よく「お高く止まっている」とか「硬い」とか、「正義論ばかりぶっている」とか言われるけれども、そうじゃない面もある。ずっと百何十年やっているわけだから、当然ありますよね。それがないと読んでもらえないから。今はそれが形を変えて、「ドラえもん」とか「ののちゃん」とか、いかに朝日のイメージを親しみやすくしているかというのはありますね。

——たしかに、「サザエさん」などいまだにそれを使って企画をやっている。

それと司馬遼太郎さんの『街道をゆく』。司馬さんがあれを週刊朝日でやってくれたことが朝日にとっていかに大きかったか。それは朝日できちんと認識していないといけない。『坂の上の雲』を産経でやったこと以上に、朝日にとってはある時期大事なことだった。もっとさかのぼれば夏目漱石になるわけだけど（笑）。いまだに漱石を宣伝に使っているわけでしょう。いかに大きいかだよね。

——他社にはない文化的資産を持っている。

柳田國男が論説で農業問題を書いていたんだから。当時、いかに見識を持った幹部がいたかということですね。日本の新聞って、前にもお話ししたように、欧米の新聞と成り立ちが違うから。小《こ》新聞と論説を掲げる大《おお》新聞が合体してひとつの新聞になった。それだけじゃなくて、明治国家は明治維新のあと、軍事と産業振興に限られた資産を振り向けて、教育とか文化にはほとんど使っていない。使える金がない。尋常小学校を全国に作り、旧制中学をその後作り、学制を作ったけれども、文化関係のコンテンツはほとんど作っていない。だけど英米が百年以上かけてやってきたことをたった数十年でやらなきゃいけなかった。そのときに役に立ったのが新聞だった。

ルビがあって、ひらがなさえ読めればどんな難しい言葉でも吸収できたから。新聞はある種の文化・教育機関を兼ねていたわけですよ。だから新聞社が主催してコンサートをやったり、美術展をやったり、欧米だったら考えられないことですけどね。単にニュースを伝えるだけじゃなくて、文化・教育のインフラだった。

イギリスの「タイムズ」は最古の新聞だけれど、要するに支配層のための、王室・貴族が情報を共有するためのメディアとして登場した。だけど当時は新聞印紙税があって、高い金を払わないと読めなかった。だから労働者階級は自分たちのパンフレットを地下出版で作って、それが十九世紀になって商業化して、タブロイド紙になった。だからクオリティ・ペーパーとタブロイド紙では読む階層が違った。戦後も七〇年代になるまで、どんな新聞を購読しているかと聞くだけでどんな階層か分かった。やっぱりそこは日本とは全然違いますね。

だから新聞はもちろん取材力とか発信力が大事だけれど、そういう資産、素晴らしい、その時代を代表するような人たちを作り出し、それを広めて国民の財産にしたという伝統もひとつあるわけですね。戦前は毎日（東京日日）と朝日が二大新聞で、戦時中に朝日が毎日を抜いたわけですよ。戦意高揚のキャンペーンをやって。だから戦後ずっと一位であり続けたのは戦意高揚キャンペーンの結果だということですね。

それは弾圧されたり不利益を被ったりした側からしたら「そんな偉そうなことを言って戦時中なにをやってたんだ」と、文春がからかう、新潮がからかうというのは当然ですよね。だからそこはきちんと、エクスキューズにせよいったんは認めないと、何をしたかということは。そうしないと同じことをやるんだから、これから先も。

だから強みということで言うと、記者たちの意識、能力の高さ、そして明治以来の資産。文化欄を作ったのは朝日が最初で、しかもその初代エディターが夏目漱石だから。

――ある意味で漱石は朝日が育てたといえるかもしれない。

新聞連載小説をしなかったら、象牙の塔に戻っていたかもしれないですね。各地に連れて行って講演会をして、それでいまだに『私の個人主義』のようなものを読めるわけだから。あれも紙面にしているから。

朝日の弱点は内向きなこと、官僚的な気質

――逆に弱点というか、朝日が陥りやすい間違いとなると。

それはやはりさっきから出ている、エリート集団の、要するに内側しか見ないという、部益があって局益がないという官僚気質。これは抜きがたくあるし、若いときはそれに染まっていない記者も、長くなればなるほどそうなっていく。そういうふうになるか、幻滅するか、どっちかということですね。だって、酒を飲みに行って人事以外の話をしているのを聞いたことがない。いかに内向きかということですよね。

――仕事で忙しいのは確かですが、もう少し趣味とか違う世界があった方が。

本当だよね。もったいない。これはね、僕は書く現場にいたいということしかなかったから、もちろん上に行きたいとかラインに乗りたいとかいうことも考えていなかったけれど、ただひとつ気がか

り、不安だったのは、自分が書く現場から外されるということだったんですよ。編集局の一記者でいいから書いていていたい。

――それは地方の一人支局とかでも？

もう全然いいですよ。そう言えば、毎日にいた大森実さんがライシャワーの筆禍事件のときのことを振り返って、外信部長になるはずだったけれどワシントンに飛ばされたと書いていて、「この人、ジャーナリストなのかな？」と思った。

――本来、すごいジャーナリストだった人が、ラインのポストを望むようになった。

大森さんですらそうなるというか、だから大森さんとしては自分が部長になればもっと紙面を変えて政権に影響力を発揮できると思ったかもしれない。

――このGEをされた後のことでしょうけれど、「外岡さんに社長になってもらえないか」という話があったそうで。

三年前（二〇一四年）にある方面からそういう声があったけれど、お断りしました。

――ああ、やっぱりその頃でしたか。二度目の緊急避難ですね。

だってせっかく苦労して、あれだけ苦労して辞めたのに（笑）、戻るなんて考えられない。GEをやめるときに社長にご挨拶に行って、アジアに出してくれるという約束だったから、交通の便とか考えて香港になった。中国の近くがいいな、と思って。中国をウォッチしたい、またアジア全体をウォッチしたいということで。社長もそれは了承してくださって。

――アジアにということはもうGE就任前から具体的に、他のポストではなくて？

だって、もう東京にいたくないし（笑）。いつからかな、局長のときに役員待遇というのがついていたんですよ。役員待遇にすると十日以上の出張は支度金がつくとか、飛行機はビジネスクラスの席とかJRはグリーン車とかね。そういう記者だっていうことになったら、デスクがきちんと声をかけてくれなくなる。だからそれもそのときに「外してください」って頼んだ。そうしたら社長が「きみ、給料下がるけどいいか」って。「全然かまいません」(笑)。それで外してもらった。

GEから編集委員で「飛ばされた」と思った人も

まあ、だから外から見たら飛ばされたと思った人もいるでしょう。というのはその後、僕が東京に帰ってきたらね、以前僕が局長だったときに知っている人が、知らないふりをするんだよね。廊下を歩いていたりすると。「へーっ」と思ってね。あれにはびっくりした。「そういう目で見ている人だったんだ」と。

――そのへんが、目が内向きというか、理解できないんでしょうか。

そういうモチベーションで行動している記者だっていうことが理解できないのかもね。わかりませんけれど。

――香港には駐在記者がいて、そのオフィスに同居する形で?

そうそう。それは僕がNYにいたときに筑紫哲也さんがNY駐在編集委員でいらして、それを僕は見ていたので。それは前例がなかったんだけれど、僕がやってみたいということで。

――やっぱり中国をウォッチするには北京よりも香港が好ましいという判断ですか。

いや、というよりも北京では取材できないから。監視があるから。よっぽど深く食い込んでいれば別だけど。アジア全体を見てみたいという気持ちだったから。それに中国駐在編集委員となったら、中国に一回でも赴任していないと、とても論じられないから。今アジアで何が起きているのかを各地からレポートしたいということだったし。

——香港では、それまでを取り戻すように自由に取材されて。

だってルーティーンがないから。香港で起こっていることは香港駐在の記者がいるし、じゃあ自分で何をできるかなあということを考えて、結果的に大したことはしなかったんですけれど、『歴史を歩く』という月一回の続き物とコラムですね。それ以外に「あいつは何もしていない」と言われるんで、ヒマラヤの上空から地球異変のルポを書いたり、北京オリンピックの開会本記を書いたり、リーマンショックのときの一回目のルポとかGM破たんのときのルポとか。

香港でリハビリ状態から自由に取材に歩ける快適さへ

ただ、香港に行って最初の一年くらいはリハビリ状態、体がもうガタガタになっていたから。

——それはGEのときの膝を痛めたときから引きずって？

それは今考えたら痛風だった。それが出てき始めた。それは最初、分からなくて。

——やっぱり香港に行かれた当初は、GE一年半で疲弊しきっておられた。

本当に慣らし運転みたいなものだった。僕は東京にいる間はほとんど、月に一回『みすず』に書くくらいで、節目では書いたけれども、あとはほとんど社内報とかに書くだけでした。

——体のどのへんが一番弱っていましたか。

目かな。目と、常に誰かと話しているという状態がものすごくつらかった。のんびりして、ボーっとしている時間が自分には必要だなと思った。

——香港暮らしについてはいかがでしたか。

英語が通じるので、それと、どこに行くにも便利であらゆるところに行ける。たぶんハブとしては香港とシンガポールですよね。安いし。

――もう東京にはいたくなかったそうですが、やはり香港で解放感を味わって。

ありましたね。だから当時は、拠点の香港にはときどき帰るんだけれど、いつもアジアのどこかに取材に行って、ほとんど写真も自分で撮っていました。一人でどこでも行けるというのがものすごい快適でしたね。

香港を拠点に中国・台湾・アジア、沖縄を見る

香港から台湾が一時間で、台湾から沖縄が一時間なんです。だから香港から沖縄まで二時間なんですね。沖縄ってそういう場所にあるから。日米関係の中でまず沖縄を見た。勃興するアジアの中で沖縄はどういう将来があるんだろうというのを、アジアを見る中で確認したいというのが根っこにあった。

最初に行ったのはヒマラヤのカトマンズで、「地球異変」という企画をやっていて、雪が溶けるというのを名古屋大学の研究チームが調べているというから、もちろん記者も派遣されたんだけど、地球異変のグループがこれまでやってくれたから、場を与えてくれたんでしょうね、きっと。香港は『香港物語』のときに三か月いて、町自体は頭に入っていたし、返還のときの取材で歴史的な交渉は知っていたので、台湾、中国も取材してきて、これからこの三つがどういうふうに変わっていくのかな、という関心がありました。

――当時、中国は香港返還後約十年で経済成長の真っただ中で、〇八年北京五輪開幕の朝刊1面のコラムで

「（北京五輪のシンボルとなった）競技場「鳥の巣」は隆盛な経済力を背に「帝国」の威光を目指す象徴となるのか、世界に開かれた中国を目指す序章となるのか。それを占う大会でもある」と書かれました。

結果的には前の方の国威発揚路線がずっと続いて、胡錦涛時代の最大イベントだったわけだけれど、その責任者が習近平でした。ある意味で彼は北京五輪を成功に導いて、それが彼の最後のステップになったわけです。李克強と習近平はともに異例の抜擢をされて、どっちがトップになるか分からなかった。最終的に習近平に移ったのは、江沢民と胡錦涛の間の対立があって、相当熾烈な権力闘争をしていたので、最終的には江沢民が推して習近平になったと言われている。李克強は共青同、共産主義青年同盟で胡錦涛の後輩だから。胡錦涛の権力基盤はそこで、そこはまだ江沢民が生きていたので、最終的には習近平政権になった。

国際面コラム「歴史を歩く」アジアの歴史に光を当てる

――香港に異動されて半年後、国際面のコラム「歴史を歩く」が二〇〇八年四月から始まります。

アジア全体に行けて、報告ができてという企画を考えたときに、その「歴史を歩く」になりました。東京にいるときに三浦さんたちがやった「歴史と向き合う」という企画の後継連載があって、アジアに日本、韓国、中国の現代史を共有できるようなファクトで振り返ってほしいと。山室信一さんにアドバイザーをお願いして、ずっと連載をしたんですよ。それは僕自身がやってみたいと思ったことでもあったんで、意味のある企画だし自分なりにやりたいなと。

ということで、インドのガンジーとかベトナムの独立運動とか、中国にも何回か、台湾のアイリン・チャンとか、ベトナムはファン・ボイ・チャウという独立運動の指導者ですね。そういうちょっと埋もれてしまった人に光を当てて、それから泰緬鉄道をめぐる日英の和解の考え方とか。これは一年やりました。

だからずいぶん各国の歴史をたどって「ああ、本当にアジアについては何も知らなかったな」と思いました。僕らは世界史、日本史を習った世代ですけれど、世界史はほとんど西洋史なんですよね。隣の国である韓国・中国についてもほとんど知らないし、ましてやベトナムとかどういう経過をたどって独立したのか、インドもそうですし。だから断片的に、セポイの反乱とかガンジーの独立運動が出てきたりするけれど、通しで見ていないから。いかにアジアについて自分は知らないのかということを思い知った気がしますね。

中国の四川大地震を取材、学ぶべき「対口支援」

――外岡さんはやはり震災とご縁があると言うべきか、香港駐在中、〇八年の五月に中国で四川大地震があって、その取材で現地へ。

北京五輪の開会式を（1面署名で）書け、という指示が東京から来ていて、五輪の直前に起こったんです、四川大地震が。それで「これを抜きに開会式を書くことは出来ないな」と思って。それでまず現地に取材に行ったのが最初で、あまりにひどい惨状だったので、震災から二か月後かな、また取材に行ったんです。

最初に行ったときは発生間もない時期だったから、まだ救出、救済活動をやっていた。成都の近くに水の氾濫を防ぐ、何千年の歴史を持っている都江堰《とこうえん》という水利施設があって、そこを見ても被害がものすごい広範囲にわたって、しかも犠牲者は小学校で多かったんです。子どもたちが。

あちこちたどって、成都に入院していた夫婦、夫が入院していたんだけれど、ビルの最上階にいて、ビルが崩れて小山みたいになって、そこで助かった二人の話をじっくり聞いて、それを開会式の記事に持って行きました。

やっぱりびっくりしたのは「対口支援《たいこう》」ですね。例えば上海市はどこどこの市を支援すると決めて、復興についてもずっと責任をもって支援をやるという形です。日本型の支援だと、どうしても国があって都道府県があって自治体があって、そうすると、すべてが二段階で、まず県に行って、県が自治体を見るということになる。それは、局所的に被害が集中していれば効率的だけれども、東日本大震災のように広域な被害が出ると、必ず支援に偏りが出るし、効率的じゃないんですよね。

中国だとまず省があって、成都市があって、ほかの市があって、二重構造になっちゃうから、必ず各自治体に割り振る。長期的な支援だから、救出もやるし仮設住宅の建設もやるし、復旧活動もやるんだけれど、一年二年にわたると、都市計画の担当の人を上海に呼んで、研修して帰すといった人的な交流も含めて、まず、ダブらない、どこかに手が回らなくて支援が行き渡らないということもない。そういうメリットがあってすごく迅速に行われていることを目の当たりにしたわけです。

二か月後に訪ねてみて、その一年後にも行きました。やっぱり社会主義で共産党の一枚岩で、軍を動かし省を動かし市を動かし、ああいう強権国家だから出来るという面もあるんだけれど、効率的なやり方は日本でも学んだ方がいいんじゃないかなと思って、東日本大震災が起きたときは、そういう提案もしたんですが。

——当時の片山善博総務相＝元鳥取県知事＝に直接取材して、そういうお話もされたところ「日本では無理です」という答えだったと。

そう言われましたね。でも、日本学術会議もそう提案していましたが、とりわけ南海とか東南海とか、連続して地震が起きる場合は、東京だけじゃなく大阪にも被害が及ぶと言われているわけだから、要するに昔からのスキームでは対応できない可能性があるんですよね。すると残存自治体がそれぞれこの場合にはこういう対応を取る、というシミュレーションをあらかじめしておいて、国の指示がなくてもそこに入っていくというくらいの、自治体同士の連携が必要になるんじゃないか。もちろん想定以外の事態も起きるわけだけれど、そういう場合にはこうするとか、あらかじめプランを作っておくことが必要だと思うんです。ヨコの自治体同士で。

近畿の広域連合では実際に今回、東日本大震災で対口支援をやったんですよね。中国も、阪神大震災の様子を聞いているわけで、避難所から仮設住宅、それから恒久住宅、二回にわたってコミュニティが壊される。お年寄りが孤立する、ということを知っていたので、できるだけコミュニティ単位で仮設住宅を作る、ということを中国は考えたと思う。そういう点では、お互いに地震が多い国同士で、後世に伝えることは大事なんだけれども、横同士でも共有することは大事だと思うんです。

二〇〇八年末、リーマンショック後の世界を取材

――そうこうするうちに、〇八年秋から年末にかけてアメリカでサブプライムローンに端を発してリーマンショック、世界同時株安、このときは東京からお呼びがかかって取材を頼まれたと。

そうそう、「今起こっていることは何なのか定義してくれ」と。十月くらいだったと思うけれど、新年企画でこの問題をやることになって、企画会議をやるという。「春遠からじ」という言葉があるじゃないですか。

――「冬きたりなば、春遠からじ」ですか。

誰かがそれをタイトルの案として言ったんだよね。経済中心の企画だったけれど。一瞬、耳を疑ってね。

――つまり「この経済状態もいつかは回復する」と。

何を言っているのか、意味が分からなくて（笑）。

――そういう視点で取材しようとした人もいた。

というか、どちらかと言うと、そっちの方が多かった。「今起きていることの衝撃を受け止めてないんだなあ」と思った。で、そのとき寺島実郎さんにインタビューした。以前に二十一世紀企画で世界の代表的な方として寺島さんとアマティール・センにインタビューしたんです。「日本はバブルが終わってから浮かれていた」という的確な話をされて、今回もやはり寺島さんにと。ロンドンでも香港でも、寺島さんとはよく現地で朝食を取りながら話をしていたんですよ。

寺島さんはさすがに、いま世界でショックの連鎖が始まっていると見ていらしたから、僕は経済にそんなに詳しいわけでもなんでもないけれど、あのときの衝撃というのは肌で感じたので、するとこれは世界各地を回るしかない、と。それぞれの現場で今何か起きているのか自分の目で見るしかない。9・11のときと同じ発想ですけれど、9・11と同じくらいの衝撃があるということで、中国から始まって、アメリカに行ってヨーロッパを回って、ドイツとか、ドバイに行って最後は中国にまた戻って。

リーマンでお金をすった人がものすごく多かったから、衝撃の度合いをまず読者に知ってもらうことが大事だと思ったんです。それは一月一日付ではなくて十二月三十一日付に前倒ししたんですよ。今でも覚えているけれど、最後は広東省に行って、駅に行って誰かつかまえなきゃいけないと。何とか三十日組に、その日に取材して入れたんですよ。本当に綱渡りの取材で。あ、スペインにも行ったんだ。とにかく現場を見つけて、その人たちを転々と、今何が起こっているかを取材した。

——そういう世界一周的な取材の場合、通訳というのは。

いや、ほとんど英語で。どうしても通じないスペインとかは、現地で英語を出来る人を見つけて通訳してもらう。だいたいヨーロッパはどこの国でも、大きな町には英語ができる人がいるから。ドイツ、北欧はほとんど英語で通じる。中国は結構難しいんですよね。香港から現地語が出来る人に一緒に行ってもらうとか。ただ、行ってから「誰か英語できる人いませんか」と探すことも結構あった。ヨーロッパで英語が難しいのはフランスとスペインかな。スペインならバルセロナとかマドリッドにはパリ支局と契約している人がいるんだけど、地方の場合は自分で探すしかない。

連鎖で取引先をたどり世界一周

リーマンのときには、連鎖でたどろうと思った。NYで商売をやっている人がいる、その人にハンブルクの弁護士を紹介してもらって、その弁護士のドバイに投資した人で失敗した人の投資先を教えてもらう、という感じで。事前に連絡しておいて、投資で失敗した人がほかの国にいないかということをメールで問い合わせて。相手の都合を聞いておかないと、その日にいてくれるか分からないから。

——すると、取材のアポを入れる際に、次の取材先についても紹介をお願いする。

主に取引先ですよね。事前にかなりのやり取りをしていないと、いきなりフラッと行っても無理だから。これは「世界名画の旅」のときのやり方です。

——そのときもやはり、9・11後の取材で使った世界一周オープン航空券がまだあったんですか。

そうそう、今でもあります。それがなければそんな企画を思いつかない（笑）。もちろんエコノミー券です。普通の人はそんなチケットがあると知らないから、ずいぶん金をかけていると思われたかもしれないけれど、実際にはそんなにかかっていない。アメリカやヨーロッパ往復のエコノミー正規料金と同じで、十数万円くらい。

――五十代半ばのお歳で連日エコノミー席では、かなりハードな取材と思いますが。

それは何とも思わない。そういうことをずーっとやって来ているから。しょっちゅう動いているのが普通だったし、香港に行ってからもアジアのあちこち歩いていたから。

――当時、リーマンショックによって、それまで十年二十年続いていた新自由主義経済の行き詰まり、あるいは金融工学的な、金融の肥大化が破たんしたということかと思いますが、取材の実感としてはいかがでしたか。

サブプライムローンで、いろんな金融派生商品を出して、誰が責任を持っているとか、それがどれくらいの額になっているとか分からなくなってしまっている。

今でも記憶があるんだけれど、リーマンが破たんしたときは、アフガニスタンのカブールにいたんですよ、「歴史を歩く」の取材で。当然、何が起きているのか分からないからCNNを見ているわけ。そのときに、CNNのアンカーが、ロンドンとNYからの中継でそれぞれ現地の記者に発言させるんだけれど、声が震えて何を聞いていいか分からない状態だったんです、経済キャスターが。「いや、すごいなあ」と思って。

そして北京に振ったわけ。「中国はこの影響はどうか」と聞いたら、北京は「中国はもともと銀行を国有化しているから大丈夫です」と(笑)、これはすごいなあと思った。金融機関が破たんして信用不安になるから、その衝撃が世界に走ってこれから公的資金を投入するかどうかという瀬戸際のときに、北京では落ち着いて「国有化しているから大丈夫」という、あれを見て笑ったと言っては悪いけれども。

要するにそれこそ金融工学の最先端を行っていた欧米型のグローバリズムに激震が走った。ひょっとしてウォール街の、一九二九年の恐慌に匹敵するくらいの可能性があると思ったので。一番注意しなくちゃいけないのは、金融破たんの結果がどうなるかですね。幸いにしてかつての第二次世界大戦に至るような流れにはならなかったけれど、ただリーマンショックによって、ある意味でブッシュ政権が倒れてオバマ政権になったわけですよ。もちろん、ハリケーン・カトリーナの被害をめぐる、ブッシュ政権の対応が収拾つかないことがあったんだけれど、大きかったのはリーマンショックでしょう。

特に二十一世紀になってからそうなんですが、まずITバブルがあって、日本もそうでしたけれど、バブルははじける。そしてリーマンショックでデリバティブとかサブプライムがはじけちゃう。結局そこで財政出動とか、景気対策をやって膨大なお金をつぎ込んだ。中国もそうだけれども、それはいずれまたバブルではじける。そしてヨーロッパが債務危機になり、ギリシャ、アイルランドで現実化する。バブルがあってはじけて、その対策で金をつぎ込んでと、その繰り返しでずっと来ているわけですよね。行き場を失った過剰流動性はいずれ、はじけざるを得ない、中国も含めて。

東京に呼び戻されなければ定年まで会社にいた

――リーマンショックの企画後は二〇〇九年四月から「ザ・コラム」で、この〇九年ころから、外岡さんもそろそろ朝日の仕事を終えることを考えられたわけでしょうか。

いや、考えてなかった。というのは、会社にいなくてよくて、どこにでも行っていいという立場だったらハッピーだから。だけど、早野透さんが統括してきた夕刊1面の「人脈記」が、早野さんが退社されるので、やめるか後任を見つけるかで、続けようということになって、二〇一〇年に僕に「帰ってきて見てくれ」ということになったわけです。

それで東京にいて、また毎日毎日いろんな会議とか始まって、これも早野さんがやっていらした「いい文賞」の座長というのをやって、それでもう、ほとほと嫌になって（笑）。だからそのとき呼び戻されていなかったら、たぶん定年までやっていたと思います。

それまでは「いい文賞」の講評というのはすごく短かったんだけれど、僕になってからすごく長くなって、疋田さんから教わったことをこの際全部、毎回伝えたいと思ったから。たしかメールで編集局全員に配信しましたよ。だからみんなびっくりしたか迷惑したと思う（笑）。大阪や名古屋、九州の記事も取り上げて、ほめちぎったから。

――それは意図的に？

この記事のどこがいいかというのを説明して初めて、解説者も読者も納得がいくわけじゃないですか？　これはいい記事だと上の方が決めて賞を与えて、では「あ、そう、良かったね」だけで終わっちゃう。僕は、どれがいいというのを一切決めなかった。そこに出てくるデスクたちに決めてもらった。つまり「ピア・ザ・オール」という、仲間が与える賞に一番権威があるんだよね。例えばアカデミー賞もトニー賞もそうだけれど。

それでデスクたちに「仲間たちが決めるのが最高の栄誉なんだから、座長が鶴の一声で決めるんじゃなく、あなた方で決めてくれ」と言った。僕はほとんど発言しなかった。だけど選ばれたものについては、そのときの議論も含めて、なぜこの記事が素晴らしいかというのを詳しく書いた。それはGEをやっているときと同じで、要するにデスク、記者に気持ちを奮い立たせてもらいたかった。もっと元気になってほしかったから。

「ザ・コラム」を担当、現場から歴史の縦軸を常に考える

――解説面「ザ・コラム」については。

そうですね――コラムというのは人によっていろんなスタイルがあると思いますが、僕は基本はどこかに行って、現場から考えるということなんですね。僕の場合は、ある程度の分量があるコラムでは、必ず歴史ということを軸に入れるというのを考えました。

例えば中国とアメリカの関係を考える場合には、中国で北京大学と並ぶ古い名門大学の清華大学、これがどうやってできたのか、という成り立ちを調べて。あれは義和団事件の賠償金を還元するためにアメリカが作った、メイド・イン・アメリカなんです。それに比べて日本はどうか、ということを調べていって、日本も対中国の研究機関は作ったけれど、それは侵略と裏腹にやっていたもので、中国側の協力を得られなかった。だからそれが結局、日本とアメリカの、中国への距離感の違いになって残ってしまった。侵略とか支配の対象として見るか、そうでなく相互理解のために卒業生がアメリカに留学して理解を深めてもらうとか、そういうことをアメリカはずっとやってきた国で、ある意味でイギリスもそうですね。それだけゆとりがあった、圧倒的な力を二十世紀は持っていたから、理解される、理解しあうということを文化的に大事にしてきたんですね。

だから自分でコラムを書くときも、あれだけの分量があるときは、縦軸というか歴史をさかのぼって、なぜこういうことが起きているのかを書くようにしていました。

香港では忙しくなかったので、デイリーのルーティーンがなかったから、山川出版社が出している各国別の歴史の厚い本を読みました。中国だけでなく、東南アジアは海の国と陸の国とを分けていて、

アジアのそれ以外の国は各国別の歴史書があります。僕らの世界史理解は、例えばインドだったら、ムガール帝国が出てきて次にインド独立運動に飛んじゃって、パキスタンとの分裂になるというものです。ベトナムも日本とのかかわりが初めて出てきて、次はもうベトナム戦争だから、その国の縦の歴史から見るアジア同士のつながりというのは分からないんですね。

それはなぜかというと、僕らが習った西洋史は欧州史であり、アメリカも含めた欧米史であり、中東の歴史やアフリカの歴史は知らない。だからものすごくバランスが悪い。それについては普段、気がつかないんです。アメリカにいたときはアメリカの歴史を、ロンドンにいたときはヨーロッパの歴史を読んで、アフリカはヨーロッパの植民地だったので、どういうことがあったかというのは宗主国の歴史を読めば、うっすらとは分かる。しかし、アジアについてはまったく知らなかった。

第十四章　東日本大震災取材、早期退職と帰郷、再び現場へ

二〇一〇年―

「ニッポン人脈記」キャップ、綿密に作り上げる

――二〇一〇年の春に東京に戻られてから夕刊１面の「ニッポン人脈記」のキャップに、これはデスクワークをやるんですか。

いや、デスクは専従で四人いました。デスクが「このテーマで書きたい」と手を挙げた人と話し合いをして、企画を立てる。それに僕が相談にのって、このテーマはこういうふうに切り分けた方がいいとか、こういう視点を入れた方がいいとか、柱立てを決める前にやる。それで三か月くらい取材に入って、原稿が次々と出てくると、まずデスクが見て、デスクが見たものを僕が見る。毎日の刷りを見る。だからものすごく手が込んでいるんですね。早野さんがそういうシステムを造った。

――ぜいたくというか、人手がかかっていますね。

筆者が書いてきたのを見て、そこでものすごいやり取りがあるわけですよ。ここの表現はこう変えた方がいい、とか。ほとんど毎晩のように徹夜に近い状態になる。

二、三週間おきに仕込みに入って、途切れがない。キャップというのは全部に関わるわけです。それぞれの担当デスクは三か月に一回、回ってきて、コーチみたいなものですよね。つきっきりで原稿を仕上げる。その工程というのはものすごい綿密で、だからああいう水準のものが出来たと思いますね。インタビューのほとんど全文を、業者に頼んで起こしてもらった。それもぜいたくなことで。

——若い記者が書くチャンスがあったとしたら、勉強にはなるでしょうが、そこまでやると「ついていけない」みたいな例が出るのでは。

何年もかかった記者もいますけれどね。取材先との人間関係がうまくいかなくなって、またやり直して、励まして、最後まで仕上げた。僕は入社してからやめるまでデスクをやったことはないんだけれど、はたで見ていて「デスクというのはここまでやるんだ」と勉強にはなりましたね。録音の起こしをみんなデスクが持っているから「ここはなんでこれを書かないの」とか「この言葉が必要じゃないか」とか（笑）。入社して以来、そんな経験はなかった。

性同一性障害とがんの連載記事から長編小説を着想

——長編小説『カノン』の構想は、この「人脈記」から得られたそうですね。

そう、性同一性障害を取り上げた回があって、あれはＬＧＢＴの最も早い企画だったと思うんですけれど、当時名古屋にいて、テレビの経験もあった渡辺周さんという記者が担当した。それを見て仰天したんですね。僕は一九八〇年代末から九〇年代初頭のＮＹにいて、ゲイ・レズビアンというのがかなりオープンになり始めていた時期で、自分ではそういう偏見は少ないと思っていたのだけれど、やっぱりその原稿を見て、いかにこの人たちが苦しんできたのかというのを知って、僕の偏見というのは、記者でありながらものすごい揺るぎないものだったというのが分かった。

そのときすでに「オネエ」タレントとか、そういう人たちが出始めていた時期なんだけど、やっぱり変わり者というか、そういう扱いで、正面からテレビも扱っていたわけじゃないから。でもこの企画で一気に市民権を得たというか、「あ、そういうことか」というのがいろんな人に伝わったと思うんですよね。

それともう一つは「がんを生きる」という、上野創さんの記事ですね。この二つに僕はものすごい衝撃を受けた。それまではがんというのは不治の病という印象が強くて、がんを告白することは一般的になっていたし、告知することも一般的になっていたんだけれど、でも「がんになったら治療に専念するしかない」というのが当時の僕の偏見だった。がんのあとをどうやって生きるのか、特に仕事をどうやって続けるのかというのが、ほとんど見えなかった時期ですね。

亡くなった吉野ゆりえさん、全日本のダンス選手権に出た女性がいてね。この人はサルコーマ（肉腫）という特殊ながんにかかって、日本にそのがんの患者は数百人しかいなくて、それを彼女一人で奮闘して、健康な人にも呼びかけて対話をするとか、打ち上げのときには彼女も来てくれて、一緒にワインを飲みましたけどね。

上野さん自身もそうなんだけど、やっぱり、なんというかな——ひとりを取り上げれば美談になるけれども、百人を取材して、それぞれ生き方は違うけれども共通している何かがあって、それは時代の鼓動と言うか、時代の動きを確実に伝えているんですね。単なる感動ストーリーとか美談では終わらない、何か社会を動かす力を持っている。そこまで取材して見えてくるものがあるんです。

デスクが書くときもあって、そのときは僕がデスクをやるんですよ。だから一種の塾みたいなものですね。徹底的に一対一で、三か月かけて一つの仕事を仕上げるという場でもあるし、文章の真剣勝負の場でもあるし。

「札幌の両親が元気なうちに」と退社に傾く

――ただ、そういうお仕事をされながらも、一方で辞めることを考えておられて、後に小説になる題材もそこからヒントを得られた。

そう、やっぱりねえ――いや、辞めるときは小説を書くつもりはあんまりなかったんですよ。一番には、両親がもう歳をとってきていて、僕が札幌に帰ってきたのは父親が八十五、母親がいま九十だから当時は八十四かな。母が八十ちょっと過ぎくらいから、週に一回くらいの割合で実家に電話をして、一時間くらい話していた。

すると、なんかねえ――いつも一人で食事しているみたいで、心細そうなんですよね。当時はしっかりしている、つまり認知の症状があるとは思わなかったんだけど、ただ、「愚痴がずいぶん増えたなあ」という印象があって、父親をずっと家でみていたんだけれど、それがいよいよホームに入るということになって、やっぱり「まだ親が元気なうちに、一緒にそばにいる時間がほしいな」というのが一番の理由でした。

十八歳で上京してから、一度も札幌に戻って暮らしたことがなかったので。高校までは親とも相当――軋轢というか、高校紛争にかかわったもんだから。だから十五歳くらいから先は、本当に親とじっくり話すということもなかったんです。そうすると、もう両親もいつまでも元気なわけでもないし、そういうことを今話し合っておかないと、「あの頃はこうだった」とか思い出を話す機会もなく、取り返しがつかないような気がして。

父親はもともと口数少ない人だから、そういうことはないと思うんだけれど、母親はいろんなことを抱えて、それを誰にも言うことなく亡くなってしまう可能性がある。そのときに自分は立ち直れないだろうと思った。もし、そうなって——。

——精神的に立ち直れない、じっくりお話することなくお別れしたら。

そうそう、そのときの自分がもう見えちゃうんですよ。自分がどうなるかというのが。それは父親がよく言っていた。父親は二十歳で札幌に渡って、もともと名古屋の人で、その前は姫路で、父親の両親は名古屋にいたんですよ。酔っぱらうと「親孝行したいときに親はなし」ということを必ず言うんだよね。父親は仕送りをずっと両親にしてきたし、金銭的には尽くしていたと思うんだけれど、親孝行していないということにずっと苛まれていた。それを見ていたもんだから、「これはかなわないな、立ち直れないな」と思って、それが大きな理由でしたね。

——会社の方のお仕事も「もうそろそろいいかな」という感じでしたか。

そうですね、自分が自由にどこへでも行ってとか、ホットなことを追いかけるとか、そういうことが出来なくなってきていたので。「人脈記」と「いい文賞」と、あまり手を抜くことはできないというか、吉田さんは僕に「戻ってこい」というときに、「いや、別に東京にいなくたって遠隔操作すりゃいいんだ」って（笑）。

そうはいかないですよね、デスクがいるから任せきりでいいっていうふうには。しかも早野さんの後だから。それは早野さんの始めたものを、質を落としたということになったら、早野さんに対して失礼ですから。

——早野さんとは、たしか戦後五十年企画のキャップとライターとしてお仕事を。

初任地の新潟支局にいたときに政治部からいらっしゃった。新潟にいたときから、僕の先輩の中では最も面倒をみてくれた方で、あの方はやっぱり、政治部だけど人権問題とか少数派に対する目配りというのはすごい深いものを持っていて、どんな小さな集会でも取材しているから、すごい方です。

二〇一〇年末、早期退職募集に応じて退社を決める

――具体的に「辞めます」と伝えられたのは、会社のどなたに。

その当時のGMの杉浦信之さんに。GEが西村陽一さんだった。タバコ部屋で、人脈記は夕刊の組み込みがあるから朝が早くて、誰もいないときに杉浦さんが入ってきて（笑）。そのとき二〇一一年早期退職の募集がかかっていたから、一〇年の暮れに近かったんじゃないかな。「今度、早期退職の募集に応募しようと思います」って。そのあと吉田さんとか社長に呼ばれて。

――相当、慰留されたでしょう。

だけどね、吉田さんは、僕がロンドンにいたときに「辞めます」と一回言っているから、こいつはもうダメだと（笑）思ったのか、わりとあっさり認めてくださった。社長は、両親のことを話したら「それだったら北海道支社の報道部に移すから、そこで編集委員をやってくれないか」とまでおっしゃってくださった。

――なるほど、そういう手もありますね。

でも、そんな中途半端で会社のお世話になることは心苦しいし、ということで――。たぶん、秋山さんは、僕が一年半GEをやったということで「やるべきことはやってくれたな」と思ってくださったんじゃないかな、と。

――当時、週刊誌には外岡さんが辞める理由を「ご病気らしい」と書いてありました。

ああ、あった。だから病気説を誰かが流したんでしょう、動揺を抑えるために。病気だったら会社を辞めるはずないじゃん（笑）。しがみつくよ。だからそれはやっぱり、ためにする情報というか。

――早期退職の募集が、辞めるきっかけの一つにはなった。

両親はいつどうなるか分からないから「もうそろそろ潮時だな」というのがあった。そう、思い出した。だから年末年始に札幌に帰って、借りるアパートの下見をして、契約もそのときにしたかな、実家から歩いて通えるところで。最初は借りたんですよ。途中で、同じアパートの部屋を中古で買った。年が明けてそこの場所も決めて、四月一日の札幌行き片道切符も買って、そこでもう、だいたい自分の気持ちははっきりしていて、あとは退職手続きに入った。いろんな、年金とか健康保険とか。その手続きが終わって、もうあとは昼も夜も送別会というのが三月だった。そのときはもう早期退職で誰が辞めるのかわかっていたから。三月十一日、同期で送別会を開いてくれるということになっていて、夜はそれに出ようというときに――。

震災発生一週間で上空から被災地を見て翌日現地へ

――午後二時四十六分、会社の渡り廊下で打ち合わせをしていたときに、大きな揺れが来たと『震災と原発国家の過ち』（朝日新書）で書いておられます。

そのときは、松本一弥さんとイラクに関する連載の打ち合わせをしていた。

――そして現地を上空から見たのは一週間後で、次の日に取材に向かったそうですね。

そうそう、若宮さんと、写真部の人と一緒に。「あすか」で羽田から飛んで、東北をずっと見て、函館で給油して戻った。もうそのときに、翌日から陸路で行くと決めていました。それで「人脈記」

の仲間に呼びかけたんです。

行くときはハイヤーで、一人で行かなきゃというから「どうしてそうなるんですか」と聞いたら、緊急車両でないとダメなんですよ。ガソリンの給油とか受けられない、緊急車両として築地署に登録した車でないと。自分一人でハイヤー使って回るということは出来ないから、車内の空いているスペースにその日までの新聞をたくさん積んでいく。それと、人脈記の人たちに頼んで「カンパを呼びかけてくれ、それで必要な物を買ってきてくれ」と。水もあれば米もあれば、お菓子とか、いろんなものを買って、それを満載して、行く先々で配るというのが一つの目的だった。

――その発想は、阪神大震災のときの取材経験から考えておられた？

それは阪神のときも自分で食べるものを含めて持っていくという前提なんだけれど、それだけではダメだと。今回の場合は広域になっているから、被災地が三百数十キロにわたっていて行き渡るはずがないから。基金を作って「取材に行くときは必ず支援物資を持って行ってください、会社が半分出して、あとは有志がカンパして、そのお金で何かものを買って定期的に持ってゆくように作ってください」と会社の幹部に提案した。

でもダメでした。仙台の総局に最初に行ったとき「そういう話をあなたが提案したようだけど、今この総局の記者は一日にカロリーメイト一つしか持っていけないから」と。もう一つは福島で「線量計を記者に持たせる」と言い始めている、だから記者自身が取材に行くのはすごく不安になっている。それは現場を預かっている人が言うことだから、東京で見ていて頭の中で考えているように簡単にはいかないということですね。

「Dr．コトー」に連絡して一関市を拠点に三陸へ

——持って行ったものは外岡さん個人が配ったけれど、会社としてはやらなかった。

だけど、僕はかなりの額の現金を持って行って、行く先々でりんごや食糧を買って、それを避難所に箱ごと置いていくとか、毎日買い物していた。

——たしか一関市に宿を取って、毎日そこから取材されていたと。

最初に頼ったのは、人脈記で生井久美子さんが書いた「Dr．コトーを探して」に出てくるお医者さんです。連絡先を教えてもらった。あの人たちはいち早く現地に行くから。紙面にもアエラにも書いたんだけれど、彼がいろんな人に呼びかけて、頭も坊主刈りにして、現場に入っていくわけ。「Dr．コトー」というのは、ある意味で緊急対応に向き合っている人たちだから、どんな病気にも独りで立ち向かう、ほかに頼る人はいないから。ERの救急医療の人たちもその意味では同じ課題に直面している。

それから、かつて自治医大制度が出来て、大学紛争に関わった医師たちが一斉に僻地に入っていった。そういう集団が各地にいたんですよ。そういう歴史を持っている人たちだから「これは必ずこの人たちは行くだろう」と思って、携帯の連絡先を教えてもらって、すると一関市の藤沢町にいると。なぜそこを選んだかというと、そこから気仙沼まで近くて、地盤もしっかりしていて、水もあって、聞いていて「これか」と思った。

宮城の沿岸まで行って、そこから沿岸部を回る。しかし、泊まるところも沿岸部にはない。朝早く出かけて取材をして、一関に戻る。一関って、盛岡総局管内なんだけど、近さで言うと宮城の隣で、

気仙沼の方が近い。沿岸へのアクセスもいい。いろんな知り合いの記者に電話して状況を聞いたら、一関は焼き鳥屋があると。

――ヤキトリ？

そう（笑）、その話を聞いて「ああ、一関だ」と。つまり火が使える、水が使える、ほかの店も開いている。仙台に行ったらコンビニもやっていない。そのときは最初に、人脈記でお世話になった伊集院静さんが仙台にいると聞いていたんで、あと昔NYにいたときに朝日の支局を訪ねてきてくださった俵万智さん、その二人にまず支援の品を届けようと思った。しかし伊集院さんには連絡がつかず、俵さんのマンションの入り口までいったんだけれど、もう、いらっしゃらなかった。それで結局お二人とは会えなくて、仙台では医療体制の取材を医師会にしたんです。

東北の被災地三県を通しで見る必要があった

僕も一週間――とは決めていなかったんだけれど――何をするべきかということを考えて、結局それぞれの県、岩手、宮城、福島の三県ではそれぞれの総局から日帰りで行って帰ってくるということをしていた。三県通して見ている人がいなかった。分断されている。それを見ることだと。だから一番の目標は、宮城から岩手にかけて海岸線をずっと見ることでしたね。それで一関に拠点を決めて、沿岸に取材に行った。海外から来た報道陣はほとんど一関に集結していた。当時、都市機能が生きていたのは一関のほかに盛岡、遠野とか数少なかった。

遠野はコラムに書いた「遠野物語」の取材である程度土地勘があったから、あそこは三陸から戻って泊まれると分かっていた。だから一関から気仙沼に行って、気仙沼から藤沢町に戻って、りんごを買ってまた気仙沼へということを数日やって、今度は気仙沼から北上してゆく。陸前高田から大船渡、行く先々で食べ物を配って。それと当時は車がない。ガソリンがまずないから、医師とか看護師とか移動手段がない。その手伝いをやったんですね。

――ピストン輸送みたいな形で被災地と内陸を。

というよりは、藤沢に拠点があったんだけれど、気仙沼から先に行けない。移動手段がない。だからそのときに一緒に看護師さんを避難所にお連れしたり、お医者さんを乗せたりということをやっていた。自分が取材しているというよりは、半分そういうふうに使ってもらっていた。で、そこから宮古まで行って、遠野に泊まって、盛岡を通って、その間にルポを二、三本書いたのかな、新聞向けに。一番大きく扱ってくれたのは、裏フロントにものすごい大きな写真入りで、「ケー・ウエーブ」という気仙沼市の総合体育館に避難している一家の話を書いて、それを受けてくれたデスクが社会部から仙台に出張してきていた真鍋さんで、とにかく写真が大事だから、「写真部を出しましょうか」と言われて、僕も自信がなかったんだけれど「撮ったので送ります」と。向こうは「どうせ使えないだろうな」と思ったと思うんだけれど(笑)、そしたら一発でOKが出て、「これだったら問題ないです」と。あとで引き延ばした写真をご一家に送りました。

最後にアエラに長いルポを書いて、その原稿を放したのが三月三十一日だった。東京に帰ってきたのが二十九日か三十日かなあ。帰りに福島市と川俣町に寄った。原発には行けなかった。今から考えると福島の状態って、ものすごく大変だったけれど。

そのときに、その本(『3・11　複合被災』岩波新書)にも書いたけれど、双葉病院の医者、院長が患者を見捨てて逃げていた、というニュースが流れて、それはNHKラジオで放送していた。「なんてひどい医者がいるんだ」と腹が立って、全国からいろんなボランティアで集まってきた医者ががんばっているのを見たあとだから。その後、続報がないのがおかしいと思って、取材して書いたのがこのくだりです。見捨てられたのはむしろ彼ら双葉病院の医師たちだった。

――現地の医師たちの移動を助けたのはだいぶ感謝されたでしょうね。

いや、本当に混乱の中にあるから、そのとき手を貸してくれる誰かに頼むしかない、という感じでしたね。ガソリンは乗っていったのが緊急登録車両だったから、優先的に行く先々で給油してもらえた。それ以外は並ばなくちゃいけなくて、一晩中並んでも十リットルしかもらえないような状態だった。

僕はたまたま一九八九年のロマプリエタ震災をサンフランシスコで取材して、そのときに高速道路が倒れたり橋げたが落ちたりして、そういう記事を送ったんだけれど、日本の土木工学者とか専門家は「あり得ない」と、みんなそういうコメントだった。九五年の一月十七日は阪神大震災で、三連休明けで会社に行ったら「伊丹に行け」ということで初日に向かって、一年半かかわった。中国の四川大地震も取材した。そういうことがあったんで、最後に、誰だったかは覚えていないけれど、「とにかく車を手配するから行ってくれ」ということになりました。

世代をまたぐと忘れられてしまう大事な記憶を伝える

――東日本大震災であれだけの経験をしても、のど元過ぎると薄れてゆく面があって、八〇年代から災害を見てこられた外岡さんとしては、3・11をいかに効果的に、「地震と社会」を伝えていくかというご意見は。

ヴィルフレッド・パレートという経済学者が「パレートの法則」を提唱しました。つまり「パレート最適」という概念を打ち出して、冪乗《べきじょう》則という、ある一定の数学法則に従って割り出すと、水平軸に対してこういう（双曲線の片方のような）曲線になる現象があるということで、例えば大災害、戦争ですね。つまり起きるとものすごく大きいんだけれど、めったに起きない。低頻度でしか起きない現象はこういうカーブを描くということで、要するに、これだけ大きなことがどうして伝わらないとか、予想できないかというと、めったに起こらないからで、一世代の間に起きるとは限らないから、なんですよね。

日本で東日本大震災の津波に匹敵する規模だったのが九世紀の「貞観地震」と言われているわけだけれど、貞観時代の記憶なんてまず伝わるわけないし、どのくらいの津波、水位だったかというのは3・11が起きるちょっと前に分かった。当時の堆積物を調べて、貝とか陸地にないものが見つかって、ようやく数年前に分かっていた。もちろん三陸には、明治三陸津波、昭和三陸津波があって、最近では一九六〇年のチリ地震津波があって、その記憶は残っているはずなんだけれど、その世代には確かに記憶があるんだけれど、それはなかなか今の若い人には伝わらない。

だから戦争の記憶が、やっぱり七十年以上たつと伝えるのがすごく難しくなるのと同じで、ある世代をまたいで何かを残していく、戦争とか災害の記憶を残していくというのはすごく大変なことです。逆に言うとメディアはそれが役割で、一般の人が「そんなことないよ」とか「あり得ない」というようなことを、常に警告し続けてゆく。

だから僕は『3・11　複合被災』にも書いたけれど、戦後の日本には二つの神話があって、地震を予知できるという予知神話、それから安全神話であると。要するに耐震基準というのは直近の一番大きな地震をモデルに作られているから、九五年までは関東大震災並みに耐えられるということで来たし、阪神以降は阪神並みに耐えられるということで来ていた。予知神話が崩れたのが3・11の意味です。

だけど、同じタイプの震災があるわけではないし、日本で問題なのは戦時中、三回にわたって東南海地震とか大地震が起きていたのに、軍部が言論統制して伝わらなかった。戦後の四六年にあった昭和南海地震もGHQが人心動揺を抑えるために報道に書かせていない。だから日本人の記憶から消えている。

政府が原発推進に固執するわけ

——原発事故について、『3・11　複合被災』では「私たちはヒロシマ、ナガサキ、第五福竜丸という三度の被爆に加え、フクシマという原発被曝も体験した唯一の国となった。その現実を直視して、原発依存からの脱却を目指す以外に、私たちの出発点はないように思える」という結びです。

朝日の経済面の東芝に関する連載によると、なぜ東芝が今のような状況（二〇一七年時点）に陥ったか、要するに通産（経済産業省）で旗振りをやっていた人が二人いて、今その一人は安倍さんの秘書官に、もう一人は局長になっているんだけれど、その二人が東芝に「ウエスティングハウス」を買え買えとたきつけて、当初は二千億円だったけれど、三菱重工と争っているうちに六千億になっちゃった。要するに、無理をしていたわけです、東芝は。原発を輸出して、それを日本の成長産業にするという政府の構想に沿って動いていた。

ところが、なぜこんな危機を東芝が迎えたか。福島の事故後、原発の規制は強化されるに決まっていたわけで、建設費も高騰する。それで今、負債が七千億といわれている。それで東芝本体からウエスティングハウスを切り離して子会社化して、会社更生法にかけようとしているんだけれど、それをやると、アメリカ政府が連帯保証しているから、ウエスティングハウスが破たんすると、アメリカ政府が払わなくちゃいけないみたいな話になる。

確かに、二〇一一年以前は原発ルネサンスと呼ばれた時代がありました。けれど、それは今のままの地球温暖化が進んだらダメだから、化石燃料を使わない原発に頼るしかないということで、東芝もウエスティングハウスを買収したわけです。

この六年で実際に政府がやったことは、東電を破たんさせなかった。民主党政権の判断で、スキームを作って東電を存続させながら処理をした。これにはいろんな意見があるけれど、賠償にしても、新電力も含めて、国民にツケを回すということをやっているわけです。その額がどんどん増えている。この先もこういうことをずっとやるつもりか。

「もんじゅ」が失敗して何兆円も使っているのに、もんじゅに代わる核燃サイクルを作るというんだから。もちろん原発をやめるということは、今ある原発はすべて不良資産になっちゃうから、しかも、さらにそれを廃炉に持っていかなきゃいけなくなるから、電力会社にとっては経営が成り立たないわけですよ。原発を動かしていかなければ、彼らは生きていけない。だから再稼働しなくちゃいけないという建前で来ている。

母に「どうして取材に行かないの」と促され再び被災地へ

――退社の日は、何かがあったとか覚えておられますか。

三月三十一日はアエラの原稿を放して、それまでの送別会は全部キャンセルになって、当時はそんな雰囲気じゃなかったし。僕としては、お礼を言わないまま社を去ったというのが心残りとしてはあったなあ。「今までありがとうございました」ということを言えなかった。翌日、四月一日の便で、予定通り札幌に帰りました。

――まだ小説の構想も具体的にはなっていなかったですか。

そのとき、むしろ書きたいと思っていたのは『カノン』のあとに発表した『ドラゴン・オプション』の方で、中国について、とくに今の海洋進出について、いつかどこかで書いておきたいなというのはあったんですよね。でも軍事記者でもないし、中国の権力闘争についてもそんなに現地で取材していたわけではないから、小説の形でどこかで書きたい、とは思っていたけれど具体的にはまだ決まっていなくて。

――札幌に戻って、あまりのんびりもされずに、四月下旬に福島などに取材に行かれた。たしかお母さまが「どうして取材に行かないの」とおっしゃったとか。

そうそう、僕の計画では――父親がホームにいて、アルツハイマーもかなり進行している。母親もいつも一人で食事しているというから、母親に毎日食事を作って持って行って、とりあえず毎日夕食を共にしながら話をしよう――というつもりで帰った。で、毎日食事を作って持って行ったんだけれど、「お前、なんでここにいるの」みたいな話をされて（笑）。もちろん、会社を辞めてきたというのは知ったうえで「まだあんなふうに被害が続いているんだから、なんで行かないの」と。それで、やっぱり自分でも、あのままというわけにはいかないから。

――やっぱり外岡さんのお母さまは普通のお母さんと違うんですね。前にたしか「同居はうっとうしい」と言われたとか。

そうそう、その年の正月に住まいを決めるために帰省して、実家のすぐ裏というか隣に、父親が持っていた小さなアパートがあった。あ、そこならすぐ食事も持っていけるし「いいかなあ」と思ったら、兄も姉も全員が反対して（笑）。母親も「うっとうしいから、絶対いやだ」と（笑）。

――再び被災地への取材へ、名刺を作って持っていかれたと。

アエラに最後に書いたルポとか、新聞の切り抜きも持って行きました。肩書はジャーナリストしかないから「これじゃあ誰も相手にしてくれないかな」という不安もあったんだけれど、取材対象の人はそんなこととまったく関係なく、誰が来ようが肩書なんて見ていない。見る余裕はなかったから。それで盛岡に来て、宮古に入って、また取材を始めたわけです。でも、なんの発信手段もないから、それで「今こういうことをやっています」というブログを始めた。そのブログを元に本にまとめてみないかと言ってくれて、翌年、二冊ほぼ同時に出すことができた。

だからねえ、もし会社を辞める直前に3・11がなかったら――と思うこともあります。ただ、「なかったら」という仮定に意味はない。三月末、取材から帰ってきたでしょう。当然、人脈記の部屋に顔を出した。そして「こういう事態になったんだから、(退職を)思いとどまるべきです」と、それは何人にも言われた。だけど僕はそのとき「いや、覆水盆に返らずです」と。退社手続きは終わっているから。札幌の家も契約しているし、引き返すことのできないプロセスに入っちゃったと。

「じゃあもっと前に、例えば前の年に震災が起きていたら辞めなかったですか」ということも後で聞かれた。「たぶん、辞めなかったでしょう」と答えた。まあ、でもそれは、言っても詮無いことで、あのとき起きちゃったわけだから。

新聞記者は登山隊のアタッカー、フリーは単独行

――退社されてから、フリージャーナリストとしての活動と小説と、だいたい年に一、二冊くらいのテンポで新刊を上梓されて現在に至っています。

そうですね、やっぱりありがたいと思う。3・11から明日で六年になる（二〇一七年）わけだけれど、そういう言葉を見るたびに「ああ、自分も第二の人生になって六年なんだ」と。要するに3・11と僕の退社後の人生って切り離せない。この六年何があったのかなと自分のことを考えるうえでも、やっぱり3・11が否応なく蘇ってくるから。そういう意味では、持ち場がなく3・11にそのままフリーになって関われたのは、ある意味で新聞記者よりも良かったかな。

というのは、僕がそれまでやってきた新聞記者の仕事は、ロジ担が、会計の人も含め編集庶務の人がいて、ベースキャンプを張って、現地に第一キャンプ、第二キャンプを作って、少しずつ記者を送りながら、アタッカーを何人か選んで登頂を目指そうという形ですね。とにかくアタッカーの役割は、最短で、最もホットな、目指すべきサミットに向かっていくことで、組織的な総力戦なんですよね。

アタッカーになる人は、別に私じゃなくていいし、誰であってもいい。その時に一番元気があって、行けそうなやつを選ぶわけだ。だけどフリーの立場は要するに単独行なんだよね。同行者もいなくて一人で、何も高い山でなくていいわけで。実際に災害とか紛争というのは、登るべきサミットがある取材じゃないんだよね。自分が行くところ、歩くところが取材先で、あまりにも対象が大きすぎるから、自分なりに体験したこと、見聞きしたことを伝えるということで成り立つ取材かなと思いましたね。

――前に「会社を辞めて三年くらいは朝起きると『もう会社に行かなくていいんだ』と幸福感に包まれた」とおっしゃっていました。やはり拘束感みたいなものは……。

それは大きかったですよね、特に最後の一年は会議ばっかりだったから。だから自分としては、会社員から個人事業主に移ったという感じなんですよ。やっぱり組織で働くために、そのための根回しとか打ち合わせとか、会議とか、意思疎通のための飲み会とか、そういうことがいかに必要かということですよね。そうしないと組織は動かないから、やっぱり必要なことでもあると思う。ただ僕にとってはあんまり、自分には向いていないというか（笑）、やりたいと思わないので。

「ジャーナリズムのため」と自分に嘘をついていないか

――それから、外岡さんが朝日におられる頃は「これはジャーナリズムのためなんだ」と思って行動していたことの多くが、「実はあれは会社のためだったんだ」ということに、辞めてから気づかれたと。

やっぱり自分に嘘をついているわけですよね。滅私奉公なんだけれど、自分には「ジャーナリストだから、時間制限なしに全力を注がなければいけない」と。もちろん自分でもそう感じている部分はあるわけだけれど、それは組織の中で「上に行きたい」とか、「華々しい場所に行きたい」といった気持ちと無縁じゃないから。「ジャーナリストだから戦わなければいけない」というのが実は組織防衛だったとか、これも紙一重で、判断を間違える。大企業の不祥事、事件、不正決算とかがあると「なぜあんな馬鹿なことを」とみんな思うけれど、朝日だって同じなんだよね。

だから二〇一四年に朝日があれだけ叩かれたのも、要するに「他の企業に対してあれだけ厳しい態度を取ってきた新聞が、なぜ自分の不祥事を謝らないのか、隠すのか」ということへのバッシングがあったわけですよ。その理由を探ってゆくと、やっぱり「自分たちは戦うんだ、簡単に謝れない」ということに行きつくんだけれど、それは組織防衛と切り離すことはできないんじゃないかな、と僕は思う。

マスコミの中で「ジャーナリストとして」と言う場合、それが本当の本心から出てきている言葉なのか、あるいはひょっとして、会社に忠誠を尽くす、会社防衛のためなのか、そこを考えないと間違えるんじゃないかな、というのが実感です。

——それと私がこうして外岡さんのお話を聞くきっかけにもなった一四年十月の組合講演は、聞きに行かなかった私が言うのもなんですが、あれでかなり会社内も落ち着いたと思います。当時の朝日は上から下まで収拾がつかない状態でしたし「外岡さんは朝日を見放さず後輩のために話してくれる」と感じた人が多かったはずで——。

いや、そこまでの影響力はないよ（笑）。ただ、あのときに僕が言ったのは、とにかく「間違ったら即座に謝りましょう」ということで「謝ったり、訂正したり、おわびをしたりというのは何の問題もないんだ」と。そうやって初めてみんなに信頼されるんだから。それを頬かむりして隠したり、なかなか認めなかったりとなるから、マスコミ不信が出てくるので——ということは、かなり耳を傾けてくださったかなと思う。

第十五章　メディアの技術革新とこれから

一九七七年、本社の屋上で伝書鳩を飼っていた

——補足編として、メディアの技術革新に伴う変化についてうかがいたいと思います。一回目の支局編でも言及されましたが、書き原稿からワープロ、携帯電話、メール、パソコンの普及というデジタル化の流れについて。それについては、この「新聞研究」の原稿（二〇〇二年三月号、「えんぴつ記者から、デジタル記者へ——技術革新の激流を生きるための「覚書」）にかなり書いてあって、これを読んでいただければ私が考えたことはだいたい分かります。だからちょっとダブりになっちゃうかもしれないけれど。

——私は一九九〇年の入社で、書き原稿で記者生活を始めた最後の方の世代になると思いますが、外岡さんはまだ書き原稿でもマス目のかなり大きい紙に書いておられた。

昔は「ざら原」といって、この（B５サイズの）紙半分に一行ずつ書くという形だったんですけれど、僕らの頃は、一枚五行の原稿用紙だった。なんでそうなったかというと、和文タイプライターを打つパンチャーさんがいて、デスクが原稿を見るとすぐパンチャーさんに渡していった。だから一枚

一行の方が、パンチャーが打つスピードとしてはいいということだったんですね。百行くらいの原稿だと、ざら原が数センチほどに分厚くなっていた。モノタイプのパンチを支局で打って、それが本社の方では鑽孔《さんこう》テープという穴が開いた紙で出てくる。それをもとに活字を自動的に打って、そのあと元原稿と活字版になる原稿とを、読み合わせする。（文字化けやパンチミスで）間違いがあるから、必ず電話で本社と読み合わせをしないといけないんです。

だから、支局員は必ず読み合わせをする泊まり当番が午後三時くらいには支局に上がってきて、デスクの六角に陣取るという格好です。私が入った七七年というのは、会社の東京本社がまだ有楽町にあるわけで、入社すると必ず社内見学をやりますよね。屋上に行ったらまだトリ小屋があって、鳩を飼っていました。「遠くから原稿を放すと、鳩がここに原稿を持ってくるんだ」という、その伝統はまだ残っていた。

僕が新潟支局の次に行った横浜支局の支局長は足立公一郎さんで、山岳遭難事故の取材では鳩で原稿を送ってスクープを取ったのがご自慢でした。僕らのときにはさすがにそれはなかったと思うんだけれど、まあ、いざというときのために予備として、そういう手段を持っていたということですよね。それで、まだ活版の時代だったので、直しがあってぎりぎりの時間になるとデスクが工場に飛び込んで行って「ここをこう直してくれ」という、小組の原稿を渡すと、職人さんが活字を拾って木槌でパンパンと打って直すということをギリギリまでやるんです。あたりから蒸気が上がっていて、鉄火場みたいな活気があった。工場という感じですよね。

——九〇年代前半に支局長経験者が社内報で回顧して「昔は冬に渡り鳥が湖にやってきたという情報があると、新人の記者を取材に出して、その地域に一泊して地元の話を聞いて来いよ、というゆとりがあったが、交通手段が良くなると、写真を撮ったらすぐ帰ってこい、となってしまった」という話を読んだ記憶があります。外岡さんの新潟支局の頃もすでにそういう――。

いや、そんなことないですね。まだのんびりしていましたね。ただ、僕が入社する前の年に、東北県版、東北各県や新潟の地方版が見開きになった、一ページだったのが二ページになったんです。だからものすごい分量を書かなければいけなくなって、それですごく忙しくなった。

第二県版というのは、曜日によって今日は経済とか暮らしとか文化とか変えるわけですが、それは組み日の前々日に原稿を便で送るんです。列車便で。駅に夕方原稿を持って行って、その日のうちに本社に着いて、翌日の夕方までに活字を拾う。だからいつも原稿便を持っていくというのが僕ら新人の仕事でした。当時はコピーもないし、FAXもない。あったのは、自分で紙焼きした写真をドラムに巻いて電送する機器。それくらいしか手段がなかった。

――支局時代に写真で大きな失敗をした経験がある人は多いと思いますが、外岡さんもご苦労された?

苦労しましたね。特に高校野球。取材の応援に行って、要するに写真で「球が止まってなくちゃいけない」というんだけれど、いくらやってもできなくて（笑）。

――球が止まっている写真とは厳しいですね。それを出来る人もいたんでしょうか。

それが理想だというんだけれど、ベテランが多かったから。それとスキーね。一応選手を全部、撮るんだけれど、どれを使うか、誰が優勝するか分からないから。寒いし、インターハイなんかずっと立ちっぱなしで取材する。やっぱりスポーツ写真はとても大変なんだなと思いましたね。モータドライブとかの連写はできましたが滅多に使わなかった。当時はフィルムなので、交換に手間がかかりますから、スポーツなどではあまり使うことがなかった。

ＦＡＸの登場は時差を超える効果をもたらした

――書き原稿の時代は外岡さんが八三年に本社勤務になった後も続いて、ワープロ化よりもＦＡＸの方が早かったでしょうかね。コピー機も配備されてきて。

そうそう、当時のシステムは「アークス」という、数行だけ電送できる機械があったんだけれど、とてもそんな悠長なことはやっていられないので、ほとんど鑽孔パンチで原稿を送るという形でしたね。で、支局の頃の呼び出しはポケットベルがまだなかったので、こちらから定時連絡で「何かありませんか」という連絡を入れる。二時間に一回は入れていました。鉄則ですね。本社に行って、学芸部になるとポケットベルがあった。ハイヤーで無線だったのが、自動車電話が出てきたのもその頃ですね。だからそれまでは大きな事件があると、電話を確保する、前線本部を作るというのが大きな仕事だった。固定電話一台ではとても足りないから、すぐ本社から来て設置するわけですよ。

一番現場に近い民家などに電話の借用をお願いして、十日間とか、もっと長い場合もあるけれども、そのときは本社からすぐロジの人たちが現金を持ってきて、当時の電電公社の人たちに頼んで回線を増やすことをやってくれた。ロジの人たちは弁当の手配から寝具の手配から全部やってくれて、記者は取材だけしていればいい。だから前線のキャップとかデスクの役割は、まず本部を作ることなんですね。

――で、ポケベルが八〇年代半ばくらいには普及して拘束感が強くなった。あるいは、いちいち社に電話しなくてもいいという利点の方が大きかったでしょうか。

それは後の方ですね。それまではひっきりなしに電話しなければいけなかったから。まあ、学芸に行ったときはさすがになかったですけれど、横浜支局のときはしょっちゅう電話を入れていました。何があるか分からないから。何かあったときに連絡ができないというのはそれだけでマイナスなんですよね、記者にとっては。だから常に支局周辺にいるか、飲み屋に行ったら「ここの店にいるから」と支局に電話番号を伝えるのが常識だったですね。

——たぶんポケベルとほぼ似たような時期にＦＡＸが各部、各支局にも配備されて、こうなると多少、仕事の変化はありましたか。まだそれほどでも——。

ＦＡＸで連絡をするというのが、たぶん仕事の自由度をかなり広げたと思うんです。だってそれまでは電話が、固定同士がないとだめでしょう。後のことになるけれど、時間を超えられないわけですね、海外にいる人には時差を超えられない。海外にいると国際通話を申し込んでも待たされる。いつつながるか分からないから半日くらい待っていなくちゃいけない。ＦＡＸになると、当時は通信費も高かったけれど、少なくとも時間を超えられるわけです。そこが画期的だった。ただし、ＦＡＸに超えられないのは住所なんですよね。つまり、用がなくてもＦＡＸが来ているかどうかというのをチェックするとか、資料を送ってもらったら必ず支局に行かなくちゃいけないといった制約が残っていました。でも本社からいろんな資料が来るのも前は便か速達しかなかったから、それに比べると、「それについてちょっと調べてくれ」と頼んだものがすぐ届くというのは、ある意味で画期的でしたね。

——ちなみに、外岡さんの支局時代、八〇年代前半までだと警察の発表とかもプリントで出していましたか。

いやー、あのときは、拠点の支局が警電（警戒電話）を入れて、電話で聞き取っていましたね。ＦＡＸはなかったので。それで、大きな事件であれば地元の通信局長に電話して「こういうのがありました」と伝えて、記者が地元署に行って確認する。通信局もいくつもの署を抱えているので。それを朝やるのが泊まり明けの仕事なんです。ワープロ自体なかったし、警察の日報も手書きだったと思うな。

ワープロ化後も数年は印字してＦＡＸ送り

――で、九〇年代に入ってワープロ化が進み、支局でのワープロ化が完了したのは九一年ころだと思われます。

ワープロについて最初の頃の印象は？

ワープロを打っているのを初めて見たのは、社会部の司法クラブに行って松本正さんが最高裁担当で、僕が高裁担当になった時でした。横にいる松本さんがすごい音をたててワープロで原稿を書いていた。八七年かな。タイプライターのかなタイプは前からあったけれど、漢字変換をできるワープロを実用化して、しかもある程度安い値段で一般の人が買えるようになったのはその頃で、松本さんはすごく導入が早かった。「どこが違うんですか」と聞いたら、「とにかく直しが早い」と。でも、当時はまだディスプレーが良くなくて字があまりはっきり見えなかった。うす暗い感じで。

僕もまもなく買ったんです、「文豪」だったか「書院」だったか。でも原稿の方は、依然として手書きでやっていました。それは何というのかな――手書きの方がいざというときに、やっぱり手が動くのと、いったん打ち原稿になっちゃうと、ワープロを使えないときに困るんです。例えば典型的なのが――そうねえ、やっぱり判決原稿ですね、夕刊の予定稿。ワープロで打って予定稿を直すわけにいかないから、当時はパソコンのシステムはないから。そうすると、手書きで書き換える。判決から〆切まで五分か十分しかない、その間にワープロを打っていると間に合わない。ワープロを使い慣れちゃうと、そういう対応が鈍くなると思うんです。

「勧進帳」（メモをもとに記事を電話で吹き込む）というのが当たり前だったから、ワープロに慣れちゃうと勧進帳って、たぶん出来ないんです。メモをもとに原稿を組み立てるという作業は、たぶん書くという作業の六割くらいを占めているんですよね。そういうときに漢字変換をいくつかの候補の中から選ぶとか、そういうことをやっていると集中できない。だからメモをもとに原稿を組み立てて、それがどういう活字になって現れるかを瞬時にイメージできないと、勧進帳って書けない、吹き込めないんです。

それはやっぱり「書き原（稿）」で育った結果なのかと思います。だから僕はパソコンが当たり前の世代にも、「いざというときに、パソコンが使えないことがあるから、書き原稿は続けた方がいいですよ」ということは、その後もずっと言ってきた。そういう場合とは、要するにシステムもダウンするという、携帯電話も使えないようなところでパソコンもダメという状態は、いつ来るか分からないんですよね。大災害や紛争地で。

それでワープロは最初から全員に強制するわけにはいかないし、全員に普及するまでには時間がかかるから、新人には義務付けたと思うけれど、中堅記者以上にはしばらくの間ワープロを使わなくていい、書き原でいいということだった。田岡さんなんか、最後まで使わなかったんじゃないかな。

——外岡さんは八九年にNYに行ってからも書き原で？

いや、ワープロで打っていました。だけど、その頃はワープロでそのまま原稿を送れる、ワープロ通信のシステムになっていたけれど、僕は印字したのをFAXで送っていた。何となくシステムが信じられなかったのかなあ。そうやっている記者というのは、当時、船橋さんと僕だけと言われていた。直接原稿を送っていないのは。だからFAXで送ったものを、本社のシステムの人がまたワープロに打ち直していたんだと思う。

NYの最後の頃に、直接送るようにしました。まず、なぜワープロにしたかというと、僕の字は悪筆で（笑）、殴り書きしていると読めないのがあると言われたんで、わりと早くワープロにしたんです。それからワープロ通信にしたのは、やっぱり、「あんまり迷惑かけられないな」と、受け手側の人に。

原稿直しは容易になるもデスクと記者の交流が希薄化

――私はちょうどワープロ化の頃に支局長から「ワープロにしてから原稿が良くなったね」と言われた記憶がありまして、当時よく言われたのが、ワープロは原稿全体を見ながら整えられるメリットがあるということでした。

いや、やっぱりね、ワープロにすると、原稿が活字みたいに見えるから、それだけで文章が良くなったと錯覚するんだと思うよ（笑）。だから格段に（デスクの）直しの数が減ったと思う。しかも、直した跡が残らないじゃないですか。デスクはそのまま直しちゃうから、パソコンになってからは直した跡が分かるようになったけれど、ワープロの頃はデスクがどこを直したか分からない。デスクもそれを伝えないし、すると記者はどこを直されたかじっくり見るということはないから。だからかえって、何というかなあ――流れはスムースになったように見えるんだけれど、お互いの交流はむしろ希薄になったと思うんですよ。

――すると文章のトレーニングとか、そういう意味では、むしろ書き原の方が良かった。

だって書き原はデスクがどこに朱を入れたか、あとで見れば一目で分かるから、それで、後で原稿をみて、「どうしてここを直されたんだろう」と考えるきっかけになるし。

――原稿を書くスピードはどうでしょうか、ワープロと書き原と。

あ、それは早い。だって誰かに読んでもらうという場合は、雑報はしようがないけれど企画は書き直すから。汚い原稿じゃなくて。そうすると昔の作家と同じで、ちょっと書いて（書き損じを）すぐ捨ててということがすごく多かった。ワープロで順序を入れ替えるだけでも、修正がものすごく簡単になったでしょう。だから書くスピードは格段に上がった。しかも瞬時に送れるようになった。締め切り時間も格段に延びたわけでね。

それまではタイプする時間とかデスクが見て直す時間とか、前倒し前倒しで来ていたけれど、瞬時にデスクに伝わってデスクが瞬時に送れれば、〆切は直前まで延ばせるわけでしょう。だから速報性という点では、圧倒的に早くなったですよね。

——となると、今まであまり考えませんでしたが、ワープロ化が取材に与えた影響も、分析するとそれなりにあったんでしょうね。

そうね、現場から送るということですよね、原則は。それまでは支局みたいなところに電話で吹き込んで、それを原稿に書き写してタイプで打ってという二段階が必要だった。その二段階がなくなっちゃったわけだから。デスクに即送って、デスクが送ればそのまま原稿になるから、そういう意味では速報性で圧倒的な力を発揮したわけですよね。

その前に、個人的な経験で言うと八九年にNYに行って、その年に天安門事件がありベルリンの壁が崩れて、要するにCNNが速報するわけですよ、中継で、天安門広場からとか、九一年一月十七日の湾岸戦争の開戦のときにはCNNのピーター・アーネットがバグダッドから中継するわけですよね。それまでは、現場の中継ってできなかった。

九〇年にアフリカのナミビアが独立した。その時に『アサヒグラフ』がまだあって、アサヒグラフで取材したカメラマンに聞いたんですよ。その人たちは一か月もかけて取材をして、フィルムを飛行機で日本に帰国する人に渡して、いろんな経由をして、それを本社からバイク便を出してその旅客の名前を手書きのボードに書いて成田で待ち受けて現像する、という作業をしていたんだけれど、ナミビアのときは立ちレポをテレビがやっていた。だから「自分のやっていることは何だろう」と考え込んじゃったって。

八〇年代の半ばまでは、ＮＨＫであっても、特派員の写真が画面に出て、電話報告していたんですよね。八〇年代後半に何が起きたかというと、エレクトロニクス・ギャザリング・システムというデジタル化で手持ちのビデオカメラを使えるようになって、それが衛星経由で東京に送れるというシステムが出来たわけです。それを使ったのがＣＮＮでした。だからテレビ局が現場からレポートできるようになった。これは画期的だった。特に国際ニュースでは。

――新聞がワープロ化を進める間にテレビ局は速報性と映像の迫真性で新聞を凌駕した。

機動力で圧倒したということですね。だからＣＮＮの時代ですよね。

――それ以前から速報性という点ではテレビニュースの方が早かったんでしょうけれども、九〇年代は映像つきで大量の取材陣を送り込んでという。

そうですね、物量ともに圧倒的な力を持ったということですね。

――まだ新聞側はそういうことがしっかり理解できていなかった。

遅れていましたね、明らかに。――あ、そうか、だから湾岸戦争があったから、僕は原稿をシステムに直接送らざるを得なくなったんだ。あのときはプリントしてＦＡＸするようなことはできなかったから。

携帯電話とインターネットの普及、驚くべき時代に

――九〇年代の前半から半ばにかけて記者はほぼ全員ワープロを使うことになり、次に携帯電話が登場します。

携帯は私の九〇年入社のときはすでに支局に配備されていましたが小型化が進み、九〇年代後半にかけてほぼ全記者が持つようになって、通信環境も良くなり、ポケットベルは廃止されます。携帯の登場による変化はいかがでしょう。

これはすごい変化で、僕が初めてインターネットを見たのは九五年一月、阪神大震災の現場で、神戸大学の人たちがテント村でインターネットを使って交信していたんです。電話は使えなかったから。それまでもワープロ通信はあったんだけれど、ワープロ通信と決定的に違う、その仕組みがね。入り口はどこから入ろうと、ゲートはどこからでも、フリーのハイウェーです。

もともとアメリカのDARPA（アメリカ国防高等研究計画局）が開発したものです。軍事技術専門に開発するところがインターネットを開発した。どこかが集中的にやられたときに回線がダメにならないように、生き残りのための回線を確保する分散型のシステムをつくり、それを民間にも開放した。だから災害に圧倒的に強い。それまでは、プロバイダーがあって、プロバイダーに加盟してダイヤルアップして会員同士がつながるという形だったから、まったく仕組みが違うわけです。

で、携帯の登場がなぜ大きな意味を持ったかといえば、携帯はパソコンとつなぐことができるからということです。ワープロ通信は固定電話がないとダメだけれど、携帯はモバイルでどこに持って行ってもつながることができる。これは僕らにとってとてつもない変化ですよね。紛争地はまだ衛星電話を使わないとダメでしたが。九九年のコソボ紛争のときはデジカメで撮って、衛星電話で送って、衛星電話で通信するという、だけど移動中に連載が始まったので、最初は吹き込みですよ、勧進帳で。

でも、そのときには「驚くべき時代に入ったな」と思いましたね。というのは、僕がNYのときにはデータベースって、「レクサス・ネクサス」というのがあったんだけれども、これはものすごいスピードが遅くて、また、料金が高い。それから配信サービスで文字起こしをした会見記録を配信するサービスがあって、僕らはチッカーという機械でそれを見るけれど、時間が遅い。それを待っていたら間に合わない。当時、例えばホワイトハウスがすぐ演説内容を発表するとか、誰もがそれにアクセスできるとか、とても考えられない時代だから。外電をチェックするにしたって本社か支局でチッカーを見ない限りはチェックできないから。それが九九年の時点では、みんな出先で、ネットでチェックできるようになった。ロイターにしてもAPにしてもAFPにしても。

——日本のインターネット元年が九五年といわれて、九〇年代末には一般の記者もインターネットを使うようになって、携帯電話とのセットでモバイル送受信も。

そうですね、だから僕は、パソコンは独学というか一人で学んだけれど、それは一番——最初に記憶があるのは、二十世紀企画をやって、それは二〇〇〇年一月掲載のために一九九九年に取材班が立ち上がって、二十世紀を象徴する「7つの村」とか「7つのパワー」という連載をした時でした。いつも一緒だったのが長岡昇さんで、二人で教え合いながら（笑）、パソコンの使い方を。当時はまだしょっちゅうフリーズしていたから。そのときはもう、取材班のやり取りはすべてメールになっていましたね。

メールは時間と空間を超えた画期的ツール、しかし弊害も

——インターネットの普及と並行して電子メールのやりとりも一般的になって、やはり取材や原稿作成への影響が大きかった。しかし弊害もあったということですか。

いや、まあ便利さと弊害というのはたいてい裏表一体だから。一番電子メールの威力を感じたのは、前にもお話しした、本田さんと箱田さんと日韓米に分かれての検証記事取材で、僕はワシントンにい

たんだけれど、市内の回線を使えば、いくら使ってもタダだということを知った驚きですよね。それまではかなりのお金で、海外では百万円単位で使った人もいたみたいだから。それはさすがに自腹で負担するように求められたそうですけれども。

限られた場所では市内通話タダというところがあって、香港もそうなんだけれどもワシントンもどれだけつないでも最低料金で済みました。直接、例えば東京のダイヤルアップの拠点につなぐとか、米国のハブにつなぐとものすごい時間とお金がかかる。原稿を送るだけなら五分か十分で済むんだけれど、いろんなものを調べたりとかメールを送ったりとか、とにかくつなぎっぱなしにしておかないと連絡が取れないわけです。いつ連絡が入るか分からないから。日韓と米の間には時差があるから。そうすると、ほぼつなぎっぱなしにしておくことが出来るのは考えられなかったわけですよね。

だから、箱田さんが韓国でこういう情報をつかんだという連絡があって、どうなんだというのを翌日、ワシントンの取材先で当てるとかね。そういうことができたから。あれは九四年の北朝鮮の核開発危機を検証する記事だった。北朝鮮情勢が相当危ない状況になっていて、どこまで危なかったかというのを当事者に会って取材するという企画でした。

電話というのは空間を超える、ＦＡＸというのは時間を超える、でも、それぞれ制約があった。メールは両方とも超えたわけです、時間も空間も。どこにいてもリアルタイムで送受信ができる、これは僕らにとってものすごく、いや誰にとってもそうだったんだけれども、画期的なことでしたね。

話はちょっと戻るけれども、昔の海外取材のときには、取材したノートがあるでしょう、それを全部コピーに取って郵便で日本に送るんです。そうじゃないとロストバッゲージとか、手持ちで持っていても、ひったくられる危険があるから。そうなると、それまでの取材は全部、オシャカになっちゃうわけですよ。僕は八〇年代、「名画の旅」取材のときに中国から原稿を送らなきゃいけなくて、中国でわら半紙みたいな原稿を買って、原稿を書いて、それを郵送しましたよ。ほかに手段がないから。「本当に着くのか」というのは最後まで心配で。東京からの連絡は支局に行かなくちゃいけないから。その後一か月くらい中国を旅して、次に入ったのがインドでした。タクラマカン砂漠に行って、クンジュラブ峠を越えてパキスタンに入って、そこからインドに飛んで。原稿が届いたと知ったときには本当にほっとしました。

だから一か月くらい連絡が取れなかった。途中で二、三回電話はしたと思うけれど、大きな町から。向こう（本社側）だってこっちがどこにいるか分からない、電話したっていつつながるか分からない。そういう状態だったのが、あっというまに今みたいな時代になったわけですよね。

僕らが外報に入ったとき最初に教えられたのはテレックスの打ち方でした。日本語で打って、それを外報の内勤が起こす場合もあるし、検閲のある場合は英語で打たないと送信してもらえないので英文を打った。テレックスというのがある意味で支えだったわけですよ、僕らにとっての送信の。

それと外報に行ったとき最初に「買った方がいいよ」と言われたのが、短波のラジオですね。かなり性能のいいやつ。それでBBCを聞く。僕らの頼りにする情報は支局などの拠点を離れると外電も入らないから、それでBBCを頼りにするしかない。何が起きているかまったく分からないから。そういう時代でしたね。そういう状況が激変したのが九〇年代ということですね。

二十一世紀企画取材でロボット、ＡＩの進展を予感

――デジタル化によってフリーウェイ、全世界でどこに行っても見られる、話せるということが可能になって、二十一世紀にはインターネットが記者にとっても完全に情報収集の手段ということに――。

最初に「携帯でこんなことできるんだ」と思ったのは、那覇空港でお互いに知らない人、会ったことがない人と互いに携帯を持って、待ち合わせの場所を決めずに行って、「手を挙げて」って言って初めての人と会ったのが、九〇年代の終わりだったと思うな。それが、最初は地上げ屋しか持っていなかったという携帯を（笑）誰でも持つようになって、取材先の人も持つのが当たり前になった時代ということですよね。

二〇〇一年掲載の二十一世紀企画で、僕がやったのがロボットと、ITの将来というテーマだった。1面の話は当時NYにいた山中さんと組むことになって将来像をいろいろ探して、英国にいるITの専門家が、自分の皮膚の下にチップを埋め込んで、朝、大学の研究室に行くと自動的にドアが開いて、自動的にパソコンが立ち上がる、ぜんぶ全自動にした先生がいたんですよ（笑）。その人に取材を申し込んだら、「電話は使わない、メールで申し込んでくれ」と言われたと。手配してくれたロンドンにいる助手、チャーリーさんに聞いたらそう言われて、そこでメールで取材を申し込んだ。「何月何日何時に、ここの研究室でお待ちしています」という返事をメールでもらったんだけれど、僕は最後まで、ドアを開けるまで、「この人は本当に実在するのかな」と思っていた（笑）。それまで一切、メール以外の接触がないから、当日に行ったら、その人がちゃんといて（笑）、安心した。だからほかになんの支えもないメールによるアポイントというのは、その人が初めてだったですね。

山中さんはそのときに、ロボットがロボットを作るソフトをアメリカが開発した、という取材をして、それをセットで1面に出して、中面は僕が取材したイタリア、ドイツ、日本のロボットの動向とアメリカのロボットの話を一ページ全部つかって展開するというふうにした。だからその頃にはAIに近い――AIはまだ遠い先だという話だったけれど、その構想は明らかに出ていた。

――そのスピードは当時の予想を超える勢いで進んでいるかもしれないですね。

そうですね。それとやっぱりロボット技術がこれだけ広がるということを、研究者や専門家は予想していましたね。僕がアメリカのカリフォルニアで取材したロボットの専門家がいて、彼がやっていた仕事というのは例えば、監視カメラの映像のぼんやりしたものを精緻化するとか、誰か挙動不審な人がいたらマークをつけるとか、あるいは昆虫型ロボットの開発、ボール型ロボットでテロリストが立てこもったときに内部の音を拾う。要するに軍事技術の研究ですが、その人は「これからが非対称型の戦争になる」と言った。テロですよね。そういうことを予測して準備をしていた。それから研究室の講堂に気球を浮かべて、その気球で監視するということをしていた。

メールなどIT革命で情報がフラット化した

——記者の情報収集も何かあるとまずネットを調べてから、実際の対面取材などは最後になりつつあるように思えるんですが。

要するに——いつも裏腹で、何か利便性を求めると必ず失われるものってあるわけですよ。ロボットの取材で、ベルリンにMITのコンピューターの先生がリタイアしていたので、その人の話を取材したことがある。この人がいみじくも言っていたのは「情報のフラット化になるんです」ということだった。マクルーハンは「メディアはメッセージである」という有名な言葉を残しているわけだけれども、電報を打てば「これは緊急性がある」と、メッセージを見なくてもわかる。そういうことはたくさんあって、テレビでテロップが流れたらこれは緊急ニュースだと分かるわけですよね。つまり、情報にある意味でタグがついていて、そのタグがメディアだった。メディアはそれ自体、緊急度が分かるメッセージを発していた。

ところが、メールというのは、一切のメールが、ジャンクメールも緊急速報も同着になってしまう。どこにいてもリアルタイムで届くというのが利便性なんだけれど、彼がそのとき言ったのは「メディアのメッセージ性が失われて、どれが大事なのか分からなくなってしまう。これが、我々の直面するこれからの課題だ」ということでした。

――それが「情報のフラット化」ですね。

そう、これだけ情報があって何が重要なのかということが見ただけでは分からなくなってしまう。ところが、そのときはまだグーグルやヤフーは登場していないんですよ。グーグルがいかに衝撃的だったかというのは、自分のたどり着きたい情報をピンポイントで検索できるようになったことですよね。コンピューターやデジタル化にはいくつもの段階があって、最初はIBMが巨大なコンピューターを作って、続いてマイクロソフトがパーソナルコンピューターソフトを作って、それに今度は検索機能をつけて、と同時にインターネットがほとんどタダで接続できる環境を用意して、そしてSNSになるわけですよね。それぞれのステップでものすごく大きな革命があったと考えるべきなんですね。

――それほど大きな変化が、ここ十年から二十年の間に立て続けに起こった。

それを示す指標があります。全人口の五十パーセントの人が使うようになるまでに何年かかるかという物差しがあって、電話は七十一年、電気は五十二年、テレビだと三十年、インターネットになると十年、DVDは七年、フェイスブックは五年。どんどん短くなっていった。普及のサイクルが。それはこの先、もっと短くなっていく。

だからIT企業というのは主役がどんどん替わっていくわけですよ。一時はマイクロソフトとインテルだったのが、その後はグーグル中心になり、次はフェイスブックでありというように、次々と主役が替わってゆく。巨大な富を築いたIT企業は既存の技術を続けていると陳腐化するから、次々に乗り換えなきゃいけない、新しい分野に投資するわけですね。今は自動運転とかロボットなどにシフトせざるを得ない。

マスメディア退潮の最大要因は広告の減少と収益構造の変化

——ジャーナリズムとの関係でいうと、近年、村上春樹氏がインタビューで「インターネットの出現で、マスメディアが支配的だった言説はもっとデモクラティックになると期待した。しかし結果は逆だった」と語ったのが印象的でした。

いや、それはね——悪貨が良貨を駆逐するという面も確かにあるんだけれど、つまり良貨が情報の海に埋もれてしまうという面はあるんだけれど、一番大きいのは収益構造、広告ですよ。日本は、新聞の場合は購読収入半分、広告収入半分という形でずっと来ていたけれども、アメリカの場合は広告収入の割合がずっと大きかったから。特に求人広告。だからあっという間ですよ。次々につぶれていった。

グーグルの衝撃がなぜ大きかったかというと、広告をクリックして購買活動までつながったかどうか、それが分かる仕組みを作った。今までは広告を投入してどれくらい売れたかという因果関係を証明する数値がまったくなかったから。

——なんとなく新聞は権威があるから、部数があるから広告効果があるだろうという。

そうそう、代理店が言いくるめていたわけですよ。それが全部データで出るようになった。しかも年齢層とか性別とか、属性も分かる。それが一番大きかった。太刀打ちできない。既存メディアの凋落という意味ではね。収入がないから取材にもお金をかけられない。唯一残ったのがＮＨＫですよね。

――受信料に支えられて、物量作戦が取れる。

広告は関係ないから。だって、年に六千億円以上の収入がある企業なんてないですからね、報道関係では。新聞も同じことが言えて、やはり広告単価を下げるとかせざるを得ない時代に入っている。購読数も減っているし、両面から攻められているということですよね。既存メディアとニューメディアの競争でいえば、収益構造を奪われたのが一番大きいし、因果関係もはっきりしているわけです。だからやっぱり新聞、テレビのニュースもネットでも出さざるを得ない。そうしないとネット社会、IT社会に生き残れないという、両方に投資するという形になってこの二十年来ているわけですけれど、結果としては今までの紙の収益に代わるものは生み出せなかったわけだし、その意味では非常に苦しい後退戦を強いられてきているということですね。

十数年前に提出した提言レポートと変わらぬ状況

――で、今のお話は外岡さんが二〇〇〇年ころに当時の中馬編集担当に提出された提言レポート「二十一世紀新聞の将来」（本章末参照）につながるわけですね。

中馬さんは経営関係の、これからの新聞についてチームを作ってやっているということを聞いていたんで。それでお伝えするなら直接、論説の頃から存じ上げている中馬さんしかいないなと思って。

――この提言は、二十年近くたったいま現在もそのまま通用するというか、取材体制をどのようにするかとか、そういうところは本当に――。

何を書いたか全然覚えていないけれど（笑）。

――例えば、取材組織は今みたいな縦割りではとても今後は――。

ああ、それは大きいよね。つまり中抜き、フラット化が進むとずっと言われていたから、今みたいなタテ型の組織ではとても――つまり、IT革命によって、否が応でも情報のフラット化や組織の中抜き、フラット化が進まざるを得ない。だから僕は、そういう潮流を活かして、社内の事務や連絡、調整やなんかに積極的に活用し、それによって、これまでの旧弊を一掃してはどうか、という考えでした。いずれにせよ変わらざるをえないなら、意識して積極的に変わろう、という呼びかけをしたかった。

――逆に言うとこの二十年近く、新聞社の対応というか体制はあんまり変わっていない。危機的な状況は進んでいるとみんなが思っているはずなのに、本当の意味での危機感は、まだ持たれていないということでしょうか。

そうねえ、まったくないと思うな。そう、ここに書いた「携帯電話は携帯端末と一体化し、ノート型パソコンは消滅し、移動時の装着型か、家庭・職場のオール・イン・ワン型に移行すると見られる」というのは、もうそういうふうになっちゃってますよね。

だけどスマホがこんなに普及したのもやっぱりアップルの製品ですね。だから技術って、やっぱり一番重要な決め手になるのは「マシン・ヒューマン・インターフェース」という、どれだけ使い勝手がいいか、なんです。そこの部分で革命を起こすこと。それが爆発的な普及につながるわけです。技術はもうあるわけだから、それをいかに組み合わせて使い勝手のいいものにするかという、そこのところなんですよね。大事なのは。

情報革命は以前もあった、ネットと新聞は共存可能

――新聞社的というか、組織的にトレーニングを受けたジャーナリストを養成して情報や言論を発信してゆく

機能は将来も必要とされると思いますが、かなりの収入を保証された記者を大勢抱える企業というのは、二十世紀のようには成り立たなくなりますね。

それは無理だと思います。それは——池澤夏樹さんが編者になった岩波新書で『本はこれから』というのがありました。僕はその中で、グーテンベルグの活版印刷以来の情報革命がいま行われているとみんな言うけれど、二番目の情報革命は経験しているんだということを書いたんです。それは「アナログ革命」です。蓄音機であり、写真や映画であり、二十世紀初頭に開発された技術です。そのアナログ革命というのが、いかに情報環境を変えたのか、ということを僕らはもう忘れている。

例えば、文明史家のブルクハルトという人は、『イタリア・ルネサンスの文化』という本の中で、活版印刷がいかに社会を変えたのかということをいろんな例を挙げて書いているんだけれど、その中で「説教師が消滅した」とある。坊さんが街頭に立って説教する、それがいかに中世においては影響力を持っていたかということを絢爛たる筆致で書いているわけです。ところが、その力がなくなった。僕らはグーテンベルグ以前の説教師って知らないから、せいぜいシェイクスピアの『ジュリアス・シーザー』を見て、アントニーがどれだけその場の演説で、ブルータスをほめたたえる民衆を一変させたのか、ということを知るしかないんだけれど、要するに活版が行きわたる前の世界はみな、雄弁によって人心を変えるということをやっていたわけです。

それと同じように、アナログ革命によって二十世紀にどれくらい人間の情報環境が変わったのか、ということがもう想像できない。それが例えばナチズムであり、ファシズムであり、放送と音声を使ったもので、映像もあったわけだけれども。だから——そこをきちんと見ておけば、ただ「便利になった」とか、あるいはいたずらに嘆くだけじゃなくて「何を持ち続けて、何を疑うべきか」という指針が見えるはずなんですよ。新書にもそういうことを書いたけれども、新旧メディアは必ず共存するはずなんです。

例えば手書きの本はなくなったけれども、稀覯本として細々と残るわけだし、それから本というものは映像の時代になっても、テレビの時代になっても残った。恐らく本はこれからも残るはずですよ。新聞も残る。日本の場合は特に、文化形成にかかわっているから。明治時代に富国強兵と殖産興業で文化教育に回すお金はなかった、日本は。そのときに一番力を発揮したのが、尋常小学校のシステムと新聞ですよ。新聞で当時はみんなルビを振っていたので、ひらがなさえ知っていれば漢字を覚えられた。新聞を教育の手段として読むことが当然とされていた。戦前、明治大正までは。

戦後もそれが続くわけですよね。ルビが必要なくなるくらい高等教育が普及してきて、義務教育のレベルは中学までになった。そうすると中学までの用字制限で新聞は書いている。依然として新しいこととか、外国のこととか住んでいない地域のことを、新聞を通じて知るということが日本では一般的でした。あるクラス、階層、階級しか読まないのが欧米の新聞ですから。国民新聞として誰もが読むという習慣から日本では切り離すことはできない。それは簡単になくなるものでもないだろう、ということですね。

新聞を読むのはネットより頭に残るが購読料がネックに

——きちんと見ておくべきは、以前からおっしゃっている、ジャーナリズムの検証機能とか、歴史的な見方とか、そういうところきちんと押さえて充実させていけば、プリントメディアがうんと縮小した時代でも、新しい形の新聞社は可能であると。

そういうことですね。だから、十分に基盤はあるし伝統もあるし、縮小傾向は避けられないけれども、この先もかなりの期間はやっていけると思う。

――ただ日本の新聞社は朝日に限らず、規模が大きいからか、なかなか思い切った転換が難しいようです。TVの方がネットメディアとの親和性が高いようで。

いや、だけどね、ネットとの親和性でいうとたぶん活字の方があるんですよ。だって電子の文字は活字のように見えるわけですから。我々も電子文字で原稿を打っているわけで、それをデスクが見て校閲が見て、編集してという作業の中で出来た電子文字が、紙に印刷されれば新聞ですね。本来はネット上で流れている文字とそんなに違わないんです。でも新聞で読んでいないと、自分で読んだつもりでも頭に残らない。必ず一定期間、新聞を読んでいないと、世の中の動きが分からなくなるとか、自分の座標軸が揺らいでくるとか、そういう価値形成的な役割はすごく大きいと思う。

新聞の文字量って、一日の朝刊夕刊合わせると優に新書一冊分にはなる。だから年に三百六十冊近い新書を読んでいるようなものですよ。新書はタイムラグがあるけれど、新聞はデイリーに出ているわけだから。新書三百六十冊分と、プロバイダーに払うお金と、どっちに払うのかという問題はあるわけだけれど、だから「ゆとりのある方はぜひ両方」と(笑)、お願いするしかないよね。いま、月に六千円から七千円かかるわけでしょう、スマホだと。そのお金を払ったら新聞代に回す分はあるわけないですよね。だから一番問題になっているのはお金ですよ。購読という形がネックになっている。

――「携帯電話はすべての商品のライバルである」と言われたのが、もう十年以上前でしたかね。それがスマホになってますます――。

全部、取り込んでいるからね。かつてのパソコンを手で持ち歩いているわけですから。でも、僕らは目の前にあるネットの情報がすべてだと思って、そこから検索するわけです。しかし「ない情報」は引き出せないわけですよね。その情報をインプットするのが僕らの仕事なわけで、ネット上の情報をいくら検索しても、それは二次情報にすぎない。僕らは一次情報をインプットするべきなわけで、まだアップされていないことを取材するのが基本です。そこを忘れちゃいけないと思う。

しかもITに技術的にも経済的にもアクセスできない人が無数にいるということです。災害地や紛争地は特に。そういう人たちのところに飛び込んで行って発信するのが僕らの役割ですよね。そこはいくらIT時代になっても変わらない、基本動作は。

それとやっぱり自分の目で見て耳で聞いて、歴史の縦軸を掘り下げていくということです。それは歴史家の仕事でもあるんだけれど、ジャーナリストは必ずそれを持っているべきだと思うんですよね。つまり、今起きつつあることをどう定義するのかということを問われるわけだから。それはやっぱり過去の事例とか経験に即して見ないと、いまが目の前で何が起きつつあるのかということを定義できない。

――ネットでブログなどを書いている人も結局、自分で足を運んで調べて書いているのはどうも少数派のようで――。

まあ中にはいますけれどね。だけど交友関係の中で「こういう耳よりの情報があった」と、それは仲間うちの情報で、それに反するような、批判的なデータをぶつけるというのは、なかなかしないですね。要するに自分の見方に即した仲間うち情報を発信している。それが一般に語られていなければみんな面白がって読むけれど、本当に事実なのか、全体の中で物事を決める要素になっているのか、たぶん判断はしていない。

――以前のお話の中で、新聞の重要な機能の中にフォーラム機能があるということでした。ネットではこれが難しいようですね。すぐ罵り合いになる。

うん、罵り合いになるし、嫌な人は出て行っちゃうから、本当の意味でのフォーラムにはなっていないですね。だから同好の士というか、同じ意見の人が過激になってゆく、先鋭化してゆくということですよね。

ジャーナリストと創作活動の違い

――話は変わりますが、外岡さんはフィクションの世界での能力も実績もあるのに、長らく創作の許されない記者の仕事をされてフラストレーションはなかったですか。やっぱり記者の仕事が面白くて――。

そうですね、だから忘れていた（笑）。ただやっぱり、よく例えて言うんですけれど、彫刻とか立体のものを造るときに、ひとつは素材の中から掘り出していく。例えばミケランジェロは大理石を見て、その中にある像が埋まっていて、「イデア」ですよね。それを削ってゆく、取り出してゆく、というやり方がひとつ。もうひとつ、粘土を固めて塑像を造っていくやり方がある。

私はジャーナリストの仕事というのは、前の方だと思うんですよ。岩石の中から掘り出してゆく、切り出してゆく。なにか物を造るというのは塑像なんですね。造り方がまったく違う。とにかく検証されたデータだけで造るのがジャーナリストの造る像なわけですね。ところがそれを造るためには、検証に耐えないものをどんどん削って切り捨ててゆく。すると十を取材しても、残るのはたぶん一つか二つとかね。削りかすというか、素材がいっぱい残るわけです。やっぱり「あれはどうしたらいいのかなあ」というのが、だんだん重くなってきたということなんです。記者をやるにつれて。「あー、あれは大事だったんだけれど、あそこはテーマに合わないから切り捨てちゃったよね」という話ばっかりじゃないですか、取材していると。そういうものがすごく重くなってきたということなんですよね。

「あれをもうちょっときちんと書いておくべきだったけれど、時間もなかったし」と。どんどんどんどん仕事は降ってくるから、テーマも変わっちゃう。そういうのが自然とたまっていったということと、ある時期までは「小説なんか読んでなんになるんだ」と思っていた。

――えっ、そうでしたか。いつごろまで？

二十世紀いっぱいくらいまでですね。小説を読んでも別にそれがきっかけになって取材が進むわけじゃないし、それだったら歴史書とか研究書とか、研究者が今、観察していることとか、読まなくちゃいけないものがいっぱいあるから。小説からはすっかり遠ざかっていた。

『未だ王化に染はず』を書き終わって、それから今度、連作にする小説を一九八六年に書いたことがあって、中原清一郎の名前で『新潮』に。それは『生命の一閃』という題の中編なんですけれど。前後に三編つけて書いて、今年（二〇一七年）秋くらいに本にしていただけるそうで、今回『文藝』に書いた『消えたダークマン』もその一つです。同じ新聞社のカメラマンを主人公にした連作にしました。

『傍観者の手紙』から文学作品の普遍性を再発見

――その『生命の一閃』以降は小説を中断されていた。

そのあとは、小説を読むよりは目先の読書が必要で、資料だってものすごく読まなきゃいけないわけだし。

――ただその一方で、記者とは別の表現欲求も徐々にたまっていったと。

それに気がついたのは、〇三年にロンドンに行って、みすずの守田さんから連載を頼まれた（『傍観者からの手紙』）。そうすると、原稿を書いてから一か月以上、紙面に載るまでに間があくわけですよ。国際情勢とか時事問題について何か書いたらどうかという話だったけれど、書いたものがどんどん古びていく。一か月遅れのものを読んでもらって時事評論とか言うのはおこがましいなと思って、そのときの一か月先の読者が読むに耐えられるものってなんだろう？　と考えたのは、文学だったわけです。

つまり、文学というのは扱っている素材とか風俗習慣というのは変わっていくわけだけれど、いつ読んでも耐えられる何かというのはあるわけですよね。じゃあそれを借りるしかないな、と。それでタイトルをいろんな名作にしたんですね。今起きていることだけじゃなくて、読み継がれている名作にある伝統的なもの、価値観みたいなものと照らし合わせてみたら、今起きていることはどうか、という目で見るようになったんです。そのときに「あ、やっぱり文学って大事なんだ」と思うきっかけになった。

フィクションだから意味ないというものではなくて、ノンフィクションやジャーナリズムが何か書けないものを、枠組みを作り出しているのが小説なんだろうなと思うようになったわけです。その延長線上に、退社してからですけれど、朝日新書で『震災と原発　国家の過ち』というルポを出していただいた。あれもその手法ですけれど、文学作品を読み解くことで今起きていることを定義する。ある意味で、広く読まれた作品というのはそれだけの普遍性があるということなんですね。つまり、何が起きようと、その補助線となるようなことは、すでに先取りして書いているということです。

――先日3・11の盛岡での、震災と詩のシンポジウムのときにペンネームの中原さんとの使い分けについて質問が出て「そういうふうに分けておかないと危ない」というようなお話をされていましたね。

いや、境界線で仕事をするという人もいるんでしょうけれど、僕は、それはしたくない。ジャーナリストでいたいので。フィクションを書くときは別人格で、自分の本名を使うときには「少なくともこれについては言論人としての責任を取りますよ」というつもりでいるんですよね。

──外岡さんのようなお仕事をされてきた人は、業界を見渡してもなかなか見当たらない。近いとすれば、読売出身で芥川賞作家の日野啓三さん（一九二九─二〇〇二）でしょうか。

日野さんは、読売退社後はジャーナリズムの仕事はしておられない。だから、危ないんですよね、取り違えると。最近見た映画で、オリバー・ストーンの『スノーデン』という作品がありますけれど、非常によくできているし、実際に（政府の情報収集活動が）どういうメカニズムで動いていて、どういうことを聞けるんだろうかというのを、本人のインタビューをもとに作っているんだけれど、でもやっぱり機密情報を持ち出すときの場面とか、フィクションを入れているわけですよ。よくよく注意していないと、これは現実なのか、それともフィクションなのか、分からないんです。

逆に言うとドキュメンタリーとうたわない限りは客が入らないから、すると、どうしてもそこで誇張が入ったり、取り違えが出たりする。オリバー・ストーンって僕はいい監督だと思うんだけれど『JFK』にしても、すべて事実で突っぱねてやっているかというと、やっぱりそうじゃない。フィクションの要素を取り入れているわけで、それだったらいっそ「実話に基づく」というのをやめて、フィクションだけで勝負した方がいいんじゃないかと僕なんかは思うんですけどね。

中間でどっちつかずの態度を取っちゃいけないというのは、僕はジャーナリストとして最低限の決まりにしておきたい、けじめをつけておきたい。

議論で流れを一度止めて発言の場を確保──論説の経験

──『発信力の育てかた』を拝読すると、大勢の中で話すのは苦手だった外岡さんが、論説委員のときに、ひたすら論説の会議で人の発言内容をメモしているうちに、だんだん苦手感や抵抗感がなくなっていったという。

そうそう。

――またそれに先立って、外岡さんが子どもの頃は、お母さまとお姉さまが非常に能弁な方で、外岡さんのお気持ちを察して「こうでしょう」とおっしゃって、それにすぐ口を出せないのでご自分の気持ちを書くようになったという、これはいつごろから？

（笑）小学生、中学生、高校くらいまで。

――お母さま、お姉さまが外岡さんに「あなた今日はこういうことがあったけれど、こう思ったんでしょう」と話してしまうんですか。

そうそう、「こうなんだよね、ヒデが言いたいのは」と、僕が思っていることを先回りして言っちゃう。

――ご自分の気持ちをうまく話せないうちに言われちゃうから書く、という、それは日記とかですか。

日記もずっと書いていましたね。中学生くらいから。もうそれは処分しちゃいましたけれど。

――それはお母さまやお姉さまに「僕はこう言いたかった」と見せるためではなくて？

いやいや、そうじゃない。

――お父さまは寡黙な方だったそうですが、対照的に女性陣は――。

もう、ものすごくしゃべる。今でもそうですね。母も姉も。まあ、でも兄は――若い頃はしゃべらない方だったな。今はもう、立て板に水ですけれど（笑）。

――そういうすぐその場で言えなかったご自分の気持ちを文字に書き連ねることによって、ご自分はこう考えているんだ、ということを改めて――。

そうですね、やっぱり考えるのに時間がかかるじゃないですか。考えた先から話す人もいるんだけれど、あるいは考えながら話せる人もいるんだけれど、僕はそうじゃなくて、ある程度考えがまとまって、それから発言するもんだと思い込んでいたので。

最初に思ったのは、「世界名画の旅」でいろんな研究者や専門家にインタビューしますよね。そこで、言葉の専門家がいかに自由に話し言葉を操れるかということを目の当たりにして「あー、やっぱりすごいな」と思ったんですよ。それからNYにいたときに、国連の関係者とか世界の外交官にインタビューする機会が多くて、その人たちはどういう質問を投げかけても「いやその理由は、一つ目はこうで二つ目はこうで」という（笑）、もう本当に即答するんですよ、ほとんどの人が。

あとでそのいきさつを聞いたら、だいたい大学教育がそうなっていて（笑）、フランスとかね。だいたい要素を三つに分ける。それで最初に「三つある」と言っちゃうわけ。まず頭に浮かんだことを「一つ目はこうで」と言って、それを言いながら二つめを考えて（笑）、最後は三つにまとめちゃう。「あ、そういうカラクリか」と後で分かった。そうすると「この人はすごく頭が整理されている」と思うじゃない。

――すごい頭脳明晰――。

の、ように見えるんだけれど、実はそんなに大したものじゃない。コツなんですよね。それで、僕は論説で何を学んだかというと、とにかく話の流れが一段落するまでに言わないと、発言しないと、どんどん話が先に行って「それはさっきの蒸し返しじゃないか」みたいなことを言われちゃう。

それで、話が佳境になっているときに「ちょっと待ってください」と、まず止める。それで「私はそれとは違う考えなんです」ということを言って、「いま誰々さんはこうおっしゃいましたけれど、違う面だってあるんじゃないですか」と、まず止めてから考えているわけ（笑）。「あ、普通の人ってこうやって議論しているんだ」というのが、自分でメモしているうちに分かってくるから。だから何人かで話し合う会議の場とかシンポジウムの場とか、自分の中できちんと整理してそつのないことを話そうと思っていたら発言の機会を失う、ということを学んだ。

――まず、考えが整理されていなくても話に入っていって――。

というか、まず止めないと。直観でまず話の流れを止めて発言の場を確保して、それから考えていくという、それを論説で学んだ。やっぱり会議というのは発言を求められているわけじゃないですか。それを会議の間はずっと黙っていて、あとで「実はこう思うんですけれど」と言っても仕方ない。僕はどっちかというとそういうタイプだったけれど、発言を求められている会議の場で言えなければ会議に出る資格はない、と思うようになった。

というのは、論説は議論することを義務付けられている場だから、新聞社の中では唯一あそこだけなんですよね。そこで発言しないというのは、あっちゃいけない。自分の専門分野じゃないからといって遠慮する。そうすると議論にならないわけですよ。素人なりに思ったことが読者の感じていることなんだから、それを誰かが言わなくちゃいけない。「いやー、こんなこと言っていいのかな」とか、経済の記者に「本当に成長って必要なんですか」とか、やっぱりみんな言うわけですよ。専門家から見れば「何を言ってんだ」みたいなことを平気で質問する。でも、それが役割なんだ。「あー、やっぱり臆したり、自分を賢そうに見せたり（笑）してもダメなんだ」と。「失敗してもいいから、発言が続かなくなってもいいから、とにかく発言しなきゃいけない」と。それは何かを学んだというより、そういう文化を知ったということですね、論説委員室で。

高校生の頃から読書して重要部分を抜き書き

――それからこれは昨年『傍観者からの手紙』で読んだ記憶がありますが、読書の際は重要部分をメモ、抜き書きするという、それはいつごろからですか。

高校からですね。重要な部分は全部、だから厚い本の場合は大変ですよ（笑）。

――それは小説とかでも？

いやいや、そうではなく、僕は当時読んでいたのは、例えば『資本論』とか、一巻でしかそれはやらなかったけれど。数式とか出てくるじゃないですか。ああいうのを全部メモしたし、レーニンの『唯物論と経験批判論』というフォイエルバッハの――マッハ主義を批判した本なんですけれど、全部それでやりましたね。

――つまり、娯楽ではなく何らかの学びの読書では抜き書くと。私も、それができればすごく良いだろうなとは思ったことがありますが、実際にやっていらっしゃる方に初めてお目にかかりました。

うーん、カントなんかもそれでやりましたね。言葉遣いとか言葉の定義とか、論理的な表現とか、やっぱり誰かの文章を引き写さないと身につかない――まあ自分で身についたか分からないけれど（笑）、そういうもんだと思うんですよ。

――手を使って。そういえば、疋田桂一郎さんが「人間は手を使うことによって考えている生物ではないか」という趣旨のことをおっしゃっていたような。

そうだと思いますね。だから頭で理解したつもりになっても、それはどこまで理解しているか分からないわけですよ。でも書いているうちに「なんで、ここでこの言葉を使っているんだろう」とか「なんでこんな回りくどい言い方をしているんだろう」――それは訳文が悪いせいなのかもしれないけれど（笑）、考えるんです。「どうしてこういうふうに論旨を運んでいるのか」ということを。

高校生くらいって、字面で自分が分かったと思うしかないわけじゃないですか。でもそうじゃない抵抗感とか摩擦とか、書いていると「あれ、なんだろう」と考えるきっかけになる。学校の教育って、日本の場合は先生が答えを持っていて、それは「虎の巻」みたいになっていて、それを言い当てるのを競うみたいになっているじゃない？

でも、そうじゃないわけですよ。本当に学ぶということは。だってマルクスだってレーニンだってカントだって、学校で教えてくれるわけじゃないし、当時はいろんな議論が、要するに理論武装しなきゃいけないわけで、それで必死だった（笑）ということですね。昔はコピーもなかったし、高校生なんてお金もないからそんなに本も買えない。手書きで写すのが当たり前だった。

最近は、図書館から本を借りて、小説なんかはデータとか人物の名前とかを抜き書きするくらいで、歴史ものとかは付箋を入れてその部分だけコピーしますね。一冊丸ごと抜き書きしたのもあって、ロールズの『正義論』、こんな分厚い本で。

――あ、朝日新書の『日本国憲法の価値』を書かれるときですか。でも高校時代からですと相当の量がたまっていませんか。

いいや、全部捨てています。手で書くことがそんなに苦じゃないんですね、まだね。というのは、途中で全面移行しなかったから。必ず日記とか旅行しているときのメモとか、手書きで書いていましたから。

「二十一世紀　新聞の将来」

(※外岡さんが二〇〇〇年頃に作成した社内用提案資料の一部を抜粋)

変革のガイドラインは、組織管理、中間管理職を思い切ってスリム化し、情報の編集・評価機能を強化しながら、柔軟に変化に対応する仕組みを作ることにある。また、新聞紙を中軸としながら、情報コンテンツの販売経路を開発・拡大することを目指す。目標は、新聞部数を可能な限り維持しつつ、次第に業態を変化させて同規模収益を確保することにある。これは、部数拡大を最優先させる現行方針からの転換を意味する。

中央省庁の縦割りに応じた取材部局は再編成するべきで、記者クラブに依存した取材は変えるべきである。読者のニーズに応じた再編の例としては、以下のようなチームが考えられる。

☆一般部門——記者クラブには最低限の人数を置く。国内政治・経済・社会全般　外国　調査報道

☆個別部門——随時編成し、その都度紙面割りを変える。編集長が統括する。

少子高齢化に伴う諸問題　自然・環境　NPO・NGO　医療・健康・福祉

情報化(個人・社会・経済・情報技術・メディア)

文化・娯楽・スポーツ

趣味・ライフスタイル　　個人資産運用・家計・年金

宗教・心

この個別部門は、すべて外のネットワークと連結する。むしろ、その情報を中心に吸い上げ、他のネットワーク、情報を入手できない読者層に伝える。

部局別の縦割り、四社体制による縦割りは人事・待遇を含めて抜本的に見直す。局長から次長までのラインは簡素化する。専門記者はシニアとして処遇し、積極的に外部の専門家、外国籍の人材を招く。編集委員は、編集長の役割を担い、企画・連載の取材キャップとなる。

販売店は情報ステーションとして、新聞はもちろん、他の情報コンテンツの入手拠点へと再編する道を模索する。その際、コンビニ網、あるいは他の地域網

との提携ないし統合も視野に入れる。

戦後の朝日新聞のブランド・イメージは、綱領にいう「寛容」「品位と責任」「清新にして重厚の風」に尽きる。今もそのブランドは十分に通用する。

しかし冷戦後は、競合他紙が「品位と責任」「清新にして重厚」に軸を移動しつつあることもあって、朝日のブランド・イメージが混乱していることは否定できない。従来は保革の「革」に位置づけることによって、「清新にして重厚」を標榜することもできた。しかし、今や旧来型の「革新」には時代に乗り遅れた「守旧」のイメージがつきまとい、かといって「現実論」に近づけば、「一回り遅れた保守への譲歩」として守勢に立たされざるを得ず、旧来読者の支持は離れていく。

一言でいえば、「清新さ」は「浮薄への妥協」とみなされ、「重厚」は「硬直」とみなされるような朝日のブランド・イメージの解体、劣化が進行している。

実のところ、冷戦下の朝日は、柔軟に変化に対応し、是々非々を貫くことで「重厚な世論の中心軸」になることを目指し、かなりの程度は成功をおさめた。

問題は、冷戦後のこれからは、過去に確立したブランド・イメージの実績が通用しない点にある。いま一度、原点の「清新にして重厚」の精神を取り戻し、変革を恐れず、しかし、信頼感のある判断を下す社風を興すべきである。

そのために必要なことは、まず、新聞が危機にあることを社員が冷静に意識し、社内に真剣な議論を取り戻すことにある。

（以上）

第十六章　映画少年から創作活動への道

――今回は本題から離れて番外編として外岡さんと映画について、「影響を受けた映画」として、事前に洋画105作品、邦画73作品のリストを頂きました。

外岡秀俊が選ぶ「私が影響を受けた映画」

順不同、カッコ内は監督名

【洋画】（アジア映画を含む）

『イングリッシュ・ペイシェント』（アンソニー・ミンゲラ）
『アラビアのロレンス』『ドクトル・ジバコ』（デビィド・リーン）
『花様年華』（ウォン・カーウェイ）
『ガンジー』（リチャード・アッテンボロー）
『道』『甘い生活』（フェデリコ・フェリーニ）
『鳥』『裏窓』（アルフレッド・ヒチコック）
『太陽がいっぱい』（ルネ・クレマン）
『山猫』『若者のすべて』（ルキノ・ヴィスコンティ）
『自転車泥棒』『ひまわり』（ヴィットリオ・デ・シーカ）
『戦火のかなた』『無防備都市』（ロベルト・ロッセリーニ）
『欲望』『砂丘』（ミケランジェロ・アントニオーニ）
『ロミオとジュリエット』（フランコ・ゼフェレッリ）
『ラストエンペラー』（ベルナルド・ベルトリッチ）
『ライフ・イズ・ビューティフル』（ロベルト・ベリーニ）
『カサブランカ』（マイケル・カーティス）
『独裁者』（チャーリー・チャップリン）
『戦艦ポチョムキン』（セルゲイ・エイゼンシュタイン）
『風と共に去りぬ』（ヴィクター・フレミング）
『未知への飛行』（シドニー・ルメット）
『慕情』（ヘンリー・キング）
『ジュリア』『地上より永遠に』（フレッド・ジンネマン）
『お熱いのがお好き』『失われた週末』（ビリー・ワイル

ダー）
『ローマの休日』『我等の生涯の最良の年』（ウィリアム・ワイラー）
『ティファニーで朝食を』（ブレイク・エドワーズ）
『パリの恋人』（スタンリー・ドーネン）
『市民ケーン』『第三の男』（オーソン・ウェルズ）
『バンド・ワゴン』（ヴィンセント・ミネリ）
『シェーン』（ジョージ・スティーブンス）
『リオ・ブラボー』『紳士は金髪がお好き』（ハワード・ホークス）
『オール・ザ・キングスメン』（ロバート・ロッセン）
『スミス都へ行く』『素晴らしき哉、人生』（フランク・キャプラ）
『渚にて』『ニュールンベルク裁判』（スタンリー・クレーマー）
『卒業』『キャッチ＝22』（マイク・ニコルズ）
『俺たちに明日はない』『奇跡の人』（アーサー・ペン）
『明日に向かって撃て』（ジョージ・ロイ・ヒル）
『イージー・ライダー』（デニス・ホッパー）
『真夜中のカーボーイ』（ジョン・シュレジンジャー）
『ダーティー・ハリー』（ドン・シーゲル）
『ロング・グッドバイ』（ロバート・アルトマン）
『大統領の陰謀』『ソフィーの選択』（アラン・J・パクラ）
『野のユリ』（ラルフ・ネルソン）
『2001年宇宙の旅』（スタンリー・キューブリック）
『バグダッド・カフェ』（パーシー・アドロン）
『パリ＝テキサス』『ブエナ・ヴィスタ・ソシアル・クラブ』（ヴィム・ベンダース）
『ダンサー・イン・ザ・ダーク』（ラース・フォン・トリアー）
『灰とダイヤモンド』（アンジェイ・ワイダ）
『水の中のナイフ』『戦場のピアニスト』（ロマン・ポランスキー）
『怒りの葡萄』『駅馬車』（ジョン・フォード）
『非情城市』（ホウ・シャオシェン）
『さらばわが愛／覇王別姫』（陳凱歌）
『芙蓉鎮』（謝晋）
『初恋のきた道』（張芸謀）
『燃えよドラゴン』（ロバート・クローズ）
『インファナル・アフェア』（アンドリュー・ラウ、アラン・マック）
『大地の歌』（サタジット・レイ）
『サウンド・オブ・ミュージック』『ウエストサイド物語』（ロバート・ワイズ）
『007　ゴールドフィンガー』（ガイ・ハミルトン）

『地獄の黙示録』『ゴッドファーザー』（フランシス・フォード・コッポラ）
『男と女』（クロード・ルルーシュ）
『かくも長き不在』（アンリ・コルビ）
『シェルブールの雨傘』（ジャック・ドゥミ）
『去年マリエンバートで』『夜と霧』（アラン・レネ）
『勝手にしやがれ』『はなればなれに』（ジャン・リュック・ゴダール）
『死刑台のエレベーター』（ルイ・マル）
『突然炎のごとく』（フランソワ・トリュフォー）
『アルジェの戦い』（ジッロ・ポンテコルヴォ）
『恐怖の報酬』（アンリ・ジョルジュ・クルーゾー）
『ベティ・ブルー』（ジャン・ジャック・ベネックス）
『ニキータ』（リュック・ベンソン）
『マンハッタン』（ウッディ・アレン）
『イヤー・オブ・ザ・ドラゴン』（マイケル・チノミ）
『L．Aコンフィデンシャル』（カーティス・ハンソン）
『マルコムX』（スパイク・リー）
『アポロ13』『ビューティフル・マインド』（ロン・ハワード）
『黄昏』（マーク・ライデル）
『スター・ウォーズ』（ジョージ・ルーカス）
『タイタニック』（ジェームズ・キャメロン）
『英国王のスピーチ』（トム・フーバー）
『アーティスト』（ミシェル・アザナヴィシウス）
『ダーウィンの悪夢』（fｰベルト・ザウパー）

【邦画】

『七人の侍』『天国と地獄』『用心棒』『生きる』『羅生門』『一番美しく』『わが青春に悔いなし』『野良犬』『蜘蛛巣城』（黒澤明）
『東京物語』『秋刀魚の味』『麦秋』（小津安二郎）
『浮雲』『女が階段を上る時』『乱れる』（成瀬巳喜男）
『青い山脈』（今井正）
『男はつらいよ（寅さんシリーズ）』『幸せの黄色いハンカチ』（山田洋次）
『飢餓海峡』（内田吐夢）
『砂の女』（勅使河原宏）
『陸軍中野学校』（増村保造）
『日本のいちばん長い日』（岡本喜八）
『狂った果実』（中平康）
『八月の濡れた砂』（藤田敏八）
『戦場のメリークリスマス』（大島渚）

『無常』（実相寺昭雄）
『祭りの準備』『美しい夏キリシマ』『父と暮らせば』
（黒木和雄）
『忍ぶ川』（熊井啓）
『キューポラのある町』『私が棄てた女』『非行少女』
（浦山桐郎）
『細雪』（市川崑）
『青春の門』（深作欣二）
『ふるさと』『北辰斜にさすところ』（神山征二郎）
『ヒポクラテスたち』（大森一樹）
『ラブレター』（岩井俊二）
『誰も知らない』（是枝裕和）
『ゆれる』（西川美和）
『切腹』『人間の條件』（小林正樹）
『眼の壁』（大庭秀雄）
『にあんちゃん』『復讐するは我にあり』（今村昌平）
『砂の器』『ゼロの焦点』『鬼畜』（野村吉太郎）
『冬の華』『駅STATION』『居酒屋兆治』『鉄道員
（ぽっぽや）』『ホタル』（降旗康男）
『お葬式』『タンポポ』『マルサの女』（伊丹十三）
『ゆきゆきて神軍』（原一男）
『異人たちとの夏』（大林宣彦）

『探偵物語』（根岸吉太郎）
『セーラー服と機関銃』（相米慎二）
『野獣死すべし』（村川透）
『の・ようなもの』『それから』（森田芳光）
『Ｓｈａｌｌ ｗｅ ダンス?』（周防正行）
『ＧＯ』（行定勲）
『下妻物語』『嫌われ松子の一生』（中島哲也）
『クライマーズ・ハイ』（原田直人）
『ラヂオの時間』『マジック・アワー』（三谷幸喜）
『おくりびと』（滝田洋二郎）
『釣りバカ日誌（シリーズ）』（栗山富夫→本木克英→朝
原雄三）

映画好きの母、兄は目の前で映画内容を演じる

映画について一番影響を受けているのは兄からです。学《まなぶ》といって五歳上なんですが、その兄が小学生の頃から母親に映画に連れて行ってもらっていた。当時、娯楽と言えばほとんど映画だけで、テレビは昭和二十八年に出てきていたけれど、まだそんなに番組が豊かだったわけでもなく、圧倒的に映画が主流だった。

母親は、自分が観たかったんでしょうけれど、兄を小さい頃から映画に連れて行った。それで兄が映画にのめり込んでゆくわけです。私が小学生、兄が中学生の頃からは一家で映画を観に行ったり、兄と観に行ったりして私も映画にのめり込んだ。

一時、私の家の二階に従兄が同居していたことがあって、私より七歳上でした。そのいとこも、ものすごい映画好きで、兄がそのいとこと一緒に映画を観に行って、帰ってきて再現するんです。映画の上演時間と同じ時間をかけて再現する（笑）、克明に。二時間くらいの映画なら二時間、覚えてきて。それだけ真剣に見ていたんでしょうね。

そういうふうにして、私は観てもいないうちから知っている映画のあらすじというのが結構あったんです。

――ご記憶の限りで、お兄さんたちが演じてくれた映画で一番印象的だったのは。

『ウエストサイド・ストーリー』。子どもが真似するから様にはなっていないし、歌えるわけでもないけれども、その場面がいかに素晴らしいかというのを演じるわけです。

――しかし、そんなふうに演じるというのは、お兄さんたちは、何としても映画の感動を誰かに伝えたかった。

たまたま年の離れた弟さんがいて……。

ま、そうなんでしょうね。誰でもよかった（笑）。大人はそんな暇ないし、二階は大人がめったに上がってこないから、しょっちゅうでしたね。ほとんど毎日のように二人で映画を観に行っていたんじゃないかなあ。私が小学校三年くらいから。

――ほかに、実際に劇場で観ていないけれどもお兄さんたちが演じて印象的な映画は。

『青い大陸』という映画で、草をいっぱい拾ってきて、ばらまいてやってましたね（笑）。あと、西部劇が多くて『シェーン』とか、『OK牧場の決斗』とか。カーク・ダグラスがドグ・ホリデイをやっていた。僕らの小学生の頃はリバイバルブームで、要するに西部劇ですよね。アメリカ映画がすごく日本に来ていたんです。西部劇全盛時代ですね。昭和三十年代後半。西部劇は一家で、みんなで観に行ったことが多かった。

最初に劇場で観た映画の記憶は片岡千恵蔵、そして西部劇と黒澤・小津へ

――劇場で映画を観た最初の頃のご記憶はどうでしょう。

うーん、順序は分からないけれど、東映映画の、片岡千恵蔵が出た映画、あと雪村いずみと美空ひばりが主演するサムライ映画。東映は当時、時代劇一色だった。日活が無国籍といわれる、かなりハチャメチャな映画、和田浩治とかね。それから『流れ者シリーズ』の小林旭とか、宍戸錠とか。基本は西部劇なんだけれど舞台が日本、とか。東宝は、最初は黒澤映画だったのが、『若大将』シリーズとか『無責任男』、クレージーキャッツですね。そういうふうにドル箱路線を開いた。それと大映は芸術的な映画をやっていましたね。だけど基本的には女優さんを見せる映画という感じかな。あと松

竹は基本的に小津さん、小津安二郎監督ですね。

――その片岡千恵蔵とかの映画はいつごろですかね。

小学校低学年かな。そのころで一番鮮明に覚えているのは、西部劇で、大画面で見た『アラモ』とかね。ジョン・ウェインが自分で監督をやった。それから『荒野の七人』、これは『七人の侍』のリメークなんです。大きな画面で観たことがなかったから、本当に度肝を抜かれましたね。日本映画でいうと、やっぱり黒澤明作品の『用心棒』かな。『天国と地獄』とか『椿三十郎』とか、彼の全盛期ですよね。劇場で観ました。

――ちなみにテレビがお宅に置かれたのはいつごろ？

小学校の三年だったと思う。だから、同じ町内でポツンポツンとテレビを持つ家が出てくると、近所の子どもたちがみんなそこに集まるんです。最初にＮＨＫで、女性がピアノをひいている映像が流れたのを見て、昼の時間帯でした。これは本当に驚きましたね。どこか遠くで撮ったものがその場で流れるということが。その前に「街頭テレビ」というものがあった頃は、ものすごい人だかりができて。

――力道山の空手チョップとか。

そうそう、僕はどちらかと言うと小さい頃からあんまりスポーツには興味なかったんだけれど、兄はプロレスから相撲から野球から大好きで、それと映画日記というのをつけていて、スタッフからキャストから全部書いて、どういう点が良かったかみたいなことを書いて、それをまた私に読み聞かせするんですよ（笑）。

だから、小学生のわりには、そういう意味での映画情報はかなり入っていて、なんせ『スクリーン』とか『映画の友』とか、毎月買ってましたから。兄といとこが。それをベッドのところに、壁一面に貼るんですよ。グラビアのページを切って。

好きな映画は何度も劇場に、全身を目にして見た時代

今はちょっと信じられないと思うんだけれど、ビデオもないしDVDもないから、映画館に行って観るしかないんですよね。淀川長治さんなんか『駅馬車』を何十回も見ているわけで、そうやって同じ映画を繰り返し、繰り返し観ることによって、映画を自分のものにしていったわけですよ。今はストップモーションをかければある場面が見られるし、もう一回繰り返して再生することも出来るけれど、当時はそんなこと出来なかった。だから全身を目にして見るというか、そうやって観た時代があったんですね。

――これぞと感じた映画は、複数回、劇場に行くと。

何回も行く、それが全然、苦じゃなかったんです。立って観ることも多かった。当時はだいたい三本立てで、一番館、二番館、三番館とあって、二番館三番館ではだいたい過去の名作みたいなのを繰り返し上映していたんです。だから僕の映画体験というのは、兄貴の世代、団塊の世代とほぼ重なっている。少し背伸びして見ていたので。

――テレビドラマなんていうのも昭和三十年代まではまだ――。

あんまりなかった。民放が出遅れていたので。民放が花開くのは昭和四十年代、五十年代でしょう。だからNHKの『夢で逢いましょう』とか、そういうものが斬新な時代でしたよね。でも基本はやっぱり映画が主流でした。

――ちなみにお姉さまは、映画はお好きですか。

あんまり好きではないかな。それでも当時は一緒に観に行った。まあ、今はお茶で忙しいから、あ

んまり行く暇がないと思うんですよ。茶道の先生をしていて。今でも夕食で、僕が料理を持っていくんですけれども、兄が降りてきて、母親と三人で映画の話ばっかりしている（笑）。

――もともとは、お母さまはどんな映画がお好きだったようですか。

やっぱり文芸路線じゃないかな。大映映画なんかよく見ていて、市川雷蔵なんか好きでしたね。僕は小学生のときに〝００７〟の三本立てを観て、僕が観たときは『サンダーボール作戦』までやっていたから、小学生のときね。それと『ロシアより愛をこめて』と『ゴールドフィンガー』かな。それもたぶん母親が好きだったから観に行ったんじゃないかな。小学校五年くらいでしたね。

今振り返って幸せなのは、リアルタイムで――と言っても封切りからは遅いんだけれど――かなりの数の西部劇映画を見たんです。『風と共に去りぬ』とか、アメリカの映画の一番輝いていた時期のものを、リアルタイムで観ることができたというのは、僕にとってはすごく、個人的には得るものがあったと思いますね。

映画と文学が連動した時代、映像的な言葉の感覚

――すると、小学生の外岡さんは、映画と読書と両方に熱中されていたというか、映画も相当数見ておられて、一方で読書も始まっていた？

読書も――そうですね、僕は日本文学というのは子どもの頃ほとんど読んだことがなくて、漱石だけですかね。やっぱり一番ぴったりくるのは、アメリカの小説か、ロシア、ドイツなんですよ。出てくる自然描写が一番近かったから、身近なんです。日本の小説、私小説などを読んでも、ちっともリアリティを感じない。だから緯度からいっても、自然の荒々しさからいっても、たぶん外国の方が北

海道に近かった。

――それでは小学生で映画もたくさん見るのに並行して、読書もかなりされていた。

昔はだいたい世界文学全集というのが家庭にあって、文学と映画って連動していたんです。だから文学を元にした映画が次々と出てきて、『嵐が丘』とか『ジェーン・エア』とか、『風と共に去りぬ』もそうだし、情報がひとつにつながっていた。河出書房の世界文学全集なんか、必ず帯に映画のスチール（写真）が載っていました。『戦争と平和』もそうだし。だから僕らにとって映画と文学は切り離せないんですね。その頃から。それから後も、小説を読んだら後から映画を観るとか、追っかけてきていましたね、自分の言葉に対する感覚も映像的かなと思うんですけれど、映像的か音楽的かどっちかで、僕はどちらかと言うと映像なんですね。両方そういう性質を持っている人もいますけれど。僕は読んでいても映像が頭に浮かぶし、書いていてもそうだし。

――ちなみに音楽的な言語感覚で代表的な人というと――。

宮沢賢治。彼の童話でもなんでもそうだけれど、声に出して読んでみるとわかりますよ。新しいメロディ・ラインのスタイルを打ち出した。あれはまさに音楽だなあと思う。

――文学の方も、ご家庭にあった文学全集を順番に読んでいったんでしょうか。

読んでましたね。小学校中学年くらいからかな。

――読めない漢字がたくさんあると思うんですが。

辞書を引いてました。本を読みたいと思うのも結局映画があるからなんです。映画を観るともっと映画を詳しく知りたいと思って読むし、本を読むと映画が観たくなるし。基本はそうなんですね。両方、つながっているという。

――小学生時分で特に引かれた俳優は覚えておられますか。

小学生ね、その頃はほら、まだ子どもだから、分からないですね。でも、ヘンリー・フォンダとかゲーリー・クーパーには引かれましたね。「自分が大人になって、一人前の男になったときに、こういうふうなお父さんになれればいいな」（笑）という感じで見ていました。静かなタイプですね。ジョン・ウェインみたいなタフガイじゃなくて、どっちかと言えば自制をするタイプ、抑制をするタイプかな。あまり表情に出さないんだけれど、ゆとりがあって冷静な男性像というか、そういう映画が好きでしたね。

——しかし、それだけ映画と文学に深く入っていると、小学生のお友達とは話が合わないということはないですか。

そうなんですよね。周りはあまり読んでいないから。「あいつはなんかずいぶん大人の小説を読んでいるようだ」と。『ジャン・クリストフ』だったかな。世界文学全集で読んでいて、そういう話をしたら、なんかね——（笑）。文学少年みたいに見られていたんじゃないですか。

映像制作に憧れた中学生時代

誰が言ったのか、その頃の男の子の夢は三つに分かれると言われていて、野球の監督、指揮者、映画監督と。僕は完全に映画監督でした。だから映像の仕事につきたいとずっと思っていたんです、子どもの頃は。そうだ、あと『アラビアのロレンス』だな。子どもの頃に観て、すごいと思った映画は。

——中学生になると、そろそろ映画も一人で行くということになって。

そう、兄貴は大学が東京でしたからね。だから中学高校はもう一人で映画を観に行きましたね。その頃からアメリカン・ニューシネマというのが始まって、『卒業』とか『俺たちに明日はない』とか『明日に向かって撃て』とか、『真夜中のカウボーイ』とか。その頃にやっぱりアメリカ映画の、とても大きな魅力というものを感じた。そしてフランスでは一九六〇年代終わりにかけてヌーベルバークの全盛期で、これにも、ものすごい影響を受けましたね。

当時、映画には四つ雑誌があって、昔からあるのは『キネマ旬報』という月に二回出るやつで、それ以外に『映画評論』というのがあったんです。これは佐藤重臣さんという人がやっていた。それとは別に『映画芸術』というのがあって、これはすごい雑誌で、毎回、三島由紀夫とか、吉本隆明とか錚々たる人たちが映画評論を書いているんですよ。ルキノ・ヴィスコンティとか、ああいうのは大特集を組んでいて、文学者が映画を論じるということで。

それともうひとつ、僕が中学高校の頃に出てきたのが『映画批評』という、これは松田政男という論客が始めた雑誌で、これにも大きな影響を受けましたね。これはどちらかと言うとPFLP（パレスチナ解放人民戦線）とか、フランツ・ファノンとか、ゲリラ活動に肩入れしてそっちの方に傾いていくんですけれど。

――新左翼系ですか。

そうです。だから僕らの間では、そこでどういう特集をしているのか、誰がどういう批評を載せているかということが、ものすごいホットな話題でしたね。みんなで回し読みしてました、映画好きが。

政治の季節、映画が政治思想と並走した高校生時代

今では想像できないと思うんだけれど、ヌーベルバーグの影響があって、思想と政治というのがすごい緊張関係にあったんです。だから映画を観るということが政治とどう関わるかという、そういう面もあったし、切り離せなかったんです。ジャン・リュック・ゴダールもそうだし。六八年のパリの

闘争というか暴動というか、いわゆる五月革命ですね。あれと映画とはもう本当に並走していた。実際に映画人も立ち上がりましたしね。

――六八年ですと外岡さんは中学三年くらいですか。

そうですね、だから世間が騒然としている時代で、東大の安田講堂の問題とか、身近なところでも札医大でバリケードがあったりとか、北大でもあったり、そういう時代でした。そうするときに、僕はどちらかというと、直接政治にかかわるんではなくて、映像をめぐる評論やなにかを読んで政治について考えるというタイプでしたね。

七〇年代に入るともう高校闘争というか、「高校紛争」と高校側は呼んでいましたけれど、それに直接かかわるようになった。それに関しても映像って切り離せないんです。僕らの間では政治的なことを議論する場合でも、映画を通して議論した。ある映画をめぐって「どういうことを監督は社会に問おうとしているのか」とかね。

――中学校以降は部活も始まって、映画関係、文芸関係の活動を？

中学のときは、僕はバスケットボールをやっていたんで、あまりそっちの活動はなかったですね。ただ友人に、すでに新左翼の影響を受けている男がいて、ずいぶん議論を吹っ掛けられて。僕をオルグしようとしたんでしょう。彼とは高校も一緒になって、彼は革マルで、私はどっちかと言うとノンセクトラジカルだったんで、ああいう党派的な活動にはかなり疑問を持ってましたね。

当時、新左翼がなぜ出てきたかというと、やっぱり共産党に対する、あるいはスターリニズムに対する違和感とか批判とか、それがきっかけで分かれていったわけですよね。六〇年闘争を通じて。それがさらに革マル、中核、革労協、社青同とかと違って、どの党派にも属さないという自然発生的な運動が始まって、私はそれにすごく影響を受けたと思います。

――高校生の闘争というのは何を求めていたんでしょう。

それはね、中公新書に『高校紛争』（小林哲夫氏著）という本があって、僕の友達がインタビューを受けているからそれを読めば分かる。全学無期限ストライキというのをやったんですよ、高校二年のときに。とても学校としては呑めないでしょうし、呑んだら大変です（笑）。

――そういう政治の季節に十代を送られて、一方で映画もご覧になって、中学、高校それぞれの時期で印象に残る、影響を受けた映画は。

『戦艦ポチョムキン』がそうですね。これは各地で上映会をやって、やっぱり当時の新左翼運動とかかわっていると思いますね。あと、依然として西部劇が好きで西部劇ばっかりたくさん観ています。『リオ・ブラボー』とか、高校になるともう、リストにある『卒業』から始まって、『イージー・ライダー』にはとても大きな影響を受けたな。ヒッピーの時代だった。

兄との違いは娯楽映画が好きなところ

リストで言うと『真夜中のカウボーイ』までは、ずっと高校の頃に観て影響を受けた映画です。『2001年宇宙の旅』は中学生の頃で、これもやっぱり大きな影響を受けた。『アルジェの戦い』『恐怖の報酬』『勝手にしやがれ』。高校では『去年マリエンバーグで』、あと『男と女』。僕は、邦画の方は特にそうなんだけれど、娯楽映画が好きで、ここが兄貴と違うところで。兄貴は、あんまり娯楽映画は観ないんですよ。僕はいったん観出すとシリーズ物は全部観る。『スター・ウォーズ』とか、『男はつらいよ』とか『釣りバカ日誌』とか、『007』ものも全部観た。

――「影響を受けた映画」リストに『釣りバカ』が入っていたのは意外でした。

そうそう、やっぱり娯楽性って映画から外せないと思うんですよ。どんなシリアスな映画でも、面白くないと人は観ませんよね。

――お兄さんはシリアスというか、社会派の作品がお好きで？

芸術映画ですよね。あと西部劇。僕が早期退職してこっちに来たでしょう。それからずっと映画を観ていて、先週はヴィスコンティを観て、兄貴にヴィスコンティを見せてほしいといったら十本くらいDVDを貸してくれて（笑）。俳優別に言うと、例えば「ロミー・シュナイダー」と言うと「はい」って、やっぱり十本くらい。

昔見た映画も見直しているんですけれども、単独で自分が影響を受けた映画も、その監督にとっては必然なわけですよね。監督のライフ・ストーリーがあるわけだから。そういう流れでもう一回見直すと、また違ったものが見えてくる。

――外岡さんがお好きだった映画監督の、初期の作品から見てゆくということですか。

そうですね、流れが見えてくる。

――十代の頃に何回も劇場に足を運んだ作品は。

『卒業』は何回か観ましたよ。『イージー・ライダー』も何回か見た。それから――『欲望』とか『砂丘』、ミケランジェロ・アントニオーニ監督です。

――チャンプリン映画なんかは、これも劇場に来たときですか。

チャップリンはね、小学生のときに、一時かなり入ってきたんです。『モダン・タイムス』とか『独裁者』とか。でもきちんと観たのはだいぶ後からで、朝日に就職して、ロンドンのときにかなり観ましたね。やっぱりすごい人ですよ。

――邦画だと、やはり黒澤映画をたくさん挙げておられますが、黒澤、小津、成瀬、このあたりは劇場で？

成瀬はあとからですね。後になって分かって、小津も当時、観ているときは分からなかったですね、すごさが。

——彼らと並び称されていた溝口健二などは？

観ていないんですよ、まだ。いや、兄貴に馬鹿にされてますよ（笑）。「あんな大事なものを見ていないのか」と（※まもなく『雨月物語』などを視聴、「素晴らしかった」との感想を筆者にメールで連絡）。

でも、小津にしても黒澤にしても、ある意味では変人、狂気の人みたいな側面がありますよね。黒澤の『デルス・ウザーラ』の撮影日記を読むと、前言を翻すとか、酔っぱらって次の日、全然違うことを言い出すとかがよくある。黒澤は、本物を求める。コッポラは、黒澤から学んだのはそれだと言っていました。『用心棒』『椿三十郎』『天国と地獄』とドル箱となるヒット作を続けて打ち出した黒澤ですら、映画が撮れなくなる。製作費がかかりすぎて、かつての映画作りのシステムが成り立たなくなった。『トラ・トラ・トラ！』でハリウッド映画を撮ろうと行ったが、途中でやめて帰ってくる。そこに手がさしのべられ、『デルス・ウザーラ』で再起をはかるわけです。

団塊の世代が表現を競い始めた六〇―七〇年代

——リストにもある六〇年代フランスを中心にしたヌーベルバーグが一大ムーブメントになって、それがちょうど「政治の季節」で世界的に強い影響を与えたという流れが外岡さんの少年時代にあったと。

だからあれは、僕の世代にとって、要するに政治運動ではなくて、文化運動みたいな感じだった。今までの遺制とかしきたりを刷新しようという運動だったんですね。

——ちょうど大学紛争が火を噴いていた時期に、高校では高校紛争があって、そう考えると、外岡さんたちの時代の高校生以降、我々の世代などは幼かった。
まあ、そういうところはあったでしょうね。ただそれは、どっちがいいということじゃないですからね。

――その時代の状況に規定された中のことで。

そうそう、そういうふうに政治的に先鋭化していくことが、必ずしもいいとは言えないですからね。今の若い世代って素直ですよね。僕らの時は反抗というか批判精神みたいなものがないと、大人になれないと思い込んでいた世代ですね。

――高校生くらいになっても、将来の希望としては映像関係で。

ええ、やりたいと思っていました。ちょうど高校生の頃に、日本のヌーベルバーグと呼ばれる人たちが活躍していたんです。大島渚とか、篠田正浩とか。吉田喜重とか、そういう人たちが。前もお話ししましたけど、僕らが中学高校の頃には、大江健三郎さんとか安部公房さんの新刊が出ると、発売日に開店前から書店に並んでいた。全部、連動しているんですよ、その人たちの言説というのは。その表現は映画であったり小説であったりしましたけれど、その時代のいろんな雰囲気と言うのはものすごく活気があって、演劇も寺山修司さんとか唐十郎さんが出てきた時代ですから、そういう文化活動そのものがどんどん活性化して、何か表現を求めてみんなが競っていたような時代です。

美術もそうですね。赤瀬川原平さんとか、池田満寿夫さん。ひとつには戦後の団塊の世代が青年に達したということですよね。六百万人に及ぶ巨大な潮流が、大衆社会化が進んだ時代にぶつかって、そこに矛盾も出て来ていて、公害問題とか、戦後の矛盾が表に出始めた時期で、それに学生たちが異議申し立てをし始めたという時期ですね。それはアメリカでもそうだったし、フランスでもそうだったし。中国はちょっと政治的に歪んだ形だったけれど、文化大革命になっていくわけですよ。

だから当時は、文学とか映画とかもそういう動きと無縁じゃなかったということで、どちらかと言うと文学好きというよりは、運動の中にいてそういう会話をすると、自然にその話になっちゃうという。

——ひとつの表象というか、象徴というか、映画とか文化的なそういうものが政治にくっついていて、自然とそういう中心になってゆくということでしょうか。

そうそう、そして、そういう意味での映画は死んじゃったわけですよね。

——娯楽性や審美性が残り、政治性や思想性はかなり薄れていったのが八〇年代以降の映画ということになりますか。

それはいい悪いの問題ではなくて、時代の反映というか、照り返しがあったということなんでしょうね。

大学生で『大統領の陰謀』に感動、新聞記者志望に

——七二年に大学進学で、大学生活の後半くらいから映画が斜陽と言われるように？

そうですね、でも七〇年代はまだ勢いがありましたけどね。大作が次々と作られたし。映画は東京でもよく見に行きましたね。だからリアルタイムで影響を受けたのは、『大統領の陰謀』かな。

——本が出て映画になって、ジャーナリストがスターになった。

それまでは、新聞記者というと、『慕情』——香港でアメリカの新聞記者と中国系の女医さんが恋に落ちて、結局、朝鮮戦争が始まって彼は従軍で送られて死んじゃうという話なんです。それと『ローマの休日』ですね。二つとも、いつ仕事をしているか分からないような暇な記者（笑）。それで、あれを見て特派員になりたくて新聞記者になったという人が私の先輩に結構多いんです。

——仕事も楽そうだし、格好良くて美女と恋に落ちて。

僕が新聞記者になりたいと思ったのはやっぱり『大統領の陰謀』で、特にあそこに出てくる編集幹部が、すごく格好いいんです。疋田桂一郎さんに雰囲気が似ていて。彼は『ジュリア』という映画に出てくる、ダシール・ハメットの役をやったジェイソン・ロバーツ。彼がブラッドリー編集主幹を演じた。その頃の自分から見ると、ああ、大人の男ってこうなれるんだという。あれを見たのは大学何年だったかな。確かもう新聞研にいた。三年以降ですね。

中学生で小説を書き始め高校生で自主製作映画を撮る

——ちなみに小説を書き始めたのは、高校生くらいですか。

中学生からですね。校内雑誌に載せたような気がする。それから、原稿を友達に回し読みしてもらった気がするな、書いてから。

——映像制作に憧れながらも、実際には小説の方を先に書かれたわけですね。

その頃はデジタルカメラってなかったから。今と違って簡単に動画の撮れる時代じゃなくて、8ミリフィルムしかなかった。高校になってそういう真似事をしたことがありますけれど。部活で「映像研究クラブ」って作って。その頃はほら、生徒会費から部活に援助があったんで。仲間とでっち上げて、そういうフィルム代を出してもらって。

——どんな映画を撮られたんですか。

いやー、覚えていないけれど、たしか大した映画じゃなかった(笑)。

——学園ものとかではなくて?

いやいや、ゴダールとか、そういう影響を受けていたから、わけの分からないものを撮ったんじゃないかな（笑）。そうそう、だから高校から大学にかけて一番影響を受けたのは、ゴダールとフェリーニですよ。フェリーニには影響を受けましたね。ゼフェレッリも好きだったけど、『ロミオとジュリエット』の。ゼフェレッリもヴィスコンティもオペラの演出をしているんですよ。そういう人たちの美意識ですね。そういうものに圧倒されたという感じで、ある意味、思想性や何かは関係なくて、映画が見せる――圧倒的な世界ですね。後になってオペラを見て、「あ、オペラと同じなんだ」と思いました。映画の真髄というのは。

オペラは劇でもあり歌でもあり、総合芸術ですよね。映画が目指したものも、スクリーンの上の総合芸術なんですよ。それは文学、音楽、そして映像と、別々のジャンルで築いたものの総合芸術ですよね。二十世紀の芸術です。

だから二十一世紀の映画はリメークにすぎないと言われますよね。二十一世紀の映画って、リメークでなければCG、コンピューターグラフィックスとか、どんどん人工化しているんだけれども、映画の持っていた、二十世紀の芸術、総合芸術としての役割は終わったということです。これからはコンピューターとかゲームとかバーチャルリアリティとか、あるいは拡張現実とかね、まったく新しいジャンルに広がっていくということですよね。

北海道の風土と米・露・欧の共通性

東京で生まれ育った人は、ニューヨークのいろんな映画を見ても、たぶん頭で理解している部分があって、肌で感じるというものが伝わっていないと思うんです、簡単には。あるいは異国情緒として見ているのかもしれないけれど。

ここ（札幌）にいるとすごく自然なんです。小さい頃からそうですね。だからどっちかと言うと、小説でも映画でも、ロシアとかアメリカとかヨーロッパですよね。ヨーロッパでも北の方の国に近い。風土ということなんでしょうね。しかもアメリカが移民の国だから、北海道によく似ていて、そういう点でもとても身近でしたね。

小説ではロシア、特にドストエフスキーに一番、圧倒された。ドイツでは僕はヘルマン・ヘッセが一番好きで、そこに出てくる情景描写が本当にそっくりなんですよ、北海道と。彼はどっちかというと南ドイツの方だから、スイスに近い。その自然描写がそっくりで、春に一斉に花が咲くとか、春に嵐が来るとか。春は本州で言うと穏やか、緩やかに移行していくでしょう。北海道はそうじゃなくて、わーっと五月は一気に変わる。四月はかなり寒くて、今日みたいに雪が降ることもあるし。

リストを自分で書きながら思ったんですけれど、歴史ものが結構好きだなと。映画で歴史を学んだところもあって、教科書に取り上げていないところを取り上げるわけですね、映画では。しかも人を主人公にして、人を通じて、一人の人間を描くことで歴史を描いてゆく。それはデヴィット・リーンの『アラビアのロレンス』もそうだし、ある意味では『ドクトル・ジバコ』もそうですし、イタリアの敗戦後どっと出てきた監督たちもそうですよね。

大学一年で短編小説を創作、東大学生新聞で懸賞一席

――大学生の頃に話は戻るんですが、『大統領の陰謀』。これはやはり外岡さんの職業選択に影響を及ぼして、映像ではなく新聞、ジャーナリスト方面に進もうと思われた。

そうですね、そこは格好良くもなんでもなくて「ここまで地道なことをやっているんだ」という、『慕情』とか『ローマの休日』じゃなくて、ここまで地道に突き詰めていくんだという。

だって新聞記者って強制力は何もないから、ニュースソースの好意にすがるしかないわけですよ。いろんな人たちに会って、だんだんと取っ掛かりを見つけて、最後に大統領辞任まで追いつめたわけです。格好いいヒーローでもなんでもなくて、チームワークで地道にやっていれば最後には巨悪や不正に迫れるという職業なんだと。

だからあの映画も、大統領を追いつめるとかそういう部分じゃなくて、取っ掛かりの部分しか描いていないわけですよ。要するに首都圏版の署回りをやっている記者たちですから。だけどだんだん不正に気づいていって、誤報をしちゃって、でもブラッドリーが励まして、という場面で終わっている。その結果というのはみんな知っているわけだけれども、やっていることというのは初期の、普通は見過ごしてしまうようなことに食い下がっていくという、そこの部分です。

——そのときに新聞研におられたということは、ジャーナリズムには関心があって、職業としてはっきり意識されたのは『大統領の陰謀』を見てからですかね。一方で小説も、たしか東大の学内紙に発表されて評判になったように聞きました。

大学一年か二年ですね。あのときはペンネームで出したのかな。東大学生新聞が「銀杏《いちょう》並樹賞」という懸賞を募集して。『白い蝙蝠《こうもり》は飛ぶ』という小説が第一席に入選しました（巻末に収録）。当時のお金で十万円もらったんじゃないかな。大学一年の冬に書いたような記憶がありますね。

——機会があったら探してみます。元原稿とかは取ってはおられない？

いやいや、当時の原稿はもう渡しちゃうと本人のものではないわけですよ。今では考えられないですけどね。

――それで大学五年というか、一年留年されて最後の年に『北帰行』を書かれた。

そうそう、受賞が決まる間に、入社試験を受けた。だから受賞のときは新聞社に行きたい希望は決まっていた。まあ、だから『大統領の陰謀』で決めたということよりは、最後の一押しになったということですよね。職業を選ぶのは。

日本映画を海外特派員のとき集中的に見る

――邦画は大学の頃はそれほどご覧になっていない？

大学の頃は角川映画の全盛期でしたね。僕は日本の現代映画をよく観るようになったのは、アメリカにいるときなんです。その頃、ニュージャージーに日本人向けのスーパーマーケットがあって、そこで日本映画をレンタルしていた。それでずいぶん見ましたね。もちろん、封切り映画を観に行くことがあったけれど、やっぱり外国にいると、日本語とか日本のものを欲しくなるんですね。だからその時はまとめて観ました。

――「新聞記者は忙しくて映画を観に行く暇もない」と昔からよく言われましたが、実際に就職されてからはどうでしたか。

いやー、観る暇なかったです。だから僕が集中的に見たのはニューヨークとロンドンと香港のときで。ロンドンのときはね、あれは本当にびっくりしましたけれども、日曜日の新聞に付録で映画のDVDがついてくるんですよ。それでずいぶん見ました。日曜は特別号で、だいたい映画がついてくる。「こんな映画がついてくるんだ」と思ったくらい様々な、『ラストエンペラー』とかね。

――かつての名画を、新聞のおまけで付けてくれるんですか。

そうそう、だから毎週、各紙がつけてくるものだから週末になると五、六枚は手元にある。チャップリンとかも、もう一回見ました。そのころからDVDを焼き付けるのはすごく安くなっていて、繁忙期以外のところで、一枚何円でできる。それも取材したことがあるんですけれど、「なんでこんなこと出来るんだろう」と思って。『突然炎のごとく』もそれで見たし、ヒッチコックの映画もそれで結構見ましたし。

香港のときはこれまた、日本映画がかなり安くDVDで売っているんですよ。もちろん中国語の翻訳がついているんだけれど、日本で買うよりずっと安い。それでずいぶん見ましたね。だから、会社に勤めてから映画を見たのはその三か所で、比較的時間があるときに集中的に見るという感じで、あとは会社を辞めてから兄のコレクションをタダで借りるようになってからは（笑）、系統的に見てますね。

映画記者志望だったがホラーが苦手

――新聞記者の仕事として映画について詳しく書きたいとは思わなかったですか。

いや、学芸部にいたときは、志望を聞かれて「映画記者になりたい」とはずっと言っていました。ところがね、映画記者には避けられないジャンルがあって、僕、ホラー映画というのはダメなんですよ（笑）。観る気もしないし、観たくないタイプだから。

映画評論とか批評だったら好きなものを取り上げていれば通るんだけれど、ところが映画全般を取材するんだったらちゃんと見ていなくちゃいけない、全体を。で、ホラー映画って結構、かなり人が集まっているから。ホラーとかスプラッタとか苦手だから「いやー、ちょっと無理だな」と思っていたら、社会部から声がかかった。

——じゃあ、仕事として映画をやりたいという、その気はお持ちだった。

ずっと思っていましたよ。ただ、僕は結局学芸にいるときは家庭面だけで終わっちゃって、娯楽や文化の方には行っていない。でも「将来は何をやりたいんだ」と聞かれたときは必ずそう言っていました。

——その後は国際派の記者になって、あまり映画取材の機会はなく。

そうですね、でも、映画とは直接かかわりなかったけれど、ニューヨークにいたときは、ダスティン・ホフマンとかアル・パチーノとか直に舞台で観る機会があって、フランク・シナトラのコンサートに行ったり、ウディ・アレンにインタビューしたり、そういう意味ではすごく恵まれていて、ロンドンにいるときもベルトルッチ監督にインタビューしたり、アンジェリーナ・ジョリーにインタビューしたり。そうそう、ニューヨークで国連にいたときは、オードリー・ヘプバーンを見ましたね。

ヤクザ映画からロマンポルノまで、映画斜陽化後の模索

——「影響を受けた映画」リストの方には監督・降旗康男、主演・高倉健コンビの映画が多いですね。健さんはお好きですか。

好きですよ。やっぱり北海道だから。降旗さんが、ある意味でヤクザ映画以降の高倉健像を作ったわけですね。それと山田洋次さん。ヤクザ映画の全盛期が終わってから。だいたいそこから低迷し始めて、行方を失って漂流し始めるわけだけれど、それをうまく着地させた、この二人が。

特に降旗さんがすごいなと思うのは——何というかな、悲哀みたいな「報われなかった人間がどう

生きるのか」ということを高倉健という人を通じて描いたと思うんですよ。

まあヤクザ映画もみんなそうなんだけれど、最後は討ち入り、殴り込んで死んでゆくというパターンなんだけれど。僕の友達はみんな高校のときは夢中になって観ていましたね。僕はそんなに――健さんとか富司純子さんの『緋牡丹博徒』シリーズは観ました。さっき話した『映画芸術』はヤクザ映画と、そのあとはロマンポルノを取り上げていたから。最初はヴィスコンティだったけれど、ヤクザ映画になって、ロマンポルノに。

――アナーキーな感じにだんだん振れていった。

日本の戦後の映画界って、大映の永田雅一が五社協定というのを作るわけですよ。東宝と新東宝で分裂したときに五社ができるわけだけれど、要するに日活に横取りされたくない、というのが五社の取り決めで、自分のところで映画監督も俳優も抱えるという。そのあと日活も加わって、五社で棲み分けをしたんですよ。カルテルみたいなものでしょうかね。それが戦後の今のプロダクションシステムに引き継がれて、プロダクションを独立したら干されちゃう。それで消えていった人たちがたくさんいるんですよね。

――あ、今の日本の芸能事務所の問題はそういうところに根があるかもしれませんね。

いや、五社協定から始まったというよりは、日本の芸能界というのはずっとそういうふうに、たぶん江戸時代くらいからやっていたんじゃないかと思う。それを崩したのが、日本のヌーベルバークと呼ばれる人たちで、あるいは石原裕次郎とか勝新太郎が独立プロを作ったりね。それで独自に映画を作り始めた。だけど結局、五社協定が破たんしたというのは映画が斜陽になったから。それでみんなテレビに移って。独立プロもテレビの番組制作に入っていくわけですね。石原軍団の活躍も映画というよりはテレビで。

それで、日活がそのときに取った政策は、要するにそれまでの路線を全部否定して、ロマンポルノに傾くわけです。映画が斜陽になってから活路を求めた。だから朝日にもロマンポルノの評論はずいぶん載ったんですよね。菅原伸郎さんが中心になって。「天井桟敷」とか唐十郎さんは扇田昭彦さんが広めたわけだし。そういう意味で新聞も連動していたんですね、あの時期の流れに。

元気になってきた日本映画、注目の若手俳優

日本映画も今、元気ですよね。昨年（二〇一六年）の『君の名は』も『シン・ゴジラ』も観て、評判になるだけのことはあると思いました。俳優がすごいですよね。

――最近ご覧になった映画の俳優で、これはいいな、という人は。

やっぱり松田優作の二人の息子ですよ。松田翔太と松田龍平。あの二人は飛びぬけてますよね。それと『シン・ゴジラ』の長谷川博己、彼もいいし、綾野剛もいいですね。

――女性の方では。

広瀬すずさん、彼女もそうだし、二階堂ふみさんとか、やっぱり演技力がすごいですよね。綾瀬はるかさんもやっぱり、何というか、性格のきちんとした女性を演じると、亡くなった原節子にちょっと似ているんだよね、イメージが。実際には、ものすごいボケキャラなんでしょう（笑）。でも役を演じさせたら本当にきちんとした、大河ドラマの『八重の桜』もそうだったけれど。

時代を代表する映画俳優たちの魅力

——原節子はお好きでしたか。

僕は、ものすごく好きというのではないんだけれど、例えば、もちろん『東京物語』とか好きだし、でも僕らの上の世代が崇めるような（笑）ものはない。あれはだから、今までの日本人女性になかった女性像だと思うんですよ。だからあの世代の人たちが熱狂したんだと思う。誰かの後ろに控えているんじゃなくて、自分の生き方を貫く女性、やっぱり戦後の女性像ですよね。

——原節子以後で代表的な女優を挙げるなら、吉永小百合さんあたりでしょうか。

そうそう、次の世代ですね。吉永小百合さんと栗原小巻さんが僕の中学高校の頃の最も人気のあった二人で、当時は大学生の憧れでしたね。

——時代劇はリストに書かれていないので、あまりお好きではない？

昔は『旗本退屈男』とか『新吾十番勝負』とか『忠臣蔵』とか、そういうのばっかり見ていたけれど、心に残るという作品はそんなにないかな。『鼠小僧』とか勧善懲悪ものになる。「日本の時代劇で傑作を挙げてください」と言われても、なかなか思い浮かばないでしょう。『宮本武蔵』くらいかな。時代劇とはちょっと違うけれど、小林正樹の『切腹』や今井正の『武士道残酷物語』は傑作だと思います。

——むしろ時代劇はテレビの方でしょうか。

あ、そうだよね。『必殺』シリーズとか、『木枯し紋次郎』とかね。だからその時代にあれだけ時代劇がみんなに親しまれていたということを、忘れている人は多いんじゃないかな。毎週のように新作が出てきていた。

あと、石原裕次郎が出てきたときは、本当にかっこいいと思いましたね。当時の不良少年はみんな、裕次郎の真似をしていましたから。裕次郎は本当にさわやかな、三船敏郎がそれまでの若い役者の代表だったんだけれど、また違う風を吹かせたということか。

——加山雄三の『若大将』シリーズなんかはどうでしょう。

リアルタイムで観ていました。ほとんど全部。クレージーキャッツと若大将シリーズは全部封切りと同時に観ています。六四年のときに『無責任男』だから、やっぱり高度成長の時代の物語ですね。

——世界的に評価の高い宮崎駿アニメなどは。

今回は実写に限っているので、リストに入れていないですね。宮崎さんは『千と千尋の神隠し』が一番——いや、『となりのトトロ』もいいし、全部素晴らしいですね。『トトロ』を最初に観たのはニューヨークの映画館で、アメリカ人の反応ってすごいですね。昔は日本映画も掛け声が、「やれー」とか出ていたそうだけど、今は映画館に入っても静かじゃないですか。でもニューヨークでは『ブラック・レイン』を見たときなんか、みんな「やっちまえ!」とか興奮して叫んだりして。トトロのときには映画館に行って、親子連れが多くて、子どもたちが声を上げてました。トトロが出てくると。これは感動的でしたね。やっぱり万国共通なんだなと。

最も好きな監督、映画の歴史的な流れへの関心

——以前、最も好きな監督としてたしか小津安二郎を挙げられたと思います。「自分にないものに引かれるんだろうね」と。

そうね、ただ、今の時点で言いますと、絞るのは難しいけれど——日本で言えば黒澤、小津。アメ

リカはビリー・ワイルダーとフレッド・ジンネマン、ウィリアム・ワイラー。イタリアがフェリーニとヴィスコンティ。イギリスでいうとデヴィット・リーンとヒッチコックかな。フランスはアラン・レネと——やっぱりゴダールかな。

——お仕事として映画評とか、昨年は『海街ｄａｉａｌｙ』について是枝裕和監督と札幌で対談されたそうですが、今後いかがでしょう。

映画評とかは場がないんですよね。雑誌でいま残っているのは「キネマ旬報」くらいでしょう。ほとんどネットに移っていて、「食べログ」みたいな、人気投票みたいになっているから。人が勧めているから見にいくということで、映画の紹介というのはテレビくらいですよね。成り立っているのは。今は新作にも興味があるけれど、過去の観ていない映画、一九四〇年代から五〇年代、六〇年代あたりまで。その頃の映画はまだ観ていないものが多くて。理由はビデオがなかったから。ビデオレンタルとかＤＶＤになっているけれど、いまだに出ていないものも多い。それから出ていても値段が高い。私の場合は兄のコレクションを頼りに（笑）系統的に見ることができているので助かっています。

謝辞

この記録をまとめてくださった及川智洋さんと初めてお目にかかったのは二〇一五年一月十四日、秋葉原でのことだった。

ちょうど前年の夏に、慰安婦報道の検証記事をきっかけとして朝日新聞が政府やマスコミの攻撃にさらされ、秋には幹部が辞任する事件が起きた。その年末に私は、組合に呼ばれて私見をお話ししたが、当時まだ在社していた及川さんは、その記録を読んで興味をもたれたらしい。その関心は、既存メディアがなぜ凋落したのか、という危機意識に発したように思える。

その後何度かお目にかかるうちに、私の在社当時の出来事を聞き書きしたい、とおっしゃった。当時の記憶をたどれば、半分はためらいがあった。新聞記者として三十年以上勤めたとはいえ、たいした業績は残していない。社会を変えるスクープとも無縁だった。それに、私が在籍したのは、今から見れば新聞社が恵まれ過ぎた環境にあった時期だ。先輩や同僚からみれば「古き懐かしい時代」かもしれないが、後輩の眼には、単なる自慢話や「良き時代」の懐旧にしか映らないだろう。

だが残り半分には、私が師と仰ぐ疋田桂一郎さんをはじめ多くの先輩の教えを、少しでも次世代にお伝えしたいという気持ちがあった。新聞というメディアの一時期、一局面を、私が受け取ったものを通して、少しでも次世代にお伝えできれば、という思いだ。

結局、後者の半分が次第に大きくなり、私は及川さんの申し出を引き受けた。

それから及川さんは、非番の休みを見つけては、私が拠点とする札幌に自費で訪れ、毎回数時間に及ぶ聞き書きをしてくださった。東京でのインタビューを含めるとその数は十八回に及ぶ。ほかにも、東日本大震災取材に同行したり、東京で私が出席するシンポジウムに来てくださったりした。

さらに、私の拙い思い出話を多面化し、少しでも客観性をもたせようとして、私を知る何人もの先輩や同僚、友人に複数回会って、話を聞いてくださった。この記録に、多少なりとも読む価値があるとするなら、それは及川さんの弛むことのない探究心と、進んで協力してくださった方々の真心の賜物である。

ジャーナリストとして取り上げるべき人ならほかにいくらでもいるだろう。それに、回顧や回想をする年齢でもない。まだ途上にある人間だ。それでも、この記録を読み直して、私は自分の「生前葬」を見る思いがした。自分の至らなさに顔から火が出る一方、関係者の談話に、「こんなことを評価してくださったのか」と、その厚情や温情が胸にしみた。知り合いが自分をどうご覧になっていたのか。それを知る機会は「生前葬」以外にはない。そうした機会を与えてくださったのは、ほんとうにありがたいことだった。

この記録に事実や解釈の誤りがあれば、それはすべて私の責任だが、この著作は及川さんに属する。改めて深く感謝を申し上げたい。

二〇一七年七月　　札幌にて

外岡秀俊

【附】
白い蝙蝠は飛ぶ

（第13回銀杏並木賞一席入選作）

菅走太郎

（I）

陽が登《マママ》る前に、街は朝の準備をしなければならない。

膚にも感じられない微風《そよかぜ》が、街路樹の細かく分かれた枝先を通り過ぎていくと、最初の朝の香りが、ベンチで酔い潰れた男の鼻にゆっくりと広がり始める。なぁ《ママ》にまだ暗いさ……。そう呟いた男の歩調も、いつしか早くなっていく。そんな時だ。木々の陰でじっと我慢していた鳥が、耐えられないように羽搏きを始めるのは。

街はまだ深い眠りから醒めてはいない。だが注意深い人ならば、この闇の中に聞えてくる男の咳が、朝の冷気を僅かに乱していることに気がつくかもしれない。そうなると、街は朝の準備で慌しくなってくる。そら、もう東の空がホオズキ色に変わり始めた。深い暗闇の底から、朝の尖兵が姿を現わしたのだ。

急に目隠しを外された人のように、犬が前脚でぼんやりまなこをこすっている。知らないうちに夜の転轍機《ポイント》が切り換えられ、寝過ごした新聞配達の少年は、無効になった切符を握り締めて太陽を呪っている。

だが最初の日射しがビルや屋根の地平線から射られると、整然と行進していた夜の隊列は乱れ散り、やがては建物や柱の後ろでひっそりとした影になるのだった。

逃げ遅れた夜の断片は、息切れしながら街にへばりつく。崩《ママ》おれた黒い屍も、地を這うような朝の舌先にからめ取られて消えていく。

闇の中を漂よっていた街は暗礁にぶつかり、船蔵で眠り込んでいた人々は、頭だけを突き出して乗り上げた舳先に見入る。亀裂からは泡立つ波頭も、海の退屈も見えない。青磁石の空が、揺れることをやめた巨大な街の上に広がっている。

空はやがて、リンドウの濃紫から、アジサイの七変化へと彩られていく。

光の驟雨が駆け抜けていった後は、密集した葉も小さな石ころもその一つ一つの輪郭をくっきりと浮かびあがらせ、ようやく人は老人のように眼を細くして、風に揺れる木の葉が銀色の鱗を光らせているのに見入るのだ。

雨戸が開られ《ママ》――時には窓やカーテンまでが、朝の大気に身を開くことだってある――光の洪水がどっと室内に押し寄せてくる。そうして初めて、朝は一齊に勝どきをあげることができるのだ。

暁暗の中ではおずおずとしか走れなかった電車も、今では堂々と街なかを駆けめぐるだろう。夜道に響いた見えない虚ろな足音も、静かに闇に吸いとられていった踏切の音も、ついには雑音の濁流に飲み込まれてしまうだろう。

そうだ、こうして朝は生まれるのだ。

ブームに乗じて郊外に建てられた、翼を広げたような形で並ぶクリーム色のマンションにも、忘れずに朝はやってきた。それはアパートと呼ぶには高級過ぎるが、マンションに住んでいると言うにはちょっとした勇気がいる、そんな類《たぐい》のよくある建物だった。

専用の駐車場では都心に勤めるサラリーマンの車が、かすれたエンジンの響きをたてている。学校に行くにはまだ時間がある早起きの子供達は、建物の前の空地で戯れている。時々階段の窓から大声で母親が朝食を告げ、未練がましく去っていく子もある。

空地は堆《うずたか》く積もった土砂が長い間に踏み固められ、絶好の遊び場になっている。奇声を発しながら駆け降りる者もいれば、頂上から仲間を見下して満足そうに微笑んでいる子もいる。夕暮になってその小山に登ると、左右のマンションが猛禽のように不気味な翼の影をおとし、幼い子などはべそをかいて走り去るのだった。

だが陽光が遍満する朝、その小山は間違いなく彼らのものだ。

頂上にいると、野菜を刻むコトコトという音、食器を並べる時のカチャカチャする音、そしてともすれば馨しい味噌汁の匂いまでするような気がしてくる。やがて皆が朝食に戻ってしまい、残された最後の一人が呼ばれもしないのに駆け出す頃、建物の窓という窓は全部ブラインドが上げられる。

マンションは朝に占領されたのだ。

いや、それは正確ではない。たった一つのブラインドだけが、この秋の朝に固く貝殻を閉ざしている。それは六階の一番隅にある、東向きの部屋だった。

なぜ明りをつけないのだろう、部屋の中は真っ暗だ。ここだけはまだ夜の湿った空気が支配している。朝の透明な大気に触れた者には耐えられない鬱陶しさだ。まだ眠っているのだろうか。それともどこかへ出掛けているのか。

だが闇に眼が慣れてくると、しだいに内部の様子が見えてくる。男の後ろ姿がぼんやりと浮かぶ。窓に接した机に向かって、熱心に何かを書き込んでいるようだ。長身の体を不自然に折り曲げた格好は、どこか折りたたみ式のジャックナイフを思わせる。時々天井を仰ぎ見、視線を宙に漂よわせている。長く伸ばした髪が怒り肩に触れ、男が背筋を動かすごとに揺れる。

部屋はがらんとしている。広い一間の中には、目ぼしいものと言ったら、大きめのベッドと縦長の本箱しかない。薄緑の壁の一方に抽象画と石版画が掛かっている。中央の床に画架が据えられ、描きかけのキャンバスが載っている。淡い青のカーペットの上に、絵の道具が雑然と散らばっている。ところどころ、顔料で染みがついている。その斑点が、床の上で奇妙な調和を保っているように見える。転がった空壜が、ムッとする酒の匂いを発散している。

男は画家なのだろうか。でもジャケツの下で張りきった体から察すると、画家にしては若過ぎる。美術学校の学生か、新進のイラストレイターと言った方が近いだろう。

男はペンを抛り出すと、両手の中に顔を埋め、闇に向かって何かを呟き始める。

俺は世界の波だ
俺は世界の涙……

何を言っているのだろう。とぎれとぎれの言葉は、剝げた壁紙の苛だちに吸い込まれていく。男は手をあてがったまま、顔を左右に動かす。まったくこの暗さでは、目も疲れるに違いない。

異様に長い腕がツッと伸びて、ラジオのつまみをひねる。

——を乗せて東京から福岡へ向かった日航351便のボーイング機727が、浜松上空で、ピストルを持った男に乗っ取られ——

ラジオは切られる。男の肩がゆるやかにうねり始め、やがて激しく震動していく。男の後ろ姿が笑っている。声のない笑いがシルエットを揺り動かしている。

笑う沈黙。

男は笑いの波が遠去かっていくと、何かを決意したかのように抽斗をあけ、ゴソゴソと探しものをする。描き回していた男の指が、ふと止まる。見つかったようだ。だが感触を楽しんでいるように、手は動こうとしない。やっと物憂い仕草で何かを取り出す。

緑色の袋だ。名刺入れのような形をしている。袋は屈んだ男の背中に隠される。

男は袋からもどかしそうに紙を取り出し、眼の高さまで持ち上げて見ている。頭が左右に動くと、時々その紙を垣間見ることができる。いぶし銀のようなにぶい光が――

ネガフィルムだ、あれは。

男はじっと陰画を見つめている。この暗闇の中で。男はいつまでも見ている。

長い溜息が男の唇から洩れる。袋に戻して机の中にしまうと、大きな音をたてて抽斗をしめる。疲れきった肩をとんとんと叩く。ゆっくりと伸びをして立ち上がる。静かにこちらを振り向く。男の顔は……

男は――サングラスをしていた。

（Ⅱ）

僕の眼に異変が生じたのは、夏の終わりも近い或る日の昼下がりだった。当時僕は、ある実験的な習作に全てを打ち込んでいた。それはどんな芸術家も未だかつて完成したことがない、いや試みたことすらないような冒険だったと言っていい。僕が望んだのは、物を・・・・・・裏側から描くことだったのだ。

ルネッサンスの遠近法は絵画に一大革命を齎《もたら》したが、それは同時に、原始民族の持つあの強烈な力感やリズムを失う契機にもなった。もちろん遠近法の意義を否定することはできない。しかし絵画の荒廃と堕落は、あの技巧から始まった、と言っても過言ではないだろう。ルネッサンス以後、主に北欧の画家達によって、高空間・近空間・斜空間と、様々な工夫が試みられてきた。しかし、それらのどれ一つとして、量塊的な重厚さも、胎動する生命の叫びも表現することはできなかった。繊細だが神経質な顰《しか》め《》っ面《つら》、豪放というよりはむしろ魯鈍な感覚。色彩が問題なのではない。輪郭や固有色を投げうってまで色の共鳴と反発を追い求めた印象派も、僕を満足させはしなかった。確かにクレーの抽象画の魔術的な響きには、多様さや変化を超えた色そのものがある。それはもう絵でなく、旋律や和声にまで高められた芸術だ。だが、それさえ何かが欠けていた。僕には色やフォルムよりも、「見ること」の意味の方がおもく感じられた。かたちを持たない創造の熱気が、僕を包み込んでいった……。

僕はまず、リンゴの素描から始めた。ありとあらゆる角度から眺め、彫塑を造り、照明や背景を変え、触って手触りを確かめ、拡大し、匂いをかぎ、味わった。だが千枚を越すスケッチブックには、意味のない線がくねっているだけだった。よい絵もあった。だがどこか違っている。リンゴの持つ何かに欠けているのだ。

輪郭——そう、こいつだ。輪郭はリンゴを大気から区別したり、形造ったりはしていない。しなやかな赤い鞭の束がぎゅっと内に向かって引き締められ、まわりの空気を張りつめたものにしている。それでいて、ごつごつした堅さも不自然さもなく、蝶の翅のように幽かにうち震えているのだ。高いところから飛び降りた一瞬、屠られる馬の眼の最期の輝き、シンフォニーが最後の高揚から突然沈黙に移行する時の感動、スタート直前のランナーの筋肉、つぼみを開いたような心臓のなまなましさ、僕を創造へ駆りたてる情熱が生まれ落ちる際の不安定な状態——こういったものの全てが、リンゴの輪郭なのだ。セザンヌのように幾本もの輪郭を描き添えても、表現派のように大胆なデフォルメをしても、その追いつめられた魂を表現することはできなかった。

ある時ふと僕は思った。輪郭はどうしても必要なものなのだろうか?躍動するリンゴの律動を殺してしまうのは、僕の描くこの線なのではないか?外に流出しようとする物体の力と、それを凝結させ固化しようとする人間の視覚が激しく衝突する場、決して膠着せずに揺れ動く戦線——それを視覚のフォルムで枠づけることが、絵を死んだものにする原因なのではないか?立体感や量感を出せないのはこのためではないか?

こうして疑問符が重なると、それは自然と確信になっていった。僕は初めて、「対象は作品を損なう」というカンディンスキーの言葉を理解できたように思う。だが僕にとってそのことは、抽象化とか内面化を意味するものではなかった。

視覚の形態《フォルム》は、まやかしなのだ。見ることは対象を捉えたり、措定することではない。それは「内面の精神《イデー》」に到達することですらない——これが僕の結論だった。つまり画家の苦悩は、物と視覚の攻防をどう表現するかという点にあったのだ。だがどうして多くの画家は、この〈眼〉の狡智を見抜き、それを表現することができなかったのだろう。

　僕は次のような推論をたてた。従来の絵画は、どんなに抽象化しても、画家の〈眼〉があった。精密に描写しても、印象を画布に叩きつけても、或いはイメージを造り出すにしても、自分と対象は明確に区別されている。それは、画家が哉る視点からは眺めれても、全ての視点から同時に見ることができない、ということに起因している――。

　表側から描かれたリンゴの絵では、裏側を見ることができない。それでも単なる平面には見えずむしろ立体感があるのは、画家の創造力と見る者の想像力の働きによるものであり、その点にこそ芸術の奥義が隠されている、というのが常識になっている。むろん僕には我慢ならなかった。想像力とか鑑賞とか批評とかは芸術の貧しさの指標であり、見た瞬間から一切のものを変えて沈黙を強いるものこそ本当の作品だ、というのが僕の持論だったのだ。

　僕はこうして、あらゆる視点から同時にリンゴを取り囲み、捉えようと決心した。そのためには今までの技法も捨てた。ヴァン・アイクの「アルノルフィン夫妻像」のように、鏡を用いて背景を描き出す手法も試みた。だが、すぐにそれは妥協に過ぎないことがわかった。あらゆる試みは挫折した。

　僕はリンゴを水に替えてみた。透明であれば少しは描き易くなるだろうと思ったのだ。コップの中の水をコップなしで描くこと。クリスタルの凹凸で屈折した光線が、水面に縞や斑点をつくり出していた。つぎつぎに変わっていく模様を見るのは楽しかった。だが僕の冒険が失敗に終わったことは言うまでもない。

　同時に見ることなどできはしない。ましてや平面に描くことなんか不可能じゃないか……やがては仲間とのどんちゃん騒ぎ、あらゆる奇行と飲んだくれ――酔いが醒めた後の虚ろな高笑い。


　そうした或る日、一つの出来事が僕の難問を解決してくれたのもあながち偶然だったとは言えまい。いや、こうなった今、あのことは、メドゥーサの眼を見た男の末路を示す黙示録のように思えてくる。

　その日僕は、渋谷から青山へ向かう通りを歩いていた。やけに暑かった。アスファルトが焼け爛れ、歩くごとに足がズブズブ沈んでいくような気がした。暑さのために水分が蒸発し、脳味噌が干からびて頭蓋と分離していくようだった。その空間にも灼熱の太陽が生まれ、内側から容赦なく照りつけていた。

強い日差しを避けるために、僕は手頃な店を探して入った。中に入って周囲を見回すと、楽譜や楽器を専門に売る店のようだった。音楽にはまったく興味がなかった。だが図書館のように落ち着いた雰囲気と、店員のけだるい無関心が、出ようとする僕を押し止めていた。入った手前、何かを探す真似をして、店員を安心させる必要があった。

僕はできるだけ人が少ない場所を見つけ、棚に並ぶ楽譜の一つを抜き出した。飛び跳ねる音符は旋律となって流れはしなかった。譜面の上では、裁ち切れたお玉杓子が拒絶の姿勢で死んでいた。こいつを象形化できないだろうか、という好奇心が湧いてきた。しかしその作業は長続きせず、疲労の層が厚くなっていくばかりだった。強制されたことに熱中できない時は、ぼんやりと外界を意識するものだ。それは意識でも無意識でもない。自分の内と外を同時に見ることのできる中間領域、言うなれば半意識のような状態に僕はいた。

その時ふと、誰かが僕を凝視しているような気がした。棚の前には、僕と一人の男しか立っていなかった。とすれば、僕を見つめているのはこいつだろう。僕はレジを探すような振りをして、何気ないように男の顔を盗み見た。男は熱心に楽譜に見入り、指先でタクトを振っていた。そのほっそりとした指が空中に描いた軌跡の残像が、僕の眼にきれいに焼き付いた。錯覚だったんだろう。きっと疲れているんだ。少し休んだ方がいい……僕は再び譜面に目をとおした。

いや、確かに見つめている！　僕は見られているんだ。

男が立っている側の右半身が硬直し、石膏で固められたような気がした。かすかに震えているのが自分にもよくわかった。もし僕に疚しいことでもあるのなら、あんなに不安にはならなかっただろう。少なくとも、見つめられる理由は知っているのだから。だが奴は何の理由もなく僕を見つめている——それが僕を居たたまれない気持にさせていた。

僕は決心した。五つ数えたら、彼の顔を見てみよう。見ていなかったら、大声で笑ってやろう。きっと、びっくりして僕の方を見るだろうな。でも……もし見つめていたら？

僕は不安を振り落とすように数を数え始めた。

一、二、三、四、五……
奴は見つめていた――。

僕は彼と視線をあわせたまま、少しずつ後退りした。手から楽譜が滑り落ちた。それが床に落ちて音をたてるまで、僕の時計は止まっていた。切断された時間の切り口……

次の瞬間、僕は後も見ずに駆け出していた。周囲がぼやけ、擦れ違う人は訝しげに僕を見た。ただ高鳴る心臓の音だけが、僕の耳に聞えていた。僕は盲滅法に走り、気がついた時は見知らぬ路地に紛れ込んでいた。


今考えてみると、彼は何気なく振り向いて僕の視線とぶつかったのだと思う。それとも、彼も自分で見つめられていると感じて、僕の顔を盗み見ていたのかもしれない。ただ僕の方が出口に近かっただけで、逃げ出したのは彼だったのかもしれない。いや、もうそんなことはどうだっていい。僕は路地に蹲り、ようやく落着きを取り戻そうとしていた。額から吹き出る汗が、ガラス窓を伝って落ちる雫のように流れて眼に注ぎ込み、僕の視界を曇らせた。立ち上がった時、頭が割れるように痛んだ。僕は単調な歩みで動揺を隠す人のように歩き始めた。その時だ、再び誰かに見つめられていると感じたのは。

だがそれは、錯覚にすぎなかった。僕を見つめていたものは、古美術店に飾られた一つの面だったのだ。何の変哲もない小さな店だったが、僕は面に手繰り寄せられるようにウィンドーに近づいていった。

「ウィゴネバの仮面」と太い文字で書かれた名は、聞き慣れないものだった。

〈ウィゴネバ――ムワナバレ族のマキシダンスマスク。ンドンドとも呼ばれ、活力に満ちた大男を表現している。老人がこのマスクをかぶって、棒の上を踊ったと伝えられる〉。

面そのものはありふれたもので、とりわけ優れたものではない。極度に単純化された様式が、いきいきとした熱情を殺してしまっている。民族信仰にはつきものであるどぎついヴァイタリティーも、素材を生かしたたしかさも感じられない。祈りを前にしたきびしさは、けばけばしい原色の隆起の中に吸い取られてしまったようだ。

額には二重の円の文様があり、その中がばってん印に彫られている。頬には菱形の刻みがあり、動物の姿を象徴しているようだ。面を付けた時に息をするためか、鼻には小さな穴が二つあけられている。赤く塗られた太い鼻柱が垂直への強いリズムを示し、金属的な光沢を持つオレンジ色の頬に動きを与えている。朱色の唇は全体をきりっとまとめて安定感を与えているが、両耳に流れる対角線状の動線を押えてしまい、それが面の表情をぎこちないものにしている。

構成はしっかりしているが美術的には稚拙、というのが僕の受けた印象だった。そんな面のどこに引かれたのかは、未だにわからない。きっとその理由を突きとめたくなって、僕は店内に足を踏み入れたのだろう。

店の中は思ったよりも暗かった。古本屋のような黴臭い匂いが僕を不愉快にさせた。面のことを訊ねようと店員を探したが、周囲は誰も見当らなかった。部屋の隅が一段高くなって畳が敷かれており、そこで店主が対応することになっているらしかった。旧式のテレビとアルミの灰皿。湿った畳は、指で押すと水が滲み出るようだった。店主は座蒲団一枚で、この湿地から身を守っているのだろう。僕は仕方ないので、安物の壺や装飾品を手に取って眺めた。店主は来なかった。よほど客の少ない店なのだろう。僕は帰ろうと思って出口を振り向いた。

その時、信じられないような情景が、僕を待ち受けていた。目の前が一瞬暗くなり、下半身が麻痺した。

面が——こちらを向いて——笑って——いる。当然凹面である筈の裏面が——暗い背景の中で——凸面となって——。

僕は位置を変えてみた。だがどんな場所から見ても、面は執念深く僕を見つめている。ぽっかりとあいた眼孔は、すべてのまなざしを集約して僕を刺し貫ぬいていた……。

後になってから、僕はメッガーの著作の中で、この現象が科学的に説明できることを知った。ブルッフザールの城を飾ったバロック様式の天井画でも、天に向かって飛び去る天使の足が、観察者の視方向と一致する方向に向かって消えていくような印象を与え、人を驚かせたとのことだった。だが、どこから見てもこちらを向くウィゴネバの仮面は、僕に暗示以上のものを与えてくれた。僕の難問を氷解する大きな鍵は、「彼」の眼と、このへこんだ部分が突き出て見えるという事実に隠されていたのだ。

物を裏側から描くこと。一人称を消し去って、物そのものに描かせること。しかも失なわれた描線によって。

店主の嗄れた罵り声を背にして、僕は走り続けた。

電車もビルも東京ですらも僕を止めることはできなかった。

眠らない夜が続いた。うとうとしても、ほの暗い宵闇の霧の中にウィゴネバの仮面の後ろ姿が浮かび上がり、やがては汗でびっしょりになった自分に気がつくのだった。だがもうこれ以上、僕がどんなに腐心したかを書くのはやめにしよう。あの絵がすべてを物語ってくれるだろうから。

絵が完成したのは、夏の終わりも近い或る日の昼下がり——そう異変が起こった日のことだった。僕はアパートの一室で、出来上がった絵を前にしていた。

恐ろしい絵だった。黒く塗り潰したキャンヴァスから仮面の白い線が浮かび、そうかと思うと次の瞬間にはふっと消えていくのだった。手法はもちろんクレーのネガチーフだったが、絵の雰囲気は、僕の熱愛したムンクやクビーンに似ていた。

安堵と不安、静謐と混乱が次々に反転し、見るものを動揺させた。それは、鑑賞されることを拒む、一つの生き物だった。底無しの眼窩が僕を引きずり込んでいく。耐えられなくなって思わず眼を閉じると、今度は仮面の白い舌がしゅるしゅる伸びて、僕を舐め始める。そしてどんな位置から眺めても、画布の眼は僕の方を見続ける……そうだ、確かに向う側が見えるのだ。

僕は自分の生み出した怪物を呪った。だが時がたつにつれ、自負と満足感がしだいに後悔に打ち克ち、僕は物憂い疲労の海にゆっくりと浸っていった。海底では充実感と虚無感が溶けあって、横たわる僕の上に沈殿し始めた。午後のさんざめく陽光が深い海の底にまで達し、瞼の上に忍び寄って僕をくすぐるのだった。僕はどこまでも続く眠りの空《ママ》に落ち込んでいった……。

どのくらい眠ったのだろう。だが気がついて見ると、部屋の中はまったく時の推移を示していなかった。窓の外では子供達が、さっきと同じように騒いでいる。ほら、また転んでべそをかいてらぁ。舞い踊る日射し、花瓶のひまわり、イーゼルの絵……。

その時、突然、何の前触れもなく、視界が歪み始めた。窓枠がぐにゃぐにゃとホースのようにくねりだした。天井が撓《たわ》んで僕に襲いかかった。叫び声は声にならなかった。

発作か？　僕はねじれる壁に縋《すが》りながら、ようやくベッドにたどりついた。イーゼルが音を立てて倒れ、僕の足を強く打った。激しい疼痛が、俯せになった僕の頭に押し寄せた。僕は苦痛のあまり呻きながら、眼の上を強く圧迫した。そうすれば、少しは痛みが麻痺すると思ったのだ。だが激痛はいっそうひどくなり、僕はのたうちまわった。掻き毟った胸から生温かいものが流れた。

痛みは通り越して無感覚になっていった。頭だけが切り離されて宙に浮かんでいるような気がした。次第に意識が朦朧としていく中で、僕は奇妙な感覚を味わった。誰かが僕の眼を指で押しているのだ。それも眼球の裏側を指で舐めずるように。時たまノックをするように軽く叩きながら、その指はかなりの間、僕を弄んでいた。眼の中から小さな白い芽が生える予感。ふと、ポタンポタンと蛇口からしたたり落ちる水の音が、間歇的に生じた。

痛みは消えていったが、今度は猛烈な痒みに悩ませられた。こすってもこすっても、痒くなるばかりだった。涎のような涙が溢れ出た。乾燥した眼は、涙のあばら骨のようにこわばった。

やがて閉じた瞼の裏が急に明るくなり、無数の斑点が現われた。点は二つ接合すると、同じ大きさの色の粒を生み出した。そうしてすべての点に色がつくと、静かに万華鏡の渦を巻くのだった。たくさんの色粒が飛び散り、翻えり、合流し、泡だち、震え、ついには仕掛け花火のように大爆発して……僕は気を失なった。

眼が覚めると、室内には既に、夜の気配が忍び寄っていた。痛みはまったく感じられなかった。ただ黄昏時の陰鬱な空気が、僕をくらくらしていた。

倒れた絵は大丈夫だろうか？　まだ覚束ない手探りで、キャンヴァスに触れてみる。大丈夫、どこも痛んではいないようだ。ほっとして思わず微笑み、ふと裏を返して絵を見たとき――僕は凍ったように立ちすくんだ。

真っ白な画布の上には、単調な黒線がくねくねと……

そうだ、僕の眼はネガの眼になっていたのだ。

その時から、僕の不思議な生活が始まった。誰かが僕の眼を抜き取り、再び嵌め込んだ。ただし裏表を間違えて。

世界は僕だけを置き去りにして飛び立った。もはや色彩は失なわれ、ただ白と黒と灰色のコントラストが僕を支配した。暗闇にいるとまぶしくて眼が痛み、僕は磨りガラスを応用したサングラスをするようになった。こうして書き記している文字も雪虫のようで、ノートの深い奈落から浮かび出したように見える。あの陰画から抜け出た傀儡のような人の顔を、僕は恐れた。そうして自然と人に会うことを避け、閉じ込もって絵を描くことに専念するようになった。曙光があたりを暗くするころ、僕は疲れてようやく眠りにつき夕日の光に浸りながら仕事を始めるのだった。

　異変が起こってから、僕は僕なりに努力した。幸い父が大学病院に勤務していたので、貴重な医学的知識を得ることもできた。だが網膜、虹彩、その他どこにも異常を認めることはできなかった。父は僕を横目で見ながら、チロチロと疑惑の舌を伸び縮みさせた。僕と父は次第に、お互いを軽蔑することだけで成り立つ友達のような関係となっていった。ある日父は言った。

「なぁ、お前も独り立ちの年になったんだ。そろそろ将来のことをじっくり考えてもいいんじゃないかな。それに、おまえは少し孤独を浪費しすぎているようだ。健康のためには適度の孤独が必要だよ。でもな、使い過ぎるのはよくない。あんまり使ってしまうと予備がなくなって、ほらよくあるだろ、食料がなくなると、人間は恐くなって残りを食い尽してしまう……。適当に貯えて、少しずつ使うことだな、父さんみたいにね。まあ焦らずにゆっくり休んで考えることだ。」

父は決して僕の眼を見ようとはしなかった。

――この人はだんだん小さくなっていく。まるで、やりきれない亀のような顔をしている。僕の眼が棘を持っているとでも言いたげに、首だけ出し入れしてるじゃないか。何も傷つかずに、賢い亀みたいな顔をして、一人で頷いている――

「要するに」と父はことばを灰白色の、舌の割れ目にころがして

「わかるだろ、おまえにだって?」

　もちろん、精神的な異変が考えられた。同じ感覚与件、同じ光化学的反応でも、判じ絵や錯視は正常な人にすら起こる現象なのだから。だがこだわりが、逡巡が僕を押しとどめ、やがてそれはかさぶたと化していった。かさぶたを一皮剝けば、凍原に横たわる膿が顔を覗かせる……。

　そうした或る日、僕は父に勧められて、一人の研究者を尋ねた。何の期待もなかったのだが、父の話したその男の性格が、ひどく僕の気を引いたのだ。彼は父と同期の秀才だったが、その特異な資源と驕慢な態度のために、半ば追われるようにして研究室から飛び出したというのだ。

父はこの種の男を紹介することによって、皮肉に裏打ちされた僕への優位を確信したかったのだろう。僕は巧妙な罠と知りながらもその挑戦に応ずることによって、父の信念を揺るがそうと考えた。他の何よりも、僕には落ち着き払ったまなざしが許せなかったのだ。

「視場研究所」という名の今にも崩れそうな家は、郊外の草地に建てられていた。ドアを開けたとたん目に飛び込んできたのは、欠伸しかけた男の大きな口だった。男は来訪者に驚いて口をもぐもぐさせ、まるで何かの実験を邪魔されたかのように僕を睨みつけた。彼は顔にぴったりとゴムをつけているように、感情を表わさなかった。

僕が友人の息子だとわかるまでには、かなりの時間が必要だった。彼は久し振りの来客に思わずニラニラした笑みを浮かべたが、すぐに威厳を取り戻そうと、頬を引き締めるのだった。その様子は滑稽にも思われたが、こうした他人に対する裏返しの愛着は、僕に共犯者の親しみを覚えさせた。

父に僕という人間を思い知らすには、男を訪ねたという事実で充分だったが、とにかく話を聞いてみようという気になった。僕は少しずつ話し始めた。しかしまだ終わりにならないうちに、老人の深く縦横に刻まれた皺が激しく蠕動し、僕の話を打ち切るのだった。それは、小学校の時スライドで見た腸壁を思い出させた。腸壁は最初は控え目に、やがては滔々とまくしたてた。

「いいか、若いの。人が帽子からハトを飛ばすなら、それは一つの謎だ。だが奇術師の謎は、彼の帽子からハトが飛び出さない時に生まれる。つまりだな、若いの。初めて起こる偶然は人をとまどわせ、重なった偶然は人に法則を作らせるというわけだ。

必要なことは、限定された言葉を酷使してぼろぼろにしちまうようなことじゃなく、イメージの煙突落下的集中によって衝撃を一点にまで収斂させることなんだ。つまりな……」

彼の話し方は句読点を省略しているので、どこで終わるのかわからない程だった。彼は故障したラジオをほおばっていたのかもしれない。僕は彼の気を引いて喋る機会を得ようと思い、何かに熱中している振りをすることに決めた。僕はズボンの折り目についている小さなチリを指で弾き続けた。

「君、何か私に敵意でも抱いているのですか」彼の眼に、忿怒と詰責がちらついた。僕は顔をほとらせ、吃りながら、

「い、いいえ、僕はただ、このチリを……」

「まぁいいだろう。そう、私の話に耳を傾ける人は少ない。非常に少ない。だがこれも先駆者の宿命なのかもしれない……」

発した言葉の思わぬ響きに感動したのか、彼はしばし黙って、まばたきもせずに遠くを見ていた。僕は諦めて、彼の話を聞こうと思った。

「実はな、若いの。私は今、ある研究に没頭しているんだ。もちろん、誰一人に喋ったことのない極秘の研究だ。まだ未完成で、発表前に盗もうと、てぐすね引いとる奴らがおるからな。だが話を具体的にするために、君にだけ教えてあげよう。実はな、若いの。〈視点虫〉という虫がいるんだ。」

「シテンチュー？」

「そうだ、聞いたことはあるまい。何しろ私が発見したんだからな。」

「どんな虫なんです。そのシテ……シテ」

「〈視点虫〉だ。一言では言えないが、まぁミジンコに似ている。もっともあんなに巨大ではない。膜翅目に属しているという説もあるが、そうとも言えんだろう。とにかくだな、大気中には無数の視点虫が浮遊しているんだ。いいか、人は偶然にその微生物を眼中に吸収する。〈見る〉とは、この虫が無色透明な糞を放出し、対象物から色栄養素を奪還する過程なのだ。」

「糞ですって？」

「そう、まさしく糞だ。しかしな、若いの。時として放射の弾道力学的誤差が生じ、あるいは色栄養学的変異が起こり、そのメカニズムが狂い出す。君の場合は特殊なケースなのだ。恐らくグラディエントが問題になるだろう。これは、ある視点から周辺に向かい、一定の含有物質の量や生理的または生化学的活動性の度合などが漸増または漸減している状態のことだ。しかし断定はできない。ただ結果として君の視点虫は異変を起こし、七色の糞を放出して色栄養素が欠乏していった。だから白黒の映像しか見れないわけだ。だが白黒が逆になる理由はわからない。これには地道な研究が必要となるだろう……」

僕は、彼のねじけた唇から飛び出した「七色の糞」が振り撒かれる情景を想って、しばらく茫然としていた。だが浮かんできたヴィジョンさえも、よそよそしい陰画にすぎなかった。

「でも、その異変はどうやったら正常になるんでしょう。」

「それには特殊な下剤が必要だ。残念ながら、現在の研究はそこまで進んでいない。今はメカニズムの究明に忙しくて、治療にまでは手がまわらないんだ。球面無限療法もあるにあるが……」
「球面無限療法？」
「そう、球面鏡を改良したものだ。でも誤解しないように。こいつは球面の一部を切り取るなどというチャチな代物じゃない。そうだな、カプセルを連想してもらおうか。患者が内部に入ると、鏡の半球が天井から降りてきて、ぴったり下の半球に重なるんだ。ところで、ささいなことだが、中は滑り易いから気をつけた方がいい。何が映るかだって？馬鹿だな君は。もちろん私《きみ》に決まってるじゃないか！」

(Ⅲ)

夜——。僕はやっと窓を開け放ち、薄く白みはじめた彼方の穹窿を眺めやる。星辰がその暗いまなざしで僕を見つめ、探りを入れている。暗黒の月が、地平線のあたりで鈍《にび》色の無力な光を滲み出させている。星は星座によって結びつくこともなく、独立した点になる。こんなプラネタリウムではなく、本当の天球がほしい。そうでないと僕の軌道は消えていく。落下しながら光り輝く僕を見て、子供達は叫ぶだろう「あっ流れ星」。暗い背景でこっけいだったものが、今では不気味な貌になった。過ぎていく夜にカシオペアがゆれる。

＊

嘗てあれほど奔放に噴出し、突き刺さり、襲いかかり、移ろっていった光の洪水。僕はいつも逃げまどい、滲透する色から身を護ろうとした。だがこの机、このベッド、このナイフ、この窓、あの空——ひっそりと充足しきったプラナリヤのいやらしさが、僕を見守っている。僕はただれた内臓の中で、再びすべてが僕に襲いかかる時を待っている。それが咀嚼であっても消化であっても、僕は喜んで受け入れることだろう。この静謐、単調な心臓の鼓動。煤けたように黒ずんだガラスの外では街の罵倒が、騒擾が、告白が、強姦が慰めが、星雲のように渦巻いている。だが僕の耳は何も聞かない。おそらく言葉にも色があるのだ。色彩のない言葉は、アクセントの誠実さしか持ち合わせていない。
灰皿——さまざまな色彩が衝突し、おどけ合い、煌めいていた舞台。「僕の気持はこいつに似ている」と僕が振り返って指さした灰皿。僕は道化に笑いころげる観客ではいられない。快い感情移入は消えた。僕は振り返って呟く。「こいつは僕の気持に似ている」と。

＊

身を潜めていた陰影の切断面がひたひたと打ち寄せ、僕の眼球の裏地を麻痺させる。喉が、血管が、心臓が、体の襞の一つ一つが、くすんだ震動に打ちふるえる。聳え立つ鋼鉄の塔が、その白い影を路上に落とす。風景は立ち止まった。誕生は留保された。何のために？飽きることにも飽いた僕の眼が、恐る恐るこの世界を見るためにか？

一人の群衆淋しい殺し。ぼくは炸裂するぼくは羽ばたくぼくは飛び立つぼくは拡がるぼくは光る。澄みきった夢が、僕のおぞましい痕跡を一つ一つ消していく。確実でそれでいて無関心、溶解することもなく、混じることもしない物質の顔。重くのしかかる空気が、僕の微笑をぎくしゃくさせる。僕の視界は鮮明だ。隅々までが映画のスクリーンのようにはっきりと区切られて見える。どんなに一つのものを凝視してみても、それを取り巻くまわりの景色は霞んでくれない。だから僕は、いつも自分がものの連鎖に繋がれているのに気がついている。僕と柱、僕と時計、僕と本……今まで僕は、すべてのものが、僕を仲立ちにしなければ存在しないものと思っていた。だからこそ、僕は安心して周囲を見回し、その細部まで観察することができたのだ。でも世界は僕を必要とはしていない。僕がいてもいなくても、無関心なままでいるだろう。なぜ僕は、〈見ること〉を、閉じられたファイルの単調さと思い込んでいたのだろうか。

机の上の真っ白なインク壺。僕は他のなにものも見ない。幼い頃床にこぼして母に怒鳴られたそれ、初めて買った自分だけのそれ、こうした多くの思い出が一つ一つ重なって構成する――そんな代物じゃあない。壺は黙したまま突然現われる。壺は思い出でも、僕のインク壺でもない。それでしかない。ただそれだけだ。

なるほど僕は書ける。ベージュ、琥珀、にんじん赤、ベンガラ色だが、これらのどの言葉にも威力はない。何一つ色を呼び戻してはくれない。前に僕は、目を閉じた時でさえ、赤という言葉から、何とも他に名付けようのないあるものを想起することができた。赤の単語は、僕を摑んで誘惑する魅力に溢れんばかりだった。僕は分析も抽象も、いかなるものも必要としなかった。ただ赤だけが頭の細胞の隅々に押し寄せ、僕をいっぱいにした。だが、もう赤などない。白く紙の上にのたうちまわるしみだけだ。

僕はとうとう机の神秘に達した。神秘などなかったのだ。色彩の仮面が剝離して線だけが残された。明晰——机の自白。僕は言葉のフィルターで机に罠をかける必要もない。そもそもフィルターの穴は大き過ぎて、何でも通り抜けてしまうのだけれど。おかげで本質とか存在とか、そんな愚にもつかぬ偏見に縛られることもない。だが、僕の着色版画《イリュージョン》が消えてしまったのも事実だ。ただ浮彫《レリーフ》だけが微妙で苦しい起伏だけが、僕を囲繞《いにょう》する。僕の視線に押された、重い空間の烙印。

だが言葉が物や色に対する武器ならば、この僕には何の必要もないはずだ。僕はもう、言葉なんかの助けを借りずに、雄々しく立ち向かっていくだろう。ノートに、茶碗に、キャンヴァスに、自動車の見える窓に、口笛を吹く支配人に。けれど言葉がなかったら、認識や自由意志に基づく行為もなくなるのではないか?——答えよう。動きを行為に変えるのには、意志も認識も意味がない。だって意志や認識とかは、動きから行為への過程そのものなのだから。必要なのは万物のネガ化だ。それは推移の流動だ。動きと行為を兼ね具えた眩暈だ。意志の筋肉痙攣だ!——しかし……僕はふと、白く輝く床に視線を漂わせる。僕にはやはり言葉が必要なのかもしれない……いや、〈早く書いてしまおう〉僕はことばなんだ。決して語られることのない、誰も見向きもしない言葉。

＊

排気ガス、白く輝く自動車の反射。むきだしの魚の骨で組立てられた工場群、乾ききったビルディングの鋭角。ネオン塔の眼、神経のように張り巡らされた電線の蜘蛛の巣。舗道、無限に続く街路の策略。彎曲したシルエット、故障したオートバイ。アド・バルーンの空気が少しずつ抜けていく。一直線に傾斜した高速道路の交差する地点から軌道がせり出る。

僕は窓辺に凭れて、工場へ吸い寄せられていく人々を眺める。暗箱の中で一条の光輝を求めて飛んでいく蠅の群れ。錫メッキの談笑が早朝の張りつめた空気の中に突き刺さって、消えていく。じっと見ていると細部の陰翳は溶暗し、彼らの背《そびら》だけが、弱々しい印象として残される。僕と何らかの形で結びついていた人々、名前も特徴も定かでないのに、眺めるだけで親しみを感じさせた人々。作業開始のサイレンが響きわたり、僕はブラインドを下して部屋を明るくする。

＊

書くことの無意味さに疲れて僕はまどろむ。そっと眼を閉じて瞼の裏を見る。ぽっかりと浮かぶ白い小惑星、あれはアークトルスだ。模糊とした風景、淡白なあじさいの花、囀る鳥沸き上がる雲まとわりつく生ぬるい空気……

突然電話のベル。

ぼろ布のように横たえた体を起こして、対象のない怒りを噛みしめ、罵りながら部屋を横切る。白い受話器がとてつもなく重い、僕けだるい声で・やぁ元気かい・予想通り、線をのろのろと這ってきた機械的な声、・どうしているの、さっぱり姿を見せないのね・うん、ちょっと取り込んでいてね・明日会わない？・ああちょっと話したいことがあるんだ。飛行場で会おう・何時？・今度はどこなの？・八時。行き先は会ってからにしよう・電話の切れた音が、耳の中にまだ残っている。抑揚のない彼女の声。いつも僕より先に電話を切る。僕は再び眼を閉じる。熟睡したらしく、覚めた時は厚い被膜が脳髄を覆っている。眠るのに疲れて僕はまた眠る。

(Ⅳ)

八時。空港のロビーは朝の学校に似ている。薄暗い通路を、旅行鞄やスーツケースが気忙しげに通り過ぎていく。発着を告げるアナウンスが残す洞窟の反響。環境を背負って旅する中年男、奇妙な違和感を吐きだす団体客。ゲートを通して重量感のある翼が見える。滑走路に光る標識灯。機体はスタート点に向かってのろのろ旋回する。巨大な甲虫。轟音が窓を震わせ、海への疾走が始まる。強靭な意志に支えられた車輪が、突然宙に浮かぶ。現実感のない鋼の離陸。

人の気配を背中に感じて振り向くと、きみがいる。手足をブラブラ漂よわせ、時々額にしわを寄せる癖。右肩を上げて、くるくると回す。

・元気かい・ええ変わりないわ・いつも何をしてるんだい・おんなじことよ・

親しい者だけが持つ、極端な無関心。きみはカウンターで搭乗手続をする。僕は行き先を知らない。タラップを踏んで窓際のシートに坐る。円い窓に、海底の残骸のようなステーションが見える。その上で、海草のようにゆらゆらと手を振る人々。飛行中僕たちは一言も喋らない。

地方都市S。北国の秋の大気が凛々と、タラップを降りる僕の頬に突き刺さる。一時間ほどバスに揺られてから、駅前のホテルを予約する。寂れた街だ。黒い穴の太陽が、不気味に頭上を動いていく。きみの純白の影が目に滲みる。

　午後、僕たちは、赤字で廃線になった鉄道線路の上を歩いている。果てしなく伸びた平行線が、彼方で一点に交わる。いびつな視界の中心に点があり、その点と平面の響きがユニゾンとなって流れていく。僕たちはその点を目指して歩く。

　線路に沿って陰鬱な喬木が、屈みこんだ老人のように立っている。葉を落とした木々が乳色の霧の中に、浮かんでは消えていく。枝と枝の間に裂けるような空間が、僕を引きずり込むようだ。錆びた軌条面。枕木の合い間には、ところどころに小さな水溜りがあり四角い空を映しだしている。

　僕はきみの横顔をそっと盗み見る。通った鼻梁の陰影、まだ陶酔から覚めやらぬような左の眼のものうい光、セロファンに包まれた透明な呼吸。僕の視線に気がつくと、きみは一瞬ためらいの表情を浮かべ、再びけだるさの中に落下していく。

　きみならわかってくれるかもしれない。きみは僕に光を注ぎこむだろう、僕を剽軽な男に仕立てあげてくれるだろう……

　僕は忘れた言葉を思い出す時のもどかしさを感じながら、君に話し始める。僕の奇妙な体験のこと、〈視点虫〉のこと、クレーの絵のこと、ウィゴネバの面のこと――。僕は喋る。沈黙の鋼を恐れて僕は喋る。荒れた景色の中に、磁気に引き付けられたような言葉が消えていく。きみは少しも驚いてはいない。歪んだ唇から、少しずつ空気が抜けていく。不思議そうに遠くを眺め、時々額にしわを寄せる。

　・おかしいわね。前に来た時は、このあたりに駅があったんじゃない？・でも、ここは初めてだよ・何言ってるの。二年前に一緒に来たんじゃない・でも……二年前はまだきみを知らなかった……・そんなこと問題じゃないわ。いつだって、そんなふうに始まるのよ・ああ、そうかもしれない・僕は納得して周囲を眺める。そう言われてみれば、この景色はどこかで見たような気もする。一度も来たことがないのに、なぜか僕の記憶に焼きついている。

　僕のどろどろした言葉が遠心分離器にかけられて、しだいに核が生まれてくる。レールの点がなくなって、どこまでも続く平行線になる。いつまでも、離れたレールはつながらない。回転木馬の僕、回転宇宙の僕……

　・何か言ってくれ。何だっていいから・きみはまるで唄うようにぽつりと言う・そう、よくあることね！

線路に残された　矩形の空の輝きに　ナイフの刃先の緊張が見えた　僕たちは　たったの二人で濡れながら　レールの上を歩いていた　物憂げな後ろ姿に　僕は軽い憎しみを覚えながら　舌先の小さな苦しさをかみしめて　それでも・まぁ現実は認めなくては・
　きみはせきこむようにして　ＫＵＫＵＫＵＫＵ嗤った　マイクを通じたその声が　冷たい鉄を響かせた

　暮色で明るくなったホテルの一室に、僕たちはいる。細長い部屋。両脇にベッドがありその間にはさまれたように木製のテーブルが置かれている。抽斗の中には封筒の束と便箋。営業不振で実際用のホテルに改造したのだろう。機能的なインテリアが、全体の調子に妙にそぐわない。扉を開けた時正面に見える壁は、大きな窓になっている。窓からは車のほとんどない駐車場と、碗をふせたような小高い丘陵が見える。その上部は水平に切り取られ、遊園地になっているようだ。ブランコやシーソーの輪郭で、かすかにそれと知れる。その向うに海が見える。だが、海辺の匂いはガラスに遮られている。波のざわめきも、時計の刻む音も聞えない。きみはさっきから一言も喋りはしない。ベッドの上で退屈そうに欠伸をしたり、髪を捲いて指に搦めたり、放心したように僕を見つめ、そうかと思うと急に嗤い出す。声をたてずに空気をシュッシュッと吐きだして嗤う。僕は肩をすぼめて窓の方に歩いていく。

　コンクリートの塀の前、一人の老婆の影が揺らぐ。北方の、膚を切り刻む風に節榑立った指が、腕の中の赤ん坊をそっと覗きこんでいる。大きく体を上下に動かして。

ほうら雲のうえ……でもなぁやっぱり海の底じゃ　かんにんのぉかんにんのぉ　ほうら雲のうえ……

　老婆の皺くちゃの抜け殻が、だんだん嬰児の顔になってくる。かんにんのぉ、かんにんのぉ……僕が振り返ったら、この人達は壁の中に吸い込まれる……でもなぁやっぱり……この人達が消えたら僕は溶けるだろう。消えるな、消えるな……心の中でそう唱えながら僕はどうなるか気づいている。ほうら、ほうーら……二人は揺れながら、ゆっくり窪地に姿を消す。

　・ねぇ、兎にも瞼ってあるのかしら？・僕はきみの言葉の影に身をすべり込ませて、さりげなく・ああ、たいていの動物には皆あるんじゃないかな。眠るときには目をつむるだろう?・僭越よ!・きみは怒った顔で頬を張らませ、そのくせ眼だけは兔みたいに物悲しい・センエツ?・そうよ、見ないですむなんて、人間の特権なはずよ。瞼を開けたときにしか鏡を見れないって、やっぱり人間以外に許されるべきじゃないんだわ・僕は瞼を持った動物やこおろぎの胡散臭いまなざしを想い浮かべてぞっとする。共通の意味を持たない会話のかっこが外されて、そのまま沈黙に受け継がれていく。僕たちは海の底で化石の樹々のように、無愛想に身をすり寄せている。

　ことばがなくなった今、僕ときみを結ぶのは何だろうか。愛?まさか!憐れみ?――それとも一枚のネガフィルム?

　ぼくを見つめるきみの瞳。その中に僕の哀しげな瞳が映っている。そしてさらにその中に、ぼくを見つめるきみの瞳が……。いつまでも続くしりとり遊び、ぼくときみを結ぶ最後の退屈な絆。今ではきみも想い出になった。でも、出会った時からそうだったのかもしれない。ただ、広い広野の中で、ぼくときみは相手を探す。ぼくたちは背中あわせだ。ぴったり背中をくっつけて、顔は正反対を向いている。お互いに、相手の顔を見ることもできない――。

　きみはコップの縁に唇をあてがって、ボーッボーッと鳴らし始める。僕はきみに背を向けて、独り言のように言う。

　・ときどき思うんだ。きみはどうして、ぼくがきみを見るようにぼくのことを見ないんだろうかってね・けだるい声がして、きみはシュッシュッと吐き出して嗤う。・だってわたしはあなたじゃないんですもの・僕がきみに語ること、僕がきみに語らせること……もうたくさんだ!

　・でも……もし私達が喋るのをやめたら、この部屋はどんなかしら・なぜそんなことを聞くんだい。僕たちは、まだ何も喋ってなんかいないじゃないか・そう……そうね。だからあなたは喋っているんだわ!・

　僕はきみを愛したことなどなかった。僕はただ〈きみ〉という言葉が欲しかったのだ。〈きみ〉が〈ぼく〉でも〈あいつ〉でも同じことだ。ただそれに近づくことさえできたなら……。でも〈きみ〉はいつも〈部分〉でしかない。僕はいつも〈きみ〉の断片を必死になって掻き集め、それでパズルを作るのだ。いつだってどこかが足りなくて、〈きみ〉を完成することができゃしない。

あのことがあってから、初めて僕はきみを知った。だって夢中だった頃は、きみの瞳に映る僕自身を装うことで、頭が一杯だったんだから。でも、もう違う。パズルは解けた。きっと僕は無関心でいられるだろう。あのネガを焼きつけることができるだろう。それにきみを愛することすらできるかもしれない。きみは風景になったんだから。

・もう劇も終わり・ぼんやりしたまま　えんぴつを
とがらせてきみは白い色を突き刺した
・今はもう、遅いのね、すべてが？

僕は目を下にしたまま、きみの後ろ姿を追った。白っぽいズック靴が静かに絨毯の上を通り過ぎていった。ぼくは振り向いて、窓に切り取られた空を見た。見えない足音。無機質のドア。きみはきっと振り返らなかっただろう。

（V）

茫洋とした時間とざらざらした光の中で、しだいにある決断が凝縮していった。僕は精神分析を受けようと思った。だがそれは、社会に適応するためではない。異変を起こした僕の眼は、何物かへの攻撃なのだ。それが何であるかを知るには、精神分析しかない。既知の回路は迷走する視線を整序化するが、それだけに、攻撃する対象を一つの視束としてしか明らかにしない。僕は異変の原因を知ることによって、その攻撃を遣り遂げようと考えた。もしそれに成功したら、僕に親しい不快感を無感動のなかで消し去ること、つまり言葉のない世界に飛び込むことができるかもしれないのだ。

長く伸びていく通路がまぶしい。僕は今新宿のビルの六階を歩いている。黒い天井が、磨かれた床の上に歪んで映っている。ズックの下でタイルが、歩くたびに軋む。まるで、憎しみに駆られた《ママ》ゴキブリを踏み潰した時のようだ。足の裏でぐっしゃりなったゴキブリを、僕は幾度も幾度も踏みしだく。その悲鳴が足裏から踝に、踝から腿にまでよじ登ってくる。

廊下の突き当たりに、扉が見える戸が開く。女がいる。四十女の嫌らしさを分泌しながら僕を見つめる。

「すみません、ぼくですが。」「ああ、電話を下さった方ね。ちょっとお待ち下さい。」

僕は待合室のソファーに腰をおろす。傍にあった旅行雑誌をパラパラめくる。表紙の男が僕を指さして、・行ってみよう　俺達世界を見てみよう！・男の背景に、地中海の景色が見える。影を持たない蒼だけのギリシア。毟られるために生まれた、幻想の書割。

奥の部屋から、時々女が顔を出して僕を窺う。僕は気づかないような顔をして、煙草に火をつける。女は無視されたと思ったのか、不機嫌な顔になる。

「さぁこちらです」

曇ったガラス戸を開けると、医者が椅子に凭れて僕を待っている。部屋は真っ暗だ。何も見えない。たぶん何もないのだろう。ゆったりとした椅子に腰をおろす。ふと気がつくと、壁には絵が飾られている。離れていてもすぐにわかる。ムンクの石版画〈マドンナ〉の複製だ。白く揺れる髪に沿って、幻想的な描線がたなびいている。快楽にのけ反った顔、悩ましげに開かれた唇、装飾化されたスペルマトーゼ、左隅に蹲る胎児の眼。分析医にムンクは妙な取り合わせだ。そう思いながらじっと見ていると、医者の声、

「絵に興味がおありなんですか？　あれはムンクの作品ですよ。」

僕は初めて医者の眼を見る。落ち着いたまなざし、無意味な象の

「ええ、僕は絵を描くんです。」

「ほぉ、私も時たま絵筆をとるんですよ。もっとも、私のは素人の手遊びにすぎませんがね。」

そう言うと、おかしそうにファッファッと笑っている。まるで芋虫みたいに体をよじって笑っている。僕は相手の冗談をうっかり聞き逃したのかと不安になる。やっと発作が治まると、今度はしっか錨を下ろして僕を見ながら喋り始める。

「では、あなたの悩みは絵に関することなんですか。例えばこう……親とどうもうまくいってないとかですね、あるいは何かの軋轢で創作ができないとか……」

「ええ、まぁそうです。」

「うんうん。それではお話を伺いましょうか。なにも恐れることはありません。体を楽うにして、そうその調子。初めに精神分析のことを少し話しておきましょう。その方が話し易いでしょうから。いいですか、私は一枚の鏡なんです。あなたが話すと、私が反射し鏡像を生み出します。もちろん、私は解釈などしません。そう、ここが肝腎です。解釈したり分析したりするのは、あなたなんですから。女の人が鏡の中の自分を真似て自分を完成するように、あなたも自分で完成

するのです。歪んだ像を修正する、つまり障害を除くことができるのは、あなた以外にはありません。私は、あなた自身を映し出すだけなんです。よろしいですね。」

「しかし、もしも僕も鏡だとしたら……その時はどうなるのでしょう。」

医者は予期せぬ僕の質問に仰天する。髪をしきりに撫でつける仕草も、その動揺を隠すことはできない。だが医者特有の厚かましさで、すぐに微笑の鎧に身を固める。ふぁっふぁっという笑い声が、弱々しく漏れる。

「あなたはおもしろい方だ。あなたは精神分析の倨傲を、暗に批判なさったんですね。確かに鏡は絶対者です。だって絶対者とは自分以外の全てを見れる者のことですからね。でも、もし鏡が二枚向い合ったら？そう、絶対者なんか消えちまいます。ほんとうにおもしろい方だ。こいつは一本やられましたよ」

何がそんなにおもしろいのだろうか。僕にはわからない。醜悪な芋虫はまだ笑っている。

「ええその通りです。医者もやはり人間です。鏡の説明はやはりまずかったようです。どうもあなたは、精神分析の説明などする必要がなかったようですね。じゃあとにかくお話を伺いましょう。どうか必要でないと思ったことでも、構わずに話して下さい。」

僕は子供をあやすような医者の態度に怒りを感じながら、おもむろに喋り始める。僕の裏側にしがみついていた言葉も、胡粉の中で身をよじる芋虫に定着することはない。医者は顔に微笑をへばりつかせたまま、どんどん遠ざかっていく。ウィゴネバの話も、彼の手前に虚しく墜落していく。

ところが、異変のことに触れると、急に医者の顔が硬直する。顳がピクピク動き、神経質そうに瞬いて僕を見る。ネガのことを言うと、瞳孔が急に広がる。波紋のように広がっていく。

そうか、こいつが現存在分析っていうやつか。患者と同じように仰天し、悶えている。まるで、こちらが医者になったみたいじゃないか。そら、もういい加減にしてくれよ。

突然女がノックし始める。またしてもあの女。医者は後ろめたいことでもあるかのようにぎこちなく笑い、「どうしたんだい。今は診療中なんだよ。」「すいません、ちょっと急な用事があって……」

女は僕に聞かれることを恐れてか、医者の背後にまわる。ひそひそと耳打ちしている、時々僕を盗み見ながら。医者はまったく聞いていない。彼も僕を見つめている。これも診察の一部っていうわけか！

女は医者が動じないので焦だっている。何やら説き伏せようとしている。やっと医者もコクンと頷いて「ところでちょっと用事を頼まれてほしいんだ。これを届けてくれないか。」「ええ、すぐに」

女は嬉しそうに、いそいそと出ていく。医者は彼女が出掛けるのを見届け、廊下にまで出て周囲を伺《ママ》っている。部屋に戻ると、手を後ろに組んで、僕の前を歩き回る。ふと立ち止まると、白衣のポケット下から煙草を取り出す。マッチがなかなか見つからない。僕は黙ったままマッチを差し出す。医者は初めて僕の存在に気付いたかのように、不思議そうな顔をしてこちらを見る。僕はマッチを差し伸べたまま、じっとしている。マッチは燃えつきる。

燃えつきたマッチ。

彼は踵を返して、壁に近づく。照明のスイッチを切る。部屋の中が、陽がさしたように明るくなる。

いったいどうしたのだろう。ひょっとして、僕の話を信じてくれたのだろうか。それとも信じた振りをして、患者を安心させる手口なのか。僕は警戒の網を張りめぐらす。

医者は思いつめたような顔をして、僕に近づいてくる。だんだん彼の顔の細部までが見えてくる。頬をヒヨコの羽毛のように脹らませ、まるで熟した桃のようだ。画がすぐ側で異様に光る。僕の耳元で、荒い息遣いをしている。鋼鉄の蒸気機関が、熱い息を吹きつける。僕は本能的に手探りをして、傍にあった灰皿を摑む。重い感触。汗ばんだ掌に冷たく死んでいる。医者は僕の指先を見てハッと怯む。だが近づくことをやめない。僕の手がゆっくりと空中を登っていく。灰皿が重い。早く振り落とさなければ。早く、早く……

その前に彼は囁く。

・じゃあ、あなたもだったんですね！・

＊本書390頁（第十六章）でも言及されていたこの短編小説は、逝去後に久間十義氏が掲載誌（東京大学教養学部学友会誌『学園』）を探し当て、澤田展人氏発行の個人文芸誌『逍遙通信第7号（追悼外岡秀俊）』に再録したものである。

あとがき

いつだったか、ススキノで外岡さんと飲んでいて、会社を辞めたあとの健康管理の話になった。ずっと健康診断も受けていないという。そして「いいんだ、もういつ逝っても。小説も書けたし」と、あの染み通るような笑顔でおっしゃった。鈍い私は、冗談のように聞き流した。

また、この記録のインタビューが終盤近くになった頃、待ち合わせ場所で合流した際に「これ、生前葬みたいなものだよね」と、ボソっとつぶやいて、私はギクリとした。確かに、歴史的な証言とはそうした性格のものではある。しかし何もそこまで見通さなくても――いずれも逝去の報を受けたとき、半ばうらめしく頭に浮かんだ思い出である。

外岡さんの知遇を得た当初は極度に緊張していた私も次第に厚かましくなり、インタビューもさることながらその後の酒席の方が楽しく心地よくなった。会食三十数回で割り勘は十数回程度、「いいよ、いいって、一応先輩だから」と笑って会計を済ませることが多く、会社を辞めたばかりの私はついそれに甘えた。札幌までの交通費を配慮されたものと思うが、そもそも私の方からお願いして始めた取材である。こんな先輩は会社生活でも、その後の大学関係でも皆無だった。

早期退社して組織の束縛を解かれた当時の外岡さんは、今思えばいつ寝ていたのかというほどの驚異的なペースで取材と創作活動を展開していた。ほとんどが頼まれ仕事だが、高名な作家・ジャーナリストとは異なり、編集者やスタッフには頼らず独力でやり遂げている。これでは身体が保たなくても無理はない、と痛感したのは逝去後に仕事量の全体を知ってからである。酒量や喫煙をご注意すべきだったのに、そうした配慮もなく外岡さんとの酒食を散々楽しんだことを後悔しても、もう遅い。

　外岡さんが国内報道機関きっての知性派であったことは、誰にも異論がないだろう。わけても本書で注目すべきは国際性と歴史的な視点である。ジャーナリスト、とくに新聞記者は日々変化する出来事を追う制約から、長期的な視野での考察が苦手であり、いわんや歴史などは、というのが普通だ。そうした体質がマスメディアの自己検証不足を招き、近年、報道の信用を落とす一因になっていることを、外岡さんは熟知していた。イデオロギーにとらわれた報道に警鐘を鳴らしたのも本書にある通りだ。

　一方で、聡明さは必ずしも行動力を伴うものではないし、若く優秀な記者が年を重ねて特定分野の解説者や机上の批評家に安住する例も多い。外岡さんは六十代になっても現場にこだわり「取材しないと書けない」と語っていた。組織に属する記者は概して仕事そのものより肩書き役職の出世競争や人事の方に関心が向きがちだが、外岡さんはまれな例外であった。この人なればこそ狡猾な経営陣に頼み込まれて編集局長を引き受け、文句と不平の多い記者たちからも信頼を得て、一時的ながら朝日の立て直しに成功した。このような新聞記者はもう現われないだろう。

　聞くべきことは、まだ数々あった。私は二〇二五年頃をめどに再び長期インタビューをお願いするつもりでいたのだが。あと十年、いやせめて五年でも、その透徹した眼がとらえた世界を読みたかった。それでも、選ばれた人が地上での約束をほぼ果たした後、天に帰ったと思いたい。

　外岡さんの長逝により、怠惰な私に宿題が残された。本書にもよく表れている生命への愛惜、沖縄への偏愛、かすかに表れている高校紛争の体験と、やや虚無的にも見える政治観などは、今後の分析が必要と考えている。そのうえで外岡さんの教えを継承したい。ただし、外岡さんを批判的に継承したものを書きたい。

本書の刊行までに多くの方のお力を借りましたが、外岡さんの親友であった作家の久間十義さんに、田畑書店の大槻慎二社主を紹介して頂かなければ、この記録の書籍化が実現することはありませんでした。久間さんのご厚意と貴重なご寄稿、大槻さんの的確なご指摘と助言、丁寧な編集に深く感謝します。

また本書のインタビューにご協力頂いたみなさま、そして持田周三さん、澤田展人さん、外岡さんの精神的同盟者であった山口二郎先生、拙い取材をオーラル・ヒストリーという形に普遍化することをご教授くださった御厨貴先生に、改めてお礼を申し上げます。

二〇二四年四月

及川智洋

【外岡秀俊・著書一覧】（編集、訳書を含む。分担執筆等は除いた）

小説『北帰行』（河出書房新社　一九七六年十二月）※八九年河出文庫、二〇一四年、同社から再刊
小説『未だ王化に染はず』（中原清一郎名で　福武書店　一九八六年十月）二〇一五年、小学館文庫
『アメリカの肖像』（朝日新聞社　一九九四年九月）
『国連新時代』（筑摩書房・ちくま新書　一九九四年九月）
『地震と社会』（上下巻）（みすず書房　上＝一九九七年十二月、下＝九八年七月）
『日米同盟半世紀』（朝日新聞社　二〇〇一年八月　本田優氏、三浦俊章氏との共著）
『9月11日　メディアが試された日』（二〇〇一年十二月　本とコンピューター叢書　室謙二氏、枝川公一氏との共編著）
『傍観者からの手紙』（みすず書房　二〇〇五年八月）
『情報のさばき方　新聞記者の実践ヒント』（朝日新聞社・朝日新書　二〇〇六年十月）
『新聞記者　疋田桂一郎とその仕事』（二〇〇七年十一月　柴田鉄治氏との共同編集）
『アジアへ　傍観者からの手紙2』（みすず書房　二〇一〇年二月）
『震災と原発　国家の過ち』（朝日新聞出版・朝日新書　二〇一二年二月）
『3・11　複合被災　文学で読み解く「3・11」』（岩波書店・岩波新書　二〇一二年三月）
『「伝わる文章が書ける」作文の技術』（朝日新聞出版　二〇一二年十月）※二〇一八年四月、加筆して朝日文庫
『忘却のしかた、記憶のしかた　日本・アメリカ・戦争』※訳書（ジョン・W・ダワー氏著　岩波書店　二〇一三年八月）
小説『カノン』（中原清一郎　河出書房新社　二〇一四年三月）※二〇一六年河出文庫

小説『ドラゴン・オプション』（中原清一郎　小学館　二〇一五年四月）※二〇一六年、小学館文庫
『発信力の育てかた』（河出書房新社　二〇一五年九月）
『リベラリズムの系譜でみる日本国憲法の価値』（朝日新聞出版・朝日新書　二〇一六年六月）
『鮑耀明句集』（編集、二〇一七年一月、私家版）
小説『人の昏れ方』（中原清一郎　河出書房新社、二〇一七年十一月）
『圧倒的！　リベラリズム宣言』（五月書房新社　二〇一八年四月、山口二郎氏、佐藤章氏との共著）
『価値変容する世界　人種・ウイルス・国家の行方』（二〇二一年九月　朝日新聞出版）
『借りた場所、借りた時間　外岡秀俊遺稿集』（二〇二三年一月、藤田印刷エクセレントブックス）※友人の澤田展人氏らが、晩年の単行本未収録原稿を中心に編集。

Hidetoshi Sotooka

【解説】黄昏に屹立《た》つ

久間十義

本書は二〇二一年に急逝した外岡秀俊が、及川智洋という心づよい聞き手を得て、自らの新聞記者としての半生を語った回想録である。

享年六十八歳。外岡秀俊は亡くなるまで新聞記者と小説家との二足の草鞋を履いて、読者を魅了し続けた。途中から小説には中原清一郎という筆名を使ったが、彼の出世作である小説『北帰行』は外岡秀俊の名で書かれており、ロンドンからの『傍観者からの手紙』は記者の現地報告でありつつも薫り高い文藝作品になっている。要するに彼の中では記者と作家とは渾然一体となっていた。本書はその意味で、記者としての半生が語られつつも、作家としての彼がそこかしこに顔を覗かせていて、外岡文学の愛読者には見逃せない貴重な記録になっている。

注意したいのは本書の成立事情についてである。「まえがき」や「謝辞」などで触れられているように、この「聞き書き」の背景には彼がかつて所属し、記者としてトップにのぼりつめた朝日新聞の危機があった。二〇一四年、朝日新聞は長年にわたる「従軍慰安婦問題」と「福島第一原発事故調書」の誤報について紙面で謝罪した。これがきっかけとなり殺到する批判に社内が混乱。すでに退職していた外岡が組合の要請に応じて、社内に残る記者たちに向かって講演し、士気を鼓舞した。

当時朝日新聞本社の記者だった及川智洋は、この講演録を読んで外岡に連絡。何度か面談に及ぶうち、外岡の記者としての経験をオーラル・ヒストリーとして残したいと発心した。かくして一年半にわたりほぼ月一回のペースで聞き取りを行い、本書の前身である冊子（私家版）がまとめられた。冊子の題名は『ジャーナリスト・外岡秀俊の語る同時代史』。「仲間たちの証言とともに」という副題がつけられていた。当初は外岡の口述を通して明かされる、危機が表面化していない懐かしい時代と、一心に働く朝日新聞の仲間の姿とが、まずもって意識されていたのである。

自分の記者生活を語ったその冊子を手にして、外岡は自分の「生前葬」を見る思いがしたという。含羞の人だった外岡があえて新聞記者としての半生を語ったのは、やはり自分たちの新聞社の危機にあって、先輩記者たちから受け継いだ経験と誇りを次世代に伝えようと願ったからだろう。後退戦を闘う自社の後輩たちに、彼は自らの恥や外聞をかなぐり捨てて心からのエールを送ろうとしたのである。

この事情を知らない読者は、いくら特別誂えとはいえ六十代半ばの外岡秀俊が回想録を書くのは早過ぎる、と断ずるかもしれない。しかし私はこのオーラル・ヒストリーの試みに、むしろ語り手（外岡）と聞き手（及川）の二人の危機感の深さを見たい。凋落を目のあたりにしているとはいえ、かつて若かった二人を惹きつけたリーディング・ペーパーの栄光と、知的で良心的であろうとするがゆえの矛盾と挫折を、二人は非常な努力で検証しているように見える。

思うに外岡秀俊が朝日新聞に入社したとき、彼は「社会の木鐸」という言葉を信じていたはずである。ややもすれば腐敗する権力を見張ることが新聞の使命と考えられたり、世間も新聞の権威を認めていた時代が確かにあった。

当時記者たちは知的な選良だった。マスコミは第四の権力ともて囃され、記者たちはその責任を自覚して身を粉にした取材や職人的な文章を編み始める一方で、傲慢ともとれる政治性やイデオロギー性を組織が獲得してゆく過程が進行した。

そもそもマス・コミュニケーションとは、事件やその他の情報に一部の人間（記者）のみがアクセスでき、大衆はその一部の人間から、彼らにより加工された情報（記事）を受け取る、という知識伝達のありようを指す言葉だろう。ここには最初から知識に関して、出し手と受け手の不平等が存在しているのである。

マス・コミュニケーションは基本的には通信テクノロジーの制約から生じたものだ。したがって実に緻密な労働・文化を生み出したピークの一時期が過ぎると、時代の移り変わりとともにうまく機能しなくなってきた。インターネットの発達が事件の現場と大衆とを直接に結び、新聞や雑誌、テレビなどのメディア（媒体）を必要としなくなってきたからである。まさに中抜き（メディア抜き）が起こったのだ。

この押しとどめようのない事実は、例えば二〇一一年の悪名高い中国高速鉄道事故について振り返ってみれば明瞭だろう。公式発表では死者四十人、負傷者二百人の大惨事が起こり、高架橋から転落した追突車両はあっという間に当局の手で地中に埋められた。しかしその証拠隠滅作業を現場に駆けつけた人間たちのスマホ画面が捉えていた。かくしてこの事実は世界中にあっという間に拡散し、一度埋められた車両は再び掘り出されることとなった。

想像するに、インターネットがなく、現場にアクセスする特権が少数の記者たちのみに与えられていたなら、荒っぽい証拠隠滅は成功していたかも知れない。そしてその際には、事故に関して違ったストーリーが語られていたのかも知れないのだ。メディアはこの事実に関して当局とボス交したり、自ら正しいと信じる政治性によって角度をつけて報道したり、また時の権力と力で渡り合う、などということも可能だったただろう。そうしたメディアの融通無碍なあり方が、今や中抜き（メディア抜き）によって成立しなくなってきたのである。

こうした事情に加えて、新聞の危機は「戦後」が信じられなくなってきたこととも関係している。「戦後」が信じられていた時期、マスコミは輝いていた。敗戦と占領から再出発した日本は「平和」と「民主主義」を謳い、その理念を知的選良たるマスコミが後押しし、再生産し続けたからである。しかし「戦後」がいったん疑われだすと、当然とみなされていた「平和」や「民主主義」のような概念を、人々は見直す必要に迫られた。新聞記者・外岡秀俊はかかる事態に、どう対処したのだろうか？

ヨーロッパ総局長だった外岡がロンドンから送ってきた『傍観者からの手紙』を私は思い出す。彼はミルトンの「失楽園」を扱った一章で、毎年十一月に行われるクィーンズ・スピーチ（議会開設の式典）を取り上げ、議会制民主主義がどのように歴史的に鍛えられ、現在、英国の儀式やさまざまな習慣として生きているかを伝えてきた。外岡は自らの足で民主主義を見に行き、眼前の西洋の文物に事寄せて、「民主主義」や「平和」を可視化しようとしたのだ。

これはかなりロマンティックな努力である。新聞が輝いていた時期に記者として出発し、三十年以上この職業をまっとうした彼は、いまだに「社会の木鐸」たらんとした初心を持続するつもりでいるらしいのだ。誰からも疑われつつある「平和」や「民主主義」をもう一度見つめ直し、崩壊する「戦後」の意味を明らめる。――小利口な現実主義者からは愚直な理想家とみなされようとも、外岡秀俊はギリシャ神話のアトラスさながら、その全身で、かつての蒼穹たる新聞の失墜に抗い、これを支えようとしたのだ。黄昏の意識を共有する聞き手の誘《いざな》いで、本書はそのような静かな決意と純粋で知的な声調に満ちた、外岡秀俊の「白鳥の歌」となった。

及川智洋（おいかわ　ともひろ）
1966年、岩手県生まれ。90年、東北大学法学部卒業、朝日新聞社勤務。2016年退社。19年法政大学大学院博士後期課程政治学専攻修了。法政大学非常勤講師。著書に『戦後日本の「革新」勢力　抵抗と衰亡の政治史』（ミネルヴァ書房）、『私だけの日本酒――南部杜氏・多田信男の仕事』（Arslonga）、論文『「政治改革」への世論形成　選挙制度審議会と小選挙区』『山中貞則と沖縄振興』『日本型財政ポピュリズムに関する一考察』など。

田畑書店

外岡秀俊《そとおかひでとし》という新聞記者《しんぶんきしや》がいた

2024年4月30日　印刷
2024年5月11日　発行

著 者　及川智洋《おいかわともひろ》

発行人　大槻慎二
発行所　株式会社 田畑書店
〒130-0025　東京都墨田区千歳2-13-4　跳豊ビル301
tel 03-6272-5718　fax 03-6659-6506
装幀・本文組版　田畑書店デザイン室
印刷・製本　モリモト印刷株式会社

ISBN978-4-8038-0436-2 C0095
定価はカバーに表示してあります
落丁・乱丁本はお取り替えいたします

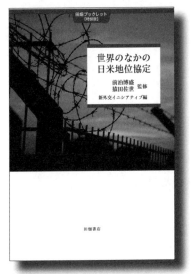